国际工程承包
市场开发实务

Marketing Management and Practice
for Promotion of International Construction Projects

崔 军 崔捷思 编著

中国建筑工业出版社

图书在版编目（CIP）数据

国际工程承包市场开发实务/崔军，崔捷思编著．
北京：中国建筑工业出版社，2017.5（2024.1重印）
ISBN 978-7-112-20714-5

Ⅰ.①国… Ⅱ.①崔… ②崔… Ⅲ.①国际承包工程-
承包市场-市场开发-研究-中国 Ⅳ.①F752.68

中国版本图书馆 CIP 数据核字（2017）第 079776 号

中国对外承包工程事业历经三十多年的发展已经成为国际工程承包市场的一支重要力量，市场份额不断扩大。中国企业经历了从起步走向成熟，从低端市场走向高端市场，从成本优势转向资本技术和管理优势发展的重要阶段。

对于身处战略转型期、身处"一带一路"倡议发展机遇期的中国企业而言，国际工程承包市场的开发始终是获取项目的第一步，市场开拓是企业在国际承包工程市场获得先机的前提。本书以国际工程市场的产生和发展出发，从理论的高度全面阐述了国际工程承包市场开发战略，并深入国际工程承包市场开发实务，论述了国际工程承包市场调查、项目代理、资金来源与项目交易模式。对于国际工程承包市场，本书着眼于国际工程各个区域市场的未来发展，重点论述了国际承包工程区域市场和主要国别市场。对于中国企业的国际工程承包市场的具体开发措施和手段，本书阐述了国际工程招投标和市场开发策略、出口信贷项目的选择和运作、出口信用保险、项目融资、BOT/PPP项目选择和运作、跨国并购以及国际工程承包市场风险及其管理。

责任编辑：朱首明　牛　松　牟琳琳
责任设计：李志立　韩蒙恩
责任校对：李美娜　刘梦然

国际工程承包市场开发实务
Marketing Management and Practice
for Promotion of International Construction Projects
崔　军　崔捷思　编著

＊

中国建筑工业出版社出版、发行（北京海淀三里河路9号）
各地新华书店、建筑书店经销
唐山龙达图文制作有限公司制版
建工社（河北）印刷有限公司印刷

＊

开本：787×960毫米　1/16　印张：24½　字数：448千字
2017年6月第一版　2024年1月第三次印刷
定价：55.00元
ISBN 978-7-112-20714-5
（30378）

在"一带一路"倡议下"走出去"，
不仅是为扩大市场份额，盈利增值，
更是不能错过的历史机遇

自党的十五届四中全会实施"走出去"战略以来，依托中国经济高速发展的成果、对外融资能力的增强以及在基础设施领域多年累积的技术优势和强大的施工力量，中国对外工程承包和对外设计咨询业务市场份额逐年扩大，中国对外承包工程和咨询企业已成为国际工程承包市场上的一支重要力量。这些年来，随着中国政府推出了一系列的金融优惠政策，中国对外工程承包企业利用中国政府对外优惠买方贷款、出口买方信贷、出口卖方信贷以及援外优惠贷款承揽了一大批国际大型工程项目，这些项目也已成为中国对外工程承包企业新的业绩和利润增长点。如何开拓海外市场、如何运作大中型项目，特别是利用中国政府的政策优势，运作优惠出口买方信贷等出口信贷项目，如何开发BOT/PPP项目，如何在国际大舞台上深化企业产业链，通过跨国并购和重组，最终实现企业的国际化经营，成为众多中国对外承包工程企业必须面对而又亟待破解的难题。

自1979年伊始，经过30多年的艰苦努力和奋勇拼搏，中国对外工程承包事业从无到有，从弱到强，中国对外工程承包企业在国际承包工程市场份额不断扩大，成绩斐然。进入21世纪，在国际工程承包市场上，中国对外承包工程企业正处于战略转型期和发展机遇期，主要表现在以下三个方面：

第一，中国对外工程承包业务正从20世纪80和90年代的单纯承包国际金融组织的传统承包方式向EPC、EPC＋融资、EPC＋股权融资、交钥匙方式以及BOT和PPP项目方式转变。

第二，中国对外工程承包业务正经历着从起步走向成熟、从低端市场走向高端市场、从成本优势型转向资本技术和管理优势型发展的重要阶段。

第三，中国对外承包工程企业正处于实现产业升级、转变盈利模式的重要阶段。

自2013年中国政府提出"一带一路"倡议以来，通过加强与"一带一路"沿线国家的基础设施、产能合作、对外投资、对外贸易和人文交流的合作共赢模式，中国对外工程承包企业迎来了新的发展契机和战略机遇。自倡议提出以来，"一带一路"的建设在中国和国际上形成的共商、共建和共享的良好环境，为全球经济复苏与长远发展注入新的活力，成为对现有国际治理机制的有益补充和完善。

对于身处战略转型期、身处"一带一路"倡议发展机遇期的中国对外工程承包企业来说，国际工程承包市场的开发始终是获取项目的第一步，也是一个项目从概念到具象化的必要过程之一。市场开发是一个孕育和培养项目的过程，它不仅需要决策者高瞻远瞩，也需要市场开拓者们卧薪尝胆、不计个人得失，才能在国际工程承包市场上获得先机。另一方面，市场开发还需要决策者和市场开拓者认清国际工程承包市场的现状和格局，把握国际工程承包市场、区域市场和国别市场的走向和大势，善于利用国际金融组织、东道国政府以及中国政府的各种支持政策和措施，充分运用市场开发的各种手段和技巧，才能事半功倍，在日趋激烈的国际工程承包市场上站稳脚跟，立于不败之地，而这正是作者编写该书的本意和出发点。

通过对国际知名大承包商业务发展和市场扩张研究不难发现，国际工程承包市场发展和扩张、承包方式的转变呈现了阶梯形、从低端到高端依次上升的结构，即：

第一，传统承包方式；

第二，设计采购施工 EPC 总承包方式；

第三，BOT/PPP 投资方式；

第四，并购和重组。

为了更加清晰地表述国际工程承包市场开发这个主题，满足中国对外工程承包企业的实际需要，本书将围绕如何开发国际工程承包市场展开论述。首先，本书将阐述国际工程承包市场现状和格局，以期使中国对外工程承包企业认识到 21 世纪国际工程承包市场的发展趋势和前景，把握国际工程承包市场的大趋势、大格局，找到适合自身企业发展的途径和方向。其次，本书将重点探讨传统投标项目、出口信贷项目、BOT/PPP 投资项目、跨国并购和重组方面的内容，使得对外工程承包企业能够了解和掌握开拓国际工程承包市场的方式、手段和技巧。最后，本书还将通过典型案例的方式，从这些典型案例中追根溯源，反思中国企业开拓国际工程承包市场的模式和得失，充实本书的内容。

国际工程承包市场与国际政治、经济和金融政策息息相关，与一国政治、经济和金融政策密切相连，瞬息万变。作为市场开发主体的中国企业和市场开发人员，应把握国际形势走向，深入了解市场开发国的政治和经济动向，方能成功开拓市场，扩大市场份额。

市场开发是一个实践过程，是一门实践出真知的学科，国际工程承包市场开发亦是如此。为了使本书更切合中国对外工程承包企业的实际需要，本书收录了多个国际工程承包市场开发的实例或案例，供读者体会其中的酸甜苦辣，学习市场开发的成功经验，汲取市场和项目开发的失败教训，以便在未来的国际工程承包市场开发中少走弯路。

本书第 1 章至第 10 章由崔军编写，第 11 章至第 14 章由崔捷思编写。

在本书编写过程中，得到了中国建筑工业出版社有关编辑人员的帮助，在此表示衷心的感谢。

Contents
目　录

1

绪 论

　　自 1979 年中国第一批对外承包工程企业进入国际工程承包市场以来，在这短暂的三十多年里，国际工程承包市场格局发生了深刻的变革，中国对外工程承包事业也从无到有，从弱到强，中国对外承包工程企业已成为国际工程承包市场上的一支重要力量。随着中国对外承包工程企业实力的增强，中国企业参与国际化分工和国际合作的方式也发生了重要的转变。本章将在简要回顾历史的基础上，着重论述国际工程承包市场的趋势，中国对外承包工程企业参与国际经济技术合作方式的转变和特征，以期把握国际工程承包市场的走势。

1.1 国际工程承包的产生和发展

1. 国际工程承包的概念

在国际工程承包领域，工程是一个外延广泛、内涵丰富的词汇，工程一词具有十分广泛的含义，应根据不同情况和不同使用地点表述其具体的含义。工程作为一个通用名词，通常具有下述含义：

（1）工程（Works）是指某一项具体的建设工作，例如建筑工程（Building Works）、土木工程（Civil Works）、道路和桥梁工程（Road and Bridge Construction Works）、钢结构工程（Steel Structure Works）、维修工程（Maintenance Works）等；

（2）工程（Project）常指某种特定项目的建设工程，例如工业建设工程（Industrial Construction Works）、航空港工程（Airport Project）、电站工程（Power Plant Project）、水利工程（Water Resource Project）等；

（3）工程（Engineering）还可指建设项目的研究、规划和咨询设计等工作。

本书论述的国际工程承包中的"工程"系指通常意义上的工程建设工作，应包括上述三个含义。

国际工程承包是一国企业跨国承揽、建造和经营工程项目的经济活动，是国际商品交换、跨国资本输出和输入的必然产物。它是一国企业向他国（或跨国）输出技术、货物、设备、劳务以及资本的一个重要载体，是国际经济技术合作主要方式之一。

2. 国际工程承包的主要特征

与其他交易活动相区别，国际工程承包和通常意义的工程承包具有共同的特征：

（1）工程承包合同客体——工程项目的不可移动性

与货物买卖合同的客体——货物可以在多处和异地加工制造、可以移动的特性不同，工程承包合同的客体——工程只能或基本上需要在工程所在地实施。为了在工程所在地实施工程项目，需要在工程项目现场集中人员、材料、设备，还应建设大量的临时设施，包括进场道路、临时水电设施、临时办公和住房、仓库栈房、堆场和加工厂房。为了保证施工人员的安全和卫生需要，还需要在现场建设相应的消防、卫生、安全保卫等设施。

由于工程项目具有不可移动特性，因此，在遇到质量问题时，除了在现场返工修补外，不能像货物贸易那样采取退货的方式进行补救。对于严重的质量问题，如果无法修补返工，只能将工程项目拆除重建。这对于工程项目的参与各方，包括业主和承包商而言，都会造成难以估量的严重损失。工程项目的这一特性，决定了在工程项目设计和施工的各个环节，都应严格保证工程质量。

（2）履约时间——施工周期的长期性

与一般贸易交易的履约时间相比，工程项目的履约时间要长得多，特别是大型工程项目建设，有些长达数年或十多年，例如大型水电站工程、矿山工程、隧道工程、大型跨海大桥工程等。工程施工合同作为一种长期合同，履约时间长就会使不可预见的因素增多，因而工程项目合同的风险相应增大。在长达几年或者数年的施工过程中，物价的变动、工资的增长以及汇率的变化都会对工程成本产生较大的影响；而政治和经济因素的影响更是不可小视，工程项目可能会遇到资金来源的变化、政策调整的变化，还可能导致工程的中止或合同的终止。上述不可预见因素，均与工程项目的履约周期的长期性密不可分。

（3）履约过程的渐进性和连续性

除一次订货分批交货的情形外，在大多数情况下，货物贸易合同均是一次性交货即将合同义务履行完毕。与贸易交易不同，工程项目的履约过程是渐进的、连续的施工过程，并且需要按照一定的程序和步骤（工序）进行。以建筑工程施工合同为例，即使在业主完成建筑工程的初步设计和施工设计的情况下，承包商也需要先测量、放线、开挖基槽、回填土夯实、浇筑混凝土垫层、构筑地基（砌砖或钢筋混凝土），然后浇筑柱子、梁、砌墙、屋顶施工、安装电气系统、给水排水系统、门窗等渐进和连续地完成工程任务。这种渐进和连续性的履约，要求承包商事先进行周详和严密的计划和协调管理，执行科学和严格的监督与检验制度，还需合理的和可行的计价与付款方法等。施工周期长以及履约的渐进性和连续性的特征，还会导致业主和承包商在工期、质量、计量、检验、计价、付款等方面产生争议。如果争议得不到及时解决，还可能会导致工程拖延、经营亏损等一系列严重后果。

除具有上述工程项目的一般特性外，国际工程承包作为一国企业跨国承揽、建造和经营工程项目的经济活动，还具有其自身的特征：

（1）国际工程合同主体的国际性

与一国企业在其本国从事建筑业施工仅涉及本国业主和承包商不同，国际工程承包项目的合同主体具有国际性，工程合同的签约方属于不同国别或地区，业主是工程项目所在国的政府部门或私营部门，承包商可能来自非工程项目所在国的国家。例如，来自中国的某对外承包工程企业承揽了非洲某国的工程项目，非洲某国政府部门是工程项目的业主，而中国某对外承包工程企业是承包商。另外，业主还有可能聘请来自欧美某国的咨询顾问公司承担工程项目的监理工作，这就使得国际工程承包具有跨越一国国境的国际性质。

国际工程承包合同的签约隶属于不同的国家，可能会受不同法律制度的制约，也可能会产生法律冲突。这种制约和冲突不仅有程序方面的，还可能是实体法律方面的冲突。为了解决国际工程承包合同不同以致合同当事人之间可能产生的法律冲突，国际性的标准合同、工程合同，例如 FIDIC 合同体系，都规定了合同的适用法律问题。

除了国际工程项目合同主体的国际性外，对于大多数大型和复杂的国际工程项目而言，工程建设还可能涉及多个国家，例如工程所在国、承包商所在国、贷款金融机构、咨询设计、设备供货和安装、各类专业工程分包商以及劳务等都可能属于不同的国家。这些合同和协议并不一定适用于工程所在地法律，解决他们之间的争议并不一定都是采用同样的仲裁和司法程序。这一国际特性使得国际工程承包的法律关系变得极为复杂。

（2）货币和支付方式的多样性

与国内工程只有一种支付货币不同，国际工程承包合同使用了至少两种货币，例如，在国际金融组织贷款的工程项目中，除美元等硬通货币外，工程所在国还需要当地币配套资金用以支付工程款项。对承包商来说，可能还需要使用本国货币或其他第三国外币采购工程所需的材料和设备。工程承包的支付方式除了业主直接付款方式外，还可能使用支票、银行信用证、国际托收、银行汇付等不同方式。由于国际工程承包合同中业主支付货币的多样性，而国际工程项目施工周期又长达一年以上，因此，这就使得承包商处于货币汇率浮动和利率变化的复杂国际金融环境中。如何规避多种支付货币引起的汇率风险，成为国际工程承包企业必须面对的一个棘手的问题。

（3）国际政治、经济影响因素的权重明显增大

在国际工程承包项目中，除了工程本身的合同权利和义务外，工程项目还更多地受到了国际政治和经济形势变化的影响。国际工程项目可能会因为国际政治和经济形势变化，例如制裁、禁运等不得不中止；在广大的发展中国家，工程所在国的政治形势变化，例如内乱、战争、政变、派别斗争等而使工程施工中断的情况更非鲜见。国际工程项目的承包商不仅要关心工程自身的进度和质量问题，还应密切

关注工程所在国及其周边地区的动态和变化，采取必要的防范风险的应变措施。

（4）规范标准庞杂

国际工程都要求采用国际上被广泛接受的技术标准、规范和各种规程，或者工程所在国颁布的标准和规范，因此，承包商在不同的项目或不同的国家可能会遇到各种标准和规范。为了更好地适用国际工程项目的这一特性，承包商必须熟悉国际上常用的各种技术标准和规范，并使自己的施工技术和管理适用于国际标准、规范和有关惯例的要求。

3. 国际工程承包的分类

按照不同的使用目的，将国际工程承包项目依据不同的标准进行各种分类。在中国对外工程承包行业中，常见的分类包括：

（1）按照行业标准划分，可将国际承包工程划分为：

交通运输项目；

房屋建筑项目；

电力工业项目；

石油化工项目；

电子通信项目；

制造及加工项目；

供排水项目；

矿山建设项目；

环保项目；

其他项目。

（2）按照合同模式标准，可将国际工程项目划分为：

传统承包合同模式项目；

设计—采购—施工 EPC 合同项目和交钥匙工程项目；

BOT/PPP 投资项目。

（3）按照资金来源划分，可将国际工程划分为：

国际金融组织机构和外国政府贷款（中国政府贷款除外）项目；

当地政府自有资金和私人投资项目；

中国进出口银行和其他银行的出口信贷项目；

BOT/PPP 投资项目。

（4）按照发包方式划分，可将国际承包工程划分为：

招投标工程项目；

议标工程（通过直接谈判签订合同）项目。

为了便于阐述本书国际工程承包市场开发的主旨内容，将发包方式和资金来源划分标准相结合，国际承包工程项目划分标准如图 1-1 所示。

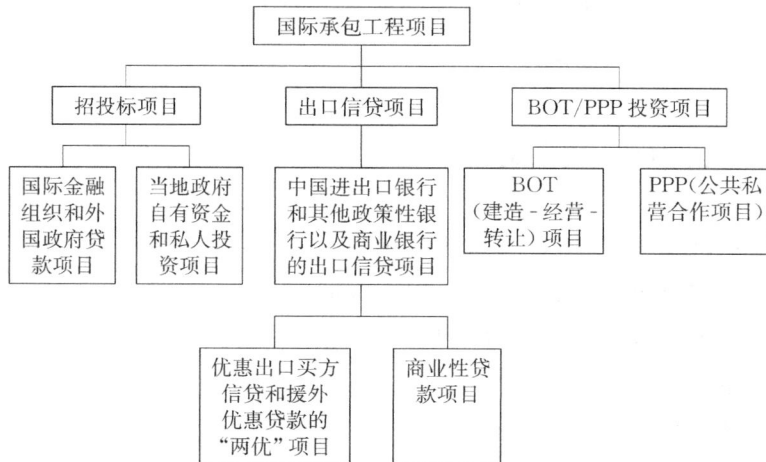

图 1-1　国际承包工程项目的分类

1.2　国际工程承包历史回顾

国际工程承包起源于何时何地，已经无法准确考证，但可以说，国际工程承包的产生和发展，是基于国际经济发展的客观需要。随着资本主义世界市场的形成，一切国家的生产和消费都具有世界性，各民族之间经济上的相互往来和相互依赖，逐渐取代了原来的闭关自守和自给自足的状态，这就使得一国企业可以跨越国境从事各种经济活动，也使得一国企业得以跨国从事工程建造活动。

一般而言，国际工程承包，或称建筑业的国际化经营，是随着资本的跨国输出而产生的。19 世纪中期，资本主义发达国家为了争夺生产原料和谋取最大利润，向其殖民地和经济不发达国家大量输出资本，建造工程项目，进行经济扩张，从而带动了建筑师和营造商进入了其投资国家的建筑市场。这些营造商一方面利用不发达国家和地区的廉价劳动力和廉价建筑材料赚取利润，另一方面，也客观上为这些不发达国家和地区带来了现代机械设备和施工技术以及工程承包的管理体制，形成了国际工程承包市场的雏形和初始格局。

国际工程承包市场的较大规模发展是在第二次世界大战之后。战后，为了恢复被战争破坏的家园，许多国家都投入巨资大兴土木，建设规模巨大，建筑业得到了蓬勃和迅猛的发展。但到了 20 世纪 50 年代中后期，一些发达国家在战后恢复时期发展起来的建筑工程公司和专业工程公司，因其国内建设市场萎缩而不得不转向国际市场。这时的国际资本也开始向不发达国家寻求原料资源，加上联合国开发机构和国际金融组织纷纷向发展中国家提供贷款和援助，国际工程承包市场又逐渐活跃起来。

对国际工程承包市场带来最大刺激和推动的是，20 世纪 70 年代中东石油的开采和发展。自 20 世纪 50 和 60 年代发现了中东地区丰富的石油蕴藏量之后，从 20 世纪 70 年代开始，许多西方大石油公司争相投资开采，使中东国家成为全世界瞩目的焦点。1973 年，世界石油价格大幅度上涨，中东产油国外汇收入剧增，石油美元的积累使中东国家有了雄厚的资金用来改变其长期落后的面貌。除了大力兴建油田、炼油厂和石化工厂外，中东产油国投入了巨额资金修建输油管道、港口、码头、公路、铁路、机场以及与石油相关的各类工业、能源和水源等项目。在过去人烟稀少的海滩和沙漠腹地建造起了一座座现代化的城市。20 世纪 70 年代的中东和北非地区，特别是海湾地区的产油国，每年的工程承包金额达数百亿美元。这些国家既缺少生产、设计和施工技术，又缺乏熟练的劳务，因此，各国的咨询设计、建筑施工和专业安装公司以及各类设备和材料的供应商云集于此，数百万外籍劳务也涌入中东，使这一地区成为国际工程承包商竞争角逐的中心。这一时期也成为国际工程承包历史上的黄金年代。

1981 年，中东建筑市场达到了繁荣的顶峰，其国际工程承包合同总金额达到了 800 多亿美元（未计算仅限于本国公司承包的项目），比 1980 年猛增 76.5%。但自 1982 年开始，国际市场石油滞销，石油价格回落，加上伊拉克和伊朗战争持续多年的影响，中东各国石油生产和出口大幅度下降，石油收入锐减，给中东各国经济发展带来了严重困难。随后的伊拉克和科威特战争，不仅导致油田破坏，而且战争开支庞大，中东各国不得不大力压缩发展项目，削减建设投资，放缓建设速度，使得繁荣了十多年的中东国际工程承包市场逐渐低落下来。

建筑业的兴衰总是与一国或地区的经济发展紧密联系的。在中东经济回落的80 年代中后期和 90 年代前期，东亚和东南亚地区利用外资的步伐加快，许多国家，例如新加坡、马来西亚、泰国、印度尼西亚、韩国等以及中国香港地区和中国台湾地区的经济增长率远远高于世界其他地区。发达国家积极将劳动密集型工业、可利用当地资源的项目以及可在当地占领销售市场的产品转移到这些国家和地区，从而进一步促进了这些国家和地区的经济繁荣，也带动了这些国家和地区基础设施的建设，使得这一地区成为最为繁荣的国际工程承包市场，其国际工程承包合同金额和所占比例远高于世界其他地区。

然而，好景不长。1997 年 2 月，以金融大鳄索罗斯领导的量子基金为首的国际游资以东南亚"四小虎"之一的泰国为突破口，在短短的半年多时间内，迫使泰铢从金融风暴之前的 26 泰铢兑换 1 美元，跌至 1998 年 1 月的 53.15 泰铢兑换 1 美元，银行倒闭、工厂停工、工人失业，整个泰国经济倒退了 10 年以上。在国际金融投机者对泰国发起的首战大胜后，国际游资又先后对马来西亚、印度尼西亚、菲律宾等国发起了历史上持续时间最长的金融风暴，使得这些国家出现了与泰国相似的悲惨结局，汇率大跌、经济倒退、政治动荡、政府更迭，人民生活水平大幅度下降。1997 年 10 月和 11 月国际游资将重心移至香港，从而将此次危机推入了一个新的阶段，演变成一次具有全球性质的区域性金融危机。在中国政府的大力支持下，香港成功击退了国际游资的冲击，渡过了难关。在这场亚洲金融危机中，韩国和日本国内金融局势出现了混乱，从而使这场始于泰国的金融风暴演变成为席卷整个亚洲的金融危机。亚洲金融危机的直接后果就是使得原本繁荣的东南亚经济出现了严重倒退，而相关的国际工程承包市场也陷入了低迷。

为抵御亚洲金融危机的冲击，保持经济快速发展势头，中国政府推出了经济刺激政策，大力发展交通基础设施、城市化建设、汽车、通信以及房地产业等，推动了中国建筑业的繁荣兴旺。随着中国加入世界贸易组织（WTO）和在更多的领域参与国际化分工，不仅使得中国工程承包市场在国际工程承包市场一枝独秀，还推动了中国在关键技术和领域的技术突破，在高速公路、大跨径桥梁、高速铁路、通信、制造业等处于世界领先地位，为中国企业在 21 世纪前 10 年取得国际工程承包事业的突飞猛进创造了条件，也为中国企业在未来国际工程承包市场的发展奠定了良好的基础。

在 21 世纪的前 10 年里，国际工程承包市场中不断有新成员的加入，如安哥拉、赤道几内亚等非洲国家。另外，20 世纪 80 年代末和 90 年代低迷的中东市场也出现了大幅度的反弹，这些都得益于世界市场上石油价格的一路飙升。在短短的几年里，石油价格从每桶 24 美元狂升至最高的每桶 145.7 美元，使得新兴产油国安哥拉、赤道几内亚等、北非产油国阿尔及利亚、拉丁美洲委内瑞拉、中东产油国阿拉伯联合酋长国、沙特阿拉伯、伊朗等国获得了超量的石油美元。这些石油美元投入了建筑业市场，使得这些市场出现了空前的繁荣。这一时期，代表性的建筑当属阿拉伯联合酋长国迪拜建设的世界第一高楼、世界上唯一的七星级酒店阿拉伯塔、人工填海修建的棕榈岛等项目。

世界经济总是在波峰波谷之间循环往复，与经济发展密切相关联的建筑业亦是如此。当亚洲度过了 1997 至 1998 年金融危机后，在 21 世纪前 10 年开始复苏和发展，而欧美等发达国家经济体经济一片向好的时候，2008 年，美国次贷危机的爆发，使得美国家陷入了空前的金融和经济危机之中。这场始于美国"次级贷款"的危机，很快便转变为欧美等国的金融危机，并演变成席卷全球的经济危机，世界石油价格高台跳水，股价暴跌，信贷紧缩，经济持续低迷，工程被迫停工。随后出现了欧洲有些国家的主权债务危机，如冰岛、希腊等国。虽然美国、欧洲、日本等主要经济体纷纷出台高达数千亿美元的救市和经济刺激政策，但在金融危机爆发后的两年之后，欧美、日本等国仍然是失业率高居不下，经济发展停滞不前。欧美等国的建筑业也跌入了低谷之中。

2011 年，以美国为首的西方国家在利比亚发动了推翻卡扎菲政权的战争，此次战争导致原本利好的利比亚建筑市场彻底崩溃。中国对外工程承包企业在利比亚的 5 年期间积累起的新签合同额第一的位置从此不再。在战争爆发期间，中国企业撤出了大约 35000 名工程管理人员和中国劳务，在利比亚的机械设备和车辆等设备和物资损失殆尽后，利比亚政府应付工程款成为坏账。

2015 年，国际石油价格从每桶约 100 美元的高位大幅跳水至每桶 40～50 美元，使得那些依靠石油经济的国家陷入石油收入大幅缩水，经济一蹶不振的局面，从而导致这些国家的建筑市场严重萎缩，支付能力下降。有些国家更是陷入政治动荡之中，如委内瑞拉，中国对外工程承包市场份额跌至谷底，项目被迫停止。

与欧美等国建筑业陷入低迷状态不同，亚洲、非洲、拉丁美洲的建筑业市场仍然是国际工程承包市场的亮点，国际工程发包额呈现上升的态势，但在欧美经济危机和石油价格低迷的大背景下，全球市场仍然充满不确定性。

1.3　中国对外工程承包业务的发展

1. 中国对外工程承包业务发展概况

中国对外经济合作源于新中国开始的对外提供经济技术援助项目。对外经济技术合作项目的实施，为后来我国企业参与国际竞争，进入工程承包市场提供了有利的条件并打下了坚实的基础。

1979 年，中国政府正式批准了中国建筑工程公司、中国公路桥梁工程公司、中国土木工程公司和中国成套设备出口公司四家企业成为第一批对外承包工程公司，率先开展对外工程承包业务。1978 年—1982 年，我国对外承包工程累计签订合同额 8 亿美元，完成营业额 3.2 亿美元，业务发展到西亚和非洲等 45 个国家和地区。1983 年—1989 年，我国对外承包工程业务得到了稳步发展，业务范围扩大到 130 多个国家和地区。1989 年享有对外承包工程经营权的企业达到 88 家，经营队伍得到了充实。

进入 20 世纪 90 年代后，受海湾战争和东南亚经济危机的影响，我国对外工程承包事业受到了一定的影响。但在主管部门的引导下，我国企业不断调整市场结构，扩大业务领域，对外承包业务在调整中继续稳步发展。

2000 年，根据国内外形势的发展变化，党中央从我国发展全局和战略的高度提出了实施"走出去"的战略。2013 年，中国政府提出了"一带一路"倡议，为中国对外承包工程事业的进一步壮大和发展提供了战略机遇期。

自 21 世纪伊始，我国对外工程承包事业走上了快速发展的轨道，从 2000 年新签合同额 117 亿美元，完成营业额 84 亿美元，快速增长到 2009 年新签合同额 1262 亿美元，完成营业额 777 亿美元，与 2000 年相比，新签合同额增长了 9.77 倍，完成营业额增长了 8.27 倍，年均增长率达到了 30%。2015 年我国对外承包工程企业新签合同额 2100 亿美元，完成营业额 1540 亿美元，同比增长 6.5%。截至 2015 年底，中国对外承包工程业务累计签订合同额 15717 亿美元，完成营业额 10892 亿美元。

2001 年至 2015 年中国对外承包工程走势如图 1-2 所示。

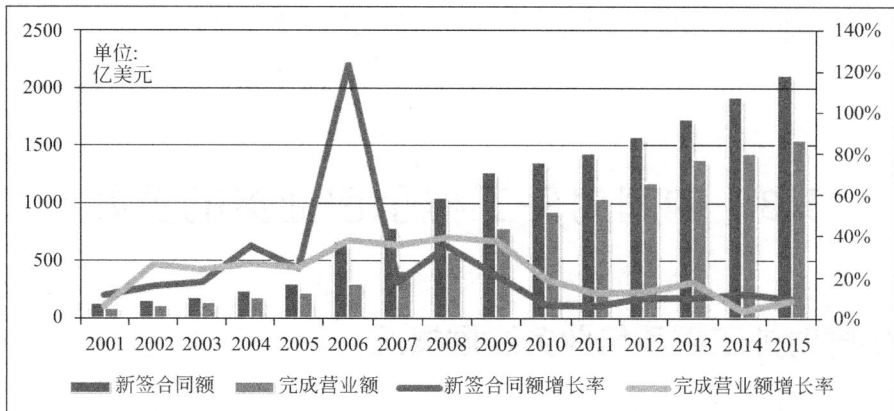

图 1-2　2001 年至 2015 年中国对外承包工程走势

2006 年至 2015 年中国对外承包工程企业新签合同额和完成营业额情况见表 1-1。

2006 年至 2015 年中国对外承包企业新签合同额和完成营业额   表 1-1

年　份	新签合同额(亿美元)	完成营业额(亿美元)
2006	660	300
2007	747	332
2008	1046	566
2009	1262	777
2010	1344	922
2011	1423	1034
2012	1565	1166
2013	1716	1371
2014	1918	1424
2015	2100	1540

2015 年，中国对外承包工程企业新签合同额首次突破 2000 亿美元，标志着中国对外承包工程企业的发展迈上了新的台阶。

2. 中国对外承包工程区域市场

（1）亚洲市场

2015 年，中国对外承包工程企业在亚洲新签合同额 897.5 亿美元，同比增长 6.6％。亚洲仍为中国承包工程企业第一大的海外市场。

2015 年中国对外承包工程企业在亚洲地区业务分布比率见表 1-2。

中国对外承包工程企业亚洲地区业务分布   表 1-2

地　区	新签合同额	完成营业额
东南亚	40.5％	38.7％
南亚	22.0％	16.4％
西亚	23.7％	27.3％
中亚	4.7％	7.0％
东亚	9.1％	10.6％

注：资料来源，中国对外承包工程发展报告 2015—2016。

（2）非洲市场

2015 年中国对外承包工程企业在非洲新签合同额 762.8 亿美元，完成营业额 548.3 亿美元。非洲市场新签合同额和完成营业额分别占中国在海外市场业务的 36.3% 和 35.6%，占据中国对外承包工程市场第二位。

2015 年，中国对外承包工程非洲市场区域业务分布比率见表 1-3。

2015 年中国对外承包工程非洲区域业务分布比率   表 1-3

地　区	新签合同额	完成营业额
北非	19.6%	24.8%
东非	17.6%	25.0%
南部非洲	25.2%	19.0%
西非	22.9%	16.3%
中非	14.7%	14.9%

注：资料来源，中国对外承包工程发展报告 2015—2016。

（3）欧洲、美洲、大洋洲和拉丁美洲市场

中国对外承包工程企业在欧洲、美洲、大洋洲和拉丁美洲市场份额较小，占 2015 年中国对外承包市场份额的 21%。2015 年中国对外承包工程企业在欧洲、美洲、大洋洲和拉丁美洲新签合同额和完成营业额的情况见表 1-4。

2015 年中国对外承包工程企业在欧洲、美洲和大洋洲市场情况   表 1-4

地　区	新签合同额（亿美元）	完成营业额（亿美元）
欧洲	122.2	87.8
美洲	57.1	28.1
大洋洲	79.9	22.2
拉丁美洲	181.6	164.0
合计	440.8	302.1

3. 中国对外承包工程企业在国际工程承包市场的发展趋势

（1）中国对外承包工程企业整体实力增强，具有一定的国际竞争力

自 1979 年中国对外承包工程企业进入国际工程承包市场的 30 年来，中国对外工程承包企业发展规模不断提升，队伍不断壮大。2008 年以来，中国中铁股份有限公司、中国铁道建筑总公司、中国建筑股份有限公司、中国交通建设集团有限公司、中国冶金科工集团共 5 家企业入选《财富》杂志 500 强。在过去 30 年来，中国企业入选 ENR 世界最大 225 家承包商的数量逐年增多，2016 年有 65 家中国对外承包工程企业入选，见表 1-5。

1981 年至 2016 年中国对外承包工程企业入选 225 家最大国际承包商数量

表 1-5

年　份	入选中国企业数量	当年营业总额(亿美元)
1981	1	0.59
1991	4	7.92
2001	39	51.60
2002	43	71.29
2003	47	83.33
2004	49	88.30
2005	46	100.70
2007	49	162.92
2008	50	226.95
2009	50	356.30
2010	54	505.73
2011	50	356.30
2012	52	646.89
2013	55	666.90
2014	62	790.13
2015	65	897
2016	65	946.2

2016 年中国企业入围 ENR250 最大国际承包商的 65 家中的前 30 家企业见表 1-6。

2016 年 ENR250 最大国际承包商的前 30 名中国企业名单　　　表 1-6

编　号	ENR250 最大国际承包商排名			企 业 名 称
	2014	2015	2016	
1	9	5	3	中国交通建设集团有限公司
2		11	11	中国电力建设集团有限公司
3	20	17	14	中国建筑工程总公司
4	28	23	20	中国中铁股份有限公司
5	25	27	23	中国机械工业集团有限公司
6	51	44	45	中国葛洲坝集团有限公司
7	68	49	49	中国冶金科工集团有限公司
8	39	58	55	中国铁建股份有限公司

续表

编　号	ENR250 最大国际承包商排名			企　业　名　称
	2014	2015	2016	
9	46	52	58	中信建设有限责任公司
10	71	47	60	中国土木工程集团有限公司
11	82	76	67	中国化学工程股份有限公司
12	63	64	68	中国石油管道局工程有限公司
13	84	74	74	中国水利电力对外公司
14	89	84	75	中石化炼化工程(集团)有限公司
15	98	81	77	青建集团股份公司
16	76	66	84	中国石油工程建设有限公司
17			88	哈尔滨电气国际工程有限责任公司
18	85	93	92	中国通用技术(集团)控股有限责任公司
19	126	137	95	江苏国际建设有限公司
20	93	86	97	中地海外集团公司
21	139	112	103	中国江西国际经济技术合作公司
22	164	115	104	威海国际经济技术合作股份有限公司
23	129	100	105	上海建工股份有限公司
24	79	72	107	中国东方电气集团有限公司
25	149	110	109	中国中原对外工程有限公司
26	154	129	111	中煤建设集团工程公司
27			112	中国北方国际经济技术开发集团有限公司
28	128	109	115	北京建工集团有限责任公司
29	130	118	116	新疆兵团建工有限公司
30	180	146	117	浙江省建设投资集团有限公司

（2）业务规模扩大，保持高速增长

自 2000 年以来，中国对外承包工程企业在国际工程承包市场的业务规模不断扩大，并保持高速增长的态势。2001 年—2009 年，中国对外承包工程企业新签合同额和完成营业额年均增长率约为 30%，新签合同额也从 2000 年的 117 亿美元，完成营业额 84 亿美元，增加到 2016 年的新签合同额 2440 亿美元，完成营业额 1594 亿美元。

（3）大项目增长迅速

2011 年—2015 年，中国对外承包企业新签大型目的数量和金额呈快速增长的态势，见表 1-7。

2011 年至 2015 年中国对外承包企业新签大项目数量统计表　　表 1-7

年份	新签合同额 5000 万美元以上项目				新签合同额 1 亿美元以上项目			
	项目（个）	合同额（亿美元）	同比（%）	占比（%）	项目（个）	合同额（亿美元）	同比（%）	占比（%）
2011	491	1096.5	5.0	77.0	258	932.7	5.5	64.9
2012	580	1244.6	13.5	79.5	324	1064.1	14.1	68.0
2013	684	1344.0	8.0	78.3	390	1134.5	6.6	66.1
2014	662	1578.2	17.4	82.3	365	1357.8	19.7	70.8
2015	721	1758.5	11.4	83.7	434	1558.5	14.8	74.2

（4）参与国际工程业务的企业增多，业务集中程度呈下降趋势

1979 年，中国对外承包工程企业仅有 4 家，1989 年，中国对外承包工程企业增加为 88 家。统计数字表明，截至 2015 年底，中国享有对外工程承包经营权资质的企业已达 4140 家。预计，在中国政府实行对外承包工程企业备案制后，参与国际工程市场的企业将会大幅度增加。2006 年，排名前 50 位的中国对外承包工程企业新签合同额占 2006 年新签合同总额的 81.5%，2007 年占 78.2%，2008 年占 74.6%。2009 年，中国对外工程承包企业新签合同额为 1262 亿美元，其中前 50 家企业新签合同额为 956 亿美元，占 2009 年新签合同额的 76%，其余企业新签合同额为 306 亿美元，占 2009 年新签合同额的 24%。2015 年新签合同额排名前 50 位的企业新签合同总额为 1489.5 亿美元，占全行业的比重为 71%，集中度较 2014 年下降 4%，延续了下降的趋势，这表明参与国际承包工程业务的中国企业增多。

在完成营业额方面，2006 年排名前 50 位的中国对外承包工程企业完成营业额占当年全行业比重为 69.9%，2007 年占 67.5%，2008 年占 66.7%，2009 年占 65.33%。2015 年，完成营业额排名前 50 位的企业累计完成营业额 849.1 亿美元，占全行业的比重下降为 55.1%。从长期看，整体呈下降趋势。

（5）形成了多元化的市场和业务格局

经过 30 多年的努力，中国对外工程承包企业在国际工程承包市场上已在亚洲和非洲市场站稳了脚跟，也登上了欧洲、北美、拉丁美洲和大洋洲的国际工程承包市场。中国对外承包工程业务领域也从单纯的建筑和土建工程扩大到石油化工、制造加工、电子通信、环保、矿山建设等诸多领域，形成了多元化的市场和业务格局。

（6）设计—采购—施工（EPC）、交钥匙、建营一体化等总承包项目逐年增多

中国对外工程承包企业已从 20 世纪 80 年代和 90 年代的业主提供设计、承包商照图施工的承包方式向设计—采购—施工（EPC）、交钥匙合同和建营一体化项目转变。这一发展趋势主要得益于中国在高速公路、高速铁路、大跨径桥梁、通信、石油化工以及设备制造和加工等领域的技术突破和领先，为中国对外承包工程企业在海外承揽大型和综合性项目奠定了基础。

（7）加大对外投资力度，探索 BOT/PPP 等投资和融资项目

进入 21 世纪以来，中国对外工程承包业务正经历着从起步走向成熟、从低端市场走向高端市场、从成本优势型转向资本技术和管理优势型发展的重要阶段。近些年来，中国对外承包工程企业发挥自身优势，开发和实施了 BOT 和 PPP 等特许经营性质的投资类工程项目，开展对外投资业务，探索转变传统承包方式的升级之路。

在这种大背景下，中国对外承包工程企业积极摸索和探讨以 BOT 和 PPP 方式对外直接投资。目前，我国对外承包工程企业对外投资领域主要集中在矿产资源类、水电站、高速公路、水处理场等大型基础设施项目，BOT/PPP 项目的实施成为中国企业扩大国际工程市场份额和转型升级的新动力。

（8）"一带一路"、产能合作等政策措施催生新的业务增长点

"一带一路"倡议作为新时期开放型经济的顶层设计，为中国对外承包工程业务的发展提供了新的发展战略机遇期，主要表现在：

①"一带一路"将促进沿线国家推动基础设施互联互通和国际大通道建设，沿线国家铁路、公路、港口、码头、机场等领域建设规模进一步扩大；

②能源资源合作、建设国际经济合作走廊、共建产业集聚区、推动建立当地产业体系成为中国对外承包工程业务领域扩展的新机遇；

③优势装备优质产能加快出海，合作布局加快形成，推进合力持续增强，资金支持明显增多；

④国际产能合作为中国企业在全球化视野下实现资源的优化配置提供了新思路。为推动国际产能合作，中国政府已与 17 个国家开展了机制化的双边产能合作，搭建了对外工作平台；

⑤金融机制创新为大项目的运作提供了新助力。为促进"一带一路"及国际产能合作项目发展，中国政府筹建了丝路基金、推动设立亚洲基础设施投资银行和金砖国家开发银行。针对融资瓶颈的突出难题，中国政府积极完善财税支持政策，发挥优惠贷款作用，拓宽外汇储备使用渠道，增强开发性金融和政策性银行服务能力，在强化出口信用的保险作用的基础上，持续加

大资金支持力度。

1.4 中国对外工程承包业务面临的主要问题

尽管在过去三十多年里中国对外承包工程企业取得了优异的成绩，但在国际工程承包市场经营过程中，中国对外承包工程企业仍暴露了不少弱点和问题。

1. 市场层面

在国际工程承包市场上，中国对外承包工程企业面临的主要市场问题包括：

（1）业务主要集中在劳动密集型、低端的施工行业

除了石油化工、电子通信、电力等专业领域外，中国对外承包企业大多集中在劳动密集型、低端的施工行业，包括房屋建筑和交通运输行业，加上国际工程承包市场竞争日趋激烈，使得有些对外承包工程企业步履维艰，经营困难。

（2）市场过于集中，同质竞争、恶性竞争现象突出

由于中国对外承包工程企业数量众多，对外工程承包业务主要集中在亚洲和非洲两个地区，中国对外工程承包企业在某一个国家同时有几十家的现象比比皆是，例如肯尼亚、坦桑尼亚和埃塞俄比亚等国。由于国别承包工程份额不大，市场狭小，出现了几家、甚至十几家中国对外承包工程企业同时竞投一个工程项目的现象，这必然导致企业之间竞相压价、恶性竞争现象时有发生。

中国企业因技术壁垒、项目经验、国际认可度等原因，疏于对发达国家的市场开拓，导致中国企业市场过于集中，同质化竞争白热化和过度化，价格战频发。

（3）低价标、亏损标时有出现

由于国际工程承包市场竞争激烈，多家中国对外承包工程企业同时竞投一个工程项目，有些企业为了获得项目，采用了低价中标的策略，这必然导致项目经营和管理的困难。

（4）行业协同缺乏

中国企业通常在交通、房建和电力领域具有较强的竞争力，但缺乏多行业间协同能力，这对市场的深度开发造成不利影响。

（5）市场开拓模式单一

中国企业通常以承接政府投资和国际性金融投资项目为主，主要依托中国政府的两优贷款，并以非市场化的代理商模式为主，市场化竞标能力较弱。

（6）缺乏国际化的经营理念和人才

除大型对外承包工程企业和长期从事国际工程承包业务的企业经过多年努力，积累了一定的经验、资产和人力资源外，我国大多数从事国际工程承包的企业缺乏国际化经营和管理清晰的战略、经验和理念，更缺乏具有国际工程承包经验的人才。

2. 企业层面

（1）对外承包工程企业国际化水平偏低

从中国企业的海外营业额占营业额的比重来看，中国对外承包工程企业的平均业务国际化水平仍然较低，与世界平均水平差距较大。2008 年至 2015 年，50家入选 ENR250 最大国际承包商的中国企业的平均值约为 16.3%，而 2008 年至 2015 年，ENR250 家全球最大国际承包商海外业务的比例约为 40%。中国对外承包工程企业国际化的道路仍任重道远。

2015 年各国承包商国际营业额与本国建筑产值对比情况见表 1-8。

2015 年各国承包商国际营业额与本国建筑产值对比   表 1-8

2015 年入选企业	美国	英国	法国	德国	西班牙	土耳其	韩国	日本	中国
国际营业额（亿美元）	594	72.8	513.7	143.5	684	292.7	370.5	218	896.7
建筑业产值（亿美元）	6527	1664	1451	1618	719	365	636	2792	6884
比值	9.1%	4.4%	35.4%	8.9%	95.1%	80.3%	58.3%	7.8%	13.0%

（2）企业规模偏小，分散经营

虽然近些年来在国有资产管理委员会的主导下组建了大型对外承包工程企业，但有些新组建的大型国有企业海外经营方针和策略尚未明确，在实际的海外经营和操作过程中，这些大型企业的大多数二级公司仍然处于独立经营、分散经营的状态，这就使得大型国有企业的规模和实力无法在国际工程承包市场上施展。事实上，众多的大型集团企业的二级公司和各省市的对外工程承包企业规模偏小，使得本来就十分有限的资金和人才更为分散，必然导致效率低、效益差、经营管理水平难以提高等问题。

（3）自有资金短缺，融资能力薄弱

受制于我国对外工程承包企业规模较小的现状，许多对外工程承包企业自有资金短缺，负债较高，流动资金周转困难，有些企业甚至无法开具项目所需的银行保函。许多企业对于带资承包、延期付款工程、BOT/PPP 投资项目采取回避态度，对于大型工程项目更是不敢问津。

（4）设计—采购—施工 EPC 总承包整合能力较弱

随着中国对外承包工程企业设计—采购—施工 EPC 项目的增多，对于大多数对外工程承包企业来说，如何控制 EPC 总承包项目的设计、采购和施工环节，有效控制和管理 EPC 项目带来的巨大风险，成为中国对外承包工程企业面临的共同难题。

3. 项目管理层面

（1）分包企业实力较弱，人员、资金、设备和国际经验缺乏，造成部分项目执行不力

由于历史的原因，许多中国对外工程承包企业属于管理型的企业，企业自身没有施工能力和施工队伍，仍然是在中标后将项目转包或分包给国内的施工企业进行施工，由负责施工的企业自负盈亏、自主经营。但有些分包企业实力较弱，缺乏人员、资金和设备，更缺乏国际工程承包项目的经验和认识，造成了有些海外工程项目执行不力的情况发生。

（2）前方项目管理与后方总部管理脱节

在有些工程项目中，出现了前方项目的人员、资金、设备的调配与后方总部管理之间的脱节的现象，造成项目进度缓慢、滞后，甚至出现亏损的情况。

（3）前期拖、中期赶、后期抢的现象时有发生

在某些工程项目中，由于总分包关系不明确，施工企业实力较弱，项目人员、设备、资金无法在前期及时到位，造成了某些项目前期拖拉，进度缓慢，工期过半只完成 10% 或 20% 的情况。为了避免业主扣除误期损害赔偿费，挽回企业形象，迫不得已，只好采用不计成本的赶工措施，造成项目亏损。

（4）不熟悉国外的施工技术规范和要求

在国际承包工程项目中，由于使用的技术规范既有国际认可的标准和规范，也有工程所在国的技术标准和规范，因此，熟悉国外的技术规范和施工要求成为国际工程承包企业必须掌握的知识和能力。但我国大多数工程承包企业不熟悉国

外的技术规范和施工要求，给项目管理和施工带来了诸多麻烦，妨碍了中国对外承包工程企业国际化的进程。

（5）合同管理环节薄弱、索赔意识淡薄

中国对外承包工程企业重技术、重施工，轻合同管理、索赔意识淡薄的现象是一个普遍存在的问题。合同管理环节薄弱主要体现在日常合同管理松散，文件信函管理散乱，与业主和监理工程师的交流不畅、对合同条款理解肤浅，无法正确区分承包商自己的权利和义务等。索赔意识淡薄主要体现在无法区分索赔事件、是否有权索赔工期和费用、没有按照合同规定的时间递交索赔意向通知，致使丧失了索赔权利，或者在日常管理中不注意搜集和整理支持索赔的文件和信函等证据，致使无法编制令人信服的索赔报告等。

中国企业在国际工程项目中没有按照合同的规定发出索赔通知的主要问题是：

1）项目经理部合同管理制度普遍缺失或执行不到位和形同虚设，文件管理混乱，短缺或丢失现象严重；

2）项目经理和项目经理部管理人员合同意识淡薄，意识不到在引起索赔事件发生后 28 天内发出索赔通知是构成索赔的前提条件，在没有发出时将丧失索赔权利。个别项目经理心存害怕得罪业主的心态，在索赔事件发生时，不敢递交索赔通知，一厢情愿地或想当然地认为递交索赔通知将得罪业主；

3）项目经理部人员更换频繁，缺乏必要的文件交接手续，加上没有执行文件管理制度，导致部分文件丢失，包括进口设备进关文件和文件原件等；

4）在发生引起索赔的事件后，在给监理工程师的信函中，仅描述事件的经过，而没有在信函标题表明索赔通知或索赔意向通知，或没有在信函末尾表明索赔的意向，没有任何"索赔（Claim）"文字，导致此类函件不能被认定是索赔通知。埃塞俄比亚多个公路项目的大部分信函均属于这种情形；

5）对某些事件，如变更、技术问题等缺乏预见性，不能意识到此类事件将导致工期的延误或额外费用，未能发出索赔通知或索赔意向。但当此类事件对工期和费用的影响逐渐显现时，由于未能按照合同规定发出索赔通知，而业主和监理工程师严格执行合同有关索赔通知的规定，导致承包商索赔权利的丧失。

（6）海关、对外账和税务问题突出

在某些项目中，由于项目负责设备和材料的人员责任心不强，设备和材料的清关手续不健全，导致项目竣工时设备无法再出口或无法在工程所在国处理的情况发生。在对外会计账目和税务方面，由于不熟悉工程所在国的会计制度和税法规定，导致无法按时完成年度对外会计账目审核，或被工程所在国税务部门课罚巨额税款的情况。

中国对外承包工程企业进入国际工程承包市场只有短短的三十多年的历史，我国对外承包工程事业尚处于起步和初级阶段，中国对外承包工程企业尚需在市场营销、企业管理、项目管理方面改进和提高，任重道远。

1.5 "一带一路"倡议与中国对外工程承包市场的发展

1. "一带一路" 倡议

2015年3月28日，经国务院授权，国家发改委、外交部和商务部联合发布了《推动共建丝绸之路经济带和21世纪海上丝绸之路的愿景与行动》，对外正式公布中国的"一带一路"倡议的内容。

倡议指出，进入21世纪，在以和平、发展、合作、共赢为主题的新时代，面对复苏乏力的全球经济形势，纷繁复杂的国际和地区居民，传承和弘扬丝绸之路精神更显重要和珍贵。2013年9月10日，在习近平主席出访中亚和东南亚期间，先后提出共建"丝绸之路经济带"和"21世纪海上丝绸之路"（简称"一带一路"）的重大倡议，得到国际社会高度关注。"一带一路"建设是一项系统工程，要坚持共商、共建、共享原则，积极推进沿线国家发展战略的相互对接。为推进实施"一带一路"重大倡议，让古丝绸之路焕发新的生机活力，以新的形式使亚欧非各国联系更加紧密，互利合作迈向新的历史高度。

"一带一路"建议恪守共建原则：

（1）恪守联合国宪章的宗旨和原则。遵守和平共处五项原则，即尊重各国主权和领土完整、互不侵犯、互不干涉内政、和平共处、平等互利。

（2）坚持开放合作。"一带一路"相关的国家基于但不限于古代丝绸之路的范围，各国和国际、地区组织均可参与，让共建成果惠及更广泛的区域。

（3）坚持和谐包容。倡导文明宽容，尊重各国发展道路和模式的选择，加强不同文明之间的对话，求同存异、兼容并蓄、和平共处、共生共荣。

（4）坚持市场运作。遵循市场规律和国际通行规则，充分发挥市场在资源配置中的决定性作用和各类企业的主体作用，同时发挥好政府的作用。

（5）坚持互利共赢。兼顾各方利益和关切，寻求利益契合点和合作最大公约数，体现各方智慧和创意，各施所长，各尽所能，把各方优势和潜力充分发挥出来。

"一带一路"的框架思路是：

（1）"一带一路"是促进共同发展、实现共同繁荣的合作共赢之路，是增进理解信任、加强全方位交流的和平友谊之路。中国政府倡议，秉持和平合作、开放包容、互学互鉴、互利共赢的理念，全方位推进务实合作，打造政治互信、经济融合、文化包容的利益共同体、命运共同体和责任共同体。

（2）"一带一路"贯穿亚欧非大陆，一头是活跃的东亚经济圈，另一头是发达的欧洲经济圈，中间广大腹地国家经济发展潜力巨大。丝绸之路经济带重点畅通中国经中亚、俄罗斯至欧洲（波罗的海）；中国经中亚、西亚至波斯湾、地中海；中国至东南亚、南亚、印度洋。21世纪海上丝绸之路重点方向是从中国沿海港口过南海到印度洋，延伸至欧洲；从中国沿海港口过南海到南太平洋。

（3）根据"一带一路"走向，陆上依托国际大通道，以沿线中心城市为支撑，以重点经贸产业园区为合作平台，共同打造新亚欧大陆桥、中蒙俄、中国-中亚-西亚、中国-中南半岛等国际经济合作走廊；海上以重点港口为节点，共同建设通畅、安全、高效的运输大通道。中巴、孟中印缅两个经济走廊与推进"一带一路"建设关联紧密，要进一步推动合作，取得更大进展。

（4）"一带一路"建设是沿线各国开放合作的宏大经济愿景，需各国携手努力，朝着互利互惠、共同安全的目标相向而行。努力实现区域基础设施更加完善，安全高效的陆海空通道网络基本形成，互联互通达到新水平；投资贸易便利化水平进一步提升，高标准自由贸易区网络基本形成，经济联系更加紧密，政治互信更加深入；人文交流更加广泛深入，不同文明互鉴共荣，各国人民相知相交、和平友好。

"一带一路"合作重点是：

沿线各国资源禀赋各异，经济互补性较强，彼此合作潜力和空间很大。以政策沟通、设施联通、贸易畅通、资金融通、民心相通为主要内容，重点在以下方面加强合作：

政策沟通。加强政策沟通是"一带一路"建设的重要保障。加强政府间合作，积极构建多层次政府间宏观政策沟通交流机制，深化利益融合，促进政治互信，达成合作新共识。沿线各国可以就经济发展战略和对策进行充分交流对接，共同制定推进区域合作的规划和措施，协商解决合作中的问题，共同为务实合作及大型项目实施提供政策支持。

设施联通。基础设施互联互通是"一带一路"建设的优先领域。在尊重相关国家主权和安全关切的基础上，沿线国家宜加强基础设施建设规划、技术标准体系的对接，共同推进国际骨干通道建设，逐步形成连接亚洲各次区域以及亚欧非之间的基础设施网络。强化基础设施绿色低碳化建设和运营管理，在建设中充分考虑气候变化影响。

抓住交通基础设施的关键通道、关键节点和重点工程，优先打通缺失路段，畅通瓶颈路段，配套完善道路安全防护设施和交通管理设施设备，提升道路通达水平。推进建立统一的全程运输协调机制，促进国际通关、换装、多式联运有机衔接，逐步形成兼容规范的运输规则，实现国际运输便利化。推动口岸基础设施建设，畅通陆水联运通道，推进港口合作建设，增加海上航线和班次，加强海上物流信息化合作。拓展建立民航全面合作的平台和机制，加快提升航空基础设施水平。

加强能源基础设施互联互通合作，共同维护输油、输气管道等运输通道安全，推进跨境电力与输电通道建设，积极开展区域电网升级改造合作。

共同推进跨境光缆等通信干线网络建设，提高国际通信互联互通水平，畅通信息丝绸之路。加快推进双边跨境光缆等建设，规划建设洲际海底光缆项目，完善空中（卫星）信息通道，扩大信息交流与合作。

贸易畅通。投资贸易合作是"一带一路"建设的重点内容。宜着力研究解决投资贸易便利化问题，消除投资和贸易壁垒，构建区域内和各国良好的营商环境，积极同沿线国家和地区共同商建自由贸易区，激发释放合作潜力，做大做好合作"蛋糕"。

沿线国家宜加强信息互换、监管互认、执法互助的海关合作，以及检验检疫、认证认可、标准计量、统计信息等方面的双多边合作，推动世界贸易组织《贸易便利化协定》生效和实施。改善边境口岸通关设施条件，加快边境口岸"单一窗口"建设，降低通关成本，提升通关能力。加强供应链安全与便利化合作，推进跨境监管程序协调，推动检验检疫证书国际互联网核查，开展"经认证的经营者"（AEO）互认。降低非关税壁垒，共同提高技术性贸易措施透明度，提高贸易自由化便利化水平。

拓宽贸易领域，优化贸易结构，挖掘贸易新增长点，促进贸易平衡。创新贸易方式，发展跨境电子商务等新的商业业态。建立健全服务贸易促进体系，巩固和扩大传统贸易，大力发展现代服务贸易。把投资和贸易有机结合起来，以投资带动贸易发展。

加快投资便利化进程，消除投资壁垒。加强双边投资保护协定、避免双重征税协定磋商，保护投资者的合法权益。

拓展相互投资领域，开展农林牧渔业、农机及农产品生产加工等领域深度合作，积极推进海水养殖、远洋渔业、水产品加工、海水淡化、海洋生物制药、海洋工程技术、环保产业和海上旅游等领域合作。加大煤炭、油气、金属矿产等传统能源资源勘探开发合作，积极推动水电、核电、风电、太阳能等清洁、可再生能源合作，推进能源资源就地就近加工转化合作，形成能源资源合作上下游一体化产业链。加强能源资源深加工技术、装备与工程服务合作。

推动新兴产业合作，按照优势互补、互利共赢的原则，促进沿线国家在新一代信息技术、生物、新能源、新材料等新兴产业领域的深入合作，推动建立创业投资合作机制。

优化产业链分工布局，推动上下游产业链和关联产业协同发展，鼓励建立研发、生产和营销体系，提升区域产业配套能力和综合竞争力。扩大服务业相互开放，推动区域服务业加快发展。探索投资合作新模式，鼓励合作建设境外经贸合作区、跨境经济合作区等各类产业园区，促进产业集群发展。在投资贸易中突出生态文明理念，加强生态环境、生物多样性和应对气候变化合作，共建绿色丝绸之路。

中国欢迎各国企业来华投资。鼓励本国企业参与沿线国家基础设施建设和产业投资。促进企业按属地化原则经营管理，积极帮助当地发展经济、增加就业、改善民生，主动承担社会责任，严格保护生物多样性和生态环境。

资金融通。资金融通是"一带一路"建设的重要支撑。深化金融合作，推进亚洲货币稳定体系、投融资体系和信用体系建设。扩大沿线国家双边本币互换、结算的范围和规模。推动亚洲债券市场的开放和发展。共同推进亚洲基础设施投资银行、金砖国家开发银行筹建，有关各方就建立上海合作组织融资机构开展磋商。加快丝路基金组建运营。深化中国-东盟银行联合体、上合组织银行联合体务实合作，以银团贷款、银行授信等方式开展多边金融合作。支持沿线国家政府和信用等级较高的企业以及金融机构在中国境内发行人民币债券。符合条件的中国境内金融机构和企业可以在境外发行人民币债券和外币债券，鼓励在沿线国家使用所筹资金。

加强金融监管合作，推动签署双边监管合作谅解备忘录，逐步在区域内建立高效监管协调机制。完善风险应对和危机处置制度安排，构建区域性金融风险预警系统，形成应对跨境风险和危机处置的交流合作机制。加强征信管理部门、征信机构和评级机构之间的跨境交流与合作。充分发挥丝路基金以及各国主权基金作用，引导商业性股权投资基金和社会资金共同参与"一带一路"重点项目建设。

民心相通。民心相通是"一带一路"建设的社会根基。传承和弘扬丝绸之路友好合作精神，广泛开展文化交流、学术往来、人才交流合作、媒体合作、青年和妇女交往、志愿者服务等，为深化双多边合作奠定坚实的民意基础。

为扩大相互间留学生规模，开展合作办学，中国每年向沿线国家提供1万个政府奖学金名额。沿线国家间互办文化年、艺术节、电影节、电视周和图书展等活动，合作开展广播影视剧精品创作及翻译，联合申请世界文化遗产，共同开展世界遗产的联合保护工作。深化沿线国家间人才交流合作。

加强旅游合作，扩大旅游规模，互办旅游推广周、宣传月等活动，联合打造具有丝绸之路特色的国际精品旅游线路和旅游产品，提高沿线各国游客签证便利化水平。推动21世纪海上丝绸之路邮轮旅游合作。积极开展体育交流活动，支持沿线国家申办重大国际体育赛事。

强化与周边国家在传染病疫情信息沟通、防治技术交流、专业人才培养等方面的合作，提高合作处理突发公共卫生事件的能力。为有关国家提供医疗援助和应急医疗救助，在妇幼健康、残疾人康复以及艾滋病、结核、疟疾等主要传染病领域开展务实合作，扩大在传统医药领域的合作。

加强科技合作，共建联合实验室（研究中心）、国际技术转移中心、海上合作中心，促进科技人员交流，合作开展重大科技攻关，共同提升科技创新能力。

整合现有资源，积极开拓和推进与沿线国家在青年就业、创业培训、职业技能开发、社会保障管理服务、公共行政管理等共同关心领域的务实合作。

充分发挥政党、议会交往的桥梁作用，加强沿线国家之间立法机构、主要党派和政治组织的友好往来。开展城市交流合作，欢迎沿线国家重要城市之间互结友好城市，以人文交流为重点，突出务实合作，形成更多鲜活的合作范例。欢迎沿线国家智库之间开展联合研究、合作举办论坛等。

加强沿线国家民间组织的交流合作，重点面向基层民众，广泛开展教育医疗、减贫开发、生物多样性和生态环保等各类公益慈善活动，促进沿线贫困地区生产生活条件改善。加强文化传媒的国际交流合作，积极利用网络平台，运用新媒体工具，塑造和谐友好的文化生态和舆论环境。

"一带一路"合作机制是：

当前，世界经济融合加速发展，区域合作方兴未艾。积极利用现有双多边合作机制，推动"一带一路"建设，促进区域合作蓬勃发展。

加强双边合作，开展多层次、多渠道沟通磋商，推动双边关系全面发展。推动签署合作备忘录或合作规划，建设一批双边合作示范项目。建立完善双边联合工作机制，研究推进"一带一路"建设的实施方案、行动路线图。充分发挥现有联委会、混委会、协委会、指导委员会、管理委员会等双边机制作用，协调推动合作项目实施。

强化多边合作机制作用，发挥上海合作组织（SCO）、中国-东盟"10＋1"、亚太经合组织（APEC）、亚欧会议（ASEM）、亚洲合作对话（ACD）、亚信会议（CICA）、中阿合作论坛、中国-海合会战略对话、大湄公河次区域（GMS）经济合作、中亚区域经济合作（CAREC）等现有多边合作机制作用，相关国家加强沟通，让更多国家和地区参与"一带一路"建设。

继续发挥沿线各国区域、次区域相关国际论坛、展会以及博鳌亚洲论坛、中国-东盟博览会、中国-亚欧博览会、欧亚经济论坛、中国国际投资贸易洽谈会、中国-南亚博览会、中国-阿拉伯博览会、中国西部国际博览会、中国-俄罗斯博览会以及前海合作论坛等平台的建设性作用。支持沿线国家地方、民间挖掘"一带一路"历史文化遗产，联合举办专项投资、贸易、文化交流活动，办好丝绸之路（敦煌）国际文化博览会、丝绸之路国际电影节和图书展。倡议建立"一带一路"国际高峰论坛。

共建"一带一路"是中国的倡议，也是中国与沿线国家的共同愿望。站在新的起点上，中国愿与沿线国家一道，以共建"一带一路"为契机，平等协商，兼顾各方利益，反映各方诉求，携手推动更大范围、更高水平、更深层次的大开放、大交流、大融合。"一带一路"建设是开放的、包容的，欢迎世界各国和国际、地区组织积极参与。

共建"一带一路"的途径是以目标协调、政策沟通为主，不刻意追求一致性，可高度灵活，富有弹性，是多元开放的合作进程。中国愿与沿线国家一道，不断充实完善"一带一路"的合作内容和方式，共同制定时间表、路线图，积极对接沿线国家发展和区域合作规划。

中国愿与沿线国家一道，在既有双多边和区域次区域合作机制框架下，通过合作研究、论坛展会、人员培训、交流访问等多种形式，促进沿线国家对共建"一带一路"内涵、目标、任务等方面的进一步理解和认同。

中国愿与沿线国家一道，稳步推进示范项目建设，共同确定一批能够照顾双多边利益的项目，对各方认可、条件成熟的项目抓紧启动实施，争取早日开花结果。

"一带一路"是一条互尊互信之路，一条合作共赢之路，一条文明互鉴之路。只要沿线各国和衷共济、相向而行，就一定能够谱写建设丝绸之路经济带和21世纪海上丝绸之路的新篇章，让沿线各国人民共享"一带一路"共建成果。

2. 中国企业扩展国际工程承包市场思路和发展战略

在竞争日趋激烈的国际工程承包市场，如何利用"一带一路"倡议，基础设施互联互通和国际产能合作，中国政府的政策支持，发挥自身的优势，成为中国对外承包工程企业立于不败之地的根本所在。

（1）中国对外工程承包企业可资利用的优势

1）政策性金融支持逐步增大

为了配合"一带一路"倡议的建设，中国政府相继出台了一系列鼓励企业的政策，其中中国对外工程承包企业受益最大的是优惠出口买方信贷、援外优惠贷款、出口买方信贷、出口卖方信贷、对外承包工程贷款、境外投资贷款等，这些政策性金融战略有力支持了我国对外工程承包业务的发展，也扩展了中国对外工程承包企业的盈利空间，改善了中国对外工程承包企业的经营状况。

2）国内建筑业服务产业逐渐成熟，具备较强的国际竞争力

中国大规模的基础设施建设不仅拉动了国民经济的快速增长，而且使得中国建筑业得到了长足进步和发展，带动了中国在高速公路、高速铁路、电力、通信、能源、建材、制造等诸多领域的技术进步和突破，使得我国在上述领域具备了设计、施工、制造的国际竞争力，从而促进了中国对外承包工程企业在国际工程承包市场上的发展和壮大。

与此同时，中国巨大的建筑业市场培养了一大批设计咨询和施工企业，使得我国的建筑业设计和施工队伍达到了历史最大的规模，这些都为中国对外工程承包企业在国际工程承包市场上打拼和竞争提供了良好的支持。

3）企业规模日渐壮大，融资能力日渐增强

随着中国企业的兼并重组步伐不断加快，将会有越来越多的大型工程建设企业集团涌现，这将为中国企业增强在国际工程承包市场上的竞争力提供良好的物质条件，也为中国对外工程承包企业带资承包、投融资项目的开展，扩大国际工程承包市场份额奠定坚实的基础。

（2）"一带一路"倡议和转型期中国对外工程承包企业的发展思路和战略

在国际工程承包市场态势、市场格局和分工格局不可能在短期内发生改变的前提下，对于身处转型期的中国对外工程承包企业而言，谋求自身的发展，转变增长方式就显得尤为重要。

1）观念转型：转变观念，求变化，谋发展

在外部环境和因素条件不变的情况下，内在因素的自变是企业适应市场环境

变化，谋生存，求发展，变强大的必由之路。而在内在因素中，观念的转变始终是一切变化的前提和第一要素。这就要求企业正确认识自身的优势、劣势，认清外部环境机会和威胁，转变观念，克服小富即安的思想，转变增长模式，谋求企业的长远发展之道。

2）企业转型：从施工企业向现代企业，进而向国际化企业发展

中国对外工程承包企业大致可以分为三类，第一类是以较多施工队伍和施工机械等为主要特征的施工/生产型企业，第二类是以较多海外市场网络和商务人员为主要特征的商务型企业，第三类是以较多设计经验和设计人员为主要特征的设计型企业。在上述三类企业模式中，中国大多数对外工程承包企业属于第一类，较少企业属于第二类和第三类。因此，在现代公司制度条件下，就要求企业从单纯的施工企业向现代企业转型，建立现代企业制度和管理及运作模式，并进而向国际化企业方向发展。

3）战略转型：从传统承包方式向 EPC 总承包，进而向项目融资、海外投资和并购方向转变，最终转变企业业务和利润增长模式

通过对国际知名大承包商在国际工程承包市场发展扩张方式的研究，可以发现，国际工程承包市场存在传统承包模式、设计—采购—施工 EPC 总承包模式、BOT/PPP 投资、并购和重组四个呈阶梯形、依次上升的市场发展和扩张结构。对于中国对外承包工程企业来说，由于企业数量众多，企业规模、技术、管理水平处于不同层次，因此，中国对外工程承包企业应结合自身的能力和特点，寻找适合于自己的市场发展模式和方向。

①对于仍处于从事传统承包方式的企业而言，应充分利用中国政府的政策性融资和对外贷款的优势，以竞投国际金融组织和工程所在国政府资金支持的项目为基础，加大中国政府政策性融资和对外贷款项目的开发和实施。对于那些打算进入国际工程承包市场的企业来说，在走出国门初期，尽量争取多承担一些我国对外援助项目，以积累实施国际工程项目的经验。

②延伸产业链，向产业链的上游发展。例如，将传统承包方式向设计—采购—施工 EPC 方式转化，EPC/DBO 工程总承包模式向"工程加融资"、"工程加投资"方向发展；甚至可以根据所在国的具体情况，参与策划项目、做项目建议书、预可行性研究和可行性研究工作，从项目源头把握项目的动向。承包工程房屋建筑的企业可以参与房地产开发投资，电力建设企业可以参与水电站、火电站的 BOT 项目投资，交通运输建设企业参与收费高速公路 BOT 项目，矿产资源建设企业可以进行矿产资源的开发投资等。

③BOT/PPP 投融资项目是工程承包项目产业链延伸和对外工程承包企业扩

大市场份额，实现产业升级，转变盈利模式的一种重要手段。以 BOT 或 PPP 方式参与国际工程承包市场，不仅是未来国际工程承包市场的一个趋势和方向，也是国际工程承包企业产业升级、转变盈利模式的客观要求。以欧美发达国家市场、拉丁美洲市场国家、较发达国家和地区为例，当地市场经常要求承包商以 BOT 或 PPP 方式实施项目，如果企业没有投融资的动机和能力，则根本无法适应和进入这些发达地区市场。

④并购和重组是实现企业规模扩大化的有效手段，也是中国工程承包企业进入欧美市场的必要手段之一。中国对外工程承包企业数量众多，隶属关系复杂，企业发展水平千差万别，给企业在国内的并购和重组带来了极大的麻烦和困扰。另一方面，中国对外承包工程企业要想进入占据了国际工程承包市场半壁江山的欧美高端市场，并购和重组欧美当地企业是跨越门槛的一种必然的选择。但这对于习惯于以低成本运营的中国对外承包工程企业来说，受地域文化、语言、风俗习惯的影响，任重道远。

4）劣势向优势转型：从整合资源到整合优势，构建企业核心竞争力

充分利用国资委主导下的企业合并重组的契机，利用打造大企业集团的良好机遇，摒弃门户和山头等本位观念，将企业的资源优势整合发展，将本集团内部分散的国际工程承包市场开发、经营和施工力量整合在一起，改变以前企业规模偏小、分散经营所天然形成的成本、资金、人力资源的劣势，形成本集团的对外工程承包优势，从而形成市场开发、资金和人力资源的优势，构建企业的核心竞争力。

5）从单一化向差异化发展转型：加强企业和行业自律，减少市场竞争主体数量

应当看到，中国对外工程承包市场份额的扩大，业务规模的扩张主要是以承包商数量的增长为主要驱动力。在缺少国内充分的市场竞争和优胜劣汰的机制下，由于参与国际工程承包市场竞争的中国企业众多，市场空间狭小，必然形成中国企业之间非良性竞争的局面。在形成大的企业集团后，应利用资源整合和优势整合的契机，构建本集团的对外工程承包市场开发企业、设计企业和施工企业的差异化发展模式，企业之间的分工合作，深化分工体系，形成差异化发展的格局。面对国际工程市场大项目、综合型项目越来越多的发展趋势，我们要学会采用联合体、项目公司等多家公司各自发挥优势联合开发项目的本事，获得项目，占领市场。

6）人才转型：从技术型向商务型，进而向复合型人才转变

企业的任何战略规划都需要人去贯彻执行，没有一支富有执行力的人才队

伍，任何战略都会沦为一纸空文。可以说，人才是企业转型的关键。在当前激烈的国际工程承包竞争市场上，在企业运作大型项目时，企业所遇到的问题已经不仅仅是简单的技术问题和商务问题，而是涉及了技术、商务、融资、法律、语言等一系列的综合性问题，涉及的部门包括国内施工企业、设计单位、政府部门、银行、国际金融组织、信用保险公司以及国外的相应的部门等，这就需要企业的人才从技术型向商务型，并进而向复合型人才转变。

中国对外工程承包企业的转型和转型期发展模式的探索是一个系统工程，也是一个长期的过程。对于身处战略转型期和发展机遇期的中国对外工程承包企业而言，企业需要根据国际工程承包市场的变化，通过企业发展战略调整、人才引进和培训从而不断提高自己在国际工程市场的竞争力。

2

国际工程承包市场开发战略决策

　　近些年来，中国对外承包工程企业在国际承包工程市场份额不断扩大，成绩斐然。对外经济合作方式已从 20 世纪 80 和 90 年代的单纯承包国际金融组织的传统承包方式向 EPC、交钥匙方式以及 BOT 和 PPP 项目方式转变，中国对外承包工程企业正处于实现产业升级、转变盈利模式的重要阶段。随着国内建筑业市场行情的变化，中国企业"走出去"已成为政府和企业的普遍共识。如何从企业自身优势出发，利用"一带一路"倡议的新的发展机遇期，把握基础设施、国际产能合作和基础设施互联互通的政策，是每一个企业必须思考的问题，也是每一个企业必须做出的战略抉择。

2.1　国际工程承包市场战略分析的出发点

对国际工程承包市场的分析通常在两个层次上进行，一是以招投标资讯分析为主的目前市场分析，二是以经济环境和经济发展为主的战略市场分析，两者互为补充，在不同层次和不同角度对企业市场决策产生影响。

1. 战略市场研究与目前市场研究的区别和联系

一般而言，目前市场是指未来三年内对本企业最为有利的市场，而战略市场则是指未来对本企业最为有利的市场，企业针对不同的时间跨度往往需要做出不同的决策。由于在时间上的着眼点不同，战略市场与目前研究市场的规模分析、竞争分析和市场开发策略三个主要方面的研究方法、原则和目标有所不同：

（1）在市场规模评估方面，目前市场研究以招投标资讯为基本分析对象，得出近期发展趋势。这时宏观经济环境与经济发展指标往往作为辅证，以排除招投标市场开发中的例外，例如战争和经济危机对市场发展的突然中断等。战略市场研究预测主要以宏观经济环境与经济发展指标为基本分析对象，得出远期的发展趋势。这时招投标资讯往往用来验证工程承包市场对经济发展的相应水平，以通过宏观经济分析评估工程承包市场的规模。

（2）在竞争优势分析方面，目前市场研究以企业现状为分析基础，选择根据本企业优势最有竞争力的市场作为目前目标市场。战略市场研究则以企业的发展条件为分析基础，在企业若干潜在的发展方向和若干个有发展潜力的市场之间选择未来企业最有竞争优势的方向与未来最有潜力的市场搭配，作为市场决策。这种搭配选择是一个多次的双向拟合过程，也往往没有绝对的最佳选择，需要考虑比目前市场研究更多的因素。

（3）在市场开发策略方面，目前市场研究侧重于企业现有优势在竞争中的充分利用，以短期见效的方法和手段为主，其中最重要的是投标策略的制定。而战略市场研究侧重于在未来市场中企业竞争优势的健全，以远期见效的方法和手段为主，其内容可分为自身团队的建设改造和目标市场的工作基础两大类，前者主要根据目标市场的要求对自身团队进行建设和改造，后者则包括对目标市场的深入研究了解，建立公共关系和有关商务联系等。

2. 一般商品市场研究与工程承包市场研究的区别和联系

承包工程作为一种经济活动，服从于一般经济规律，在市场经济条件下，则受市场规律的制约和影响。但建筑工程同时又具有一些与一般商品不同的特点，它的最终产品是一个不可移动的工程建筑，因而其生产程序必然发生在最终的使用地点。这样，承包市场的供求关系就具有一般产品所没有的特点，这种特点使得工程承包市场的研究与一般市场研究具有下列不同之处：

（1）对建筑工程项目的需求不仅取决于对该产品的特定需求，而且还以该产品在同一地点的生产为前提，因而资本供应能力是工程承包市场规模的决定性因素，只有资本供应才能产生对工程项目的需求，一般销售技术无法创造这种需求。因此，资本供应能力在工程承包市场研究中居于特殊位置。

（2）对建筑工程项目的使用，多数是以盈利为目标的。即使是非盈利的项目，多半也是政府的公共项目。一般市场学所倚重的消费者的需求偏好对消费行为的影响分析技术在这种情况下很少产生决定性作用，而建筑团队所能提供的工程成本和品质在市场竞争中具有决定性作用。

（3）国际工程承包项目由于涉及劳务和技术的跨国界运动，比一般市场学所研究的商品跨国界运动又多了一层复杂因素，因为生产要素跨国界运动所面临的法律和法规限制，远大于对产品的进出口限制。这样，国际工程承包市场研究又增加了对贸易条件的分析。

2.2   国际工程承包市场战略分析构架

企业战略决策是以国际工程承包市场战略分析架构为基础。国际工程承包市场战略分析架构如图 2-1 所示。

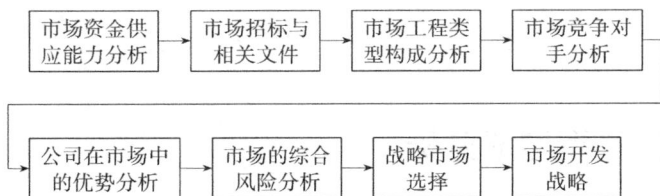

图 2-1   国际工程承包市场战略分析架构

1. 市场资金供应能力分析

在国际工程承包市场上，市场资金供应的多少直接决定了工程承包市场的规模。因此，要想确定国际工程承包市场或者某一地区或某一国别市场的规模，承包商需要先对各地区资金供应能力进行分析。资金供应能力分析如图 2-2 所示。

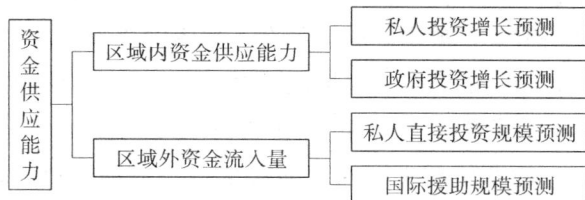

图 2-2　国际工程承包市场资金供应能力分析架构

2. 市场招标与贸易条件分析

在国际工程承包市场或某一地区或国别市场上，资金供应能力并不能反映出国际工程项目的市场能力，只有那些面向国际工程承包商招标的项目，才能构成国际工程承包市场的规模，因此，需要对市场招标与贸易条件进行分析，如图 2-3 所示。

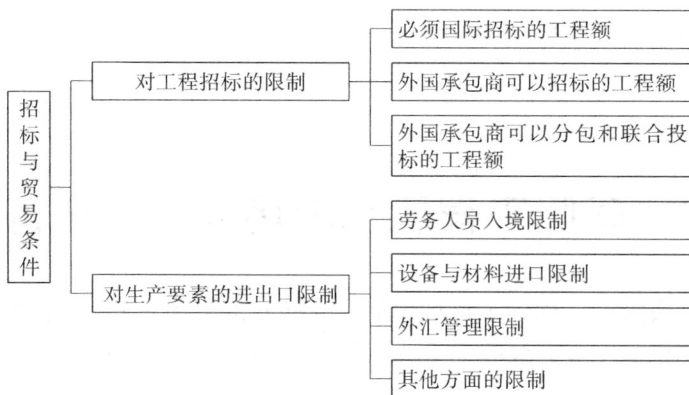

图 2-3　招标与贸易条件分析架构

3. 市场工程类型构成分析

在国际工程承包市场上，工程项目的类型可以说是多种多样。对于某一特定的承包商而言，由于某一特定承包商的专业优势领域有限，因此，分析工程项目的类型构成和某一类工程的市场规模，可能会更加清楚地了解和认识某一区域或国别市场的现状和格局，从而为企业制定战略决策提供依据。市场工程类型构成分析架构如图 2-4 所示。

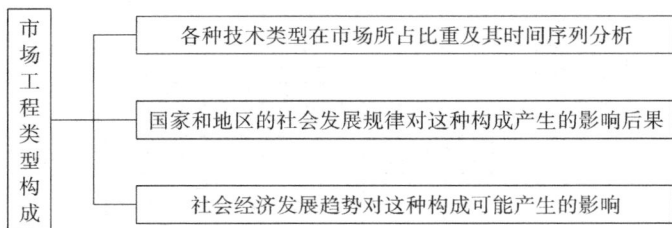

图 2-4   市场工程类型构成分析架构

4. 市场竞争对手及其优势分析

市场是众多竞争对手博弈的平台，只有做到知己知彼，才能在激烈竞争的国际工程承包市场上立于不败之地。市场竞争对手及其优势分析架构如图 2-5 所示。

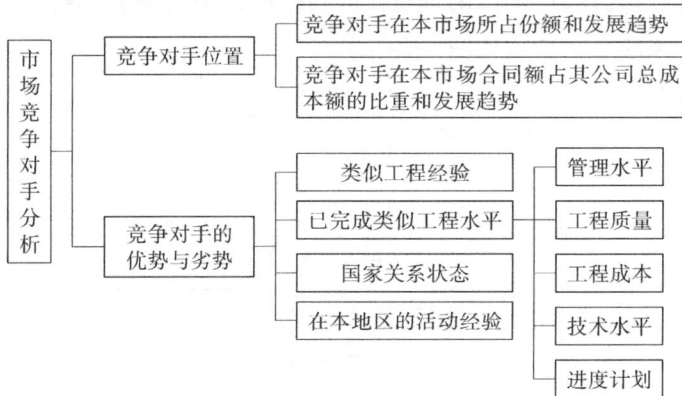

图 2-5   市场竞争对手分析架构

5. 本企业在各市场的比较优势分析

与其他企业相比，每家企业都存在比较优势。在不同的市场上，每家企业的比较优势可能还会有所区别。通过分析本企业在各市场的比较优势，是企业在某一国别进行市场定位、确定发展方向的重要参考因素。本企业比较优势分析架构如图 2-6 所示。

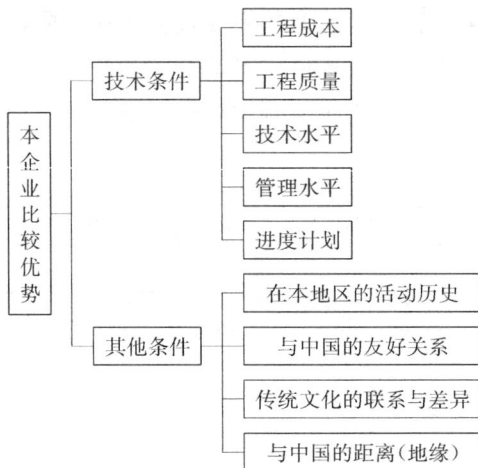

图 2-6 本企业比较优势分析架构

6. 市场综合风险分析

市场风险分析是企业必须要做的一项重要分析指标。通过对系统风险和非系统风险的分析，可以得出某一国别市场的风险度，为市场进入和发展提供客观依据。市场综合风险分析架构如图 2-7 所示。

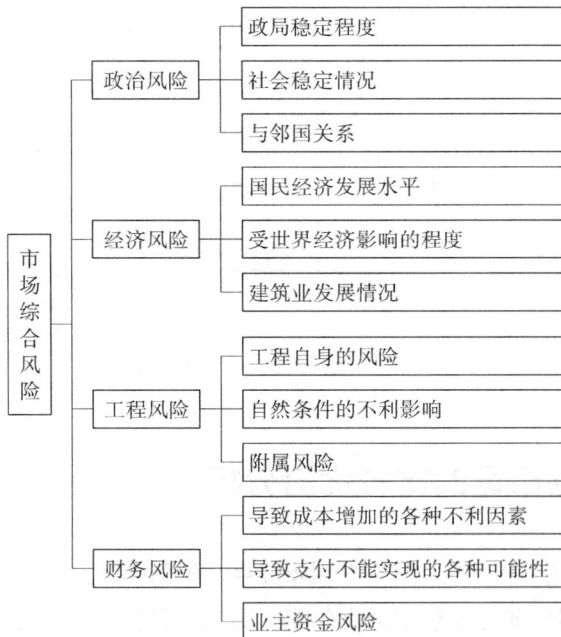

图 2-7　市场综合风险分析架构

7. 战略市场选择

通过上述市场资金供应分析、市场招标与贸易条件分析、市场工程类型构成分析、市场竞争对手分析、企业比较优势分析和市场综合风险分析，企业可以制定战略市场选择决策。企业制定战略市场选择决策的过程如图 2-8 所示。

8. 市场开发战略

企业在确定市场开发战略后，应制定某一国别和地区市场的市场开发战略和方向，做好市场开发的各项准备工作。战略市场开发架构如图 2-9 所示。

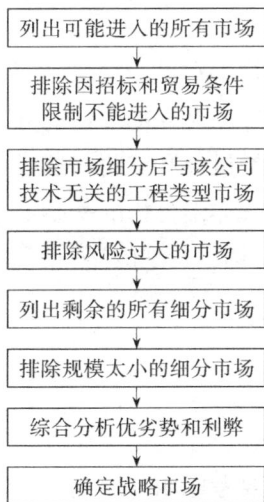

图 2-8　企业战略市场决策过程　　　图 2-9　战略市场开发战略架构

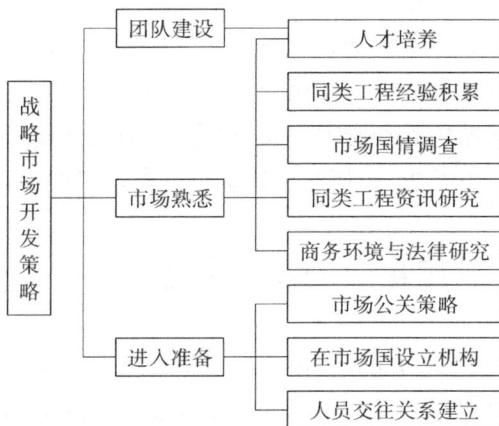

2.3　国际工程承包市场战略的指定程序和要求

1. 制定战略规划的时间

制定国际工程市场策略的时间要求因企业的专业特征和所处发展时期的差别

而各不相同，通常企业制定战略规划的时间为 5 年，有的企业长达 10 年或 20 年。由于市场瞬息万变，时间过长会失去战略规划的指导意义，而时间过短又会达不到战略规划的指导意义，因此，企业可以 5 年为一个时间段，制定企业的 5 年发展规划。

2. 分析企业条件

（1）分析公司内部因素

对公司内部因素分析的内容主要包括：管理水平、生产能力、竞争技术、财务状况、研究与发展、对外部环境变化的应变能力等，以便了解公司的优势和弱点。

（2）分析公司外部环境

外部环境包括宏观经济、政治形势、工业发展、技术水平、法律制度、财务制度、竞争对手、业主情况以及工程项目的具体情况等。对外部环境的分析主要是要预测环境的变化动向、预测环境变化对企业带来的机会和威胁，这样，才能在策略中趋利避害。在对企业内部条件和外部环境进行详细分析的基础上，可以运用 SWOT 分析法进行综合分析，以便制定企业的市场和发展战略。

3. 制定企业的发展目标

企业的发展目标主要包括：企业的基本经营思想、企业的基本任务、企业的综合目标和具体目标等。企业发展目标的制定通常需要考虑四项原则：

（1）现实性和鼓舞性原则。企业选择的目标水平既要同企业能力、物质水平和外部环境相适应，又要能够展示远景，鼓舞职工的进取心和积极性，使他们能够看到经过努力可能达到的目标。

（2）目标量化和层次化原则。企业选择的目标，不仅要有定性分析，还要进行定量分析。应尽可能量化各项发展指标。此外，必须按照目标的重要程度，分出轻重缓急，使目标层次分明。

（3）一致性原则。制定企业的发展目标时，要权衡各目标之间的矛盾和利弊得失，使目标协调一致，否则会失去指导作用。

（4）必要的方针措施原则。战略规划不仅要明确勾画出企业的未来面貌，而且要列出完成目标的方针以及如何行动的具体步骤。

4. 制定具体战略规划

根据企业的内部条件和外部环境，规划出企业的基本发展方向、管理政策和重要方案。重点拟定市场进入战略、市场选择战略、获取项目战略等。

5. 实施战略

按照已拟定的生产量、营业额、利润和生产成本等目标，检验实施效果，分析实施战略规划程序中发生偏差的原因，及时进行修正或实施应变计划等。

6. 制定企业发展战略规划的程序

制定企业发展战略规划的基本程序如图 2-10 所示。

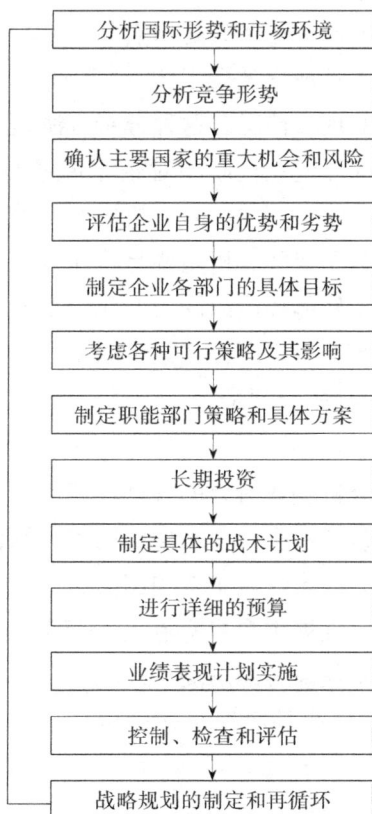

图 2-10　制定企业发展规划的基本程序

2.4 企业发展战略的 SWOT 分析案例

1. SWOT 分析法

企业在制定发展战略时，应运用科学的方法制定发展和经营战略。经典的战略分析模式有多种，包括战略框架法、公司业务组合矩阵法、SWOT 分析、波士顿（BCG）矩阵法、GE 矩阵法、外部环境因素分析法等几十种方法。

在企业的战略决策或选择经营策略中，最常用的工具是 SWOT 分析法。SWOT，是英文 Strength（优势）、Weakness（劣势）、Opportunities（机会）和 Threats（威胁）四个英文单词字头的组合词。SWOT 分析法又称态势分析法，它是由美国旧金山大学管理学教授于 20 世纪 80 年代提出的，这种方法能够客观准确地分析一个企业的现实情况。这种分析方法是基于企业自身的实力，对比竞争对手并分析企业外部环境变化影响对企业带来的机会与企业面临的挑战，进而制定企业最佳战略的方法，其中优势分析主要是着眼于企业自身的实力及其与竞争对手的比较，而机会和威胁分析主要是将注意力放在外部环境的变化及对企业的可能影响方面。由于外部环境的同一变化给不同资源和能力的企业带来的机会与威胁完全不同，因而两者之间存在紧密联系。

运用 SWOT 分析法的具体步骤是：

（1）分析环境因素

运用各种调查方法，分析企业所处的各种环境因素，即外部环境因素和内部环境因素。外部环境因素包括机会因素和威胁因素，它们是外部环境对企业的发展直接有影响的有利和不利因素，属于客观因素。内部环境因素包括优势因素和弱点因素，它们是企业在其发展中自身存在的积极和消极因素，属于主动因素。企业在调查这些因素时，不仅要考虑历史与现状，而且更要考虑未来发展问题。

在 SWOT 分析法中，优势是组织机构的内部因素，包括有利的竞争态势、充足的财政来源、良好的企业形象、技术力量、规模经济、产品质量、市场份额、成本优势以及广告攻势等。

劣势也是组织机构的内部因素，包括设备老化、管理混乱、缺少关键技术、研究开发落后、资金短缺、经营不善、产品积压、竞争力差等。

企业的优势和劣势可以通过采取企业内部因素评价矩阵（Internal Factor Evaluation Matrix，IFE 矩阵），采用加权计算，定量分析企业的优势和劣势，见表 2-1。

某企业内部因素评价矩阵   表 2-1

	关键内部因素	权重	得分(−5 至 +5)	加权数
优势	经营管理能力强	0.20	4	0.80
	信息网络完整	0.15	4	0.60
	质量与服务好	0.20	4	0.80
	国际竞争力强	0.15	4	0.60
	小计	0.70	16	2.80
劣势	高管人才缺少	0.10	−3	−0.30
	自主创新能力弱	0.10	−2	−0.20
	资金偏紧	0.10	−3	−0.30
	小计	0.30	−8	−0.80
综合	合计	1.0	8	2.0

机会是组织机构的外部因素，包括新产品、新市场、新需求、外国市场壁垒解除、竞争对手失误等。

威胁也是组织机构的外部因素，包括新的竞争对手、替代产品的增多、市场紧缩、行业政策变化、经济衰退、客户偏好改变、突发事件等。

机会与威胁分析可采用企业外部评价因素矩阵进行定量分析，见表 2-2。

某企业外部因素评价矩阵   表 2-2

	关键外部因素	权重	得分(0 至 5)	加权数
机会	政策扶持(经济全球化)	0.25	4	1.00
	金融信贷宽松	0.10	3	0.30
	技术进步	0.15	3	0.45
	小计	0.50	10	1.75
威胁	市场进入障碍	0.15	−2	−0.30
	竞争对手结盟	0.10	−4	−0.40
	国际关系变化	0.15	−4	−0.60
	价格因素	0.10	−3	−0.30
	小计	0.50	−13	−1.60
综合	合计	1.0	−3	0.15

（2）构造 SWOT 矩阵

企业可将调查得出的各种因素根据轻重缓急或影响程度等排序方式，构造 SWOT 矩阵，见表 2-3。在此过程中，应将那些对公司发展有直接的、重要的、大量的、迫切的、永久的影响因素优先排列出来，而将那些间接的、次要的、少许的、不急的、短暂的影响因素排列在后面。企业还可将这些影响因素进行加权，以便得出更加合理的分析结果。

SWOT 矩阵 表 2-3

内部能力 外部因素	优势 Strength	劣势 Weakness
机会 Opportunity	SO 战略	WO 战略
威胁 Threat	ST 战略	WT 战略

（3）制定行动计划

在完成环境因素分析和 SWOT 矩阵后，企业可以制定相应的行动计划。制定计划的基本思路是：发挥优势因素，克服弱点因素，利用机会因素，化解威胁因素；考虑过去，立足当前，着眼未来。运用系统分析的综合分析方法，将排列与考虑的各种环境因素相互匹配起来加以组合，得出一系列企业未来发展的可选择对策。

根据企业优势劣势分析和机会威胁分析，可以画出 SWOT 分析图，并可据此制定企业所需采取的策略和战略选择，如图 2-11 所示。

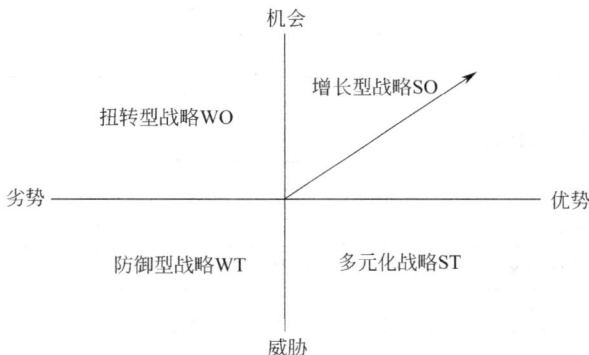

图 2-11　SWOT 分析图

2. 某建筑企业进入国际工程承包市场 SWOT 分析案例

（1）企业机遇

1）我国政府正在实施和鼓励企业"走出去"。

2）我国建筑业在发展中国家具有很强的竞争力。

3）我国对外工程承包企业在国际工程承包市场上存有很大的发展空间。

4）政府间的合作项目推动了对外工程承包的发展。

（2）企业威胁

1）在国际市场上，我国企业的综合竞争力与欧美大型承包商差距仍然十分明显。

2）由于欧美发达国家准入门槛较高，我国的建筑业还基本没有打开欧美市场。

3）国际工程承包市场上的技术规范和技术标准基本上被欧美国家垄断，限制了中国企业进入国际市场的步伐。

4）国际工程项目的安全性不容忽视。

5）国际政治和国际金融的变化、原材料涨价等因素给工程项目带来了风险。

6）国际工程承包市场对中国企业的工程质量和行业自律提出了更高的标准和要求。

（3）企业优势

1）本公司是我国成立最早的、最著名的建筑企业之一，具有丰富的工程施工经验和成熟的管理制度。

2）拥有较多的工程技术人员和管理人才。

3）通过整合后的总公司具有勘探、设计、施工、采购、机械制造、运营和管理等综合能力。

4）整合后的总公司拥有一批经验丰富的外经人才，在国外已有 40 多个成熟的市场，在非洲某些国家已经创立了自己的品牌。

5）总公司通过上市募集了雄厚的资金，施工机械设备精良。

6）经济效益较好，施工队伍稳定。

（4）企业劣势

1）由于过去主要在国内施工，本企业缺乏国际工程经验。

2）本企业缺乏具有丰富国际工程经验的高素质工程技术人员和各种管理人才。

3）长期以来，由于国内任务饱满，干部、职工对"走出去"缺乏激情。

4）本企业缺乏 EPC、BOT 等核心竞争力，业务主要还集中在施工领域，缺乏综合竞争力。

通过上述企业优势、劣势、机会、威胁分析，企业制定了相关战略，如下：

（1）SO 战略

1）充分利用企业的优势和外部机遇"走出去"，为此：

①积极参与总公司在国外的项目，锻炼队伍，培养人才。

②通过参与总公司的国际工程项目以及援外项目，开发新的市场，寻找企业新的业务增长点。

2）为获取大型项目，与国际和国内公司组成项目公司或联合体经营。

3）通过"走出去"的成功经验，教育职工，激发热情。

（2）ST 战略

1）由于目前与欧美大公司竞争有困难，暂时避免直接竞争。但可成为欧美大公司的合作者，在合作中学习、适应和提高。

2）通过实践培养和培训人才，提高自身素质，提高国际竞争力。

3）在不同的市场，扬长避短，寻找能发挥自己优势的项目去竞争。

4）多元化经营，适应市场，谋求发展。

（3）WO 战略

1）通过培训提高企业员工素质，满足市场需要。通过招聘，补充技术、管理人才，改变员工结构，提高企业竞争力。

2）通过联合、合并、重组，提供企业综合竞争力。

3）通过合作，参与 EPC、BOT 等项目积累经验，培养人才，为今后独立承担项目打好基础。

（4）WT 战略

1）努力获得外部威胁的可靠资料，认真分析，寻找适合本企业的新商机。

2）结合本企业的劣势，认真研究对策，努力化解劣势，审慎出击。

3）通过各种不同渠道改变现状，创新发展，增强企业核心竞争力。

为了便于直观分析，将某企业的 SWOT 分析和战略选择排列为 SWOT 矩阵，见表 2-4。

某企业 SWOT 分析矩阵   表 2-4

	优势 Strength (S)	劣势 Weakness(W)
内部条件	①本公司是我国成立最早的、最著名的建筑企业之一,具有丰富的工程施工经验和成熟的管理制度。 ②拥有较多的工程技术人员和管理人才。 ③通过整合后的总公司具有勘探、设计、施工、采购、机械制造、运营和管理等综合能力。 ④整合后的总公司拥有一批经验丰富的外经人才,在国外已有 40 多个成熟的市场,在非洲某些国家已经创立了自己的品牌。 ⑤总公司通过上市募集了雄厚的资金,施工机械设备精良。 ⑥经济效益较好,施工队伍稳定	①由于过去主要在国内施工,本企业缺乏国际工程经验。 ②本企业缺乏具有丰富国际工程经验的高素质工程技术人员和各种管理人才。 ③长期以来,由于国内任务饱满,干部、职工对"走出去"缺乏激情。 ④本企业缺乏 EPC、BOT 等核心竞争力,业务主要还集中在施工领域,缺乏综合竞争力
	机会 Opportunity(O)	威胁 Threat(T)
外部条件	①我国政府正在实施和鼓励企业"走出去"。 ②我国建筑业在发展中国家具有很强的竞争力。 ③我国对外工程承包企业在国际工程承包市场上存有很大的发展空间。 ④政府间的合作项目推动了对外工程承包的发展	①在国际市场上,我国企业的综合竞争力与欧美大型承包商差距仍然十分明显。 ②由于欧美发达国家准入门槛较高,我国的建筑业还基本没有打开欧美市场。 ③国际工程承包市场上的技术规范和技术标准基本上被欧美国家垄断,限制了中国企业进入国际市场的步伐。 ④国际工程项目的安全性不容忽视。 ⑤国际政治和国际金融的变化、原材料涨价等因素给工程项目带来了风险。 ⑥国际工程承包市场对中国企业的工程质量和行业自律提出了更高的标准和要求
	增长性战略(SO)	多元化战略(ST)
企业战略选择	①充分利用企业的优势和外部机遇"走出去",为此: A 积极参与总公司在国外的项目,锻炼队伍,培养人才。 B 通过参与总公司的国际工程项目以及援外项目,开发新的市场,寻找企业新的业务增长点。 ②为获取大型项目,与国际和国内公司组成项目公司或联合体经营。 ③通过"走出去"的成功经验,教育职工,激发热情	①由于目前与欧美大公司竞争有困难,暂时避免直接竞争。但可成为欧美大公司的合作者,在合作中学习,适应和提高。 ②通过实践培养和培训人才,提高自身素质,提高国际竞争力。 ③在不同的市场,扬长避短,寻找能发挥自己优势的项目去竞争。 ④多元化经营,适应市场,谋求发展
	扭转性战略(WO)	防御型战略(WT)
	①通过培训提高企业员工素质,满足市场需要。通过招聘,补充技术、管理人才,改变员工结构,提高企业竞争力。 ②通过联合、合并、重组,提供企业综合竞争力。 ③通过合作,参与 EPC、BOT 等项目积累经验,培养人才,为今后独立承担项目打好基础	①努力获得外部威胁的可靠资料,认真分析,寻找适合本企业的新商机。 ②结合本企业的劣势,认真研究对策,努力化解劣势,审慎出击。 ③通过各种不同渠道改变现状,创新发展,增强企业核心竞争力

将上述 SWOT 分析做成直观图，如图 2-12 所示。

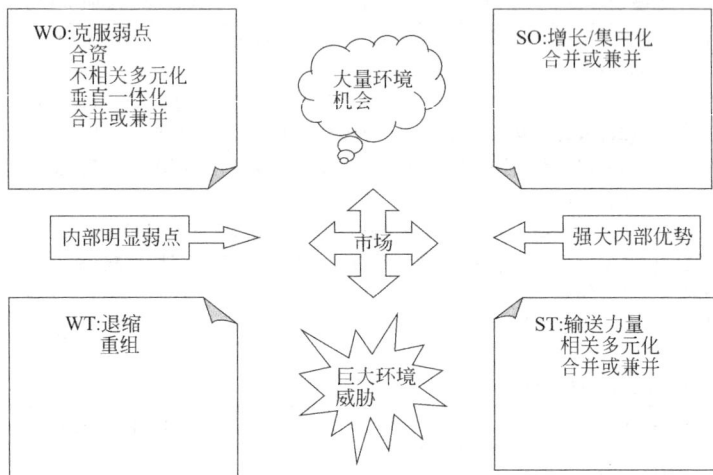

图 2-12　某企业战略规划 SWOT 分析图

在经过详尽的 SWOT 分析后，某企业制定了经营战略规划见表 2-5。

某企业战略发展规划提要　　　　　　表 2-5

1	调整内部管理结构,通过培训或招聘提高员工素质,充分运用国家的各项优惠政策,增强国际竞争力,巩固并发展市场
2	为获得新的、经济效益好的大项目,与国际、国内相关公司组成项目公司或联合体参与国际竞争,以便获得良好的经济效益
3	为了增强竞争力,与国内实力强大的公司重组或兼并,强强联合,谋求更大的发展
4	在不同的市场,寻找能发挥自己优势的项目扬长避短,参与竞争
5	多元化经营,适应市场,谋求发展
6	通过各种不同的渠道改变现状,创新发展,增强企业核心竞争力

3

国际工程承包市场调查

  国际工程承包市场调查是承包商进入某一国家或地区建筑市场，或者进行国际工程项目投标之前必须实施和完成的一项必要的工作。不同类型的项目对市场调查的要求不同，传统承包方式一般要求对投标项目所需的各个方面所需的市场情况进行调研，DB、EPC 和交钥匙合同等国际工程总承包项目涉及的市场调研范围将更为广泛，而BOT/PPP 等项目融资方式以及并购项目则要求企业进行严谨的尽职调查工作。本章将针对传统承包方式和国际工程总承包方式所涉及的市场调查进行阐述，BOT/PPP 等项目融资方式以及并购项目涉及的尽职调查内容将在相关章节中予以论述。

3.1　国际工程承包市场调查提纲和内容

1. 国际工程承包市场调查提纲

　　市场调查研究是人们获取市场资讯，了解市场和认识市场的方法之一。国际工程承包市场的错综复杂决定了市场调查研究的必要性。国际工程承包市场调查是企业进入国际工程承包市场的第一步，也是企业获取市场资讯，进行市场预测的前提。同时，国际工程承包市场调查还是企业进行经营决策的基础，是企业制定计划的依据和改进经营管理的工具。

　　国际工程承包市场调查提纲是一个企业打算进入某个国别市场，进行市场调查的总纲，它涵盖了一国政治、经济、安全、发展规划、海关、税务、某个项目的现场情况以及实施环境的具体内容。对于企业来说，企业可依据某个国别市场的具体情况，根据对某个国别市场的了解和熟悉程度，制定特定的市场调查提纲。

　　一般而言，国际工程承包市场调查提纲应包括：

　　（1）国别概况

　　政治形态及其对获得项目的影响；

　　社会发展状况；

　　经济发展现状和规划；

　　国别评级；

　　国别风险分析；

　　政府履约和支付信用；

　　政府终止合同；

　　政府的任意性作为或不作为；

　　当地政府的办事效率和运作方式；

　　当地安全和治安状况；

　　常见疾病和热带病。

　　（2）市场情况

　　当地政府发展规划和前景；

近十年工程建设市场发展概况；

与公司主业发展方向相对应的项目规划；

建设资金来源和额度；

有无国际金融组织对贷款国的限制措施；

项目获得和批准程序；

后续项目的可能性；

中国企业在当地的数量、竞争度和经营状况。

（3）法律基本情况

法律体系和健全度；

法律对项目的影响；

当地法院等司法体系的公平性；

法律变更对项目的影响；

当地仲裁机构、规则和公平性；

有无对外国承包商的限制措施；

对当地承包商的优惠措施；

外国公司设立公司或代表机构的条件、手续和时间。

（4）银行、保险和外汇管制

银行发展状况；

外国著名银行在当地是否存在；

对资金汇入和汇出限制；

当地银行可否转递或转开费率；

保险公司的规模和能力；

保险公司保险险种、费率；

外汇的管理和管制；

货币可否自由兑换；

近五年当地货币的走势和未来趋势预测。

（5）对手调查

中国公司在当地的数量和竞争；

中国公司在当地经营状况和问题；

外国承包商在当地的经营状况；

当地承包商的规模、能力和经营现状；

探讨与当地的合作伙伴的可能性。

（6）项目调查

项目地理位置、气候、水文、地震等自然条件；

项目规模、工程数量、图纸和技术难度；

业主、业主支付等履约情况；

监理工程师情况；

资金来源和保障；

现场考察和标前答疑。

（7）分包市场调查

主要分包力量、能力、专业化分工程度、材料和设备供应状况；

分包商类似工程业绩、能力、实力、财务状况、机械设备装备水平、人员配备和经验；

当地分包商的价格水平；

当地分包商的效率和工效；

当地社会的风俗习惯、节假日和宗教习惯；

当地人员的工资水平；

承包商与分包商之间的税务事宜。

（8）代理人调查

当地是否实行代理人制度；

有实力的代理人名单；

代理人的能力；

代理费标准；

代理人的选择。

（9）材料、设备调查

施工外部环境，如气候、地形、地质条件、水文、当地居民干扰、社会治安等情况；

建筑材料，包括钢材、水泥、石料、沥青、油料的来源及其价格；

生活用水、供电、通信条件及其价格；

海运和内陆运输条件及其价格；

设备、材料进口手续及税收规定；

当地设备和零配件的供应情况；

政府对进口原材料、设备的限制。

（10）劳动力、工资、人员调查

当地人员的工资标准、支付方式、技术水平、工作效率、法定工作时间、加班规定及报酬计算方式；

社会保险法规，雇主和雇员承担比例，缴纳方式，中方人员的社会保险的缴纳和费率；

签证和工作许可的难易及其费用；

对外国人员的比例限制，个人所得税和其他税种、费用如何缴纳，费用标准；

当地工会团体的影响力，罢工是否经常发生。

（11）税务制度调查

当地税务制度概况；

税种、税率和纳税方式；

财务账目要求；

财务审计概况。

（12）补遗

对于在工程所在国已有办事机构或分公司的对外工程承包企业而言，为了明确企业在工程所在国的市场定位，为企业在未来的发展确定战略目标，明晰企业在工程所在国的发展方向，对未来市场发展和趋势的调查提纲可以集中在如下几个方面：

公司所在国家及其周边国家简况；

近3年所在国工程承包项目总体的年合同额、营业额，各种项目类型，如交通运输、房屋建筑、石油化工、水电工程、给水排水工程的比例；

公司在所在国近3年的项目盈亏情况；

当地市场的主要竞争对手情况，主要竞争对手的年合同额和营业额及盈利水平；

公司在所在国每年平均参加投标的项目数量、中标数量；

所在国近5年的承包市场趋势，工程项目招标是增加还是减少；

所在国近5年项目承包方式是否发生变化，是否有现汇项目、融资项目、EPC、BOT或PPP项目以及它们的发展趋势如何；

公司在所在国在建项目的数量、合同额及其执行情况；

所在国的设备和人力资源情况；

公司所在国及其负责的周边国家的基本情况；

对市场进行SWOT分析，分析公司在所在国的优势、劣势，竞争对手在哪方面具有优势；所在国市场存在什么机会和风险。

2. 国际工程承包市场调查的主要内容

（1）市场环境调查

环境资料是承包商选择目标市场以及是否参加投标竞争决策的依据。对参与国际工程承包市场竞争的企业而言，国际工程承包市场可能存在各种各样的风险，为减少风险，保证获取企业期望的利润，国际工程承包市场风险的分析和评估成为一项必不缺少的前期工作，而风险的分析和评估，是建立在对环境分析的基础之上的。

1）政治文件环境

在国际工程承包市场中，某一国别的政治环境情况包括该国政治局势的稳定情况、该国对外关系与外交立场、该国党派或集团活动情况，上述政治环境对工程承包市场的影响等。

一国文化环境调查内容包括该国的风俗习惯、居民的宗教信仰、公共假日等。某一国别和地区的风俗习惯、宗教信仰或者公共假日可能会对项目的成本和进度产生影响，因此，在编制投标报价方案和安排进度计划时，承包商应充分考虑其对项目成本和进度的影响。

2）经济环境

经济环境调查包括诸如交通运输条件、通信条件、水电供应情况、该国的国际支付能力、外汇管制情况、银行信誉和贷款利率、科学技术水平、劳动力成本、技术水准、原材料的供应及其价格水准等内容。具体包括：

①水电燃料供应情况；

②交通运输条件，包括道路、桥梁、港口基本情况；交通运输费用，包括运输企业、运费、港杂费、清关费用等；

③建筑设计风格、施工方法和原材料的供应；

④当地劳动力成本、劳动生产效率、社会保险和保障；

⑤当地生活费用、往返机票、国际旅费；

⑥当地和外国承包商、材料供应商、运输商、施工机械供应商的企业名称和经营情况；

⑦工程所在国的通货膨胀率。

3）自然条件和人文情况

①地租情况；

②气象资料和条件；

③工程地质、水文资料和条件；

④地方性传染病和常见病情况。

（2）项目调查

工程项目资料是承包商进行投标和成本分析的基础，因此，工程项目资料的调查应尽可能详尽全面。一项工程项目调查内容应包括：

1）招标文件的收集和分析

招标文件是承包商投标报价所依据的基础性文件，承包商应详细分析招标文件的内容，包括商务合同和协议、投标须知、图纸、工程数量清单、投标时间要求、投标保函等。

2）现场勘查

现场勘查应弄清现场地理位置、项目范围、起始点、工程数量、工程难度、施工方案、原材料供应地点、运输距离、进出现场道路和桥梁、现场水电供应、现场气候条件、水文条件等一切物质条件。

3）材料和设备供应调查

材料和设备供应调查应包括原材料和设备的来源、采购成本、来源国或生产厂家的供货情况、材料和设备的运输、税收、保险、手续等。设备方面，应调查施工设备的租赁条件、是采用租赁施工设备还是新购施工设备、当地施工设备维修条件和费用以及当地施工设备零配件供应情况等。

在允许使用非工程所在国材料和设备时，应调查使用承包商本国材料和设备的可能性，并比较相关成本费用。

（3）业主情况调查

1）如果是政府项目，应当了解项目是否已经列入国家的发展规划，项目资金是否已经列入国家预算以及列入当年国家预算的具体金额。如果是国际金融组织或外国政府贷款项目，应了解工程所在国政府是否已经与国际金融组织或外国政府签署了正式的贷款协议，贷款协议的生效日期，外汇与当地货币的配套比例，当地的配套资金是否已经落实等内容。

2）对于私人项目，应对业主的支付能力进行详细的调查，了解业主与银行及有关金融机构是否签署了贷款协议，贷款协议的具体金额，业主的以往支付信誉等。

3）对于属于合营公司或企业的项目，应调查合营企业或公司的合营性质、法律地位、合营企业各股东的股份比例以及各股东的资信情况等内容。

（4）竞争情况调查

1）了解可能参加某一国别市场或具体工程项目的竞标的公司名称、国别和当地合作的公司名称。

2）了解拟参加竞争的公司或企业的能力以及过去几年的类似工程业绩，包括他们在本国、外国和工程所在国已完成的或在建项目情况。如果竞争对手很多，则应选择几家过去得标率较高的公司或企业进行重点调查和分析，了解这些公司或企业的主要特点、优势和劣势。

3）如果招标工程项目使用的是国际金融组织贷款，则应了解对贷款国当地公司的优惠条件、优惠比例。在对当地公司优惠条件较好时，承包商可能考虑与当地公司组成联合体，以便享有国际金融组织提供的优惠条件。

（5）市场商情调查

1）同类工程项目的一般造价水平。

2）当地的劳动力价格水平。

3）当地的电力、水和其他动力和燃料的价格水平。

4）当地生产的普通建筑材料的价格，包括砂、石、石灰、砖、水泥等。对于土建工程不可缺少的大宗材料，还应到附近的生产场地实地勘查，取得第一手资料。

5）对于当地不生产的必须进口的材料和设备，或虽可进口但当地也可制造的材料和设备，可以采取多种渠道询价。

6）当地设备和机具的租赁费用。

7）当地各种材料在近几年内的涨价幅度。

3.2 国际工程承包市场调查的实施

1. 市场调查的原则

国际工程承包市场调查的范围和内容如此广泛，在调查程序中又存在许多偶然性，为保证调查所获取的资讯符合市场的实际情况，进入国际工程承包市场或某一国别市场的企业应做好组织工作，并要求参与市场调查的人员在调查中坚持以下原则：

（1）计划性原则

国际工程承包市场调查是一项工作量大，内容繁多的活动，因此调查工作必须有计划的进行。在进行调查之前，企业要做好周密的准备工作，要分清主次和轻重缓急，合理安排人力、物力和财力，使调查工作有条不紊地进行。

（2）针对性原则

由于国际工程承包市场调查涉及面很广，不可能一次把所有的资料都调查到手，也不能没有时间观念，漫无边际地进行，因此，必须有针对性，做到有的放矢。
对于打算进入的新工程承包市场，调查工作应力求做到全面，且有针对性，以便
企业决策层做出是否进入该市场的决策，避免仓促进入某一国别市场，狼狈退出
的状况发生，伤害市场开发人员的积极性。

对于打算进入一个新市场的企业来说，要想实现针对性原则，必须将编制的
市场调查提纲进行优化，区分核心内容和辅助内容，制定本次市场调查需要达到
的目的，例如，市场调查结果将供企业决策层做出是否进入该市场的决定，或者
供企业决策层做出退出某一国别市场的决定。

根据上文中提及的市场调查提纲，可将市场调查内容分为核心内容和辅助内
容，如图 3-1 所示。

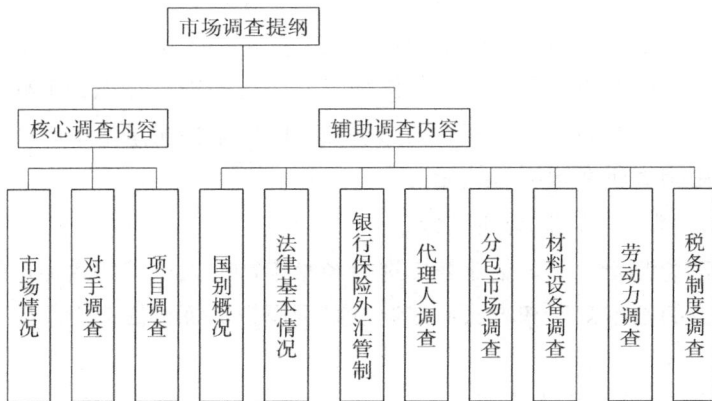

图 3-1　国际工程承包市场调查提纲分类

（3）时间性原则

国际工程承包市场是不断变化的，这就要求调查人员所获取的资讯必须时间
性强。因此，市场调查必须及时进行，以便企业根据市场的变化，抓住市场机
会，做出正确的决策。

（4）系统性原则

市场预测和决策是经常进行的，这就要求市场调查经常进行，以取得系统性
资料，避免因一时的资料不准确而造成判断失误。

（5）科学性原则

市场调查的科学性是保证调查资料准确性的关键。在调查中，一是要有科
学的态度，实事求是地反映市场情况；二是要用科学的方法，以免被假象所
迷惑。

2. 市场调查的组织机构和人员

企业进行市场调查，需要建立一套严密的组织，并要选配好进行市场调查的人员，这样才能保证市场调查的顺利进行，保证调查中取得资讯的准确性。由于市场调查的内容复杂多样，因此，涉及国际工程承包市场调查的组织机构也存在多种形式，如专业咨询公司、对外工程承包企业、驻外分公司、驻外办事处以及业务考察团等。

市场调查人员的组织工作主要包括三项内容：

（1）做好调查人员的筛选工作

国际工程承包市场调查是一项复杂细致的工作，它涉及市场学、社会学、统计学以及建筑和金融等多方面的知识，对调查人员的要求较高。一般而言，选拔国际工程承包市场调查人员的主要条件是：有一定的理论知识、工程实施经验和一定年限的市场开发经验；富有市场敏感性；能够坚持实事求是的态度，肯于钻研；具有运用调查所在国语言的能力。

（2）做好调查人员的培训工作

为做好市场调研工作，企业需要选择经验丰富的人员担任教师，向市场调查人员传授调查的基本知识和方法，并通过案例模拟训练，使他们掌握一定的市场调查的技能。

（3）做好调查人员的管理工作

对调查人员的管理方式是监督管理，监督他们是否能够完成既定的调查任务。监督的主要方法是查看他们收集的资料，验证其真实性以及是否符合要求。对调查结果要进行复查，提高调查质量。

3. 市场调查的计划

为了保证市场调查工作的质量，市场调查人员应事先制定完整的调查计划，特别是向国外派遣业务考察团或采取类似的调查形式时，事前的计划工作更为必要。一般而言，市场调查计划包括以下内容：

（1）调查目标。制定调查计划，首先应确定调查所要达到的目标。调查目标应明确，否则会造成调查人员的困惑，造成市场调查工作的失败。

（2）调查范围。市场调查范围十分广泛，而漫无边际的泛泛调查，很难取得预定调查的效果，因此，调查人员应根据调查目的确定调查范围，包括调查地点、调查对象等。

（3）调查计划。调查计划是指为了获得调查资料所确定的计划，调查计划应根据调查资料的多少确定。

（4）资料来源。调查资料的来源分为两大类：第一手资料和第二手资料。第一手资料是通过实地调查或实验而取得的原书资料；第二手资料是别人收集或经过整理的现有资料。在制定调查计划时，需要确定采用哪种资料来源。

（5）调查预算。进行市场调查，需要一定的人力、物力和财力。因此，在制定调查计划时，必须考虑调查预算。调查预算应根据进行市场调查的企业财力和调查要求确定。调查预算的多寡对调查结果有很大的影响。

（6）日常安排。调查工作应按时按计划完成，为此，必须制定调查的日程安排和进度计划，以此作为进行调查工作的依据。

（7）调查结果的报告形式。在调查计划中，要确定采用什么形式把调查结果汇集起来。究竟采用何种方式，主要取决于资料本身的要求。

3.3　国际工程承包市场调查的步骤和方法

1. 市场调查的步骤

（1）调查准备阶段

这一阶段的主要任务是制定调查计划，做好相应的组织准备工作，并开始着手收集一些第二手资料。

（2）正式调查阶段

这一阶段的主要任务是一边收集整理第二手资料，一边开展第一手资料的调查收集工作。在调查过程中，如果发现调查计划不周，应及时加以修改和补充。

（3）调查资料处理阶段

调查资料处理阶段有两项工作，一是整理分析研究资料，二是提出调查报告。

整理调查资料，分析研究是调查资料处理工作的第一步。将调查资料进行分类、整理、制表和统计，然后经过去粗取精、去伪存真的分析研究程序，剔除调查资料中可以查出的错误部分，找出资料间的内在联系，从而做出合乎事物发展规律的结论。在分析整理资料时，要估计可能的误差。

在资料整理的基础上要提出调查报告。在调查报告中要回答计划中提出的问题，并尽可能地用准确的数字来说明；文字应简明扼要，重点突出；分析问题要客观；要提出建议或意见。

调查报告的结构包括：

1）调查的目的和范围；

2）调查使用的方法；

3）调查的结果；

4）提出的建议或意见；

5）必要的附件。

2. 市场调查的方法

与一般市场调查方法一样，国际工程承包市场调查方法也可分为面谈调查法、电话调查法、邮寄调查法、问卷调查法、实地调查法等多种方法和手段。资料的收集工作是调查工作的基础，国际工程承包市场资料可以从以下渠道获得：

（1）各国的电信、报刊和有关专业性书刊。各国政府、国际组织、各国企业在进行国际招标时，都在影响较大的报刊、杂志上发布资讯。因此，从这些报刊、杂志上得到资讯，是承包企业资讯部门的首要工作。

（2）可委托国际、国内较大的资讯、咨询部门进行调查或提供有关资料。例如，专门沟通发展中国家之间技术和贸易交流与合作的国际性组织——"联合国技术资讯促进系统（TIPS）"就属于定期提供资讯的专业性机构。只要向其缴纳一定的费用，就可经常取得包括国际招标信息在内的各种经济资讯。

（3）代理人。国际工程承包涉及外国的社会、法律、经济、商务、金融以及当地的风俗习惯和人际关系，要想准确地了解此类内容，寻找合适的代理人是行之有效的途径。

（4）通过我国驻外机构（如驻外使领馆、经济商务处、贸易代表处）、本企业驻外机构或客户进行实地调查。

（5）通过临时出国团组，如投标小组、考察团等进行实地考察。

（6）通过国内外贸公司、国际经济合作公司、研究机构、外交部、商务部等有关机构获得市场资讯。

（7）在日常的商业活动中，注意资讯的积累，包括往来函电、谈判等活动反映的资讯。

（8）各国管理进出口部门、银行、研究团体和商会定期或不定期发表的报告或材料。

在激烈竞争的国际工程承包市场，市场信息和资讯是获取成功的第一步。在群雄逐鹿的国际工程承包市场上，谁获得市场的信息和资讯越多，越准确，谁就能捷足先登，取得介入项目的开发先机，占据市场和项目开发的制高点。

3.4　法律尽职调查

尽职调查，也叫审慎调查，译自英文"Due Diligence"，其原意是"适当的或应有的勤勉"，源于美国 1933 年《证券交易法》。尽职调查一般适用于证券业务、企业并购、BOT/PPP 项目等交易中，也可适用于通过国际公开招标的工程项目。

法律尽职调查，就是在双方达成交易之前，一方委托律师对交易双方背景、交易标的合法性以及交易模式和程序进行调查和了解情况，并形成书面报告供交易一方参考。尽职调查的需求来自交易主体所拥有的交易信息的不对称性。尽职调查是努力将交易信息从不对称到对称的过程，从而有效减少或最大限度消除由于信息不对称对交易双方所造成的风险。法律尽职调查已经被广泛地运用在公司并购、股权或项目转让、资产或债务重组、证券上市、不良资产买卖以及 BOT/PPP 项目等重大经济活动当中。

承包商在国外国际工程项目实施前，面临着项目所在国对承包商履行合同的诸多法律要求和限制，在项目执行过程中必须熟悉和遵守当地的法律、法规和政策，如外汇管制、当地税赋、贸易和投资优惠、环境、安全、卫生、施工许可和行政审批、居留和工作许可、保险和当地有关当局制定的强制性规范。为了最大限度地消除在项目执行中因为信息不对称所产生的风险，承包商在投标前或对议标项目签约前应采取各种方式，利用当地的专业咨询机构对可能影响项目执行的财务、税务和法律环境进行尽职调查。及时识别、分析和评估项目今后执行中可能遇到的重大风险，并事先采取相应的应对措施。

企业可聘请律师事务所或法律服务机构进行东道国的法律尽职调查，出具法律尽职调查报告。法律尽职调查报告的主要内容是：

1. 与本项目相关的东道国本地法律调查，包括国家基本法律体系、国家司法审判体系、公司法律制度、外商投资法律制度、土地、地下资源使用权、劳动法律制度、外汇制度、环境保护、税收、进出口法律、安全生产法律等。

2. 项目所需政府许可调查。

3. 东道国合作伙伴调查。

4. 投资风险分析。

5. 特许经营法或 PPP 法律调查。

在国际公开招投标项目中，法律尽职调查内容应适当简化，可仅对国家的法律体系、公司注册、税务、土地使用等开展调查。但对于投资类项目，包括 BOT/PPP 项目、产能合作、投资建厂、建设工业园区等项目，应对所在国进行全面的法律尽职调查。

在企业并购项目中，法律尽职调查应包括如下内容：

1. 企业概况

(1) 营业执照与章程。

(2) 本公司法定注册地，拥有或租赁的不动产地址一览表。

(3) 所拥有的知识产权及权益（专利、商标、商品名称、许可，对本公司业务的重要性）、相关的登记证书、特许协议及其他有关文件（包括但不限于有关合同、记录）。

(4) 本公司历史沿革资料，包括名称、地址、注册资本及历次股权变更，股东、董事、法人变更等资料。

(5) 经营范围。

(6) 本公司所有权。

(7) 股东名册、股权结构图、持股比例一览表。

(8) 本公司下属控股和参股公司的股权结构图，并说明本公司中持有主要控、参股本公司股权成员的历次变动情况，主要控、参股公司的名称、法定注册地、拥有或租赁的不动产地址一览表，主要控、参股公司所拥有的知识产权（专利、商标、服务标志、商品名称、许可及其对本公司业务的重要性）。请同时提供与这些知识产权或权益相关的登记证书或特许协议及其他有关文件（包括但不限于有关这些知识产权的合同、记录等）。

(9) 出资证明及验资报告。

(10) 组织结构图、分支机构分布一览表。

(11) 2 年内媒体公开披露信息。

(12) 企业文化，公众形象以及与政府、税务、财政、银行、环保部门的关系介绍。

2. 管理人员

(1) 管理人员名单、职务与简历。

(2) 高级管理人员聘用合同、薪酬、福利、期权、补偿性协议、保险、退休金。

（3）高级管理人员兼职情况。

3. 主要竞争对手清单。

4. 本公司及主要竞争者的市场占有率。

5. 改善本公司竞争力及盈利能力的策略及计划。

6. 对外签订的所有商业合同，包括市场开拓、销售、特许经营、分拨、委托、代理、代表协议、广告及公共关系协议的复印件，广告品的拷贝。

7. 客户名单，前 10 大主要客户概况及 3 年内主要客户年度销售额、回款情况、主要客户销售收入占总收入的比例。

8. 未完成或未执行的订单。

9. 同业竞争与关联交易

（1）控股股东、实际控制人及其控制的企业实际业务范围、业务性质、主要客户说明。控股股东或实际控制人是否对避免同业竞争做出承诺，承诺的履行情况的简要介绍。

（2）是否与控股股东、实际控制人及其控制的企业有利益冲突，如有，请列明。

（3）是否与控股股东、实际控制人及其控制的企业有关联交易，如有，请列明并说明频率。

10. 法律事项

（1）重大对外投资合同。

（2）限制股东权利的合同。

（3）全部借贷文件（借贷合同，担保抵押合同），其他重大欠款（股东贷款、本公司拆借等）。

（4）全部融资租赁文件。

（5）股票、债券发行文件。

（6）重大合同（未履行完毕者）。

（7）重大采购销售合同。

（8）包销协议（如有），进出口合同。

（9）保险合同、未决理赔事项。

（10）与政府达成的合同。

（11）公司债券买卖协议（如有）。

（12）限制本公司竞争的合同（如独家许可合同）。

（13）专利、商标、专有技术权利证书及许可合同。

（14）本公司与股东、高管人员之间的商务合同（如有）。

（15）本公司与子公司之间的商务合同。

（16）租赁合同。

（17）公用事业许可使用协议。

（18）对外担保合同。

（19）其他重大合同（广告、咨询、代理等）。

11. 诉讼及法律纠纷

（1）正在进行或已受到威胁的诉讼、仲裁、政府调查情况清单及有关文件，包括当事人、损害赔偿情况、诉讼类型、保险金额、保险公司态度。

（2）所有判决、裁决、禁令、执行令清单。

（3）律师出具的有关诉讼及其他法律纠纷的函件。

（4）提出知识产权侵权行为的函件。

（5）受到威胁的政府调查或宣称本公司违法的函件。

（6）土地房屋及设备设施。

（7）土地所有权证、土地出让/转让合同，并列清单。

（8）房产证及转让合同，并列清单。

（9）房屋租赁合同，并列清单。

（10）重大设备设施产权证明（合同、发票、进口报关单、固定资产清单、在建工程清单）。

总之，法律尽职调查应根据项目的类型予以分类进行，不能一概而论，但无论如何，一份充分的信息，能够全面反映所在国情况的尽职调查报告将对企业预防风险、防控风险不无裨益。

4

项目代理的选择

在国际承包工程市场中，由于中国企业主要市场位于亚洲和非洲地区，中国企业普遍采用商业代理模式参与国际工程项目竞争，而非欧美市场的市场竞争模式。在亚洲和非洲地区，项目代理是在大多数国家获取工程合同不可或缺的角色，形形色色的代理存在于各个国家和地区之中，如何辨识有能力帮助企业获得工程合同的代理，如何避免上当受骗，钱物两空，是从事市场开发的商务人员必须学会的一门实践课程。

4.1　代理人作用

选择和使用好当地代理人是国际工程承包业务的重要内容之一。

对于初次闯到国外的国际承包工程项目的企业而言，由于不熟悉工程所在国的社会、法律、经济、商务习惯、金融、当地建筑业的惯例等，不了解工程所在国的传统习惯和社会人际关系，不清楚解决各类问题的渠道，不熟悉国外的经营和工作环境，可能会面临无法获得项目，或获得项目后无法顺利实施的困境，因此，在大多数国际工程承包市场国家，选择和使用好当地代理人成为国际承包商取得成败的关键因素之一。

有些国家法律明确规定，任何外国公司必须指定当地代理人，才能参加工程所在国的工程项目的投标和承包业务。

在国际工程承包业务中，承包商通过代理人的积极工作，不仅可以获得工程承包合同，还可以得到各方面的协调和服务，使工程项目进展顺利，提高企业的经济效益。国际工程承包业务约 80% 通过代理人和中介机构。在某些国家，工程项目代理业务也已成为一种行业，有些已经得到了当地政府的认可。

在国际工程承包项目中，代理人至少可以向承包商提供如下服务：

（1）提供项目信息，介绍项目

当地代理人大多是在当地社会中有一定活动能力的人，和当地的政界和商界有密切的关系，有广泛的信息渠道，他们可以较早地获得一些重要的大型项目的招标动态，甚至一些内部情况。他们往往会通过他们自己的商业渠道向客户提供有关信息。

作为承包商，如果已经与代理人建立了联系，并确定了代理关系，代理人就应提供工程项目信息，承包商可以从中筛选和确定感兴趣的项目，指示代理人密切跟踪这些项目。承包商还可以通过代理人了解业主的有关信息，与业主接触，使业主了解承包商的实力，并在必要时引荐承包商代表与业主人员直接接触和洽谈。

（2）提供当地情况资料

代理人不仅应当提供有关项目情况，还应向他的客户提供当地的所有政治、经济背景资料以及商务资料，例如税收、法律、进出口政策、当地劳务来源和价格、材料和机械设备来源和价格、运费等，供承包商投标报价时参考使用。

　　（3）业务咨询

　　一个合格的代理人可以向客户在各方面提供很多有益的建议，例如介绍和解释社会局势或投标形势，以便承包商在决策过程中得到有益的启示。代理人能够帮助承包商处理一些业务性的工作，使承包商避免产生一些麻烦和纠纷。代理人还可以向客户介绍当地的技术人员、分包商和咨询人员。有些有实力的代理公司甚至可以编制投标书等。

　　（4）帮助承包商获取项目

　　帮助或协助承包商获取项目是当地代理人的最重要的任务。通常代理人可以通过与业主和决策层的关系，在承包商报价合理、位列最低报价前几名的情况下，通过关系为承包商争取获得项目的机会。

　　（5）提供服务

　　在帮助承包商获得项目后，代理人应该继续为客户提供服务，其服务范围可以在代理协议中明确规定。例如：

　　1）协助承包商的人员办理出入境手续、长期居住和工作许可证。

　　2）推荐当地分包商或清关代理。

　　3）推荐设备物资或建筑材料的供货商或介绍供应渠道。

　　4）协助承包商招聘技术人员和劳务。

　　5）承包商与代理人约定的其他服务。

　　（6）协调和斡旋各种关系

　　在国际工程项目的实施过程中，承包商、业主、工程师或当地政府部门之间产生各种矛盾是经常发生的，承包商应采取友好的方式，应避免过激的做法去处理这些矛盾和问题。一般而言，代理人可以凭借其良好的公共关系，从中进行协调和斡旋，使问题得以顺利解决。

4.2　选择代理人

　　在开拓国际工程承包市场和实施工程项目过程中，承包商对代理人有很高的期待，但并不是任何一个代理人都能够为承包商完成获得项目的这项任务。对于承包商而言，在进入某一国家开拓国际工程承包市场时，都不可避免地面临选择代理人的问题。一个信誉良好、关系过硬的代理人将会给承包商带来机会，反之，将会使承包商陷入困境。

理想的代理人应该是：信誉良好、社会关系广泛、有能力，熟悉商务和工程投标业务，积极主动，具有合法的地位，最好是一个组织良好的公司，而不是一个单个的自然人。对承包商来说，应当牢记的规则是，应始终保持自己的独立性，切忌"一切由代理人代办"。

1. 信誉良好

一个信誉良好的代理人应该是一个诚恳、可靠、人品良好的商人或信誉良好的商号，在当地商界或社会受到尊重，没有劣迹和违法历史，没有被直接卷进诉讼的历史。

良好的代理人应能向客户提供实事求是的信息和情报资料，而不是大肆吹嘘和夸大其词，不能有意地隐瞒或夸大某些信息，这会导致承包商得出错误的结论，给投标工程实施造成失误。

良好的代理人应该是建议性和服务性工作，而不能对客户欺骗或要挟，应该与承包商在代理协议的约束下平等合作。

代理人的信誉不仅直接影响承包商是否可以得到项目，还会直接影响承包商在当地公众中的社会形象。如果承包商选择了信誉不佳的代理人，不仅为自己埋下隐患，而且还可能会受到社会的非议。可以说，代理人的信誉在一定程度上代表了承包商的信誉和形象。

代理人的社会形象是一个复杂的问题，有时代理人之间的竞争也会产生相互攻讦的情况，此时，承包商应保持清醒的头脑，需要承包商在认真调查权衡后做出选择。

在有些国家，一般而言，承包商应尽量避免选择党派性的代理人，最好选择纯商业性的代理人，以避免在党派更迭时带来的麻烦。

代理人由于利益相关，一般都会积极地想方设法帮助其代理的客户进行活动，争取拿到工程项目。如果代理人信誉不好，代理人可能会在争取项目的过程中将承包商拖进难堪的境地，而信誉良好的代理人，一般做事谨慎，会保护客户和自己的名誉。

2. 社会关系广泛

在一个国家或地区取得一个工程项目，尤其是大型工程项目，并不是一件简单的事情，往往要疏通多个高层政府机构，因此，代理人的社会地位和社交的广泛性十分重要。如果代理人的社会地位高，社交广泛，他会有快捷灵通的信息来源，便于承包商及时地做出正确的决策。此外，有广泛社会关系的代理人可以向承包商介绍客户，使承包商能够结识很多当地重要的人物和朋友，很快进入当地上层社会圈，这对于一个刚刚进入陌生国度的国际承包商十分重要。

3. 熟悉商务和工程投标业务

国际工程承包是一门技术性非常强的业务，要求代理人要有相应的商务和技术知识，具有一定的经验。如果代理人缺乏这方面的知识，在与承包商配合时双方都会感到困难。

有些国家有专门的工程项目代理公司，这些公司中某些人可能本身就是建筑师、设计师或工程师，他们了解市场情况和工程承包业务，熟悉当地办事渠道，并拥有一批办理各种事务的雇员，这样的代理人往往能够提供相当有效的技术和实际的帮助。

在一些国家中，往往存在各式各样的代理人和经纪人，他们当中不乏具有广泛社会关系、有相当威望和良好信誉的人，甚至有些人本身就是社会地位很高的上层人士，也愿意为承包商提供服务，获取可观的代理费用。但是，国际工程承包业务需要代理人具有一定的业务知识和经验，如果承包商选择的代理人缺乏有关的知识和经验，往往很难同他们之间达成共识，贻误获取工程项目的机会。当然，承包商的最终目的是获取工程项目，如果代理人可以做到这一点，承包商完全可以聘用他们，以成功地获取项目。但是，承包商必须认识到，在施工项目的过程中，承包商需要依靠自己，处理工程项目实施中遇到的各种问题和麻烦，而不能依赖代理人解决问题。

4. 合法的地位

代理人应该有合法的地位，最好是以在当地注册的公司名义进行代理活动，并以当地注册的公司名义与承包商签订代理协议。有些国家，如科威特、卡塔尔、阿曼等一些海湾国家要求外国承包商与有资格的代理人签订代理协议，并向政府部门登记备案，经批准后代理公司方能开展代理业务。

在国际工程承包业务中，代理人的选择是一项十分复杂和慎重的工作。对于承包商而言，选择了有能力的代理人，可能会很快打开和进入某一国家的工程承包市场，在短期内获得工程项目，成功开拓市场。反之，则会贻误承包商开拓市场的机会，使承包商无法在短期内进入某一国的市场。同时，承包商在选择代理人时应特别要提高警惕，防止受骗上当。在国际工程承包实务中，承包商，特别是对那些刚刚进入某一国市场，急切想获得工程项目的承包商而言，选错代理人，受骗上当的事情屡见不鲜。

4.3 代理协议

为了明确代理人的责任、义务和支付酬金事宜，承包商应在确定代理关系后，与代理人签订代理协议（或合同）。代理协议应包括如下主要内容：

（1）协议双方的法定名称、地址和法人代表的姓名和职务。

（2）代理的目的和性质。

（3）代理范围和代理项目的名称。

（4）明确是否是唯一代理，是否具有排他性要求。一般而言，承包商应避免在某一国家采取唯一代理或排他性代理的做法，应采取按项目分别代理的方式，避免因选错代理而影响整个市场的开拓。

（5）代理期限。

（6）承包商和代理的义务和职责。

（7）佣金金额和支付方式。一般而言，承包商应采取基于成功取费方式支付佣金，即在成功获得项目基础上向代理支付报酬的方式。同时，应避免一次性全额支付佣金的方式，而应按照工程进度款的支付金额按比例支付。

（8）代理人的保障义务。

（9）争议解决方式。

（10）代理协议的文本、生效时间和条件。

承包商与代理人签订代理协议，应符合当地和承包商所在国的法律规定，做到合法有效。如果受当地和承包商所在国的法律的约束，承包商对代理协议的合法性存有疑虑，应采用符合当地和承包商所在国法律的其他合同方式，例如咨询协议或其他合同形式处理代理问题。

4.4 合规经营

在选择代理人和签订代理协议时，为做到合规经营，企业应做到：

（1）遵守本企业的相关规定，进行上报审批。在获得批准后，方能签署代理协议。

（2）避免许诺那些企业做不到的代理费支付比例或金额。

（3）在工程所在国的法律认定代理不合法时，应在代理协议中适用那些法律没有禁止，或没有明文规定违法的国家或地区的法律。

（4）代理协议的争议解决方式宜采用第三国仲裁的方式解决争议。

（5）应避免以项目代理协议为标题签署代理协议，而宜采用咨询协议或其他合同形式。

国际工程融资方式与项目交易模式

　　国际工程项目资金来源多种多样，与之相适应的项目建设模式也呈现多样化的特征。20世纪90年代中期以来，随着中国对外融资工具，如买方信贷、卖方信贷、对外优惠贷款等融资方式的出现和多样化，参与银行数量的增多，保险工具的强化，如何主动利用融资工具开拓国际工程承包市场已日益成为企业开拓国际工程市场的一项重要内容。除世界银行、亚洲开发银行等多边国际金融组织的传统承包方式外，中国企业越来越多地利用中国政策性银行和商业银行提供的出口信贷以及BOT/PPP等项目融资方式，扩大了经营规模和扩展了利润空间。本章将重点阐述国际工程融资方式与国际工程项目交易模式所涉及的内容，以期企业能够利用各种不同的资金来源，采用不同的项目建设模式开拓市场，在大型工程项目中有所作为。

5.1 国际工程融资方式的发展和趋势

1. 工程融资方式在国际上的发展和趋势

自 20 世纪 50 年代以来，国际工程融资方式经历了一个从投资主体单一的简单融资模式发展到融资方式和工具多样化的演变历程。早期的用于基础设施等工程项目的资金主要来自各国的中央政府和地方政府，多边国际金融机构，如世界银行、亚洲开发银行、非洲发展银行、欧洲复兴开发银行等，以及各种政府基金等组织，例如科威特发展基金等、贷款资助各国建设和发展基础设施工程项目。20 世纪 50 年代至 80 年代中期，国际工程融资方式投融资主体单一，主要表现在各国中央政府和地方政府作为投资主体进行基础设施等工程项目的建设。

20 世纪 80 年代初期，土耳其总理首次提出了建设-运营-转让的 BOT（Build-Operate-Transfer）的概念。随后，BOT 及其变形的 BOO、BOOT、TOT 等融资方式得到了广泛的运用，著名的工程项目有英法海底隧道、马来西亚南北高速公路等项目。在中国，以 BOT 方式运作的项目有沙角 B 电厂、广西壮族自治区来宾 B 电厂以及部分高速公路和桥梁等项目。

项目融资（Project Finance）是以项目的资产、预期收益或者权益为保障取得的一种无追索权或者有限追索权的融资或贷款。项目融资的早期形式可追溯到 20 世纪 50 年代，主要是为石油天然气项目安排融资，并以 20 世纪 60 年代中期在英国北海油田开发中所使用的有限追索项目贷款作为标志。20 世纪 80 年代中期以来，伴随世界经济的复苏，项目融资的方式在国际金融界开始活跃起来，特别是在能源、电信、交通、电力等大型基础设施方面，项目融资方式得到了金融界和商界的认可和使用，并被视为国际金融的一个独立分支。项目融资以其股权与债务比的高杠杆，以项目自身的收益偿还本金和利息的有限追索方式以及表外融资为主要特点，为私营部门投资大型基础设施项目提供了融资条件，成为大型工程项目筹措资金的一种新的方式。

项目融资的主要模式包括产品支付融资、利用设施使用协议融资、杠杆融资租赁、BOT/PPP 融资和资产证券化（ABS）融资等方式，参与主体较多，融资机构可包括银行、信托基金和私募基金等，为大型工程项目的资金筹措提供了便利。

由于基础设施，特别是大型基础设施项目需要投入巨额资金，回收期长，传统观点主张的投融资主体应主要来自政府部门等公共部门。2008 年全球金融危机以及欧债危机，很多国家包括发达国家和地区都遇到政府预算不足的问题，各国政府纷纷寻求来自私营部门的支持，采用公私协作模式，即 Public—Private—Partnership，简称 PPP 方式建设各种工程项目。英国政府于 20 世纪 90 年代提出了私营主导融资（Private—Finance—Initiative）的 PFI 融资模式，鼓励私营部门投入到以前有公共部门投资的工程项目，以发挥私营部门在资金、技术和管理方面的优势，提供高性价比的公共产品服务。20 世纪 90 年代以来，在美国、加拿大、欧洲、澳大利亚、中东欧地区和拉丁美洲地区，各国政府纷纷推出 PPP 项目计划，在基础设施发展领域出现了公共私人合伙（Public—Privat—Partnership，PPP）模式。在中国，部分奥运项目，如国家主体育场，也采用了 PPP 模式建设奥运设施的方式。

进入 21 世纪，国际工程融资方式继续向多样化的方向发展，而更为显著的是，EPC 加融资（EPC＋F）以及设计-建造-融资-运营（DBFO）等承包商主动融资方式，以及 BOT/PPP 模式在国际工程融资中所占比重逐步扩大。在某些国家或地区，例如拉丁美洲地区，PPP 模式已成为工程承包市场的主流。

2. 中国在国际工程融资方式的发展和趋势

自 1979 年中国企业对外承包工程伊始，在经历了 20 世纪 80、90 年代和 21 世纪初期的 30 多年的发展，中国企业已从初期单纯承包国际性、地区性或当地政府等金融机构贷款的工程项目，发展成为能够利用中国政府出口信贷、优惠信贷，进而能够以项目融资方式、BOT 以及公共私人合伙（PPP）等多种融资方式运作和实施大型土木和综合性工程项目。在能源和制造业等领域，海外并购成为中国能源战略的一个重要手段。多样化融资方式的运用，提高了中国企业在国际工程承包市场上的份额，提升了中国企业国际承包工程的层次和水平，改善了中国企业在国际工程承包市场上的赢利水平。

中国在国际工程融资方式方面的发展主要源于对外直接投资（Foreign Direct Investment）带动的国际工程项目和出口信贷（Export Credit）支持的国际工程项目。

（1）对外直接投资

《2012 年度中国对外直接投资统计公报》数据显示，2012 年中国对外直接投资金额达 878 亿美元，同比增长 17.6％，成为世界第三大对外投资国。近年来，中国对外直接投资主要呈现如下特点：

1）中国对外投资累计净额达 5319.4 亿美元，位居全球第 13 位，相当于美国对外投资存量的 10.2%，英国的 29.4%，德国的 34.4%，法国的 35.5%，日本的 50.4%。

2）投资遍布全球近八成的国家和地区，投资存量高度集中。截至 2012 年底，中国 1.6 万家投资者在境外设立对外直接投资企业近 2.2 万家，分布在全球 179 个国家（地区），覆盖率达 76.8%，其中亚洲地区的境外企业覆盖率达 95.7%，欧洲为 85.7%，非洲为 85%。2012 年末，中国对外直接投资存量高度集中，前 20 位的国家地区存量累计达到 4750.93 亿美元，占总量的 89.3%。

3）投资行业分布广泛，门类齐全，投资相对集中。2012 年末，中国对外直接投资覆盖了国民经济所有行业类别，其中存量超过 100 亿美元的行业有：租赁和商务服务业、金融业、采矿业、批发和零售业、制造业、交通运输业/仓储和邮政业和建筑业，上述七个行业累计投资存量 4913 亿美元，占我国对外直接投资存量总额的 92.4%。

4）并购领域广，交易金额大。2012 年，中国企业共实施对外投资并购项目 457 个，实际交易金额 434 亿美元，两者均创历史之最。其中，直接投资 276 亿美元，占 63.6%，境外融资 158 亿美元，占 36.4%。

5）境外企业对东道国税收就业贡献明显，对外投资双赢效果显著。2012 年境外企业向投资所在国缴纳的各种税金总额达 221.6 亿美元，年末境外企业员工总数达 149.3 万人，其中雇用外方员工 70.9 万人，来自发达国家的雇员有 8.9 万人。

在中国对外直接投资中，2012 年我国企业境外投资分布更为广泛，在矿山建设、交通运输、制造及加工业、电力工业等领域直接带动了中国对外工程承包业务。随着我国对外直接投资的继续增长，投资与承包工程业务结合日益紧密，投资对中国对外承包工程的带动作用日趋显著。

（2）出口信贷

1994 年中国政府成立了国家出口信用机构（Export Credit Agency，ECA）——中国进出口银行。经过近 20 年的发展，中国进出口银行业已成为中国机电产品、高新技术产品出口和对外承包工程及各类境外投资的政策性融资的主渠道，其开办的出口买方信贷、出口卖方信贷和对外优惠贷款等业务，有力地促进了我国对外经济技术合作的档次和层次。随着中国银行业改革进程的加快，国家开发银行、国有商业银行以及股份制银行也陆续开办了出口信贷业务，为中国企业的融资提供了更多的选择机会。

2001 年 12 月，中国政府将原隶属于中国人民保险公司和中国进出口银行的出口信用保险机构合并，成立了中国出口信用保险公司，其经营的中长期信用保险、短期出口信用险以及投资保险等业务为抵御和防止出口信贷风险提供了机制上的保障。

除传统的各国中央政府、地方政府以及国际金融机构贷款的"现汇"项目外，出口信贷、项目融资、EPC＋融资、BOT/PPP 等多种融资方式和工具为中国企业扩大国际承包工程业务，提高工程项目技术含量和档次提供了可资利用的多种渠道和方式。

近年来，中国出口信贷资金已经成为中国承包商的重要竞争力之一。以 2012 年 10 亿美元以上的签约项目为例，据不完全统计，其中使用中国出口信贷资金的项目就有 5 个，合同总额高达 85.8 亿美元，无论是项目数量还是合同总额占比均约三成，中国出口信贷资金对对外承包工程的业务发展发挥了重要的拉动作用。根据 2012 年我国企业办理对外承包工程项目投（议）标核准的情况统计，2012 年意向使用中国出口信贷资金的境外承包工程项目达 232 个，遍布全球 55 个国家或地区，投融资项目规模总额达 889.5 亿美元，占当年全部投（议）标许可项目规模的 23％，其中投资类项目 11 个，意向投资总额为 164.9 亿美元，比 2011 年增加 50.9 亿美元。中国出口信贷资金已逐渐成为越来越多的企业拓展境外承包工程业务的强力助推器。

国际和地区性金融组织贷款招标的现汇工程项目上的激烈竞争现象已众所周知，中国企业与外国企业之间、中国企业之间的竞争已使项目利润空间收窄，低标价已是大势所趋，项目亏损现象也屡见不鲜。进入 21 世纪以来，国际承包工程的竞争已从过去的工程项目管理向融资能力和风险管理转移，承包商的融资能力已成为国际承包工程市场的关键。对于中国企业而言，了解和学会利用、运作出口信贷、商业信贷、项目融资、BOT/PPP 等多种融资形式和工具，才能在 21 世纪日趋激烈的国际承包工程市场立足，改善赢利水平。

5.2 国际工程主要融资方式与项目交易模式

1. 国际工程融资方式

根据不同的标准，国际工程融资方式可分为不同的种类或类型。依资金来源划分，国际工程融资方式包括：

（1）各国中央政府和地方政府融资。

（2）多边国际金融机构贷款。

（3）国际商业银行贷款。包括一家银行承办的国际商业银行贷款或一家银行为牵头人，多家银行参与的国际银团贷款。

（4）政府间双边贷款或援助。

（5）出口信贷，包括出口卖方信贷、出口买方信贷、优惠出口买方信贷和对外优惠贷款。

（6）项目融资。

（7）BOT 方式。

（8）PPP 方式。

按照融资主体划分，国际工程融资方式可划分为：

（1）业主融资，包括各国中央政府和地方政府融资、多边国际金融机构贷款、以业主所在国政府或其他公共机构或公司为借款人的国际商业银行贷款、政府间双边贷款或援助、出口信贷中的出口买方信贷、优惠出口买方信贷和对外优惠贷款。

业主融资的基本方式主要是通过中央政府或地方政府预算解决工程项目资金问题，二是通过对外借贷方式解决工程项目资金问题。

（2）承包商融资，包括出口卖方信贷、以投资为目的的项目融资、BOT 和 PPP 方式等。

需要说明的是，在 EPC＋融资（Financing）和设计-建造-融资-运行（DBFO）项目交易模式中，融资多为业主或业主所在国财政部作为借款人的国际商业贷款方式，少数项目为承包商融资并承担还贷风险的出口卖方信贷项目。

各国中央政府和地方政府融资的工程项目，业界通俗称为"当地币"项目，是各国中央政府和地方政府通过政府预算方式，在得到国会批准后实施的项目。其主要特点是资金来源于工程所在国政府，支付货币全部或大部分为当地币。中国企业在海外承揽的当地币项目，除发达国家和地区外，在发展中国家，特别是非洲地区的主要风险是业主不能及时支付工程款项，延付、拖欠工程款现象严重，并可能最终形成呆账和死账。

国际金融组织和机构贷款项目是中国企业从事国际承包工程的主要方式之一，其特点是工程所在国政府与国际金融组织，如世界银行、亚洲开发银行、非洲开发银行等签署贷款协议，由工程所在国政府根据国际金融组织制定的项目采购规则进行国际公开招标，选定中标人并经国际金融组织批准实施工程项目。国际金融组织只承担部分工程建设费用，工程所在国政府还需要拿出相应比例，如 10%～30% 或更高比例的配套当地币资金用于工程项目。

商业银行或国际商业银行可为项目提供贷款支持，对工程所在国而言，商业信贷存在利息高、浮动利率计算、担保要求苛刻等不足。如果贷款金额较大，一般需要银团贷款，以便分担和减轻风险。

在上述融资方式中，各国中央政府和地方政府融资、国际金融组织贷款、出口买方信贷、对外优惠贷款项下的项目，从企业或承包商的角度而言，均属于"现汇"项目，企业或承包商不承担融资责任和资金风险。由于出口卖方信贷的借贷人是出口商或承包商，出口商或承包商承担了融资责任和买方不能及时还款的风险。项目融资、BOT/PPP 则属于企业的对外直接投资，在对外投资项目中，企业应承担投资所带来的风险，赚取投资带来的收益。

随着西方发达国家，如美国、加拿大、澳大利亚、西欧、中东欧地区和拉丁美洲经济和社会的发展、银行和市场的充分发展，政府主导投资型的项目日益减少，而以企业投资为主导型来发展基础设施等项目的方式发展到了一定的阶段，出现了项目融资、BOT 和 PPP 等方式，其投资主体、投资方式已发生了根本的改变，与发展中国家主要依赖政府主导投资形成鲜明比照。

总之，国际工程项目可资利用的融资方式和渠道很多，企业可根据工程所在国或业主的意愿，针对项目的特点和规模，结合自身的技术优势和融资能力，从激烈进而恶性竞争、利润微薄甚至亏损的当地政府和国际金融组织贷款的第一层次的"现汇"承包工程项目向利用出口信贷、优惠贷款和商业贷款的第二层次的承包工程项目转变，并逐步利用项目融资、BOT 或 PPP 方式的第三层次融资形式发展和扩大业务领域和规模。

2. 项目交易模式

（1）项目交易模式的定义和主要方式

美国土木工程师学会 ASCE（2000）将项目交易模式（Project Delivery System，简称 PDS）定义为："工程项目交易方式是指项目参与方为了实现业主的目标，完成预定的工程设施而组织实施项目的系统方式。"美国总包商协会 AGC（2004）将项目交易模式定义为："工程项目交易方式是分配设计和建造合同责任的综合过程，工程项目交易方式确定了为完成工程项目的目的，承担合同责任的主要参与方。"项目交易模式在中国又被称为工程承包模式或工程承包方式。

在国际工程项目中，项目交易模式主要包括：

1）设计—招标—建造模式（Design—Bid—Build，DBB），又称传统承包模式，是指业主在落实项目资金的基础上，委托咨询工程师进行设计，在设计完成或设计后期，通过所在国国内公开招标或国际公开招标的方式选择承包商，然后由承包商进行施工，直至完成工程项目。在传统承包模式中，业主主要使用单价合同（Unit Price Contract）。这种方式是 20 世纪 50 年代直至今天仍在使用的国际工程项目中的最为主要的项目交易模式。

2）设计—建造模式（Design—Build，DB），是指承包商按照合同约定，承担工程项目的设计和施工，对承包工程的进度、质量、安全、工期、成本全面负责的一种交易模式。

3）设计—采购—施工（Engineering—Procurement—Construction，EPC）模式，是指承包商按照合同约定，承担项目的设计、采购、施工和试运行，对承包工程的进度、质量、安全、工期和成本全面负责的一种交易模式。EPC 模式是当今世界与传统承包方式（DBB 模式）相互并存的另一种最为主要的项目交易模式。

4）设计—采购—施工＋运行和维护模式（EPC＋OM 模式），是指承包商除承担 EPC 项目建设责任外，在项目完成后，还需根据合同约定，在一定的期限内进行工程项目的运行和维护工作。

5）设计—采购—施工＋融资模式（EPC＋F 模式），是指承包商除承担 EPC 项目建设责任外，还负责工程项目的融资，解决工程项目的资金问题。

6）设计—建造—融资—运行（Design—Build—Fiance—Operate，DBFO）模式，是指承包商按照合同约定，负责工程项目的设计、施工、融资和运行工作的一种项目交易模式。

7）交钥匙（Turnkey）模式，是指承包商按照合同约定，承担工程项目的设计、施工和试运行，并在"转动钥匙"时就可以投入运营的一种工程项目交易模式。

8）项目管理模式（Project Management Contractor，简称 PMC），是指业主聘请一家公司代表业主进行整个项目的过程管理，这家公司在项目中被称为项目管理承包商（Project Management Contractor），业主仅保留小部分管理人员进行决策，项目的过程管理主要由项目管理承包商实施的一种项目交易模式。

9）建设—运营—移交模式（Build—Operate—Transfer，BOT），是指政府部门通过特许权协议，授权项目公司进行项目的融资、建造、运营和维护，并在规定的特许期内，向该项目的使用者收取费用，由此回收项目的投资、经营、维护的成本，并获得合理回报，在特许期满后，项目公司将项目无偿或以象征性价格移交给政府的一种项目交易模式。

10）公私协作模式（Public—Private—Partnership，PPP），指政府与私营机构签订长期合作协议，授权私营机构代替政府建设、运营或管理基础设施或其他公共服务设施，并向公众提供公共服务，收取费用，回收项目的投资、经营和维护成本，并获得合理回报的一种项目交易模式。

（2）确定项目交易模式的主要因素及其选择

项目交易模式规定了项目各参与方在工程项目中的职责、风险分担以及业主拟采用的支付方式，限定了工程项目执行过程中业主的管理职能和对项目的控制能力。业主在项目可行性研究或立项阶段确定项目交易模式所涉及的主要因素见表 5-1。

在表 5-1 中，业主确定项目交易方式的首位制约因素是资金，其次是项目的经济效益，再次是项目目标，可简单表示为：资金＞经济效益＞项目目标。在业主无法解决项目建设资金，而项目经济强度良好时，业主可选择由私人投资或者 BOT/PPP 模式；在业主可解决项目建设资金，且项目经济强度良好时，业主可以项目目标为首要因素，选择 DB 或 EPC 或交钥匙合同模式，降低成本，控制工期，并使业主风险最小化。

在业主进行项目交易方式选择时，也可使用科学的方法，如当前较多使用的层次分析法（Analytic Hierarchy Process，简称 AHP 法）、多属性效用法、案例推理法（Case-Based Reasoning，CBR）以及生产前沿面理论。

确定项目交易模式的主要因素   表 5-1

内容	主要因素	主要因素分解
资金	资金来源	业主是否有能力解决资金问题
经济效益	经济强度	项目是否有良好的投资回报
项目目标	成本	低于项目预期成本
	工期	在计划工期内完成
	质量	高质量完成项目
		设备可靠性最大化
		实现客户满意度
	安全	设计理念保证安全操作
		保障施工安全
	合同商务	优化风险/收益
		工程变更最小化
		风险最小化
		满足项目运营阶段的商业要求
	其他	满足环保健康要求
		对现有操作的干扰最小(维修项目)
		满足保密性要求

业主选择项目交易模式过程如图 5-1 所示。

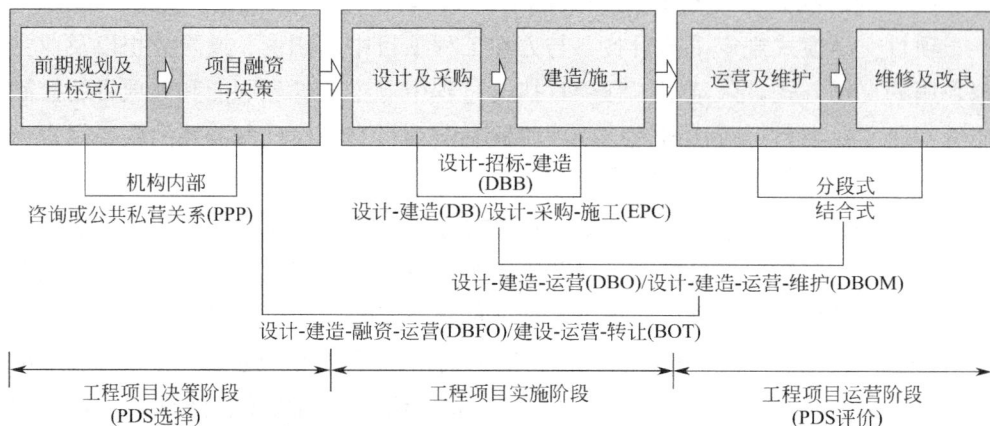

图 5-1　项目交易模式选择过程

项目交易模式的选择具有不可逆的特征，一旦选定在工程项目实施过程中途一般不可更改，否则项目业主要付出巨大的代价。项目交易模式在很大程度上决定了工程项目的工期、成本、质量与合同管理方式以及业主对项目的控制程度，选择适宜的项目交易模式能够提高工程项目的实施效率，降低工程项目的交易成本，恰当地选择项目交易模式对于业主的工期、成本、质量等目标的实现至关重要。

国际工程融资方式与项目交易模式相辅相成，互相促进。项目交易模式的发展和创新推动了国际工程融资方式的创新和发展，国际工程融资方式的演进又促进了项目交易模式的多样化。

5.3　国际金融组织贷款

全球性的国际金融组织主要有国际货币基金组织、国际复兴开发银行（世界银行）及下属的国际开发协会和国际金融公司。区域性的多边国际金融机构主要有亚洲开发银行、非洲开发银行、黑海贸易和发展银行、加勒比海发展银行、欧洲复兴开发银行、美洲发展银行、伊斯兰发展银行、北欧发展银行等。中国已加入的区域性国际金融机构主要有亚洲开发银行和非洲开发银行等。

2013 年，在中国政府的倡议下，包括中国、印度、新加坡等在内的 21 个首批意向创始成员国的财长和授权代表在北京签约，共同决定成立亚洲基础设施投资银行。2015 年 4 月 15 日，亚投行意向创始国确定为 57 个，其中域内国家 37 个、域外国家 20 个。2015 年 12 月 25 日，亚洲基础设施投资银行正式成立，全球迎来首个由中国设立的多边金融机构。

金砖国家开发银行是在金砖国家组织框架下设立的由金砖国家组成的多边国际开发银行，2013 年 3 月由金砖国家决定设立，2015 年 7 月开业。金砖国际开发银行初始资金 1000 亿美元。总部设在上海。

目前，中国企业参与的国际金融机构贷款的项目主要是世界银行、亚洲开发银行和非洲开发银行等国际金融组织贷款的工程项目。由于中国不是欧洲复兴开发银行等欧洲的区域性银行的成员国，对于这些区域性银行贷款的工程项目，中国企业没有投标资格。

1. 世界银行贷款

国际复兴开发银行（International Bank for Reconstruction and Development，IBRD）通称"世界银行"，1945 年 12 月 27 日成立，1946 年 6 月 25 日开始营业，1947 年 11 月 5 日成立联合国专门机构之一，是世界上最大的政府间负责长期贷款的金融机构之一。

世界银行集团（World Bank Group）目前由国际复兴开发银行（即世界银行）、国际开发协会（IDA）、国际金融公司（IFC）、多边投资担保机构（MIGA）和解决投资争端国际中心（ICSID）五个成员机构组成。

根据世界银行的宗旨，世界银行的主要业务活动是对发展中成员国提供长期贷款，对成员国政府或经政府担保的私人企业提供贷款和技术援助，资助他们兴建某些建设周期长，利润率偏低，但又为该国经济和社会发展所必需的建设项目。

世界银行的资金来源主要是：各成员国缴纳的股金；向国际金融市场借款；发行债券和收取贷款利息。

世界银行贷款的条件和规定如下：

（1）贷款对象：会员国官方、国有企业、私营企业。若借款人不是政府，则需要政府担保。

（2）贷款用途：多为项目贷款，用于工业、农业、能源、运输、教育等领域。银行只提供项目建设总投资的 20%～50%，其余部分由借款国自己筹措。借款需专款专用，借款国需接受银行监督。

（3）贷款期限：20～30 年，宽限期 5～10 年不等。

（4）贷款利率：根据世界银行从资金市场筹资的利率，按在金融市场借款的成本再加利息 0.5％ 计算。承担费与一般国际贷款费率相近，对已订立借款协议而未提取的部分，按年征收 0.75％ 的手续费。

（5）贷款额度：根据借款国人均国民生产总值、债务信用、借款国发展目标和需要、投资项目的可行性等因素确定。

（6）贷款种类：包括具体投资贷款、部门贷款、结构调整贷款、技术援助贷款、紧急复兴贷款。

（7）贷款手续：手续繁琐，要求严格，费时长，一般需要一年半到两年。

（8）还款：到期归还，不得拖欠，不得改变还款日期。

（9）风险：借款国承担汇率变动风险。

世界银行的贷款程序如下：

（1）银行与借款国洽商提供贷款的可能性和可行性。

（2）选定具体贷款项目。

（3）贷款项目的审查和评估。

（4）贷款项目的谈判和签约。

（5）执行和监督贷款项目。

（6）项目执行完毕后的总结评价。

中国是世界银行贷款最多的国家，贷款项目涵盖了交通、能源、工业、农业、教育、环境保护等多个领域。

世界银行贷款的项目均通过国际竞争性招标程序选定承包商或供货商。

2. 亚洲开发银行贷款

亚洲开发银行（Asia Development Bank，ADB）是亚洲和太平洋地区的区域性政府间国际金融机构，成立于 1966 年，其宗旨是向亚洲及太平洋地区的发展中成员国提供贷款，促进投资和提供技术援助，加速亚太地区各成员国的经济合作与发展。

亚洲开发银行的具体任务是：

（1）促进公、私资本对本地区的投资。

（2）为本地区发展中成员的发展筹集和提供资金，优先考虑最有利于整个地区经济协调发展的项目和规划。

（3）根据本地区成员的要求，帮助其进行发展政策和规划的协调，以便更好地利用自身的资源，更好地在经济上取长补短，促进其对外贸易，特别是本地区贸易的发展。

（4）为拟定、融资执行发展项目及规划提供技术援助。

（5）在其章程范围内，以其认为适当的方式同联合国及其附属机构，与本地区发展基金投资的国际公益组织、其他国际机构以及各国公、私营实体合作，并向上述组织机构提供投资和援助的机会。

（6）开展符合亚行宗旨的其他活动和服务。

亚洲开发银行开展业务的资金有：

（1）普通资金，由股本、储备、净收益和国际资本市场的借款构成，用于硬贷款业务。

（2）亚洲开发基金，用于软贷款业务。

（3）技术援助特别基金，用于技术援助业务。

亚洲开发银行贷款具有一定的优惠性，主要体现在时间长、利率低、杂费少。其硬贷款业务的主要条件是：

（1）期限：$10\sim30$ 年，宽限期 $2\sim7$ 年。

（2）利率：采用浮动利率，每半年浮动一次。

（3）承诺费：年承诺费为 0.75%，按天计算。自贷款协议正式签字两个月后计收，计收基数为第一年的基数的 15%，第二年是 45%，第三年是 85%，以后是承诺余额的全额，每年基数减去累计支付金额，构成承诺的计收基数。

（4）借款人：直接贷给成员国政府，或在成员国政府担保下的成员国其他机构。

亚洲开发银行的软贷款仅提供给人均国民收入低于 670 美元且还款能力有限的发展中成员，期限为 40 年，不收利息，只收取 1% 的手续费。

亚洲开发银行的贷款方式有：

（1）项目贷款；

（2）规划贷款；

（3）行业贷款；

（4）中间金融机构转贷款；

（5）综合项目贷款；

（6）救灾贷款；

（7）技术援助贷款；

（8）无政府担保的私营部门贷款。

亚洲开发银行项目周期包括选项、立项、实地考察、评估、谈判、签约、生效、执行、监督和后期评估等阶段。

与世界银行一样，亚洲开发银行贷款的项目将根据其采购规则和指南，通过国际竞争性招标程序选定承包商或供货商。

5.4 国际工程融资方式的选择与项目开发策略

国际工程融资方式的选择和市场开发策略主要取决于下述两个因素：

（1）业主的意愿和需求，即业主在项目决策时采用何种项目交易模式，业主决定的项目交易模式决定了工程的融资方式。

（2）承包商的市场开发战略和融资能力，即承包商意欲以何种项目交易模式进入某一地区或国别市场，其次，承包商的融资能力决定了承包商在选择项目交易方式的偏好。一个不以对外直接投资为目的的企业，在开拓国际承包工程市场时，只能选择传统承包 DBB 方式和 EPC 模式，而不能选择 BOT/PPP 方式或者以企业并购为扩展市场手段的交易行为。另一方面，如果一个企业能够从 DBB 模式、EPC 模式扩展到 BOT/PPP 模式或者海外并购，则该企业在国际工程承包市场上具有广阔的市场空间。

在国际工程融资方式与项目开发策略之间进行选择和配型时，存在两种类型的选择权：

（1）被动选择权，即业主确定了项目交易模式，并以确定后的项目交易模式进行公开招标时，承包商进行"响应"投标的情形。在国际工程承包市场中，这种被动式选择项目交易模式是承包商开拓市场的主要方式，无论是传统承包模式的施工合同招标、DB/EPC/交钥匙合同模式、BOT/PPP 模式还是海外并购模式。

（2）主动选择权，即承包商主动向业主提出选择何种项目交易模式，此种方式主要适用于以承包商主动融资为手段的项目交易模式，其中的主要原因是承包商可以主动融资为手段，促进交易的达成。在采取传统承包模式、DB/EPC/交钥匙合同模式时，受工程所在国的法律限制，业主需要采用公开招标的方式进行项目的采购，在这种情况下，承包商没有项目交易模式的选择权，只能采取"响应"投标手段获取项目。

业主对某一具体工程项目交易模式的选择是否正确，决定了这个工程是否可以成功实施。同样，承包商对项目交易模式选择是否正确，也决定了项目开发策略是否成功。从下述国际承包工程市场开发的实例中，可以体会到承包商在面临多种融资方式和项目交易模式选择时，选择融资模式和项目交易模式对市场开发成功的影响。

6

国际工程承包市场

    国际工程承包市场是国际市场的重要分支之一，市场规模庞大，发展趋势正面向上，前景广阔。根据环球透视预测，2025 年全球建筑支出将达 10 万亿美元。另一方面，国际工程承包市场与国际政治经济形势密切相连，风云变幻，是国际政治经济演化的晴雨表。

6.1   国际工程承包市场趋势和展望

自 2001 年以来，全球经济的快速增长为国际工程承包市场的发展带来了巨大的机遇，全球建筑业以每年 4%～5% 的速度稳步增长。虽然受到全球金融危机的影响，全球建筑业的增长率有所放缓，但据国际权威研究机构环球透视（Global Insight）统计，2008 年全球建筑支出增长率仍为 3.8%，低于 2001 年至 2006 年的平均水平，而 2009 年全球建筑支出同比下降 4.9%，为 5.4 万亿美元。按照国际建筑业市场的开放程度为 30% 计算，每年国际公开发标的承包工程市场总量约为 1.5 万亿～1.7 万亿美元左右。

世界银行和国际货币基金组织等普遍认为，2008 年下半年以来爆发的国际金融危机在 2009 年底已基本触底，国际贸易将开始回暖，国际金融体系总体保持稳定，世界经济将重新开始快速增长。

为应对国际金融危机，尽快摆脱金融危机对本国经济、就业等带来的冲击，各国纷纷推出了数额庞大的经济刺激计划，见表 6-1。

部分国家经济刺激计划金额表   表 6-1

国家	经济刺激计划总额	用于建筑业部分	支出领域分布
英国	310	46	教育建筑 27%、住房 26%、公路和其他交通工程 24%
德国	810	324	公路和铁路 55%、教育建筑 20%、节能建筑设施 13%、其他交通工程 12%
法国	345	63	铁路与能源基础设施 80%、住房 10%、其他交通工程 10%
意大利	1140	50	全部用于基础设施
西班牙	114	105	公共基础设施 80%、节能建筑设施 5%、公共房屋建筑 15%
中国	5870	3330	农村基础设施 16%、交通基础设施 66%
韩国	280	99	道路、大学、学校和医院等基础设施
澳大利亚	380	162	教育建筑 67%、节能房屋 29%、社区基础设施 4%
印度尼西亚	67	11.7	基础设施 95%、农村发展 5%
加拿大	330	265	住房 29%、基础设施 71%

注：资料来源，环球透视 Global Insight

根据环球透视 Global Insight 预测，2011 年后国际工程承包市场将迅速回升到 4.9％的增长，2008 至 2013 年间，全球建筑支出年均增长 2.2％，其中亚洲增长 5.8％、中东增长 3.4％、南美 3.3％、中东欧 1.2％、北美 1.2％、西欧 －1.4％。2013 年环球透视预测，全球建筑业支出增长率曲线如图 6-1 所示。其中蓝色表示住宅，绿色表示基础设施，棕色表示非住宅类建筑。

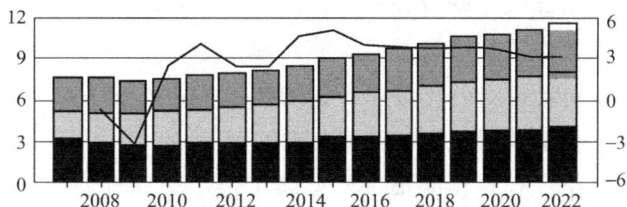

图 6-1 全球建筑业支出示意图（左侧为增长率，右侧为万亿美元）

根据环球透视 2015 年预测，自 2015 至 2025 年间全球建筑支出将年均增长 3.8％，2025 年全球建筑支出将达 10 万亿美元。

建筑情报中心（Construction Intelligence Centre）预测，全球建筑市场将呈现增长态势，预计 2016 年至 2020 年将从 2014 年实际年增长率 3.1％增长为年增长率 3.9％，包括中国、美国、印度等世界上 50 个主要国家的建筑支出将达 10.3 万亿美元。

牛津经济研究院预测，全球建筑市场到 2025 年将比现在规模扩大 70％，将达 15 万亿美元规模，并呈现如下趋势：

（1）中国、印度和美国将占有全球建筑市场份额的 60％。

（2）其他新兴国家将在中国建筑市场规模下降的情况下继续扩大规模。

（3）到 2025 年，欧洲建筑市场规模将比 2007 年缩减 5％。

从上述机构的预测看，在全球建筑支持呈逐年递增的情况下，国际工程承包市场将有望保持持续增长的态势，并呈现如下特征：

（1）传统市场，如北美和西欧受金融危机、欧债危机影响严重，但发展中的新兴市场潜力巨大，亚太、拉美和中东市场将处于领先地位。

（2）电力能源、交通仍将是未来全球工程承包市场的最主要行业，通信和水务行业虽保持较高增长速度，但整体规模有限。

（3）因各国财政赤字日益严重，外债增多，BOT 和 PPP 等公私合营类项目有望大幅度增长。

（4）受原油价格大幅下跌、财政赤字和外债加重的影响，国别建筑市场发展不平衡趋势明显，加剧了国别建筑市场的动荡。

在上述趋势中，国际工程承包市场在竞争格局上仍呈现"整体分散、区域集中、行业明显、竞争加剧"的态势。全球市场整体集中度不高，但各区域市场集中度较高，行业仍主要集中在交通、电力和房建等传统领域，国际工程承包市场上竞争加剧，欧美承包商竞争优势明显，但中国企业在亚洲和非洲两个主要市场独领风骚。

未来全球建筑和基础设施市场的驱动力主要来自：

（1）发展中国家加大基础设施投入，推动经济发展。

（2）城市化进程加快，推动基础设施的建设。

（3）发达国家更新已有基础设施，助力经济发展。

（4）政府通过投资建设基础设施，刺激经济复苏。

环球透视的《全球建筑预测报告》反映了促进全球建筑市场发展的驱动力，未来全球建筑支出的发展呈正面和积极的发展态势，国际工程承包市场仍是世界多极市场中的重要一环。

6.2 国际工程承包市场区域分布结构

1. 各地区国际工程承包市场份额

2015 年，国际工程承包市场区域分布结构和比重分别为亚洲 39%，北美和西欧 38%，拉丁美洲 9%，撒哈拉以南非洲地区 4%，中东欧 5%，中东和北非 5%，如图 6-2 所示。

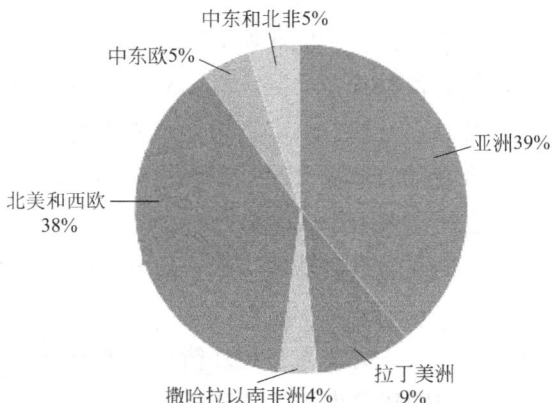

图 6-2 2015 年各地区建筑市场额

2024 年各建筑市场份额预测如图 6-3 所示。

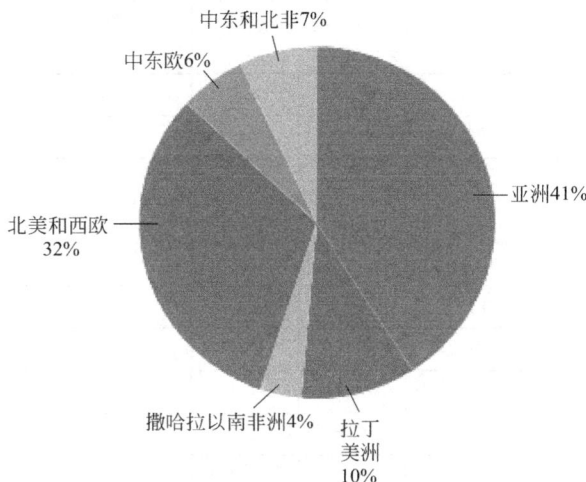

图 6-3   2024 年各地区建筑市场份额预测

从图 6-3 可以看出，各地区建筑市场份额分别为亚洲 41%，北美和西欧 32%，拉丁美洲 10%，中东和北非地区 7%，中东欧 6%，撒哈拉以南非洲地区 4%。

2. 全球建筑主要行业细分市场情况和预测

从建筑行业看，全球建筑市场主要行业分布情况和增长率预测情况见表 6-2。

全球建筑市场行业分布情况和预测   表 6-2

分类	2013 年市场规模（10 亿美元）	2013 年增长率（%）	2014 年增长率（%）	2012 年—2017 年年均增长率预测（%）	2012 年—2022 年年均增长率预测（%）
总额	8194	2.4	4.7	4.1	3.8
住宅	2997	2.6	4.4	3.9	3.6
基础设施	2700	3.0	5.2	4.3	4.2
交通	1256	2.3	6.1	4.7	4.5
公共卫生	191	1.3	4.5	3.8	3.5
能源	1253	4.1	4.5	4.1	4.1
非住宅类建筑	2497	1.5	4.5	4.0	3.7
写字楼	388	3.0	5.3	4.7	4.0
商业设施	557	2.5	4.7	4.3	3.7

续表

分类	2013 年市场规模（10 亿美元）	2013 年增长率（%）	2014 年增长率（%）	2012 年—2017 年年均增长率预测（%）	2012 年—2022 年年均增长率预测（%）
公共机构	489	−1.3	4.2	3.2	3.4
工业设施	1064	1.7	4.2	3.9	3.7
化工	141	6.9	5.5	5.8	4.8
食品加工	119	2.3	5.3	4.8	4.4
设施	103	−0.9	2.5	1.2	2.0
电气和电气产品	90	−3.0	2.2	1.8	2.2
石油化工	79	5.1	−0.4	2.6	3.1
通信	61	−2.0	3.1	2.1	1.7
交通设备	95	2.8	4.3	4.1	3.0
其他	376	1.2	5.4	4.7	4.4

注：资料来源，环球透视 2013 年第四季度全球建筑预测。

在基础设施领域，根据德勤对 2011 年全球基础设施市场的分析，其中交通运输占比 39%，电力能源占比 33%，水务占比 16%，电子通信占比 12%。2011 年至 2017 年全球基础设施行业年均增长率分别为交通运输 7.7%，电力能源 7.1%，水务 7.8% 和电子通信 6.9%。

在基础设施建设领域，资金来源主要是政府投资，其次是私人投资和外国援助，占比分别为 77.9%、20.6% 和 1.5%。

从表 6-3 所示的 2014 年全球最大 250 家国际承包商海外业务专业领域分布情况可以得出相同的结论，即交通运输等基础设施领域仍是国际工程承包市场的主要领域。

2014 年全球最大 250 家国际承包商海外业务专业领域分布　　　　表 6-3

专业领域	营业额（亿美元）	占比（%）
交通运输	1357.2	26.0
石油化工	1253.4	24.0
房屋建筑	1167.0	22.4
电力	544.1	10.4
工业	268.8	5.2
水利	135.4	2.6
制造业	98.1	1.9
排水/废弃物	69.4	1.3
电信	66.9	1.3

续表

专业领域	营业额(亿美元)	占比(%)
有害废物处理	9.9	0.2
其他	245.5	4.7

2014 年全球最大 250 家国际承包商海外业务领域分布与 2006 年以来的往年相比，没有发生实质性的变化，这表明交通、石化、房建、电力、工业仍为全球 250 家国际承包商的主要业务领域。

6.3   国际工程承包市场承包模式的变化

国际工程承包涉及的工程建筑业属于劳动密集型行业，进入壁垒低，竞争激烈，承包商利润微薄。在第二次世界大战之后，特别是 20 世纪 60 年代以来，国际知名大承包商通过多年的发展，不断积累技术、管理和融资的优势，成功完成了盈利模式的转变。在这些国际知名大承包商的引领下，国际工程承包市场也因此发生了一些重要的变化。

1. 融资能力成为国际竞争中的关键因素

以世界银行为首的国际金融组织，每年贷款总额中用于资助基础设施等公共投资的项目不足 300 亿美元，仅占国际工程承包市场总额的 2% 左右。在这种背景下，带资承包、融资和 BOT/PPP 等特许经营权项目应运而生，成为国际知名大承包商在国际竞争中立于不败之地、受建筑业承包市场起伏影响较小、常年保持稳定增长的关键因素。

国际知名大承包企业特许经营业务情况见表 6-4。

典型国际工程承包企业特许经营业务情况   表 6-4

公司名称	特许经营业务占全部业务的各项比例		
	占收入的比例%	占营业利润的比例%	占资产的比例%
法罗里奥	23.7	62.0	82.6
万喜	17.4	59.8	60.4
布伊格	33.3	56.4	35.5

公司名称	特许经营业务占全部业务的各项比例		
	占收入的比例%	占营业利润的比例%	占资产的比例%
斯堪斯卡	8.3	43.1	22.8
霍克蒂夫	7.0	27.8	20.7

注：资料来源，中国对外承包工程企业境外投资业务研究报告。

2. 发包和承包方式正在发生深刻的变革

在传统的承包方式中，业主通常是先行完成工程项目的设计等前期工作，然后由承包商投标，再由中标企业按照设计图纸进行施工。近些年来，国际工程项目的发包方越来越重视承包商提供综合服务的能力，设计—采购—施工（EPC）项目和项目管理总承包（PMC）项目等一揽子的交钥匙合同模式开始盛行。承包商已从传统承包模式中的施工阶段介入，转而发展为项目前期阶段介入的方式。业主要求承包商不仅要提供设计方案，估算价格，还需要承包商提供设计-采购-施工的一揽子服务。国际知名的大承包商也利用自身在设计、采购、施工和管理的优势，采用 EPC 和交钥匙合同的方式承揽大型工程项目，扩大经营范围和规模。

3. 产业分工体系不断深化

长期以来，在国际工程承包市场上，工程设计和工程管理大多是欧美公司，国际设备采购大多是日本和德国公司，其他国家的工程承包公司主要集中在土建工程方面。由于发展中国家的承包商具有劳动力的比较成本优势，承建的工程项目多是相对简单的劳动密集型项目，处于产业分工体系和产业链的下游。但近些年来，发展中国家的承包商已向技术密集型和知识密集型的项目渗透，使得国际工程承包分工体系不断深化。

4. 国际承包商并购和重组活动频繁，扩张趋势明显

收购作为企业增长战略的一种方式，历来为大型跨国公司所广泛采用。自1998 年起，国际知名大承包商万喜公司通过几次并购活动，使其特许经营业务得到了大幅度的提升，成为欧洲最大的公路特许权经营商。

国际知名大承包商法罗里奥自 1999 年起，通过收购加拿大 ETR407 收费公

路、悉尼机场 19.6％股权、芝加哥收费公路项目和世界上最大的机场服务公司和运营公司等一系列并购活动，使其投融资资产价值占总资产的比例提高到82.6％，投融资业务的利润占总额的比例也迅速提升到 60％以上，真正成为一个投资与承包一体化的大型企业。

5. 承包商管理日益科学化、信息化和规范化

传统的工程承包市场竞争日益激烈，企业利润下降，经营风险不断加大。为降低成本，提高效益，国际工程承包的技术创新、电子化管理、技术质量规范、环保以及安全标准都逐步走向规范化，这些也成为承包商进入国际工程承包市场的必备条件。一些大型工程承包企业也在大力开发软件，制定企业特有的运营体系，规范企业的管理模式，减少中间环节，提高效率，以期在竞争激烈的国际工程承包市场站稳脚跟，获取更大的竞争优势。

6.4　国际工程承包市场竞争格局

经过多年发展，活跃于国际承包工程市场上的国际承包商主要集中在中国、韩国、日本、土耳其、西班牙、法国、德国和美国等国家，这些国家的国际承包商成为国际承包工程市场的主力，成为国际工程承包市场竞争的参与者。

自 2010 年至 2014 年各国的国际承包商海外市场份额变化情况见表 6-5。

2010 年至 2014 年国际 225/250 家中各国承包商海外市场份额变化　　**表 6-5**

国家	2010	2011	2012	2013	2014
土耳其	3.8％	3.5％	3.3％	3.8％	5.6％
韩国	4.8％	5.7％	8.1％	7.8％	7.1％
中国	14.7％	13.8％	13.1％	14.5％	17.2％
日本	4.1％	4.2％	4.1％	4.1％	4.2％
西班牙	9.3％	13.3％	14.3％	14.7％	13.1％
法国	10.4％	9％	8.5％	9.3％	9.9％
德国	9.2％	9％	8.5％	8.6％	6.5％
美国	11.7％	12.8％	14％	13％	11.4％

2015 年 ENR250 家最大国际承包商市场分布情况见表 6-6。

2015 年 ENR250 家最大国际承包商市场分布情况　　　表 6-6

国家	中东	亚洲	非洲	欧洲	美国	加拿大	拉丁美洲
中国	19.2%	20.5%	49.4%	2.5%	3.4%	0.7%	12.9%
日本	1.4%	9.6%	1.0%	1.4%	8.1%	1.9%	1.1%
韩国	17.3%	11.8%	5.4%	0.6%	0.6%	1.1%	4.0%
德国	2.0%	11.5%	0.2%	2.8%	23.3%	4.1%	0.7%
法国	2.9%	5.1%	8.6%	25.7%	9.2%	9.0%	5.7%
美国	7.1%	13.9%	1.3%	7.2%	—	63.7%	14.4%
土耳其	13.2%	4.6%	6.6%	7.7%	0.4%	0.0%	0.1%
西班牙	4.5%	11.9%	3.4%	13.6%	29.8%	8.6%	27.7%

2015 年，250 家最大国际承包商活跃的主要市场情况见表 6-7。

从表 6-7 可以看出，250 家最大国际承包商包括美国 32 家，加拿大 2 家，欧洲 52 家，澳大利亚 4 家，日本 14 家，中国 65 家，韩国 12 家，土耳其 43 家，巴西 3 家，其他 23 家。

2016 年 ENR250 家最大国际承包商排名前 20 位的承包商见表 6-8。

从表 6-8 可以看出，中国企业仅中国交通建设集团有限公司、中国电力建设集团有限公司、中国建筑股份有限公司和中国中铁股份有限公司进入世界前 20 强。

从市场参与者角度来看，在国际工程承包市场上，欧洲企业在多个市场占据主导地位，受欧盟保护政策影响，欧洲企业在欧洲市场占据主要市场地位。北美企业在北美市场具有较强的竞争优势。日韩企业在亚太和中东市场具有一定优势。中国企业在亚洲和非洲市场占有领先优势。

从各个市场情况看，中东市场是全球工程承包市场竞争最激烈的区域，市场集中度最低，欧美企业、日韩企业和中国企业同台竞技，各自占有一席之地。在非洲市场，市场集中度呈持续下降趋势，反映出了非洲市场竞争日益激烈，市场进入者不断增加。在亚太市场，市场竞争激烈，集中度较低，企业不仅面对激烈的价格战，且需面对成本趋高等诸多问题。在拉美市场，市场竞争度相对较低，市场集中度呈上升趋势，西班牙和意大利等欧洲企业较早进入拉美市场，具有市场先发优势。北美和欧洲市场是市场集中度最高的两个市场，均以欧美企业为主，市场准入门槛高，其他地区企业很难参与竞争。

表6-7

2015年度250家国际承包商市场份额情况

国家/地区	公司数目	海外市场收入(亿美元)	比重%	中东 收入(亿美元)	中东 比重%	亚洲 收入(亿美元)	亚洲 比重%	非洲 收入(亿美元)	非洲 比重%	欧洲 收入(亿美元)	欧洲 比重%	美国 收入(亿美元)	美国 比重%	加拿大 收入(亿美元)	加拿大 比重%	拉丁美洲 收入(亿美元)	拉丁美洲 比重%
美国	32	594	11.4	55.8	7.1	191.6	13.9	9.6	1.3	71.8	7.2	0	0	188.5	63.7	76.7	14.4
加拿大	2	18.3	0.4	3.5	0.4	4.3	0.3	2.5	0.3	2.1	0.2	3.6	0.7	0	0	2.3	0.4
欧洲	52	2227.6	46.5	242.5	30.8	454.8	33.1	203.1	28.6	789.6	79	301.4	78.5	79.3	23.8	156.9	48.2
英国	3	72.8	1.4	33	4.2	7.6	0.6	7.2	1	19.3	1.9	0.2	0	1.2	0.4	4.3	0.8
德国	4	338.4	6.5	15.8	2	157.9	11.5	1.7	0.2	28	2.8	119.3	23.3	12	4.1	3.7	0.7
法国	5	513.8	9.9	23.1	2.9	69.8	5.1	60.8	8.6	256.2	25.7	46.8	9.2	26.5	9	30.6	5.7
意大利	15	299.3	5.7	62.9	8	32.1	2.3	79.2	11.2	51.3	5.1	11.4	2.2	12.9	4.3	49.5	9.3
荷兰	2	78.9	1.5	4.5	0.6	8.9	0.6	1.5	0.2	61.9	6.2	0.1	0	0.1	0	2	0.4
西班牙	11	484	13.1	35.3	4.5	163.5	11.9	24.1	3.4	135.9	13.6	52.2	29.8	25.3	5.6	47.7	27.7
其他	12	440.4	8.4	67.9	8.6	15	1.1	28.6	4	237	23.7	71.5	14	1.3	0.4	19.1	3.6
澳大利亚	4	133.7	2.6	9.7	1.2	68.1	5	0.9	0.1	11.6	1.2	23.9	4.7	17	5.8	2.5	0.5
日本	14	218.2	4.2	11.3	1.4	132.6	9.6	6.8	1	14.2	1.4	41.7	8.1	5.6	1.9	6	1.1
中国	65	896.8	17.2	151.5	19.2	282.1	20.5	350.2	49.4	24.5	2.5	17.6	3.4	2.1	0.7	68.8	12.9
韩国	12	370.5	7.1	136.5	17.3	162.6	11.8	38	4.4	5.7	0.6	3.1	0.6	3.2	1.1	21.4	4
土耳其	43	292.8	5.6	104.5	13.2	62.7	4.6	46.7	6.6	76.4	7.7	2.1	0.4	0	0	0.4	0.1
巴西	3	116.8	2.2	1	0.1	0.6	0	27.2	3.8	1.2	0.1	0.3	0.1	0	0	86.5	16.2
其他	23	143.5	2.8	74.1	9.3	14.7	1.2	24.4	4.5	1.2	0.1	17.8	3.5	0	0	11.3	2.2
合计	250	5212.1	100	790.4	100	1374.1	100	709.4	100	998.3	100	411.5	100	295.7	100	432.8	100

ENR250 家最大国际承包商前 20 排名　　　　表 6-8

2016 排名	2015 排名	公司名称	2016 年营业额(万美元)	
			国际业务	营业总额
1	1	西班牙 ACS	32071.8	38574.3
2	2	德国霍克蒂夫	24515.0	25598.0
3	5	中国交通建设集团有限公司	19264.6	68348.2
4	4	法国万喜	17957.6	43448.8
5	3	美国 Bechtel	16881.0	23372.0
6	13	巴西 Odebrecht	14939.7	17107.7
7	6	法国 Technip	13436.5	13548.0
8	9	奥地利 Strabag	13377.0	15557.0
9	7	法国布依格 Bouygues	13367.0	28221.0
10	8	瑞典 Skanska	12688.0	16033.0
11	11	中国电力建设集团有限公司	11354.6	39341.6
12	10	意大利 Saipem	10198.5	10341.0
13	14	韩国现代	10030.8	16471.0
14	17	中国建筑股份有限公司	8727.8	115083.2
15	12	美国 Fluor	8045.3	14295.1
16	15	西班牙 Ferrovial	7576.8	10671.1
17	16	韩国三星	7017.0	13089.0
18	28	日本 JGC 集团	6184.0	6653.0
19	21	英国 Petrofac	6146.0	6146.0
20	23	中国中铁股份有限公司	6037.2	112670.3

7

国际工程承包区域市场和主要国别市场

亚洲、北美、拉丁美洲、欧洲和非洲等国际工程承包区域市场发展具有各自特征，市场现状和发展趋势不均衡。随着全球经济的复苏和趋于稳定，全球各区域市场将实现稳步增长，以亚太和非洲地区为代表的新兴国家市场将继续领跑全球。

7.1 亚洲区域市场和主要国别市场

1. 亚洲市场的区域划分

亚洲是世界上面积最大的洲，国家和地区共计48个，人口约为40亿，约占世界人口的60%。

按照地理区域划分，亚洲市场分为六个区域，分别为东亚、东南亚、南亚、西亚（中东）和北亚。东南亚包括东盟10国和东帝汶，南亚包括斯里兰卡、印度、孟加拉、巴基斯坦等7国。中亚包括哈萨克斯坦等中亚5国，西亚（中东）包括沙特阿拉伯、伊朗等国。北亚包括俄罗斯亚洲部分的西伯利亚地区。

亚洲区域市场是全球最大的建筑市场，其中东亚和中东地区是建筑业热点地区。在亚洲市场，中国、印度和中东建筑业市场在全球建筑市场中居于领先地位。

2. 亚洲市场现状

2013年，亚洲建筑业支出占全球建筑业支出的44%，比2012年增长4%。在亚洲市场，中国占据最大的建筑市场位置，其次是日本、印度、印度尼西亚和韩国，占据了亚洲市场的前五位。中国建筑业支出约为1.8万亿美元，是美国和日本建筑业支出总和的两倍多。

2013年，亚洲建筑业支出前15位的国家和地区依次是：中国1.78万亿美元、日本7420亿美元、印度4270亿美元、印度尼西亚2670亿美元、韩国1540亿美元、沙特阿拉伯1056亿美元、阿联酋842亿美元、中国台湾地区420亿美元、泰国330亿美元、马来西亚320亿美元、菲律宾250亿美元、新加坡240亿美元、孟加拉240亿美元、中国香港地区170亿美元、越南160亿美元。

在亚洲市场，基础设施、住宅和非住宅建筑业支出占比分别为：基础设施37%、住宅34%、非住宅建筑29%。上述数据表明，基础设施仍在亚洲市场占据主要地位。

在亚洲市场，中国、日本、印度、东南亚和中东市场主导了亚洲建筑市场格局。尽管中国经济增长放缓，但交通网络仍继续升级，包括道路、铁路、海运和航空，将给建筑业提供巨大商机。在印度市场，未来 20 年内有利的人口结构，快速扩张的中产阶级和较低的单位劳动力成本，使得印度建筑业商机巨大。在东盟建筑业市场，以印度尼西亚、马来西亚、泰国和新加坡为龙头，建筑业仍具有巨大潜力。

中东市场是国际工程承包市场的主力之一，受近几年油价下跌影响和中东地缘政治紧张和动荡的影响，中东建筑业市场有所萎缩，但仍不失为对国际承包商具有吸引力的市场。

3. 亚洲区域市场展望

亚洲拥有世界上最为庞大的市场规模和机遇，亚洲在未来十年仍将是全球最大的建筑市场。预计 2015 年至 2024 年，亚洲建筑业产值实际年平均增长率可达 6.6%，产值最少可达 2.8 亿美元，贡献率可达 40%。如果 2024 年全球建筑业产值达到 10 万亿美元，则亚洲建筑业产值可达 4 万亿美元之巨。多家国际建筑机构，包括环球透视、牛津经济研究院和建筑信息中心对亚洲建筑的未来预测均呈正面、积极的展望，可以说，亚洲建筑业市场未来将呈现逐年递增，前景良好的态势。

2010 年中国超越美国成为全球最大的建筑市场，约占全球建筑市场的 18%。根据预测，截至 2025 年，中国建筑市场总量将增加 25%，建筑业年增长率约为 6%。

在东盟市场，未来主导建筑业市场的国家分别为印度尼西亚、泰国、菲律宾、新加坡和马来西亚。根据普华永道预测，到 2025 年，印度尼西亚公共投资支出年增长将达 7%，基础设施建筑市场规模将达 1650 亿美元。到 2025 年，泰国基础设施建筑市场规模为 585 亿美元，菲律宾基础设施建筑市场规模为 270 亿美元，新加坡基础设施建筑市场规模为 180 亿美元，马来西亚基础设施建筑市场规模为 160 亿美元。根据普华永道预测，从 2006 年至 2024 年，东盟国家基础设施建筑市场增长曲线图如图 7-1 所示。

中东地区市场历来是国际承包商竞争的主要战场，沙特阿拉伯、阿联酋和卡塔尔占据了中东地区建筑市场的主导地位。根据沙特投资总署的报告预测，2020 年以前，沙特在重大项目的投资将达 5900 亿美元，主要分布为基础设施 1400 亿美元，石油天然气 1200 亿美元，石化 900 亿美元，电力 900 亿美元，通信和信息产业 700 亿美元，旅游 500 亿美元，农业 300 亿美元。虽然受石油价格下跌的影响，沙特政府仍雄心勃勃，大力发展基础设施产业，为本国经济发展和社会民生的改善提供驱动力。

2016 年阿联酋建筑市场规模为 450 亿美元，到 2017 年将增长至 502 亿美

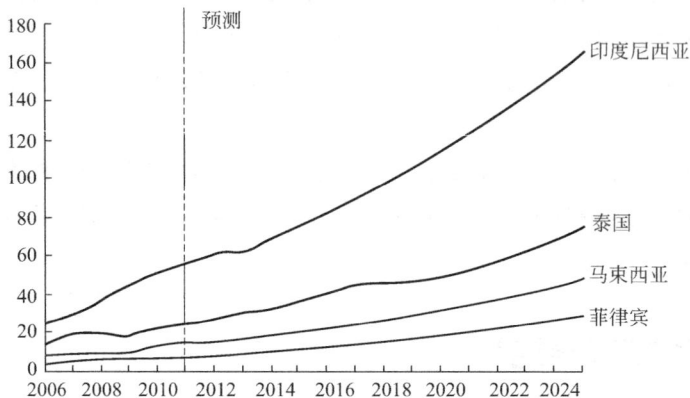

图 7-1   东盟国家基础设施建筑市场预测

元。随着 2020 年迪拜世博会临近，2016 年以后的建筑行业增速将持续高于 6%，预计 2020 年以后将回落为 2%~3%。

卡塔尔成为全球建筑市场增长率最高的国家，年增长率为 10%，这主要归功于 2022 年世界杯的举办，但在 2020 年以后，建筑业将明显回落。

4. 亚洲区域主要国别市场

（1）巴基斯坦

巴基斯坦位于南亚，在中国进出南亚中亚和西亚的战略布局中处于极其重要地位，是"一带一路"战略中最关键一环。中国提出了总投资约 460 亿美元的"中巴经济走廊计划"，包括油气管道、铁路、公路、电力、通信、港口等项目，分为近期、中期和远期实施。巴基斯坦计划发展部的《巴基斯坦 2025》规划的主要内容都与中巴经济走廊相关，包括将现在 26 万公里公路增加到 36 万公里、建成南北、东西两大铁路干线、建成中巴高速公路、将瓜达尔港打造成枢纽大港和中巴经济走廊门户。在亚洲和南亚地区，中国企业在巴基斯坦市场大有可为，是中国企业的最为重要的国际承包工程市场之一。

（2）伊朗

伊朗具有丰富的自然资源，天然气探明储量世界第二位，石油储量世界第四位。因受两伊战争和伊核问题而遭受的经济制裁，其经济发展缓慢，基础设施落后严重。但随着伊核问题全面协议正式执行，欧美对其经济制裁逐渐取消，油气对外出口恢复，伊朗将成为一个非常值得开发的新市场，其优势是基建市场需求旺盛，但存在的风险是伊核协议执行上有不确定性。

（3）哈萨克斯坦

哈萨克斯坦是中亚经济实力最强、最具发展潜力的国家。根据政府规划，未来承包工程市场中交通、管道、电力、能源、电信、工业园以及房地产等领域存在诸多机会。根据哈萨克斯坦《国家交通基础设施发展纲要》规定，到 2020 年前，将使良好和较好等级公路提高至 78％，并维修 2.9 万公里公路。哈萨克斯坦成为中国的国际产能合作的示范国家，中国企业在哈萨克斯坦投资建设了多个工业设施。

（4）柬埔寨

柬埔寨建筑行业的总产值占柬埔寨 GDP 的 8％，基础设施领域投资 25.3 亿美元。据柬埔寨政府预测，在未来四年，建筑行业将以年均 10％的增速发展。中国每年提供柬埔寨很多优惠贷款项目，是柬埔寨最大外资来源国。随着经济发展，工业园和房地产也开始兴起，建筑市场将成为带动柬埔寨经济发展的引擎。

（5）印度尼西亚

印度尼西亚是东盟最大也是最具发展潜力的经济体。近年来，快速发展的经济和迅速扩张的城市，使印尼对城市基础设施、住宅及非住宅设施需求强烈。印度尼西亚政府制定了《2015—2019 年中期建设发展规划》，未来 5 年，印度尼西亚将建设 2650 公里公路、1000 公里高速公路、3258 公里铁路、24 个大型港口、60 个轮渡码头、15 个现代化机场、14 个工业园区、49 个水库、33 个水电站，并将为约 100 万公顷农田建立灌溉系统，预计所需资金约 4245 亿美元。

（6）马来西亚

马来西亚是东南亚地区最发达的经济体之一。近年来，马来西亚政府大力发展基础设施项目和民生工程，致力改善投资环境，马来西亚已经成为亚洲第二大最具吸引力的基础设施市场。中长期来看，到 2024 年，马来西亚非住宅基础设施行业产值年平均增速达 4.7％左右，非住宅基础设施行业表现将好于住宅领域。马来西亚第 11 个五年计划（2016 年—2020 年），政府将增加 300 亿马币用于公共基建发展，总支出达 600 亿马币，创历史新高。

（7）沙特阿拉伯

沙特阿拉伯是中东地区最大经济体，也是中国最大海外工程承包和劳务合作市场之一，2015 年，中国对沙特阿拉伯新签承包工程合同 116 份，新签合同额 60.72 亿美元，完成合同额 70.18 亿美元，工程项下派出劳务人员 23836 人，期末在外 27334 人。

7.2 非洲区域市场和主要国别市场

1. 非洲市场的区域划分

非洲是世界上的第二大洲，人口约为 8 亿，国家 56 个，在地理上，习惯将非洲分为北非、东非、西非、中非和南部非洲。国际工程承包市场也习惯上按照地理分类进行划分。在非洲，重要的建筑业市场包括北非的阿尔及利亚、埃及，东非的埃塞俄比亚、肯尼亚、坦桑尼亚和乌干达，西非的尼日利亚、塞内加尔，中非的喀麦隆，南非的安哥拉、南非和莫桑比克。

非洲建筑市场约占全球建筑业市场的 7% 左右，位居中国对外工程承包市场的第二位，约占中国对外工程承包市场的半壁江山。

2. 非洲市场现状

自 2014 年以来，虽然国际工程承包市场受国际油价下跌、中东局势动荡等不利因素的影响，但非洲整体经济保持了持续增长的势头，随着区域内基础设施互联互通渐成大势，非洲工程承包市场呈现如下特点：

（1）大量投资助推非洲基础设施建设。根据非洲开发银行统计，流向非洲的国际投资总额创历史新高，赠款、贷款、投资等流入非洲的外部资金突破了 2000 亿美元大关。同时，非洲各国在基础设施建设领域的公共投资迅速增加，帮助非洲基础设施建设市场的整体规模扩大。

（2）非洲各国政府高度重视跨境基础设施的建设。区域互联互通基础设施建设是非洲经济一体化的基础，是当前非洲经济腾飞的迫切需要，也是非洲各国开展合作的重点领域，例如东非交通一体化规划等。

（3）电力项目需求旺盛。为改善电力供应不足的现状，各国包括跨境电力合作项目需求旺盛，包括非洲开发银行等多家融资机构积极支持非洲电力建设项目，带动了非洲电力建设市场的规模。

（4）超大型项目上马，带动了基础设施市场。此类项目包括肯尼亚蒙巴萨至内罗毕铁路项目、吉布提至亚的斯亚贝巴铁路项目等。

（5）对当地建筑企业保护力度加大。例如阿尔及利亚政府出台了提升本国建筑企业竞争力的措施等。

非洲地区 322 个大型基础设施建设项目（都在 5000 万美元以上）总价值为 2227 亿美元，而 2014 年 6 月开始动工的 257 个项目总价值则高达 3260 亿美元，同比增长了 46%，可见外国投资者对非洲基础设施投资的兴趣明显增长，规模日益扩大。其中，中部非洲引资额为 332.1 亿美元，增速达 117%，为增速最快的地区；南部非洲引资额达 1448.9 亿美元，工程项目占非洲大陆的 44.5%，是非洲引资额最多、占比最大的地区，是非洲大型工程建设的主角；西部非洲引资额 748.4 亿美元，项目占比为 23%。北部和东部非洲引资额则在下降，分别下降了 36% 和 10%。

从资金来源看，在 2014 年 6 月开始动工的 257 个大型项目中，143 个项目由公共部门投资，88 个由私人投资，26 个为政府和社会资本合作（PPP）投资，资金多数来自于外部。

根据《非洲发展报告》的数据，2013 年，国际社会对非洲的援助主要呈现如下特点：

（1）从援助金额看，主要援助国的双边援助继续下降，而多边援助大幅增加。2013 年，经合组织（OECD）发展援助委员会（DAC）国家对非洲的援助金额为 261.23 亿美元，下降了 4.14%，前五大援助国分别是：美国（86.24 亿美元）、英国（36.18 亿美元）、法国（21.54 亿美元）、德国（16.14 亿美元）和日本（16.14 亿美元），除英国增长 14.7% 外，其他四国均出现大幅下降。同期，多边援助则增长了 10.31%，达到 186.87 亿美元。

（2）从援助对象看，受援国相对比较集中，前五位受援国分别是：埃塞俄比亚、坦桑尼亚、肯尼亚、刚果（金）和尼日利亚，这五个国家接受的援助占非洲接受援助总额的 34.5%。

（3）从援助领域看，社会基础设施和经济基础设施是援助重点，2013 年占非洲接受援助总额的比重分别为 48.25% 和 12.63%。此外，气候变化援助稳步增加，成为对非援助的热点领域。

中国对非洲的援助备受世界瞩目。中国继续加大对非援助力度，同时更加强调提高对非援助的质量，2014 年，李克强总理在访问非洲期间，明确提出，未来对非援助将占到中国对外援助总额的一半以上；中国将在已有承诺基础上向非洲增加 100 亿美元贷款额度，累计承诺额度达到 300 亿美元；为中非发展基金增资 20 亿美元，规模达到 50 亿美元。除援助资金外，中国还通过多种渠道增加对非资金支持。2014 年，中国人民银行与非洲开发银行签署了 20 亿美元的"非洲共同增长基金"融资合作协议，助力非洲发展。从援助领域看，中国对非洲的援助更加重视减贫，继续向民生领域倾斜，优先援助非洲的农业和基础设施建设。针对埃博拉疫情，中国连续四次向疫情国家提供累计7.5亿元人民币的紧急人道主义援助。

3. 非洲区域市场展望

非盟2012年—2020年非洲基础设施发展计划的优先行动计划中，涉及的基础设施建设领域有能源、交通运输、水资源、通信等，预计总投资规模达679亿美元，其中能源和交通运输的投资规模分别为403亿美元、254亿美元，占比分别达59.35%、37.4%。能源方面，水电站和火电站是建设的重点。地区方面，东非与中非两个地区预计投资规模分别为233亿美元和215亿美元，占非洲大陆总预计投资规模的比重分别为34.31%、31.66%，为非洲大陆基础设施投资的重点地区。以2024年全球建筑业支出为10万亿计算，到2024年，非洲建筑业支出将达到7000亿美元。

根据普华永道《2025年大型项目和基础设施支出预测》，到2025年，非洲公路预期支出为2000亿美元，年均增长率8.2%，支出最大的国家分别是尼日利亚1040亿美元、南非430亿美元、莫桑比克160亿美元、加纳16亿美元。铁路预期支出为780亿美元，年均增长率8%，支出最大的国家分别是南非320亿美元、埃塞俄比亚250亿美元、加纳0.86亿美元。港口预期支出为250亿美元，年均增长率7.8%，支出最大的国家分别是尼日利亚130亿美元、肯尼亚80亿美元。机场预期支出为70亿美元，年均增长率7.1%，支出最大的国家是南非20亿美元、坦桑尼亚20亿美元。

根据环球透视预测，非洲工程承包市场的发展趋势如下：

（1）城市化进程加剧，房地产市场大幅增长

据预测，到2040年，非洲城市人口占比将达50%，超过100个城市将达到百万人口的规模，超过千万人口的城市将达到7个以上，新型中产阶级将超6000万人，上述趋势将导致非洲房地产市场的大幅度增长。

（2）电力需求增加，电力行业快速发展

根据非洲发展银行《2014年能源发展有效性评估报告》，撒哈拉以南非洲农村地区通电率仅有10%，多数非洲国家面临常规电力短缺问题，近60%非洲人口无电力接入，因此，非洲地区的电力投入，包括水电、火电、输变电线路等基础设施项目未来仍呈现不断增长态势。

（3）基础设施互联互通带动建设市场增长

由于非洲基础设施落后，交通不便，特别是区域国家间交通不便严重制约了区域经济的发展，为此，非洲各区域制订了区域互联互通的规划，以便促进非洲一体化发展。

（4）非洲工业基础设施建设发展

非洲制造业仅占全球制造业的 1%，占非洲 GDP 约 10%，工业化水平极低。为此，非洲国家将大力发展工业化，建设工业园区，这将带动工业基础设施的发展。

（5）PPP 模式实施和推广

受制于非洲国家外债规模巨大，政府财政赤字等问题，近些年来，非洲多个国家推出了 PPP 发展模式，制定了有关 PPP 的法律，旨在利用私营部门提供资金的模式，发展本国经济，例如莫桑比克、埃塞俄比亚、肯尼亚、乌干达、南非等国。

虽然非洲政党政治已进入相对稳定的发展期，多数非洲国家经济明显向好，但非洲国家仍存在诸多政治、经济和安全问题，包括：

（1）非洲地缘政治重组，带来政局动荡。特别是北非地区的埃及、利比亚、突尼斯等国，政权更迭导致国力削弱，利比亚陷入长期动荡的局面。

（2）非洲政治转型困境加剧。由于绝大多数非洲国家仍停留在"形式民主"阶段，并未探索出适合的民主道路，非洲领导人寻求长期连任，使西式民主在非洲冷战后遭遇最严峻的挑战。

（3）非洲安全生态脆弱，政府治理能力不足。多个非洲国家安全形势堪忧，政府无力治理和改善治安环境。以"博科圣地"和索马里"青年党"为代表，非洲暴恐活动猖獗，形成西起塞内加尔、马里东至索马里横跨撒哈拉和萨赫勒地区的"动荡弧"，成为国际暴恐活动"新中心"。"博科圣地"宣布在尼日利亚东北部割地建国，仅 2014 年度袭击就至少造成 5000 人以上平民丧生，是非洲 2014年恐袭次数和杀害人数最多的暴恐组织，它还强化与"伊斯兰国"勾连，助其超越"基地"组织成为非洲恐怖主义势力第一大帮。

（4）非洲国家外债高居不下，偿债能力堪忧。由于非洲国家经济缺乏内生动力，长期依靠外债举债发展，导致多个非洲国家外债高居不下，无力偿债。除安哥拉、赤道几内亚、尼日利亚、阿尔及利亚等非洲产油国外，其他非洲国家偿还外债的来源无法保证，这也导致中国政府通过中国进出口银行和国家开发银行向非洲国家贷款的项目审批举步维艰。

（5）中国在非洲面临"西方批评"和"非洲担忧"双重舆情挑战

中国在非洲面对的来自西方的批评和抹黑中国的言论，主要以"新殖民主义论"和"掠夺资源论"为代表，以及非洲人权组织对中国企业遵守当地法律和环保投入的质疑等。尽管中非间的高层互访频繁、经贸纽带也日益紧密，但与西方相比，中国在非洲的政治影响力、外交亲和力、道义感召力以及文化影响力都还有较大距离，中非间在价值观的对接以及市民社会间的交往方面也存在很大提升空间。再者，因语言、文化以及宗教信仰的不同，中国在非洲从事商贸和国际工程的人员在融入当地社会方面明显存在差距和不足，非洲人和中国人在个体层面的沟通和了解远没有西方人和非洲人之间顺畅和自然，中国需要在非洲进行更多的"软实力"的投入。

4. 非洲区域主要国别市场

多年来，中国企业的国际工程承包市场份额主要集中在阿尔及利亚、安哥拉、尼日利亚、埃塞俄比亚、肯尼亚、乌干达、喀麦隆、苏丹、刚果（布）等国。虽然有些非洲国家，例如利比亚的新签合同额有时进入前 10 名，但这些国家多不能长期位列中国企业在非洲的工程市场前列。

（1）埃塞俄比亚

埃塞俄比亚：人口 9651 万，是非洲第二人口大国，面积 110 万平方公里。埃塞俄比亚近年经济增长较快，政治长期稳定。埃塞俄比亚鼓励外来投资，增加投资优惠政策；其地理位置有利于同非洲、中东、亚洲和欧洲进行国际贸易，同时享受欧美产品免税免配额政策。由于基础设施落后，政府在未来将会继续加大对基础设施的投资力度。埃塞俄比亚的国家预算及预算执行相对比较严谨，在建项目少有支付不到位的问题。

（2）莫桑比克

莫桑比克：人口 2647 万（2014），面积 79.94 万平方公里。莫是南部非洲政局稳定、经济增长最快的国家，2015 年吸纳投资 99.06 亿美元，上半年经济同比增长 6.1%。莫桑比克基础设施领域约 60% 投资来自中国企业。受贫困影响，基础设施严重匮乏，其总长度 3.5 万公里的道路网中，完成铺设的道路仅 5000 公里。未来五年将实施的基础设施主要是路桥和堤坝项目，预计费用达 80 亿美元。交通、电信、发电、供水及房地产项目是当地政府和国际援助机构扶持的重点。

（3）喀麦隆

喀麦隆人口约 2277 万（2014），面积 47.27 万平方公里。喀麦隆资源丰富、政局稳定、经济发展平稳，但其公共领域投资和规划严重不足，尤其在交通、通信和住房方面。喀麦隆住房和城市发展部 2016 年财政支出预算计划为 1770 亿非郎，同比增加 740 亿非郎，其中 790 亿非郎将用于城市交通基础设施建设，同时在"三年期经济增长紧急计划"框架下启动杜阿拉和雅温得大型市政道路整治工程。

7.3 北美洲区域市场和主要国别市场

1. 北美洲市场的区域划分

北美洲通常是指美国、加拿大和格陵兰岛等地区，其中北美的美国和加拿大是世界上经济最为发达的大洲。

北美洲市场主要是指美国和加拿大市场，其中美国是仅次于中国的全球第二大建筑市场，2015 年建筑业产值为 6060 亿美元，加拿大为 2700 亿美元。北美建筑市场规模约占全球建筑市场份额的 18%，按 2024 年 10 万亿建筑业支出总额计算，北美市场到 2024 年建筑业支出约为 1.8 万亿美元。

2. 北美洲市场现状

自 2008 年美国金融危机爆发以来，美国政府通过量化宽松政策和去杠杆等措施，逐渐摆脱了金融危机的影响，2016 年全年 GDP 增速为 2.9%，美国逐渐走出了金融危机，建筑业也恢复到了 2008 年危机之前的水平。美国有关统计数据表明，2008 年美国建筑业总额为 5582 亿美元，2009 年 4263 亿美元，2010 年 4353 亿美元，2011 年 4435 亿美元，2012 年 4892 亿美元，2013 年 5328 亿美元，2014 年 5507 亿美元，2015 年达到 6060 亿美元。

2015 年美国住宅建筑业总额为 2547 亿美元，商业建筑为 1363 亿美元，公共工程为 1186 亿美元，电力设施为 172 亿美元。

加拿大建筑市场多年来保持稳定但缓慢增长的态势，从 2006 年至 2015 年，住宅、机构建筑年均增长率在 2%左右，但土木工程增长较快，达到年均 4%左右。

3. 北美洲区域市场展望

根据环球透视预测，自 2012 年至 2025 年美国建筑业预测展望为正面，预计到 2025 年建筑业将比 2012 年总额增长 75%，特别是在住宅建筑方面增长强劲，预计到 2025 年美国将建设 2000 万套住宅，每年将建设 150 万套住宅，以满足增长的人口需求。

加拿大建筑市场预期将平稳增长，主要动力来自于与美国贸易的紧密联系、人口的高增长率以及油砂和页岩油的开采等因素。另外，公路、污水和其他基础设施方面的投入将带动整个建筑业的持续增长。

根据环球透视预测，北美建筑市场自 2012 至 2017 年将保持 4.9% 的年增长率，但其后将下降至 1.2% 的年增长率。

7.4 拉丁美洲区域市场和主要国别市场

1. 拉丁美洲市场的区域划分

拉丁美洲是指美国以南以拉丁美洲语言（西班牙语和葡萄牙语）作为官方语言的地区，人口 5.8 亿。拉丁美洲共有 34 个国家和地区。拉丁美洲以巴拿马运河为界分为中美洲和南美洲。

拉丁美洲建筑市场份额约占全球建筑业支出的 9%，按照 2013 年全球建筑业支出 8.194 万亿美元计算，拉丁美洲建筑业支出总额约为 7370 亿美元。

2. 拉丁美洲市场现状

2015 年以来，受原油价格大幅下跌，多国政治版图发生重大变化，委内瑞拉陷入政治危机和经济危机的影响，拉丁美洲建筑市场呈现了下跌的趋势，尽管拉丁美洲建筑市场已成为中国企业的第三大工程承包市场，2015 年前三季度中国企业新签合同额达 120.4 亿美元，但与中国企业在非洲市场新签合同额相比相差甚远。

在拉丁美洲主要国家中，墨西哥建筑业受加工业发展的刺激得以快速发展，得益于墨西哥与美国和加拿大的自由贸易协定，许多跨国公司在墨西哥投资设厂，从事工业制造和加工贸易工作。在 2016 年墨西哥政府颁布的五年计划中，墨西哥政府将投入 6 亿美元进行基础设施的建设。

尽管巴西成功举办了世界杯和奥运会，但业界普遍认为巴西错过了进行经济改革的最佳时机，再加上弹劾总统的政治内斗，导致自 2015 年投资持续下降起，不仅对巴西实体经济造成了损害，同时也损害了巴西建筑业的发展。

2015 年以来，受国际原油价格大幅度下跌和国内政治动荡的双重影响，委内瑞拉陷入经济危机和政治危机，使得一度是中国企业在拉丁美洲的最大工程承包市场荡然无存。

拉丁美洲市场易受外部需求和资本流向的影响，融资成本较高，市场风险因素多年无法改善，主要是政局不稳、政府诚信低、腐败和低效率，更为严重的是金融货币风险高，汇率变化大，社会治安差，强势工会和非政府组织以及繁琐的法律政策的影响。另一方面，拉丁美洲市场狭小，政府没有推动工业化建设的愿望和决心，使得拉丁美洲经济尤其是建筑业发展步履艰难。

3. 拉丁美洲区域市场展望

由于拉丁美洲国家已经基本完成城市化进程，受 2015 年原油大幅度下跌、拉丁美洲国家左翼政府的调整导致的政局不稳和政局动荡的影响，未来拉丁美洲建筑业的发展将低于全球平均水平。例如，巴西是拉丁美洲最大的建筑市场，但 2012 年至 2025 年建筑业预测年增长率仅为 2%。

另一方面，智利和哥伦比亚矿业的发展支撑了建筑业的长期向好发展，预计从 2012 年到 2025 年，智利和哥伦比亚建筑业将按年增长 4%。受益于低廉的劳动力成本和与美国的紧密经济联系，墨西哥建筑业将按年增长 5% 左右。

环球透视预测，到 2025 年拉丁美洲建筑业增长的驱动力主要来自经济适用房的建设和发展。以墨西哥为例，房屋短缺约为 890 万套。在拉丁美洲和加勒比海地区，大约 6000 万人口还居住在贫民窟中，因此，经济适用房解决方案是唯一的选择。仅墨西哥和巴西，到 2025 年就需要新建 2750 套经济适用房，以满足人民的居住需求。

在基础设施方面，阿根廷、巴西、玻利维亚、墨西哥、哥伦比亚等国积极发展公路、电力、通信等基础设施的建设。根据德勤预测，2015 年至 2017 年，拉丁美洲国家的基础设施每年将按 4% 的速率增长。

拉丁美洲建筑业展望和预测如图 7-2 所示。

4. 拉丁美洲区域主要国别市场

（1）巴西

巴西拥有 1.87 亿人口，是南美洲面积最大、世界第五大国家。巴西是拉丁

金额(亿美元)

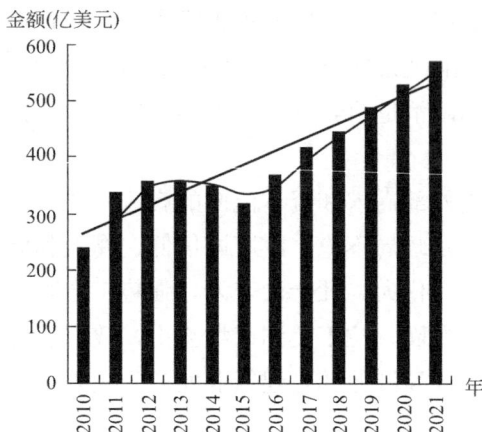

图 7-2　拉丁美洲建筑业发展预测趋势

美洲第一大经济体，有较为完整的工业体系，工业产值居拉丁美洲之首，是 G20成员国，金砖国家之一。

为提高巴西的国际竞争力，巴西政府就世界杯和奥运会举办设施的建设推出了旨在推进基础设施更新发展的"经济加速增长计划"，主要投资于机场、海港、公路、能源、水利的建设，解决巴西贫困人口的住房供水等问题，投资总额达2400 亿美元。

巴西公路网总里程 170 万公里，为防止因长期失修导致公路质量恶化，政府采取了 PPP 模式进行公路建设项目。同时，巴西政府为提高铁路运输能力，计划建设和改造铁路里程达 2500 公里左右。巴西城市化程度很高，但城市贫民窟面积广大，为改善 4400 万贫民的居住条件，巴西政府推出了房屋补贴计划，这也成为未来巴西建筑业发展的重点和支柱，也预示着巴西拥有广阔的住宅建筑市场。

（2）墨西哥

墨西哥拥有 1.06 亿人口，是人口最多的西班牙语国家。西班牙经济总量位居世界第十一位，是 G20 成员国。墨西哥是拉丁美洲地区基础设施较为完备的国家之一，但许多基础设施老旧，亟待维护和重建，且基础设施主要集中在少数中心地区，不能满足其经济和社会发展的需要。

墨西哥基础设施的发展落后于国民经济的发展需要，为此，墨西哥提出了基础设施建设计划，其建筑市场总量达到 650 亿美元，其中交通运输、电力、水利工程、石油化工等领域是重点发展的领域，存在较多的市场机会。

从长期看，为改善基础设施的发展不平衡状况，墨西哥政府将投入巨额资金发展基础设施，修建公路、铁路，增加能源供给，未来墨西哥建筑市场将成为带动拉丁美洲地区建筑市场的领头兵。

（3）阿根廷

阿根廷是拉丁美洲第二大国，拥有人口 4062 万，是南共体等多个世界经济组织的成员国。阿根廷基础设施亟需升级换代，政府计划在基础设施建设、能源、交通、通信等领域大幅增加投资。

目前，阿根廷政府正积极吸引外商投资，鼓励外国投资者进入阿根廷承包工程市场，未来阿根廷建筑市场发展的重点将集中在电力能源、铁路、公路、通信等多个领域，预计到 2025 年，建筑业年增长率将维持在 3％左右。

7.5 欧洲区域市场和主要国别市场

1. 欧洲市场的区域划分

欧洲是世界人口第三的大洲，仅次于亚洲和非洲。在地理上习惯分为北欧、南欧、西欧、中欧和东欧五个地区，其中中欧和东欧统称为中东欧。中东欧共有 16 个国家。

2. 欧洲市场现状

欧洲危机爆发以来，欧债危机给整个区域经济复苏带来的不确定性将使得欧洲地区的建筑业整体发展不容乐观。近年来，中东欧许多国家的建筑市场增长率均在 7％以上，特别是波兰、罗马尼亚和匈牙利等国，但在欧债危机发生后，欧盟国家难以继续对中东欧进行大力投资，导致中东欧建筑市场出现大幅波动。为此，许多国家加大了基础设施领域的对外开放，项目投融资的多元化格局正在形成，许多项目以 BOT、PPP 方式进行，给市场带来积极的变化。

2014 年至 2016 年欧洲主要国别建筑市场规模见表 7-1。

欧洲主要国别建筑市场规模   表 7-1

国家	2014 年建筑业产值 （10 亿欧元）	实际增长率%		
		2014	2015	2016
德国	285	2.40	1.80	0.20
法国	200	−2.80	−0.40	1.80

续表

国家	2014年建筑业产值 （10亿欧元）	实际增长率%		
		2014	2015	2016
英国	177	5.20	5.10	3.50
意大利	163	−2.20	1.10	2.50
西班牙	63	−2.40	1.80	3.60
荷兰	60	0.30	3.40	3.50
瑞士	53	0.80	−0.70	1.40
挪威	46	2.10	3.90	2.50
波兰	44	4.90	7.10	6.20
比利时	39	0.70	0.00	1.50
瑞典	34	5.30	1.30	1.10
奥地利	32	1.70	1.00	1.30
芬兰	29	−0.20	1.50	1.70
丹麦	27	2.50	2.90	3.50
捷克	16	1.00	2.50	3.30
葡萄牙	15	−1.00	2.50	3.60
爱尔兰	9	10.10	9.00	10.60
匈牙利	9	14.30	5.10	3.80
斯洛伐克	4	−0.40	1.80	2.70
西欧地区	1232	1.90	2.00	2.00
东欧地区	73	5.50	5.10	5.50
整个欧盟市场	1305	2.10	2.20	2.20

从表7-1可以看出，自2014年到2016年，在欧洲区域内，除波兰、爱尔兰、英国外，其他欧洲国家的建筑业增长率仅为2%左右，德国出现负增长情况。

按照细分市场分类，2014年至2016年欧洲地区建筑市场住宅、非住宅和基础设施建筑市场规模见表7-2。

欧洲建筑市场年增长率　　　　　　　　　　　　　　表7-2

类别	2013 （%）	2014 （%）	2015 （%）	2016 （%）
新建住宅	−4.00	0.10	2.60	4.70
新建非住宅	−5.20	0.60	2.70	2.10
建筑物修理和维护	−0.30	1.40	1.60	1.10

续表

类别	2013 (%)	2014 (%)	2015 (%)	2016 (%)
土木工程	−4.20	1.40	2.20	2.60
合计	−2.70	1.00	2.10	2.20

2014 年至 2016 年，欧洲建筑市场仅有 2% 的增长率，表明欧洲建筑市场仍深受欧债危机的影响，建筑市场低迷的态势仍未改变。

3. 欧洲区域市场展望

根据 BMI 预测，受公共投资支出太少以及主权债务的影响，到 2025 年，西欧建筑市场总量将比 2007 年建筑市场总量缩减 5%，而北美建筑市场总量将比 2007 年扩大 40%，从 2016 年至 2025 年，西欧建筑市场年增长率仅为 2%。但英国市场年增长率将达到 2.1%，主要依靠新建住宅和更新基础设施的拉动，预计到 2025 年，英国建筑业总量将与德国持平，达到 3150 亿至 3420 亿美元的规模。而中东欧国家受金融危机和主权债务危机的影响，本地区经济衰退严重，内生动力不足，经济波动现象明显，风险水平增加，但随着投资环境的改善，市场前景比西欧建筑市场前景乐观。根据 BMI 预测，中东欧建筑市场年增长率将为 4.6%，但国别市场差异加大，土耳其和俄罗斯的年增长率将达到 5% 左右。

表 7-3 是欧洲主要国别市场 2017 年至 2020 年建筑市场预测。

欧洲主要国别建筑市场预测   表 7-3

国家	2014 年建筑业产值 (10 亿欧元)	实际增长率%			
		2017	2018	2019	2020
德国	285	−0.40	0.30	0.39	0.48
法国	200	1.60	1.66	2.13	2.47
英国	177	2.40	3.12	4.21	5.10
意大利	163	2.80	3.72	5.18	7.20
西班牙	63	5.00	6.50	7.93	9.04
荷兰	60	4.70	5.78	7.98	9.73
瑞士	53	1.50	1.97	2.71	3.01
挪威	46	2.90	3.80	3.87	5.04
波兰	44	6.70	7.50	8.78	10.45
比利时	39	2.40	2.93	3.40	3.94

续表

国家	2014年建筑业产值 (10亿欧元)	实际增长率%			
		2017	2018	2019	2020
瑞典	34	1.60	2.13	2.60	3.25
奥地利	32	1.50	1.91	2.63	2.53
芬兰	29	3.20	4.10	5.20	5.41
丹麦	27	3.70	4.26	5.49	6.48
捷克	16	4.00	4.96	5.56	7.67
葡萄牙	15	5.00	6.55	8.25	10.40
爱尔兰	9	9.20	9.29	9.94	9.94
匈牙利	9	2.90	3.45	4.35	5.52
斯洛伐克	4	3.00	3.51	4.00	4.16
西欧地区	1232	2.00	2.70	2.97	3.12
东欧地区	73	5.50	7.15	7.79	9.98
整个欧盟市场	1305	2.20	2.40	2.52	2.72

图7-3显示的是2017年至2020年西欧地区、中东欧地区和整个欧洲市场建筑业增长趋势。

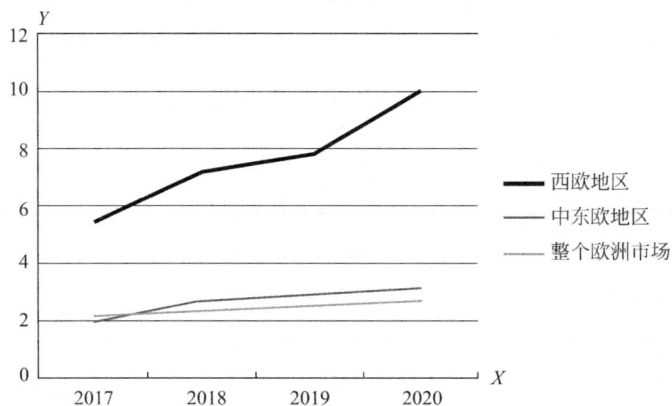

图7-3 欧洲区域市场建筑业预测（Y轴为增长率）

7.6 大洋洲区域市场和主要国别市场

1. 大洋洲市场的区域划分

大洋洲是世界上最小的洲，共有 14 个独立国家，其余十几个地区尚在美、英、法等国的管辖之下。主要国家包括澳大利亚、新西兰、巴布亚新几内亚、斐济、所罗门、汤加、马绍尔等国。大洋洲区域内最有影响力的国家主要是澳大利亚和新西兰。

2. 大洋洲市场现状

大洋洲市场主要集中在澳大利亚和新西兰建筑业两大市场。从澳大利亚建筑业市场看，2015—2016 财政年度建筑业总量仅增长了 0.1%。与 2013—2014 财政年度增长 4.7% 相比，2015—2016 财政年度土木工程增长率仅为 0.7%。房屋建筑业 2013—2014 财政年度增长率高居 16.5%，而 2015—2016 财政年度增长率降低为 5.8%。

澳大利亚建筑业的资金来源主要源自政府公共支出，但自 2011 年政府公共支出占比 46% 后，呈现逐年下降趋势，到 2015 年仅占 26%。而私人投资占比从 2011 年的 54% 呈现逐年增长的态势，到 2015 年占比为 74%。

新西兰建筑业是新西兰经济的第五大部门，包括住宅、商业建筑、建筑服务业和土木工程建筑领域，建筑业总量约为 300 亿美元，对 GDP 的贡献率为 6.3%。

3. 大洋洲区域市场展望

根据环球透视预测，澳大利亚建筑市场的高峰期已经结束，在澳大利亚矿业的投资已经大幅度放缓，澳大利亚建筑业年增长率将从先前的 4.4% 降为 2015 年至 2025 年的 1.3%。新西兰建筑市场主要集中在住宅市场，预测到 2017 年为 1060 亿美元。

8

国际工程招投标与市场开发策略

国际工程项目通常都是通过国际竞争性招标或有限国际招标的方式选择工程项目的承包商，招标是国际工程承包市场择优的一种公平竞争的方法。国际竞争性招标或有限国际招标方式是国际承包商获取国际工程项目的最为主要的方式。除了国际承包工程采用公开招标方式选择承包商外，许多国家在进行 BOT/PPP 项目采购时也采用公开招标的方式。了解、熟悉和掌握国际竞争性招标的程序和规则，熟练和准确地进行国际工程项目的投标，是承包商经营管理能力的体现，是国际承包商核心竞争力的一个组成部分。

8.1　国际工程项目招标

1. 概述

（1）招标的基本特征

从法律角度来说，招标是合同当事人使合同成立的一种重要的方式，是合同当事人通过要约和承诺使合同得以成立的一个过程，其中，业主发出招标通知是要约邀请，承包商投标构成要约，业主发出中标通知书，接受承包商投标构成合同法上的承诺。按照一般法律原则，要约和承诺的成立则构成当事人之间合同的成立。从工程经济角度而言，招标还具有如下特征：

1）招标是业主的一种择优选择承包商的方式

对工程项目的业主而言，招标过程就是择优选择承包商的过程。通过招标，业主可以选择他认为最优的承包商。对于建筑和土木工程来说，业主择优选择的承包商至少表现在以下几个方面：

①最优技术。包括现代的施工设备、先进的施工技术和科学的管理体系等。

②最佳质量。包括良好的施工质量保证体系、措施和施工记录等。

③最低价格。包括单位价格的合理和总价最多原则。

④最短工期。保证按期或提前完成全部工程任务。

业主可以通过招标程序，综合评估承包商所具备的优势，最终选择认为符合他需要的承包商。

除了上述择优标准外，业主还可以结合他的特殊要求确定择优选择承包商的内容和标准。例如，某些业主由于资金短缺，可能将承包商能否提供优惠的贷款或延期支付工程款作为选择承包商的标准之一。

2）招标是承包商通过竞争获得工程项目的良好机会

除了某些较小的工程项目或者某些私人工程外，目前大多数国家都采取招标方式选择工程项目的承包商，各国均通过立法确定通过招标方式进行工程项目的采购。在国际金融组织贷款的工程项目中，通常规定必须采用招标方式确定承包商。由于国际金融组织融资的工程项目具有资金来源可靠、承包商获得工程付款有保障的特性，因此，国际承包商对这类工程项目的招标总是趋之若鹜，将它看成是获得工程项目的重要机会。

3）招标是平等基础上的竞争

只有在平等的基础上竞争，才能分出真正的优劣，因此，招标通常都要求制定统一的条件，编制统一的招标文件，要求参加投标的承包商严格按照招标文件的规定报价和递交投标书，以便业主进行对比分析，作出公平合理的评价。

有时，业主为了获得更佳的方案，在按照统一的招标文件招标时，可能允许承包商提出自己的建议，并附带提出自己的条件，这种方式可能破坏了竞争的平等基础，属于非平等的竞争，一些国家或国际组织在其招标规则中禁止这种做法。尽管如此，仍然有一些业主在对原设计方案不满时，愿意采用让承包商提交技术方案的方式进行招标。为了减少或避免承包商的抱怨或争议，业主在招标文件中作出某些限制性规定，例如，规定承包商必须首先对原设计方案完全按照招标文件报价，新建议只是一种可供选择的方案。业主有时在招标文件中还规定，承包商的新建议必须保留或遵守原招标方案的某些要点，例如不能改变建筑物的功能和外形，或者不能改变工程规模和生产能力等。

业主为了自己的利益，有时会在平等的招标体制中引入不平等的竞争条件，以便使其获取最大的利益。对于参与投标的承包商而言，应充分利用自身的管理、技术和资金或融资优势，充分利用业主在招标过程中的"限制性条件"，争取获得中标的优势和机会。

（2）招标的限制条件

1）有限制的自由竞争

一方面，业主可以根据自己的意图来确定优胜条件和选择承包商，承包商可以根据自身的选择来确定是否参加该项工程的投标。另一方面，一旦进入招标和投标程序，双方都要受到一定的限制，特别是采取公开招标的方式时，它将受到公共的、社会的、甚至国家法律的限制。许多国家颁布了《招标法》或者《招标条例》，目的是防止不公正的招标和某些招标引起的争议。

2）公开招标中对投标者的限制

在公开招标程序中，对投标者的限制是多方面的，例如投标资格的限制，投标者需要递交投标担保等。但对参与投标的承包商来说，这些限制性措施和条件是一视同仁的，一旦参加投标，承包商就必须接受业主事先规定的限制性条件。在公开招标程序中，对投标者的限制内容主要包括：

①投标资格的限制。为了保证投标者具有实施工程项目的资格和能力，业主需要对投标者的资金能力、技术能力和施工经验等投标资格进行审查。有些国家还规定，外国的承包商参加该国的工程项目的投标，必须先在该国登记注册一家办事

处或分公司；或者规定必须有一家当地的代理人；有些招标项目甚至规定，除非与一家当地有能力的公司组成联合体，否则不允许外国公司参加该项目的投标。

②递交由银行出具的投标担保。业主要求投标者递交的投标担保，通常为银行出具的银行保函，这是对投标者的一种经济约束，即银行同意用一定金额给付来保证投标者的报价在一定时期内的有效性。如果在投标有效期内承包商任意撤销其报价，将受到该担保金额被没收的惩罚。

③无条件接受招标文件中的约定条件。业主通常在招标文件中对将与中标者签订的合同条件作出十分详细和明确的规定，投标者必须无条件接受招标文件中规定的招标条件，投标者不能对这些条件做出任何修改或者提出保留意见。在有些被称之为"响应性投标"的招标程序中，招标文件规定投标者必须严格按照招标文件填报报价和回答问题，不得修改、不得漏报或者回避应答，更不得提出任何附带条件。有些投标文件中的合同条件是十分苛刻和显失公平的，例如，香港新机场的某些项目的合同条件规定，承包商在任何条件下都无权提出索赔。遇到这种投标约定时，投标者只能用提高投标价格的办法，回避或者减轻其在工程施工中的风险。

④招标者可按自己的意愿选择中标者。有些招标书规定，招标者可以从投标者中任意选择中标者，或者宣布招标作废，而无须解释任何理由；投标者为该项投标而花费的任何费用均自行负责，招标者不给予任何补偿。这项限制性条件是明显对招标者有利的。在国际工程招标中，许多投标者花费了不少时间和金钱投标后被宣布投标作废的事例并不鲜见。例如香港新机场的场地土石方和填海工程招标，数十家国际工程公司分别组成多个联合财团参加投标，每个财团花费的投标费用，包括购买招标文件、调查现场、算标和银行保函费用等都达数十万美元，但公开开标后发现所有财团的报价都超过设计师和估算师计算的底标价，突破机场预算甚多，香港的机场招标当局宣布该项招标和投标作废，宣布修改设计方案后另行招标。为此，各个财团无不抱怨，但投诉无门，也只得忍气吞声，而且唯恐失去承包该项工程的机会，不得不再次花费投标费用，重整旗鼓参加第二次投标。

除了某些国家的招标法律明确规定应当授标给合格的最低标价的投标者外，许多国际工程招标都事先在招标文件中写明："本工程不一定授给最低报价的投标者"。这种规定并非毫无道理，因为工程的性质、范围和内容不同，有些工程项目对技术、质量、工期和价格等方面的要求可能有不同的侧重面。仅仅报价最低，不一定就是在各方面均能使业主满意的承包商。

为了避免投保中的违法和违规行为，大多数招标文件均规定，投标者不得贿赂招标机构人员；不得与其他投标者串通"围标"（几个投标者串通，事先约定由一家报低价中标后又故意放弃，使业主不得不授标给标价相差较为悬殊的第二

名或第三名，而弃标者的银行保函损失由后继者予以补偿）等，以保证招标过程
的公平透明。

3）公开招标中对招标者的限制

有些国家的招标法和国际金融组织的招标规则为保持招标的公正性，对招标
者作出一定的限制。例如，招标文件中规定必须在项目资金已全部落实的情况下
才允许进行招标；对于政府的公共工程或者国际金融组织贷款的工程项目，必须
写明国家已列入预算的批准文号或者贷款协议文号，并委托专门的招标机构进行
招标；有些国家的招标法规定业主不能随意宣布招标作废，重新再行招标，必须
事先获得有关部门的批准才能作出这类决定；严禁招标机构及其人员接受贿赂和
出卖招标中的秘密，否则要追究刑事责任等。

2. 招标方式和招标机构

按照被允许参加投标的对象分类，国际承包工程市场的招标方式可分为公开
招标和限制性招标。

（1）公开招标

公开招标应按照工程所在国颁布的招标法规定的招标程序，面向一定的投标
者进行公开的工程项目招标。在国际金融组织贷款的工程项目中，根据国际金融
组织的采购规则，例如世界银行制订的《国际复兴开发银行贷款和国际开发协会
信贷采购指南》，应采用国际竞争性招标程序对工程项目通过公开招标的方式进
行采购。公开招标的主要特点是：

1）公开性

在决定招标后，业主或者业主通过委托的招标机构应当公开发表招标通告，
使公众了解招标工程项目的简要情况，公布招标机构的地址和电话、电传或传真
号码，使感兴趣的承包商可以前往索取详细的介绍资料和申请表格；招标通告要
公开说明投标人应具备的资格条件以及资格审查程序，使有兴趣的承包商能事先
自我衡量是否有条件参加项目的投标，以免他们浪费投标时间和金钱。招标通告
还应公布投标的开标日期、时间和地点以及是否允许公众参加监督开标。但是，
公开性也具有一定的限度，例如，对于招标的底价、评审条件、评审过程和决策
保密，对于每个投标者的报价细节，即使在开标后也不允许公布和泄漏。

2）广泛性

如果在工程所在国国内招标，除了在投标人的资金能力、技术水平和施工经
验等方面可以作出规定外，不能有其他歧视性的规定，这样能使工程所在国的承

包商均有机会参加投标。在进行国际性招标时，业主通常要在向国外发行的报刊上刊登招标通告，甚至向某些外国驻工程所在国的使馆或商务代表机构发出通知，以便使更多的国际承包商有机会参加投标竞争。在国际金融组织贷款项目的招标中，凡是有资格的投标人均可参与投标，业主不能无理拒绝这些金融机构成员国家的承包商参加投标。

　　3）公正性

　　为了表明公开招标的公正性，业主或业主委托的招标机构通常要求承包商将投标书密封递交，并当众公开解封和宣读投标总报价，而且招标机构的决策人和有声望的公众人员都参加开标会议，在每个投标人的总报价书上签字，以表示从收到授标前任何人不得再修改其报价。公开招标的评标原则应当是公允和合理的。这些原则往往需要经过招标委员会一类机构讨论和通过。评标结果和最后选定的中标者，也需要这类机构审查和决定。

　　一般来说，除非招标文件另有规定，公开招标项目应当授予最低报价者。如果最低报价者的标价明显不合理，或者其投标违反了招标文件的规定，例如投标保函不合格、出现了不完整的投标报价或者使用的材料和设备明显不符合招标的技术要求等，则可考虑授标给次低报价者。

　　在投标过程中，如果投标者发现任何不正当行为，或有违公平竞争的行为，有些国家的招标法允许投标者向有关主管部门或通过仲裁进行申诉，或可以向法院起诉。在国际金融组织贷款的工程项目招标过程中，投标者可以将其发现的不公正或不当行为直接向国际金融组织投诉。世界银行和亚洲开发银行多次收到过一些国际承包商对其贷款项目的投标过程中不正当行为的投诉，如经国际金融组织查明证实，则可要求招标机构宣布该次投标作废，另行招标；情节严重的，甚至可以中止该项目的贷款，将参与不正当行为的承包商列入黑名单，予以惩罚。

　　（2）限制性招标

　　限制性招标主要是指对于参加该项工程投标者有某些范围限制的招标。由于项目的性质不同，特别是资金来源不同，实践中存在各种各样的限制性招标。

　　1）排他性招标

　　某些援助或者贷款国给予贷款的工程项目，可能只限于向援助或贷款国的承包商招标；有的可能允许受援国或者接受贷款国家的承包商与援助国或贷款国的承包商联合投标，但完全排除第三国的承包商，甚至受援国的承包商与第三国承包商联合投标也在排除之列。

　　2）指定性招标或邀请招标

　　指定性招标或邀请招标是指由业主指定或邀请他认为有资格和能力的承包商

参加投标。这类招标多数是由于工程项目的专业性较强，被指定或邀请的投标者是业主经过考察调查后挑选确定的。

3）地区性招标

在资金来源属于某一地区性组织，如阿拉伯基金、沙特发展基金、地区性金融机构贷款时，这些地区性组织往往要求只有那些属于该组织的成员国的承包商才能参加投标。

4）保留性招标

某些国家为了照顾本国承包商的利益，对于一些面向国际的招标，往往保留一些限制性条件。例如规定外国承包商只能同当地承包商组成联合体或者合资才能参加工程项目的投标，或者，规定外国公司必须接受将部分工程分包给当地承包商的条件，才允许参加投标等。

所有各种形式的限制性招标的操作，可以参照公开招标的办法和规则进行，也可以自行规定某些专门条款，要求参加投标的承包商共同遵守。

（3）其他招标方式

根据业主的要求和工程项目的具体内容，业主还可以采取其他一些招标方式。

1）多层次顺序招标

多层次顺序招标是指将一项较大的工程按其具体内容分多层次进行平行或顺序招标。这种招标方式通常是业主不希望由一家总承包商对某项复杂的大型项目进行全面的承包和管理，而由业主自己组织或专门聘请管理公司对各层次的承包商进行协调和管理。

2）"双边"联合招标

这种招标适用于经济援助或贷款的项目，由援助和受援或贷款和借款双边联合进行招标，将招标程序置于双方的共同监督之下，以求公正和合理，便于双方接受。

3）议标性质的招标

议标性质的招标主要适用于中小型项目的招标方式。在这种招标方式中，业主通常是邀请他比较熟悉或者有某种密切关系的承包商进行议标。除了一些主要的招标文件，例如图纸、技术说明等之外，商务条件和合同条款是可以自由讨论或讨价还价的，因此，在招标阶段双方相互约束的条件较少，只是在通过与几家承包商分别议标并选定最后的承包商后，才共同拟定施工合同的详细条件。

世界银行指南：《国际复兴开发银行贷款和国际开发协会信贷采购指南》规定的其他采购方式见表 8-1。

世界银行采购指南规定的其他采购方式　　　　表 8-1

采购方式	适用条件	目标要求
有限国际招标	直接邀请投标人进行国际竞争性投标	价格要有竞争性，向尽可能多的供应商征求投标
国内竞争性投标	货物或工程的性质、规模不太可能吸引外国供应商参加国际竞争性投标	寻求有效、经济的采购方法，节省采购时间
询价采购	为获得现货或价值较小的标准规格设备	至少要求两个国家的三个供应商报价
直接签订合同	在现有合同的基础上增购或增建类似性质的货物或工程	不经过竞争，快捷
自营工程	无法事先确定工程量，工程小而分散；工程地点较远，没有供应商对承包工程感兴趣	使用自己部门的人员和设备进行工程建设
从联合国机构采购	从联合国有关部门采购小批量现货	最经济有效的采购
中间金融机构贷款的采购	由中间金融机构向子项目的受益者进行转贷	按当地的私营部门或商业惯例进行
BOT 和类似私营部门的采购	BOO/BOT/BOOT 性质的项目可才有国际竞争性招标程序采购	实现最佳组合和价值
社区参与采购	项目需要当地社区或非政府组织参与；需要增加使用当地的专有技术和资料，或使用劳动密集型和其他合适的技术的项目	有效恰当地达到项目的要求

（4）招标机构

除了某些私人的中小型项目可以由业主根据自己的安排采取自行招标的方式或者委托的咨询公司招标外，多数国家的政府工程或国际金融组织贷款的大中型项目，都要求在招标机构的主持和管理下进行招标工作。招标机构的设置，各国有所不同，可大致分为三种类型：

1）常设的中央招标机构

有些国家为了管理政府投资的大中型项目的招标和投标工作，设有全国性的中央招标委员会。例如，科威特的中央招标委员会是一个典型的常设中央招标机构，系根据科威特的国民议会通过和国王批准的《公共招标法》组织的，由内阁批准任命的六名委员组成，包括工业、财政部的代表和国家计划委员会、法律参议和立法局代表、发标部门和监督实施的部门代表。中央招标委员会下设秘书处和主管招标、评标等工作的专门部门。科威特政府规定超过一定限额的政府投资项目必须通过中央招标委员会进行招标，对限额以下的项目可接受有关主管部门的委托进行招标。中央招标委员会拥有较大的权力，一般情况下，它将听取专门的评标部门对众多投标报价作出评价后决定中标者，也可以由委员会三分之二以上委员的多数通过方式，作出授标的决定。

2）非常设部门级的招标委员会

多数国家并没有设置中央招标委员会，而是按项目的隶属主管部门，由政府或部门批准临时成立对某一项目的招标委员会。这一类型的招标委员会在该项招标任务结束或直到签订了合同后即予撤销。一般来说，这类招标机构也设置技术和商务方面的评标部门或小组进行投标的评审工作，授标则由招标委员会或主管部门决定。

3）委托机构招标

有些国家不设招标机构，而是将招标工作全部或部分委托给有资历和公正的咨询公司或招标公司进行，主管部门只是监督和最后审定其招标和评标结果，作最后的授标决定。

3. 招标程序

招标和投标是一对相对的概念。招标是以业主为主体选择实施工程项目承包商的活动，投标则是以承包商为主体参与投标程序的活动，两者是招标投标总活动中的两个不可分割的组成部分。招投标程序如图 8-1 所示，其中实线部分表示业主招标程序，虚线部分表示承包商的投标程序。

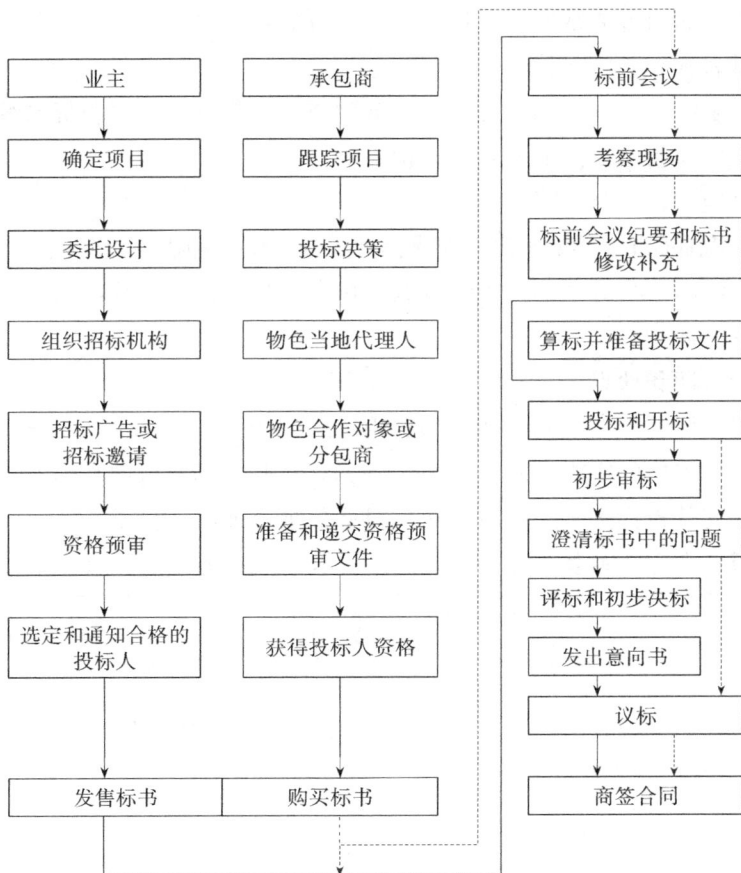

图 8-1 招投标程序

（1）招标通告或招标邀请书

1）招标通告的公布

凡是公开向国际招标的项目，均应在官方的报纸上刊登招标通告，有些招标通告还可寄送给有关国家驻工程所在国的大使馆。世界银行贷款项目的招标通告除在工程所在国的报纸上刊登外，还要求在此之前60天向世界银行递交一份公告，世界银行将把它刊登在《联合国开发论坛》商业版（Development Business）、世界银行的《国际商务机会周报》（IBOS，International Business Opportunities Services）以及《业务汇编月报》（MOS，The Monthly Operatinal Summary）等刊物上。亚洲开发银行贷款项目的招标通告，也同样要求提前报送该银行，在亚洲开发银行出版的《项目信息》上公布，也将刊登在《联合国开发论坛》商业版的"亚洲开发银行采购通告专栏"内。

2）招标通告的内容

招标通告的内容通常应当包括以下几个方面：

①项目名称和业主名称。

②资金来源（例如，如部分为国际金融组织的贷款，应写明贷款编号；如系政府项目，应写明已被批准列入国家预算等）。

③项目地点。

④工程范围简况（例如土建工程或包括土建、供货和机电设备安装等，可以写明主要工程数量，例如住房多少套、建筑面积多少平方米等，也可以不作具体说明）。

⑤预计工期。

⑥开标日期和地点。

⑦购买招标文件的时间、地点和费用。

⑧投标人资格的审查及其他事项（例如，有些招标通告中写明，在投标时间要求同时提交其投标报价某一百分比的投标保证金或银行保函）。

【示例】 肯尼亚内罗毕北部给水隧道工程项目招标通告

招标邀请

国别：肯尼亚

项目名称：水利和清洁服务改善项目增加融资工程（WaSSIP AF）

合同名称：内罗毕饮用水供水项目——内罗毕北部集水区隧道一期工程

文号：01（根据采购计划）

1. 肯尼亚共和国政府从国际开发协会为水利和清洁服务改善项目增加融资工程（WaSSIP AF）收到一笔贷款，并将其一部分用于内罗毕饮用水供水项目——内罗毕北部集水区隧道一期工程的工程款项的支付。

2. 肯尼亚环境、水利和自然资源部下属国有公司亚西水利服务委员会现邀请有资格的投标人对内罗毕饮用水给水工程——内罗毕北部集水区隧道一期工程（以下简称"工程"）进行密封投标：

(1) 建设从马拉谷河至提卡水坝的直径为 3.2m 的 11.7km 的隧道。

(2) 建设三个取水口和马拉谷河、吉可吉和托第河支流围堰工程。

(3) 建设 40m 的过水倒流渠，270m 和 740m 两个支洞，以及位于吉可吉河的隧道排水口。

(4) 根据通常的洪水水位，在永久性河流建设 4m 高的混凝土围堰和防腐工程。

(5) 预计土方工程为 320000m³，混凝土工程 120000m³。

3. 招标将采用世界银行指南——《国际复兴开发银行贷款和国际开发协会信贷采购指南》规定的国际竞争性招标（ICB）程序进行，并向采购指南定义的所有有资格的投标人开放投标。此外，请参见采购指南第 1.6 款和第 1.7 款世界银行规定的利益冲突政策。

4. 感兴趣的有资格的投标人可从亚西水利服务委员会首席执行官处获得进一步的信息，并可在周一至周五 08：00 至 17：00 工作时间检查招标文件，但午餐时间（13：00 至 14：00）、周末和公共假日除外。

5. 感兴趣的有资格的投标人可向下述地址递交书面申请书，并在支付 1000 肯尼亚先令或者等值可兑换货币后购买全套的英文招标文件。付款方式可为现金或银行支票，一旦支付不予退还。投标人可从下述地址获取招标文件。

6. 投标人必须于东非时间××年××月××日××时或之前将投标文件递交到下述地址。投标文件包装应清楚地标明内罗毕饮用水供水项目——内罗毕北部集水区隧道一期工程，禁止电子投标。延迟投标将被拒绝。投标将在投标人指定代表或在东非时间××年××月××日××时投标人选择的参加人面前公开开标。

7. 所有的投标必须递交金额为××肯尼亚先令或可自由兑换的等值的无条件投标保函。

8. 地址如下：

地址：肯尼亚内罗毕××路××中心×楼

电话：＋254 20 ××××××××

传真：＋254 20 ××××××××

电子邮箱：××@××.××.××

3）投标资格预审通告

某些大型工程项目可能对投标资格的要求比较严格，因此，在公布招标通告之前，可能先发布一份投标资格预先审查的通告，其中仅对工程项目作简单的介绍，重点是公布该项目的投标者应当首先通过资格审查，写明领取投标资格预审申请表的地点和时间，以及递交资格预审资料的截止日期。

4）招标邀请书

对于邀请性招标，通常只向被邀请的承包商或有关单位发出邀请书，不要求在报刊上刊登招标通告。邀请书的内容除了有礼貌地表达邀请的意向外，还要说明工程简况、工期等主要情况，以及被邀请人何时何地可以获得招标文件及相关资料。

（2）资格预审

大型工程项目进行国际竞争性招标，可能会吸引许多国际承包商的极大兴趣。有些大型项目国际招标往往会有数十名甚至上百名承包商报名要求参加投标，这对招标的组织工作，特别是投标评审工作带来许多困难。多数业主并不希望有过多的投标者参与投标，因此，采取投标人资格预审办法可淘汰一大批有投标意向但并不具备承包该项工程资格的承包商。一般来说，一项工程有十名以内的投标人较为适宜，最多不要超过二十名。

1）资格预审文件内容

①资格预审申请书

资格预审申请书（Letter of Application）主要说明承包商自愿参加该工程项目的投标，愿意遵守各项投标规定，接受对投标资格的审查，声明所有填写在资格预审表格中的情况和数字均为真实的内容。

资格预审申请书是一份格式文件，是附在资格预审文件中的一份已由业主编制完毕的文件，参加资格预审的承包商需要按照业主提供的格式，填写空格，签字并盖章后作为资格预审文件中的一部分递交给业主。

②工程简介

资格预审文件中的"工程简介"比招标通告中介绍的情况应当更为详尽，以便承包商事先了解某些重要情况，做出是否参加投标资格预审和承包此项工程的决策。例如，应当说明工程的性质（新建、改建、扩建等）、工程的主要内容（主要工程数量和重要的技术和质量要求）、工程所在地的基本条件、拟签合同的类别（总价或单价合同，抑或是延期付款、实物货品偿付或交钥匙方式等）、计划开工和竣工日期等。

③投标人的限制条件

说明对参加投标的公司是否有国别和等级的限制。例如，有些工程项目由于资金来源的关系，对投标人的国别有所限制；有些工程项目不允许外国公司单独投标，必须与当地公司联合；还有些工程项目由于其性质和规模特点不允许当地公司独立投标，必须与有经验的外国公司合作；有些工程指定限于经注册和审定某一资质级别的公司才能参加投标。还有些限制条件是关于支付货币的，例如该项工程限于支付一定比例的外汇，其余则支付当地币；业主对支付预付款的限制、对投标保证书和履约保函的要求等，均可在限制条件中列出。

④资格预审表格

要求参加投标资格预审的承包商如实地逐项填写表格，包括投标人的法定资格（包括名称、法人代表、注册国家、法定地址等）、公司的基本情况、财务状况、施工经验、施工设备能力、目前正在施工的工程简况等。有些大型工程项目的资格预审，可能要求承包商提出对承包本项工程的初步设想，包括对现场组织、人员安排、劳务来源、分包商的选择等提出设想建议。

⑤证明资料

在资格预审中均要求承包商提供必需的证明材料，例如，公司的注册证书或营业执照、在当地的分公司或办事机构的注册登记证书、银行出具的资金和信誉证明函件、类似工程的业主过去签发的工程验收合格证书等。所有这些文件可以用复印件，但要求出具公证部门核对与原件相符的公证书和有关大使馆出具的认证书。如果是几家公司联合投标，要求报送联合体协议书等。

为了防止承包商对资格预审文件作假，资格预审文件一般均要求参与资格预审的承包商需要提供经过公证、本国外交部认证和工程所在国驻承包商国使馆认证的文件，保证资格预审文件的真实性。

2）报送资格预审材料的要求

应写明报送资料的时间、地点和份数，例如，有些工程项目的资格预审材料要求报送三份，分别直接寄送给招标机构、业主和咨询公司；有些资格预审要求填写表格和各种证明材料的文字要求，例如某些国家除要求用英文填写外，对于证明材料还要求提供当地语的文件等。

有些国家对于外国公司参加投标的限制颇多，例如要求外国公司必须有当地的代理人，而且在报送资格预审材料的同时，还要求报送代理人的基本情况，甚至要求递交代理协议的复印件以及投标人给代理人的授权书。

国际咨询工程师联合会编制的《FIDIC 招标程序》对投标者资格预审的推荐

程序如图 8-2 所示。

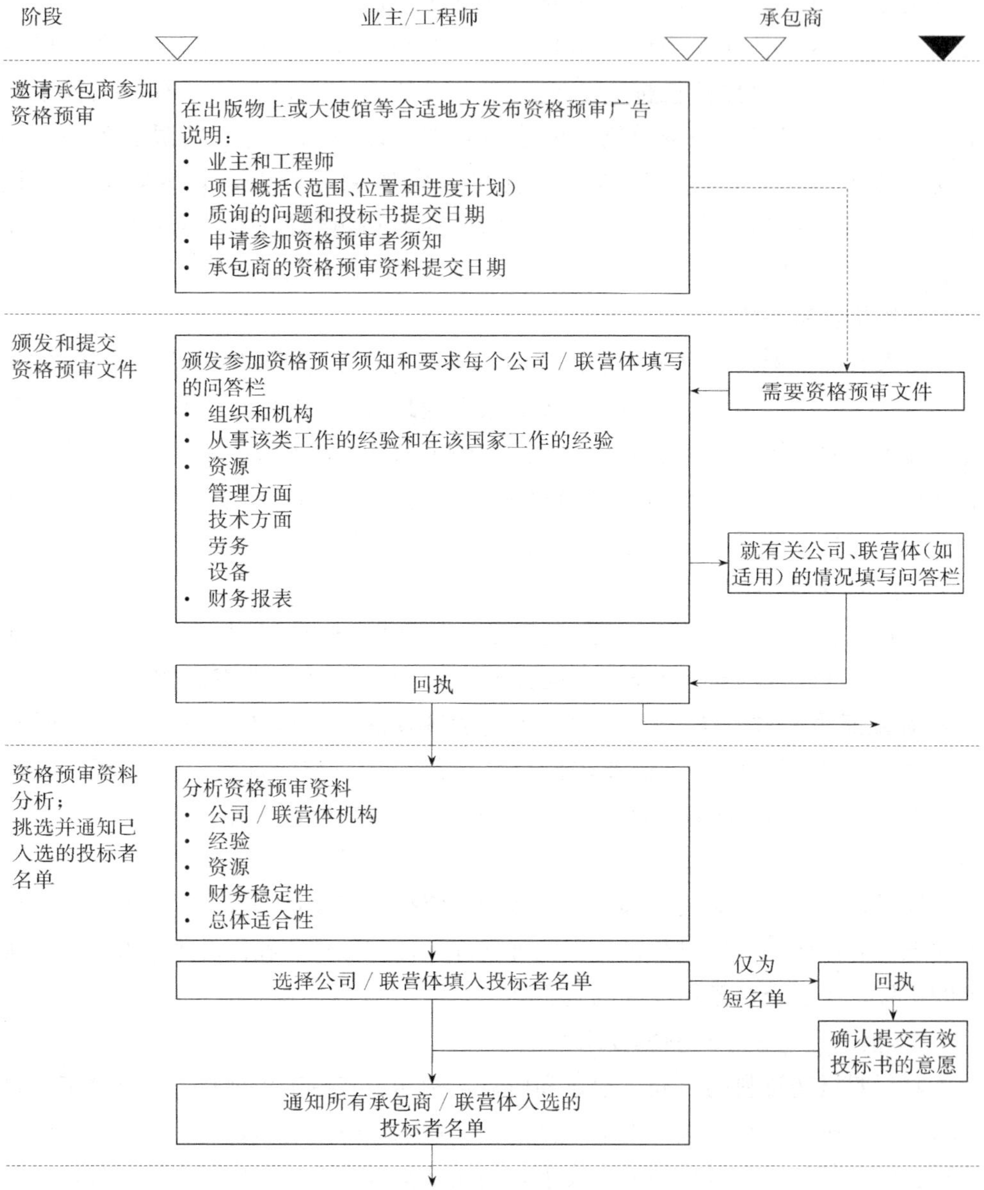

阶段	业主/工程师	承包商

邀请承包商参加资格预审 —— 在出版物上或大使馆等合适地方发布资格预审广告
说明：
- 业主和工程师
- 项目概括（范围、位置和进度计划）
- 质询的问题和投标书提交日期
- 申请参加资格预审者须知
- 承包商的资格预审资料提交日期

颁发和提交资格预审文件 —— 颁发参加资格预审须知和要求每个公司／联营体填写的问答栏
- 组织和机构
- 从事该类工作的经验和在该国家工作的经验
- 资源
  管理方面
  技术方面
  劳务
  设备
- 财务报表

需要资格预审文件

就有关公司、联营体（如适用）的情况填写问答栏

回执

资格预审资料分析；挑选并通知已入选的投标者名单 —— 分析资格预审资料
- 公司／联营体机构
- 经验
- 资源
- 财务稳定性
- 总体适合性

选择公司／联营体填入投标者名单

仅为短名单

回执

确认提交有效投标书的意愿

通知所有承包商／联营体入选的投标者名单

图 8-2 对投标者资格预审的推荐程序

（3）招标文件

1）招标文件的准备

在正式招标之前，承包商必须认真准备好正式的招标文件。多数工程项目的

招标文件是由咨询设计公司编制，特别是招标文件中的技术部分，包括工程图纸和技术说明等。至于商务部分，可以由业主、招标机构和咨询公司共同商讨拟定。

2）招标文件内容

招标文件至少应包括如下内容：

①投标人须知。

②通用合同条件。

③专用合同条件。

④工程图纸。

⑤技术说明书。

⑥各种表格，包括工程量和价格表、工程进度计划等。

⑦合同协议书格式。

⑧投标书格式。

⑨投标保函格式。

⑩履约保函格式。

3）招标文件的购买规定

招标机构或业主通常以书信方式或公告的方式通知获得投标资格的投标人，在规定的时间内到某指定地点购买招标文件。在不进行资格预审的中小型项目中，业主可直接向投标人发售招标文件，但应在招标文件中写明将在评标时一并评审承包商的资格，要求投标人在投标报价的同时报送其公司的基本情况以供审查。招标文件的发售通知和公告通常规定：

①文件只售给已获得投标资格的原申请投标者。

②招标文件通常按文件的工本费收费，购买投标文件后，不论是否投标，其费用一律不予退还。

③招标文件的正本上一般均盖有主管招标机构的印鉴，这份正本一般在投标时作为投标文件的正本交回，通常不允许用自己的复印本投标。

④规定招标文件是保密的，不得转让他人。

（4）标前会议

1）标前会议的目的

对于较大的工程项目招标，通常在报送投标报价前由招标机构召开一次标前会议，以便向所有有资格的投标人澄清他们提出的各种问题。一般来说，投标人应当在规定的标前会议日期之前将问题用书面形式寄给投标机构，然后招标机构将其汇集起来研究，提出统一的解答。公开招标的规则通常规定，招标机构不得向任何投标人单独回答其提出的问题，只能统一解答，而且要将所有问题的解答发给每一个购买了招标文件的投标人，以显示其公平对待。

2）标前会议的时间和地点

标前会议通常在工程所在国境内召开，开会日期和时间在招标文件的"投标人须知"中写明；在标前会议期间，招标机构往往会组织投标人到拟建工程现场参观和考察，投标人也可以在该会议后到现场专门考察当地建设条件，以便正确做出投标报价。标前会议和现场考察的费用通常由投标人自行负担。如果投标人不能参加标前会议，可以委托其当地的代理人参加，也可以要求招标机构将标前会议的记录寄给投标人。

3）标前会议记录

招标机构有责任将标前会议记录和对各种问题的统一答复或解释整理为书面文件，随后分别寄给所有的投标人。标前会议记录和答复问题记录应当被视为招标文件的补充，如果它们与原招标文件有矛盾，应当说明以会议记录和问题解答记录为准。标前会议上，可能对开标日期作出最后确认或者修改，如开标日期有任何变动，不仅应当及时以电传或书信方式通知所有的投标人，还应当在重要的报纸上发布通告。

（5）投标人须知

"投标人须知"，或者采用其他名称，例如"给投标人的指示"、"投标人注意事项"等文件是投标文件的重要组成部分。投标人须知是业主或招标机构对投标人如何报价的指导性文件，通常由招标机构和指定的咨询公司共同编制，并附在招标文件内一起发售给投标人。投标人须知的主要内容如下：

1）一般性说明

①说明投标人应当认真和充分阅读此项投标人须知，严格遵守其中的规定。

②写明公开开标的日期、时间和地点；未能在规定的收标截止日期和时间内递交的投标书是不予接受的。

③投标书必须用墨水钢笔填写或打字在每一空白栏，不得删改；如有个别错字需要更正，投标人应在错字更改处签字。

④投标书必须使用原招标文件的"正本"；如果要求递交多份投标书，其他各份文件应当注明为"副本"。

⑤说明填报标书时对统计错误的处理办法。例如，每页中单项价格和总价出现计算错误，将以单价为准，或以其较少金额的数字为准；大写金额和小写金额

有出入时，将以较少的金额为准；计算错误金额数字如超过某一限定（例如5％），则该项投标被视为无效。

2）招标文件的解释

①招标文件的解释权属于招标机构，投标人认为的招标文件中需要解释的问题，不得向设计咨询公司或业主单位的工作人员查询。

②招标机构不得向任何投标人单独答复或解释投标文件的问题，一切答复或解释都将发给所有的投标人。

③要求投标人如果发现图纸、技术说明和其他合同条件等有相互矛盾、遗漏或含糊不清时，应当在开标日期之前（可规定天数）书面请求招标机构解释、澄清或更正，招标机构或者在标前会议上做出书面答复，或者发给合同文件的补遗或更正。投标人应当在投标时在其投标书中注明已考虑了这些补遗文件的要求或解释。

④说明投标报价应当使用的货币名称，如果使用多种货币支付，应有专门表格填报各类货币的数量、所占比例以及计算中使用的汇率，这种汇率通常可规定为不变汇率。

⑤说明没有总价的投标是不予接受的；说明有哪些报价应当单独列出，不计入总价，例如可供选择项目的报价、暂定金额等。

3）"响应性投标"

①如果该项目招标属于响应性的，应当加以说明。在响应性招标中，如何对招标文件未逐项切实回答的投标书将被拒绝接受。

②说明本响应性招标是否允许投标人提出另外的建议（有时被称之为"副标"或者"可供选择的投标"）；如果允许投标人另行提出建议，应说明只有对原招标作出完全和充分的响应回答后，才考虑投标人另外的建议；在有些招标文件中，业主甚至要求对原标和副标提交两份独立的投标保函。

4）投标保证书

①要求随同投标书递交一份投标保证书，该保证书必须严格按招标文件中规定的格式开具。

②投标保证书可以规定为银行出具的保函，或者是有资格的保险公司出具的保证书；有些规定可由一家有足够资信的公司出具担保书；招标文件必须对此作出十分明确的规定。

③对于银行出具的保函或者保险公司出具的保证书，应当说明具体金额，可以规定为一定数额或者是相当于投标价格的一定百分比的金额。

④应当说明业主可接受的开出保函或保单的银行或保险公司的名称。

⑤说明未随投标书一起递交保证书的投标文件，将视为无效的投标。

⑥说明投标保证书金额不足者，将被视作废标处理。

⑦应当规定投标保证书的有效期。

⑧说明未能中标的投标人的保证书将在何时退还给投标人，例如，宣布授标后的十天内退还给未中标者。对于中标者的保证书，必须在签订合同并递交履约保证书后宣布失效并予以退还，否则该投标保证书的金额将由业主从开具保证书的银行兑现并予以没收。

5）投标风险的承担

①通常写明投标人应当自行承担各种风险，招标机构对任何投标人参加此项投标花费的各项开支均无补偿责任。

②有些招标项目写明业主将授标给最低报价者，但多数"招标人须知"中事先声明，业主有权拒绝授标给最低报价者，而且不说明任何理由，还有些则声明业主保留权利拒绝任何或所有的报价者。

③写明考察现场和调查工程的周围环境条件是投标人自己的责任，所有投标书都将被认为是投标人已经充分考虑了各种建设条件和风险；投标以后，投标人不得以未能了解现场条件为由要求调整价格或要求增加付款；投标人的报价被认为是充分和正确的，是按照合同文件的规定完满地执行合同、并已包括了承担合同中的一切义务所需费用的价格。

④某些中小型项目的招标，可能并不进行资格预审，而是进行"资格后审"，即在评标的同时进行其承包工程资格的审查。这时，在招标文件中应当写明投标人的基本条件，并要求投标人在递交投标书的同时，提交其财务状况、技术人员情况，以及对同类工程的施工经验等支持其具备承包该工程资格的有关资料或证明文件。特别要说明投标人要自己充分估计到他已经具备这种资格，不致因"资格后审"不合格而被淘汰。

⑤投标人对自己的任何投标违章行为可能遭到的惩罚承担责任，包括贿赂、与其他投标人串通"围标"、提交伪造的支持性证明材料、不合格的投标保证书等。

6）投标书的递交

①说明投标书必须以密封方式递交，密封办法由投标人自行安排（例如用火漆、铅封或骑封印章签字等），但是密封包装的外部只允许写收件人的地址，不得写投标人的名称和地址，也不得有任何记号。

②投递方式最好是在当地直接手投，或委托当地代理人手投，以便及时获得招标机构已收到投标书的回执（通常招标机构应设加锁密封的收标箱）。如果允

许邮寄投标，则应当说明投标人自己保证在开标日期之前，招标机构能够收到该投标书，而不是"以邮戳为准"。

③投标书一经递交，不得撤销或更改，也可以规定，任何修改只能在开标日期之前以另一封密封信封投入招标机构的密封收标箱，以便开标时一并拆开。

④投标保证书用单独的信封密封，与投标书同时投递。

（6）公开开标

1）严格监督收标

一般是在投标地点设置投标箱或投标柜，其尺寸大小足够容纳全部投标书。招标机构收到投标书仅注明收到的日期和时间，不作任何记号。投标箱的钥匙由专人保管，并贴上封条，只能在开标会议上启封打开。

投标截止日期和时间一到，即封闭投标箱，在此之后的投标概不受理。

2）开标会议

①公开招标项目，通常由招标机构主持公开的开标会议，除招标机构的委员会成员和投标人参加外，还可邀请当地有声望的工程界人士和公众代表参加。

②在开标会议上当众开启投标箱，检查密封情况。通常是按投标书递交时间顺序拆开投标书的密封袋，并检查投标书的完整情况。

③当众宣读投标人在其投标函中的投标总报价，如在该函中已说明了自动降低的价格者，应宣布以其降低了价格为准；如要降价是附带条件的，则不宣布这种附带条件的降价，以便在同等条件下进行对比。同时，还要当众宣布其投标保证书的金额和开具保证书的银行名称，检查该项金额和银行是否符合招标文件的规定。如果该投标保证书不合格，则宣布该投标书被拒绝接受，作为废标退还其投标保函，取消其参加竞争的资格。

④所有投标人的报价总价即保证书的金额均列表当场登记，由招标机构的招标委员和公众监督人士共同签字，表示不得再修改报价。有的甚至要求他们在各投标人的附有总报价的投标致函上签字，以表示任何人无法作弊进行修改。

⑤如果招标要求随投标提交机械设备的样本说明者，可对各投标人提交的样本查看后编号封袋，以便评标时作技术鉴定。

⑥通常在开标会议上说明开标时标价的名次排列并非最终结果，有待详加评审，而且也不表示这些投标书"已被接受"。

⑦如果公开招标的项目仅有唯一的一家公司投标，或在开标会议上发行仅有

一家公司的投标书符合招标规定条件和没有明显的违章情况，则可能宣布将另行招标；或者将由招标机构评审后再决定是否授标给这家公司。

⑧如果招标文件规定投标人可以提交建议方案（或"副标"），则对于提交的建议方案报价也按照上述同样的方式当场开标和宣布其总报价，但不宣布其建议方案的主要内容。通常对于未按原招标方案报价，仅对其建议方案报价者，将予以拒绝接受。一般来说，对建议方案的评审更加严格。

4. 评标、决标和授标

在工程项目的招标中，评标、决标和授标是业主的最后的决策性工作，也是招标活动中最为重要的一项工作内容。只有做出全面和客观公正的评价，才能在众多的合格投标者中正确地选择最佳的承包商，再通过授标，与之签订承包合同，然后进入工程的具体实施阶段。

（1）评标组织及其程序

1）评标组织

评标通常是由招标机构中设置的专门评标委员会或者评标小组秘密进行的一项工作。由于选定最佳的承包商不能仅从其总报价的高低判定，还要审查投标报价的一些细目价格的合理性，审查承包商的计划安排、施工技术、财务安排等，因此，评标委员会或者评标小组要聘请有关方面的专家参加，以便于倾听更广泛的评审意见。为了更加客观和公正，还应当聘请咨询设计公司和业主有关管理部门的人员参加评标工作。

有些招标机构可能采取多途径评标的方式，即将所有投标书轮流和分别送给咨询公司、业主的有关管理部门和专家小组，由他们各自独立地评审，并分别提出评审意见，而后由招标机构的评审委员会或者评审小组进行综合分析，写出评审对比的分析报告，交委员会讨论决定。

如果参加投标的承包商太多，则可以先将报价过高的投标书暂时摒弃或搁置，选择少数几份可能中标的投标书交给上述部门分别评审，提出评审意见。

一般情况下，评标组织的权限仅限于评审、分析比较和推荐。决标和授标的权力属于招标机构和业主。

2）评标程序

评标和授标的程序如图 8-3 所示。

```
┌─────────────────────────────┐
│        招标机构公开开标        │
└─────────────────────────────┘
┌─────────────────────────────┐
│   招标机构标书评审委员会(或小组)  │
┌──────────┐└─────────────────────────────┐┌──────────┐
│咨询设计公司│                              │业主管理部门│
│ 评审小组  │┌─────────────────────────────┐│ 评审小组  │
└──────────┘│        招标机构评审小组        │└──────────┘
            └─────────────────────────────┘
┌──────────┐┌─────────────────┐┌──────────┐
│ 技术性评审 ││   行政性评审     ││ 商务性评审 │
└──────────┘└─────────────────┘└──────────┘
            ┌─────────────────────────────┐
            │       与投标人澄清问题         │
┌──────────┐└─────────────────────────────┐┌──────────┐
│咨询设计公司│                              │业主管理部门│
│ 评审意见  │┌─────────────────────────────┐│ 评审意见  │
└──────────┘│   招标机构评审小组评审意见      │└──────────┘
            └─────────────────────────────┘
            ┌─────────────────────────────┐
            │      综合分析评审报告          │
            └─────────────────────────────┘
            ┌─────────────────────────────┐
            │    招标机构、业主决标会议        │
            └─────────────────────────────┘
            ┌─────────────────────────────┐
            │     向承包商发出授标函          │
            └─────────────────────────────┘
```

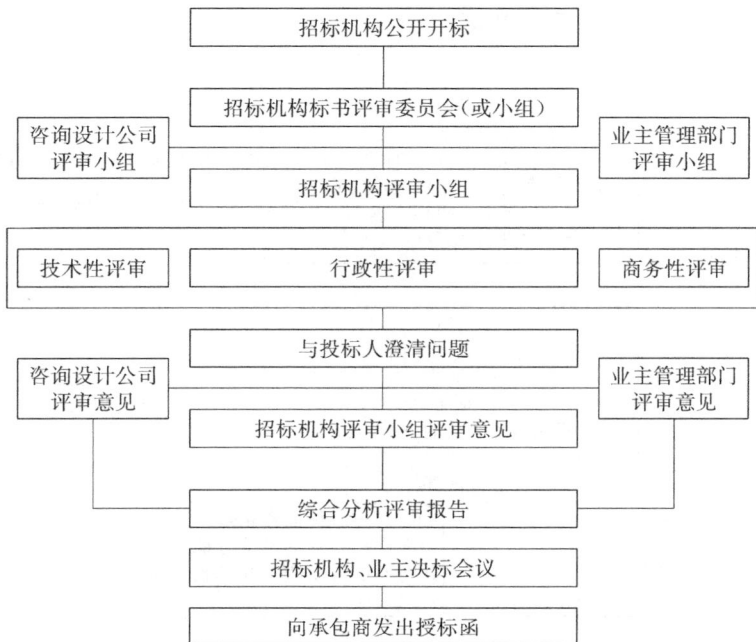

图 8-3 评标、决标和授标程序

国际咨询工程师联合会编制的《FIDIC 招标程序》（FIDIC Tendering Procedure）推荐的开标和评标推荐程序如图 8-4 所示。

（2）行政性评审

为了从众多的投标书中筛选出符合最低要求标准的合同投标书，淘汰那些基本不合格的投标，业主需要对所有投标书进行行政性评审，以免浪费时间和精力去进行技术评审和商务评审。任何承包商要想获得中标的机会，首先要保证自己的投标书是合格的投标文件。

1）行政性评审审查内容

行政性评审合格标书的主要条件如下：

①投标人是否已获得投标资格。例如，审查投标书中承包商的名称、法人代表和注册地址是否与资格预审中选名单一致；如有某些不一致之处，应查明是否有合理的解释和说明；有些承包商可能获得了资格预审的投标资格，但在投标时可能又同另外的承包商组成联合体进行投标，而那家后加入的联合体的承包商并未进行资格预审，如果这家未获得资格的承包商在联合体中担任主要角色，那么这份投标书可能被视为无效文件。

②投标书是否使用盖有招标机构印章的原件？总标价是否与开标会议宣布的一致？

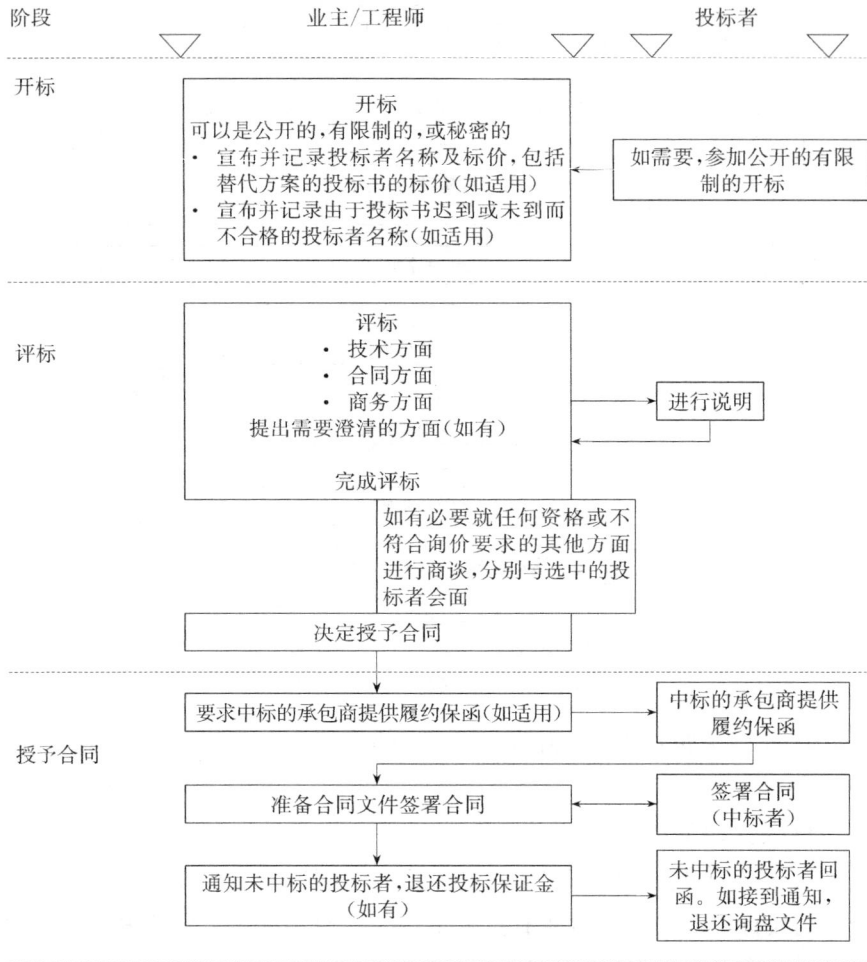

图 8-4　开标和评标推荐程序

③投标保证书是否符合招标文件的要求？包括审查保函格式、内容、金额、有效期限等。

④投标书是否有投标人的法定代表签字或盖有印章等？

2）投标书的完整性

①投标书是否包括招标文件规定的应递交的一切和全部文件？例如，除工程量和报价单外，是否按要求提供了工程进度表、施工方案、现金流量表、主要施工设备清单等。

②是否随同投标书递交了必要的支持性文件和资料？例如，招标中有关设备供货可能要求提供样本外，还要提供该设备的性能证明文件，诸如该设备已在何时何地使用并被使用者证明良好，或制造者提供的性能试验证书等。

3）投标书与招标文件的一致性

对于招标文件提出的要求应当在投标时"有问必答"，还要避免"答非所问"。如果招标文件中已写明是响应性投标，则对投标书的要求更为严格；凡是招标文件中要求投标人填写的空白栏，均应做出明确的回答；在招标文件中任何条文或数据、说明等均不得做任何修改；投标人不得提出任何附加条件；即使招标文件中允许投标人提出自己的新方案或新建议，也应当在完整地对原招标方案进行响应报价的基础上，另行单独提出方案建议书及单独报价。

4）报价计算的正确性

各种计算上的错误，包括分项报价与总价的算术上的错误过多，至少是说明投标人是不认真和不注意工作质量的，不但会给评审人员留下不良印象，而且可能在评审意见中提出不利于中标的结论。对于报价中的遗漏，则可能被判定为"不完整投标"而被拒绝。

通常，行政性评审是评标的第一步，只有经过行政性评审，被认为合格的投标书，才有资格进入技术评审和商务评审；否则，将为列为废标而予以排除。

经过行政性评审之后，可能会对投标人的报价名次重新排列。这个名次可能同开标时的排列顺序不一致，因为某些投标人的报价在公开开标时可能表面上因报价较低而排在前面，经过行政性评审可能属于不合格的废标而被排除。这种情况在国际工程招标投标中屡见不鲜。中国某公司在中东和非洲的投标竞争中就多次遇到这种情况。有一次甚至在公开开标时因标价偏高列为第五名，最后经过评审，前面几家公司均因各种不同原因被排除，而这家中国公司却晋升为第一名最低报价的合格标而中标。可见，承包商除力争合理降低投标报价外，还必须认真对待投标书的有效性、完整性、一致性和正确性，使之能通过行政性评审而列入合格投标书的入围行列。

（3）技术评审

技术评审的目的是确认备选的中标人完成本工程的技术能力，以及他们的施工方案的可靠性。尽管在接受投标人进行投标之前曾进行过资格预审，似乎投标人的技术能力已经被确认过，但是，资格预审只是一般性审查。在投标后再次评审其技术能力，是针对中标者将如何实施这项具体的工程。因此，这种技术评审主要是围绕投标书中有关的施工方案、施工计划和各种技术措施进行的。如果招标项目是实行"资格后审"程序，则还要像资格预审那样审查中标人过去的施工经验和能力。

技术评审的主要内容如下：

1）技术资料的完备性

应当审查是否按招标文件要求提交了除报价外的一切必要的技术文件资料。

例如，施工方案及其说明、施工进度计划及其保证措施、技术质量控制和管理、现场临时工程设施计划、施工机具设备清单、施工材料供应渠道和计划等。

2）施工方案的可行性

对各类工程，包括土石方工程、混凝土工程、钢筋工程、钢结构工程的施工方法，主要施工机具的性能和数量选择，施工现场及临时设施的安排，施工顺序及其相互衔接等。投标人还应该对项目的最难点或要害部位的施工方法进行可行性论证，例如桥梁工程的桥墩、水下的墩基、桥身的大梁的施工方法，公路工程的大型土石方工程、隧道的掘进工程、大坝的混凝土制作和浇筑工程等施工方法，应审查其技术的先进和可靠性。

3）施工进度计划的可靠性

审查施工进度计划能否满足业主对工程竣工时间的要求；如果从表面上可看出其进度能满足要求，则应审查其计划是否科学和严谨，是否切实可行，不管是采用线条法还是网络法表达施工计划，都要审查其关键部位或线路的合理安排；还要审查保证施工进度的措施，例如施工机具和劳务的安排是否合理和可能等。

4）施工质量的保证

审查投标书中提出的质量控制和管理措施，包括质量管理人员的配备、质量检验仪器设备的配置和质量管理制度。

5）工程材料和机械设备供应的技术性能符合技术要求。

审查投标书中关于主要材料和设备的样本、型号、规格和制造厂家名称和地址等，判断其技术性能是否可靠和达到设计要求的标准。

6）分包商的技术能力和施工经验

招标文件可能要求投标人列出其拟指定的专业工程分包商，因此应当审查这些分包商的能力和经验，甚至调查主要分包商过去的业绩和声誉。

7）审查投标书中对某些技术要求有何保留性意见

例如，对于业主提供的机器设备的安装工程投标者可能要求机器设备制造厂商或供货商负责指导安装，并对其性能调试负责等。应当审查这些保留性意见或条件的合理性，并进行研究和正确评价。

8）对于投标书中按招标文件规定提交的建议方案做出技术评审

这种评审主要是对建议方案的技术可靠性和优缺点进行评价，并与原招标方案进行对比分析。

（4）商务评审

商务评审的目的，是从成本、财务和经济分析等方面评审投标报价的正确性、合理性、经济效益和风险等，估量授标给不同的投标人产生的不同后果。商务评审在整个评标工作中占有重要地位，在技术评审中合格或基本合格的投标人当中，究竟授标给谁，商务评审的结论往往具有决定性意见。

商务评审的主要内容如下：

1）报价的正确和合理

①审查全部报价数据计算的正确性。包括报价的范围和内容是否有遗漏或修改；报价中每一单项的价格的计算是否正确。可选择一些主要的子项和工程量较大的项目，将多份投标书中的报价并列比较，并与招标机构编制的"底标价"进行对比分析，发现它们之间的差异，并分析产生这些差异的原因，从而可以判定何者报价计算较为正确。

②分析报价构成的合理性。例如分析投标报价中有关前期费用、管理费用、主体工程和各专业工程项目价格的比例关系，可以判断投标报价是否合理；还可以判断投标人是否采用了严重脱离实际的"不平衡报价法"。

③从用于额外工程的日工报价和机械台班报价以及可供选择项目的材料和工程施工报价，可以分析其基本报价的合理性。

④审查投标人对报价中的外汇支付比例的合理性。

2）投标书中的支付和财务问题

①资金流量表的合理性。通常在招标文件要求投标人填报整个施工期的资金流量计划。有些缺乏工程投标和承包经验的承包商经常忽略了正确填报资金流量表的重要性，而是以比较草率的态度随意填报工程的资金流量计划。其实，在评审中的专家可以从资金流量表中看出承包商的资金管理水平和财务能力。

②审查投标人对支付工程款有何要求，或者有何对业主的优惠条件。例如，有些公司利用本国对获得海外工程的公司资金赞助政策或其他优惠待遇，以向业主让利的方式来赢得中标机会，这种情况在国际工程承包市场竞争中常有发生，使财务资金能力较弱的承包商无法与之抗衡；也有些公司可能在标价上作某些退让以换取支付条件方面的优惠，例如要求适当增加预付款比例等。当然这些建议和条件一般是在投标函中以委婉商讨的方式提出，并非作为投标的限制要求。

3）关于价格调整问题

如果招标文件规定该项目为可调价合同，则应分析投标人对调价公式中采用的基价和指数的合理性，估量调价方面的可能影响幅度和风险。

4）审查投标保证书

尽管在公开开标会议上已经对投标保证书作了初步检查，在商务评审过程中仍应详细审查投标保证书的内容，特别是保证书或银行保函中有何附带条件。如果招标文件规定投标人可以提出自己的建议方案作为"副标"，那么，也要审查作为"副标"的保证书或银行保函。

5）对建议方案（副标）的商务评审

应当与技术评审共同协调地审查建议方案的可行性和可靠性，应当分析对比原方案和建议方案的各方面利弊，特别是接受建议方案在财务方面可能发生的潜在风险。

（5）澄清问题和评审报告

1）澄清投标书中的问题

为了对投标书做出正确的评审报告，招标机构有必要对评审工作中遇到的问题约见投标人予以澄清。这种澄清问题并非议标，只是评审过程中的技术安排，主要内容和规则如下：

①要求投标人补充报送某些报价计算的细节资料。例如，在评审中发现某投标书的报价基本合理，但个别子项工程的单价和总价与其他投标书比较后，出现过高或过低的异常情况，评审小组可以要求投标人提供子项工程的单价分析表，以便澄清投标人是否有某些错误的理解，或者纯粹是计算错误。

②要求投标人对其具有某些特点的施工方案做出进一步的解释，证明其可靠性和可行性，澄清这种施工方案对工程价格可能产生的影响。

③要求投标人对其提出的新建议方案做出详细说明，也可能要求补充其选用设备的技术数据和说明书。例如，某公司在投标新加坡港务局的大型集装箱仓库屋面招标，在评审过程中，业主对中国某公司投标中的"球节点空间网架"建议方案很有兴趣，曾要求投标人派专家到新加坡向业主招标机构聘请的专家作详尽的介绍和解释，业主甚至派人到中国国内参观同类建筑，以证实其技术的可靠和经济效益，而后才授标。

④要求投标人补充说明其施工经验和能力，澄清对某些外国并不知名的潜在中标人的疑虑。

总之，凡是评审过程中有疑虑的问题或者各投标人之间存在较大报价差异时，业主均可直接与投标人接触澄清。但是，这种澄清问题的方式是由投标机构统一安排和组织的，不允许各评审小组、特别是评审人员与投标人单独接触和查询。在澄清问题的会见和讨论中，评审人员不得透露任何评审情况，也不得讨论标价的增减和变更问题。

一般来说，投标人都非常欢迎有机会向评审小组澄清问题，尽管澄清问题并不是议标，但投标人清楚，这至少意味着自己的投标书已引起评标小组的重视或者注意，有可能列入中标候选人之列。因此，被邀请向评审小组澄清问题的投标人，常常可以利用直接向评审小组解释的机会，努力宣传本公司的技术和财务能力，甚至提出某个引进附带条件的降价措施等，以吸引评审小组和业主的注意。当然，投标人也应当在解释和澄清问题时持谨慎态度，因为投标人的任何解释或补充资料，可能被认为是一种承诺，有可能在自己中标后签订合同时，因有这些承诺而处于被动和不利地位。

2）评审报告

①对投标书的评审报告

各评审小组对其评审的每一份投标书都应提出评审报告。其主要内容至少应包括：

A. 投标报价及其分析。说明其报价的合理性、与底标价的比较、标价中的计算错误、调整其标价的可能性。

B. 投标人的施工方案的可行性和可靠性、其优缺点和风险。

C. 工程期限和进度计划的评述。

D. 施工机具设备选择的评审。

E. 投标人的技术建议及其建议的合理性和价格评述。

F. 投标人有何保留意见，这些保留意见对工程的影响。

G. 分包商的选择、分包内容及其对工程进度、质量和价格的影响。

H. 授标给该投标人的风险和可能遇到的问题，评审小组的基本意见。

②综合评审报告

综合评审报告是一份由招标机构的评审委员会或评审小组对所有投标书评审后得出的综合性报告，其主要内容是综述整个评审过程、进行对比分析和提出推荐意见。

综合评审报告对那些拟定作为"废标"或从中标备选名单中剔除的投标者，要阐明具体理由，使招标机构了解这种处理意见是合理的、恰当的；同时，说明从其余的合格的报价较低的投标书中挑选几名投标者作为候选人的理由。而后，对这几名候选人做出对比分析。对比内容基本上与上述对每份投标书的评审内容相同，因此，可以采用列表对比方式，也有些评审小组采用评分办法进行最后对比，由于记分的标准难以统一，招标机构对中标者的优势选择的侧重面各不相同，这种综合记分评定的办法未被广泛采用。

综合评审报告应当提出对中标人的推荐意见。除了被推荐的中标人的一般情况外，要明确地说明中标理由，也要提出与该中标人签订承包合同前须进一步讨论的问题。

（6）决标和授标

决标是指最后裁定中标人。授标是指向最后裁定的中标人发出通知，接受其投标书，并将由项目业主与中标人签订承包该项工程的合同。决标和授标是工程招标阶段的最后一项最为重要的工作。

1）决标

通常由招标机构和工程项目的业主共同商讨裁定中标人。如果业主是一家公司，通常由该公司的董事会根据综合评审报告讨论并做出裁定中标人的决定；如果是政府部门的项目招标，则政府应授予该部门首脑的权力，由部门首脑召集一定会议讨论后做出决定；如果是国际金融组织或财团贷款的项目，除借贷国有关机构做出决定外，还要征询贷款的金融机构的意见。贷款组织如果认为这项决定不合理或不公平，可能要求借贷国的有关机构重新审议后再作决定；如果借贷国和国际金融组织之间对中标人的选择有严重分歧而不能协调，则可能导致重新招标。

某些国际金融组织，例如世界银行或亚洲开发银行，对其贷款项目的招标允许给予借贷国的承包商一定的优惠政策，但这种优惠有一定的计算方法和限制条件。在按优惠政策裁定借贷国承包商为中标人时，应当审查是否按照规定进行了正确的计算，否则可能引起外国承包商的不满和争议。

2）授标

在裁定中标人后，业主或者招标机构代表业主向中标的投标人发出授标信或者中标通知书，也可能发出一份授标的意向信。授标信或中标通知书通常都十分简明扼要，写明该投标人的投标书已被接受，授标的价格是多少，应当在何时、何地与业主签订合同。授标意向信则有所不同，只是说明向该投标人授标的意向，但最后取决于业主和该投标人进一步议标的结论。意向信通常未写授标的价格数字，意味着业主可能认为投标人的报价有某些不合理之处，将在议标或商签合同时讨论。

在向中标的承包商授标并拟商签合同后，对未能中标的其他投标人，也应发出一份简短的未能中标的通知书，不必说明未中标的原因，但在通知书中应注明，退还投标人的投标保证书的办法。

3）延期授标

招标文件中通常规定了授标的最迟期限，或者规定了银行出具的投标保函的有效期。在此期限内如果招标机构因各种原因不能做出授标的决定，应当通知投标人，并请投标人延长投标保函的有效期。如果某些投标人不愿意延长投标保函的有效期，那么，其投标保函自动作废，他们也就自动退出了这次投标竞争。一般来说，开标时名列前茅的几家投标人抱着有可能中标的希望，往往愿意接受授标延期的要求，及时办理投标保函有效期延长手续。

尽管许多招标文件规定，由于招标机构的原因延期授标，而使投标人不得不办理投标保函延长有效期手续时，投标人可以得到合理的补偿；有的招标文件甚至规定，投标人还可保留因延期决标而调整标价的权利。但是，投标人一般都不愿意提出这种权利主张，只要能够中标，延长保函的有效期所花费的费用毕竟是很少的。

8.2 投标项目的选择和前期工作

1. 投标项目的选择策略和技巧

项目的跟踪和选择就是对工程项目信息的连续地收集、分析、判断，并根据项目的具体情况和公司的营销策略，进行选择直至确定投标项目的过程。

（1）广泛收集工程项目信息

一个成功的国际工程承包公司应当拥有广泛的项目信息来源，还应该有完整的信息收集分析以及不断的信息反馈，根据市场现实情况，结合自己的营销方针和市场计划，进行详细认真的筛选和反复论证后才能确定投标项目。工程项目信息的跟踪和选择，关系到国际工程承包公司能够广泛地获得足够的项目信息，能够准确地选择出风险可控、能力可及、效益可靠的项目。国际工程承包公司可以从多种渠道获取和收集工程项目信息。

1）通过国际金融机构发表的出版物

所有使用世界银行、亚洲开发银行等国际金融机构贷款的项目，都要在世界银行的《商业发展论坛报》、亚洲开发银行的《项目机会》上发表。企业可对这些刊物上的项目信息逐月不断跟踪，直至发表跟踪项目的招标公告。

2）通过公开发表的国际性刊物

国际性刊物有《中东经济文摘》（MEED）、《非洲经济发展月刊》（AED）等。这些刊物会刊登一些招标邀请通告。

3）通过公共关系网和个人接触

对于有一定知名度的公司，往往会有一些国外代理商直接和这些公司接触，提供一些项目信息。有时公司通过接触一些国外的代理、朋友也会获取一些信息。为了扩大知名度，企业需要通过业务交流、宣传资料、广告等形式宣传自己的专长、实力、业绩，增强企业的知名度，使别人了解企业的实力和水平，以便在国际工程承包市场上扩大影响，获取更多的合作信息和机会。

4）通过我国驻外使领馆、经商处、有关驻外机构等获取项目信息。

5）通过国外驻华机构获取信息。

6）通过国际信息网络获取项目信息。

（2）精心选择和紧密跟踪项目

国际工程承包企业应从获取的工程项目信息中，根据项目所在地区的宏观环境，选择适合于本企业的经营策略，经营能力和专业特长的项目进行跟踪，或初步决定准备投标。企业选择跟踪项目或初步确定投标项目的过程是一项重要的经营决策过程。

1）选择投标项目的原则

①符合公司的目标和经营宗旨

在选择项目时，企业需要考虑该项目是否在企业确定需要发展的地区。如是首次进入该国别市场，应详细调查市场开拓的前景。

②企业自身的实力和条件

根据企业的专业范围、经济实力、管理水平和经验确定能否按照业主的要求完成项目。对于投标项目，企业还需考虑是否可以发挥自身的专业特长和技术优势。

③工程项目的可靠性

企业在做出投标项目的选择之前，应首先考虑该工程实现的可靠性，包括建设条件、资金落实情况、施工条件、工程难度、业主资信等。

④竞争是否激烈

企业应考虑工程所在地的市场激烈竞争程度，考虑能否以自身的实力、优势和价格战胜对手。对于毫无得标把握的项目不要勉强参与，以免浪费资源和影响企业形象。

作为市场营销的一般原则，企业集中优势力量在一个市场承包一个大项目，比利用同样的资源分散地承包几个小型项目更为有利。对于市场经济和政治风险较大国家和地区的项目、规模和技术都超出本公司能力的项目、项目难度大风险大且在盈利上也无很大吸引力的项目、非本专业又难以找到可靠的施工伙伴的项目等，应慎重选择，尽量回避。

2）做好调查研究工作

为了进行跟踪项目的选择，企业需要进行尽可能详细的调查研究工作，包括工程所在国的基本情况，如政治、经济、社会、法律、自然条件等，该国是否属于一个值得开发和有发展前景的市场，以及工程项目自身的条件等。

3）选择投标项目的定量分析方法

选择跟踪投标项目可以采用定量分析方法，定量分析方法很多，如加权系数法、决策树法等。企业可根据选择投标项目的实际情况，采用这些方法进行投标项目的定量分析，以便为投标决策提供充分的依据。

2. 在工程所在国的登记注册

在国际工程承包业务中，由于各国法律不一，对承包商注册要求各有不同，因此，承包商在进行市场调查时，应详细了解和掌握工程所在国的有关公司注册的法律规定和要求，及时准备一切必要的文件，办理相应的手续为投标和实施项目做好准备工作。

一般而言，在工程所在国的登记注册类型如下：

（1）注册为分公司或子公司。当国际承包商在工程所在国注册为分公司或子公司时，应根据所在国的公司法登记注册。在登记注册完成后，分公司或子公司为当地公司，可以独立在工程所在国经营业务。

（2）注册为办事处或代表处。当承包商在工程所在国注册为办事处和代表处时，应根据所在国的有关注册的法律规定进行登记注册。办事处或代表处不是独立的法人，不能独立对外从事经营业务，需以总公司或母公司名义对外从事经营活动。

承包商在工程所在国是注册为分公司或子公司，还是注册为代表机构，应根据承包商的需要决定。在有些国家，本国政府融资的工程项目不对外国公司开放，因此，国际承包商要想进入所在国的工程承包市场，需要在所在国登记注册，成立本地公司才能进行经营活动。此时，承包商应选择在所在国成立分公司或子公司，以便获取工程项目，开拓所在国的市场。在有些没有任何限制的国家，承包商可以注册为办事机构，以便使用总公司或母公司的业绩和资源，获取工程项目。有时，国际承包商还可以在所在国进行双重注册，即成立分公司或子公司，也注册办事机构，以便在各种资金来源不同的工程项目中使用不同的公司业绩，获取工程项目。

依据各国公司法或者公司登记注册的有关法律规定，承包商在所在国登记注册时，需要提交的法律性文件包括：

1）总公司或母公司在工程所在国成立分支机构的董事会决议。

2）总公司或母公司的章程。

3）总公司或母公司的营业执照。

4）总公司或母公司为分支机构负责人签发的授权书。

5）总公司或母公司近年来的财务状况。

6）公司设立的其他文件。

对于中国企业在工程所在国登记注册，有时工程所在国还需要中国商务部批准企业在境外设立分公司、子公司或办事机构的批准手续，有时还需要中国驻工程所在国大使馆经济商务参赞处的推荐函。

通常，总公司或母公司需要为上述分支机构设立文件进行公证，并经该国驻母国使馆的认证，才能被工程所在国认可为有效文件。

3. 投标项目的资格预审

在国际工程承包市场中，资格预审往往是承包商获得参与投标资格的先决条件，也是承包商参与国际工程项目的第一轮竞争。对于承包商而言，做好资格预审并通过资格审查，才能取得投标资格，有机会参与投标竞争。对于业主而言，事先通过资格预审，可以筛选出少数几家有实力和有经验的承包商，进入投标程序，保证有实力和经验的承包商履行合同，实施项目，确保项目的成功。同时，由于在资格预审阶段淘汰了一大批基本不合格的承包商，从而简化和减轻了评标工作的程序和工作强度，便于招标机构和业主做出正确的决标决策。在许多国家，BOT/PPP项目也需进行资格预审，以便业主选择有竞争力的投资者。

为了赢得资格预审这一轮竞争的胜利，承包商应认真对待资格预审的申请工作，以审慎认真的态度填报和递交资格预审所需的一切资料。投标项目资格预审的内容、评审方法和应注意的问题分述如下：

（1）填报资格预审申请表

只要符合业主《资格预审邀请》中规定的条件，承包商就可以根据业主要求在指定的地点申请购买资格预审文件。一份完整的资格预审文件应包括资格预审须知、项目介绍和资格预审表格。资格预审须知中说明对参加资格预审公司的国别限制、公司等级和资格预审截止日期等内容。项目介绍应简要介绍招标项目的基本情况，以便使承包商对项目有一个总体的认识和了解。

　　资格预审表格是由业主和工程师编制的一系列表格。尽管项目所在国不同，项目性质各异，资格预审的内容有所差异，但其内容大致相同，包括：

　　1）公司的一般资料

　　公司的一般资料包括公司的名称、国别、性质、注册地址（包括总部、地区办事处、当地办事处）、传真、电报、电话、法人代表的姓名、公司注册年份、注册资本、公司简介以及营业执照的副本或复印件。如果两家或两家以上公司联合投标，除各个联合体伙伴共同填报的资料外，联合体各成员还需各自填报有关资料，同时，还应提交联合体协议。

　　为了证明承包商的能力，有时业主还会要求承包商提交《非破产证明》和《资信良好证明》。承包商可根据资格预审须知的要求从银行或商会等机构取得这些证明文件。

　　2）财务状况

　　资格预审须知一般均要求承包商递交近三年的财务状况，并需随附近三年的资产负债表、公司损益表、历年营业额统计表等，重点说明总资产、总负债和流动负债，并填报与承包商有较多金融往来的银行名称、地址，同时取得这些银行的资信证明，有时还需提供银行的贷款限额证明。为衡量公司当前的资金应用和近期内的收益，还要填报在建的工程项目的合同金额和未来两年的预计的合同额，同时，招标机构或业主还会要求承包商提供本国税务部门开具的完税证明。

　　3）工程经验记录

　　承包商需填报工程经验记录，这是资格预审中相当重要的内容，业主可以从中了解申请人的工程经验。该表中包括一般工程经验和类似工程经验。对类似工程经验，业主有时会提出一些最低条件或最低要求，要求申请人提出符合该要求的施工经验。承包商还应根据资格预审须知的要求，分别说明公司近年来完成的所有各类工程和完成的类似工程项目的名称、性质、规模、价格、施工起止日期、业主名称、咨询公司名称和国别等信息。

　　为了验证承包商提交的工程经验的可靠性，业主还会要求承包商提供这些项目的验收证书、竣工证书和工程施工照片等。业主有时会要求提供承包商已实施项目的业主的电话、传真和地址等详细资料，以便业主调查。

　　4）施工机械和设备

　　业主会要求参与资格预审的公司将目前拥有的各类施工机械设备和运输车辆的名称、规格和数量等一一填报，有时还会要求注明这些机械设备的购买日期、使用年限、当前状况、存放地点以及用于该项目的可能性。对于那些工程所需的大型的和专用的施工机械和设备，业主会要求承包商填报取得这些机械设备的方法，例如现有、新购或租赁。

5）管理人员和技术人员的能力

业主会要求资格预审申请人详细说明公司本身的人力资源情况，包括承包商的总部主要负责人、各专业技术负责人的姓名、年龄、文化程度和经验简历，还要求介绍该公司拥有的各类技术人员的数量。同时，业主还会要求填报派往本项目的主要负责人，包括项目经理、副经理、财务经理、总工程师、各部门负责人、主要专业技术负责人、现场施工主管和质量管理工程师的姓名、年龄、文化程度和业务简历。

业主还会要求承包商提供拟定现场管理的组织机构图，并说明它与总部的关系和总部授权的范围。

有些重视是否使用当地劳务的国家，业主会要求承包商说明熟练工人、半熟练工人和普通工人的来源，可能要求承包商填报雇佣当地劳工的比例，以增加当地工人的就业机会。

6）工程分包计划

对于较复杂的综合工程，业主要求承包商在表册中拟定分包计划，即本公司直接承担施工的部分与委托专业公司承担的部分，例如电气安装、通信系统和卫生设施等分包内容。为此，业主会要求承包商简要介绍和推荐分包商的名称、国别、业绩等有关情况。

在成套设备供货项目的资格预审中，业主往往会要求承包商提供主要设备供应商或生产厂家的资格文件，有时还会要求提供厂家的委托书等。

有些国家还在资格预审文件中要求对专业公司另行招标，或由业主推荐作为指定分包商。在此情况下，承包商应接受指定分包商。

7）施工组织设计

对于一些大型的综合性土木工程，如大坝、大型灌溉工程、道路工程等，业主会要求承包商根据资格预审文件提供的资料制订一个简明概括的施工组织设计，其目的是为了了解承包商的实际经验。

8）其他证明文件

除要求承包商签署誓言，保证填写内容的真实性外，业主还会要求承包商提供其他证明资料，如公证部门出具的公证书、审计部门出具的审计报告等，承包商应按照资格预审文件的要求，出具相关文件。

需要说明的是，并不是每个项目均需进行资格预审，有些项目可能采取"资格后审"的方式，但资格预审和资格后审的要求是基本相似的。资格后审有时与整个投标文件一起审查，有时甚至分两次开标，即先开资格标，而后只开资格标被通过的承包商的商务标。在这种情况下，资格标相当于资格预审文件。

总之，无论采取何种方式进行资格审查，承包商在填报资格预审文件时都要认真细致，一丝不苟，像完成答卷一样填报资格预审文件。

【示例】　某国际金融组织贷款项目的投标资格预审格式。

《投标资格预审申请人须知》

1. 总则

指定某某机构（例如招标委员会）接受愿参加合同号为＿＿＿＿＿＿＿＿的某工程建设的合格承包商的资格预审申请书。关于该工程项目的工程内容和一般情况已列入附件中，申请人应当认真阅读。

2. 递交申请书

（1）申请书必须在某年某月某日某时以前送交位于某地址的上述指定机构，超过这一截止时间的申请书概不接受，并将原封退回申请人。

（2）申请书应递交一份原件和三份副本，分别用信封密封，信封上写明"某号合同投标资格预审申请书"，还应写明申请人的名字和地址，以便对迟交的申请书原封退回给申请人。

（3）所要求的资料必须是英文的。如果原文不是英文的，请附英文译文，审查时将以英文译文为主。未按本条款办理者，其申请将被认为是不合格的。

（4）表格中的所有问题都必须回答。如有必要，可以增加附页详细回答。

（5）所有表格均由申请人签字，或由申请人授权其代表人签字，并附正式的书面授权书。

（6）申请人递交的全部文件将予保密，但不退还给申请人。

（7）上述指定机构将通知所有的申请人其申请的结果。此指定机构有权拒绝或接受任何申请，也可以取消资格预审程序和拒绝全部申请书，对此，指定机构无需任何理由，也不承担任何对申请人有影响的责任。

3. 资格预审表格

（1）申请人应填报下述九项内容：

申请人致函；

一般资料；

财务数据；

经验记录；

机械设备；

实施本工程拟用人员；

建议的现场组织机构；

分包商；

合作者情况（如系联合投标者，则须填写）。

（2）如果联合或合作投标者，每一合作者成员均需分别填写上述内容，并附交一份联合或合作的协议书，如上述指定机构认为该协议书是不可接受的，则通知联合者应修改其联合或合作协议。如果申请人在收到要求修改协议书的通知后21天以内不能补充递交修改好的协议书，将被认为是不合格的，不再考虑其投标申请。

（3）如有必要，申请人可以在上述内容外增加页次，但必须在每页的右上角注明页码。

（4）有些内容可能要求提供附件，那么每一附件可以注明该内容对应的附件号。

4. 申请书的评审

（1）上述指定机构将审定参加本项目投标资格预审的申请人是否合格。只有是某金融组织的成员国的申请人才有可能被接受为合格的投标人。

（2）评审因素：将按预先确定的最低分数线来评比每一申请人的经验、财务能力和技术能力（包括为实施本项目合同的设备和人员），申请人必须得到每组因素的最低分数线值才能预审合格。

（3）申请人的财务能力将根据其资产负债净值、流动资金额和他的在手合同中尚未完工部分的价值来鉴定。如果申请人认为他的财务能力是足够的，他可以在其申请书中附上一份由第一流银行开出的担保信，这封担保信应当寄给上述指定机构，保证申请人一旦得到该项目合同，银行将提供给该申请人不少于合同总价三分之一的信贷资金，这笔信贷资金将保持直到工程由业主验收。

（4）如果发现申请人递交的资料与事实不符，那么其申请书将被视为不能令人满意的，如果这种与事实不符之处得不到满意的解释和澄清，申请人将无资格参加投标。除非上述指定机构认为有必要澄清某些问题，将不会与申请人进行联系。

（5）上述指定机构对参加资格预审的申请书做出接受或拒绝的决定，将是最终的。

《投标资格预审表格》

一、申请人致函

申请人的公司注册名称：＿＿＿＿＿＿＿＿＿＿＿＿＿

注册地址：　　　　＿＿＿＿＿＿＿＿＿＿＿＿＿

电话：　　　　　　＿＿＿＿＿＿＿＿＿＿＿＿＿

电传或传真：　　　＿＿＿＿＿＿＿＿＿＿＿＿＿

电报挂号：　　　　＿＿＿＿＿＿＿＿＿＿＿＿＿

致××项目招标委员会：

敬启者：

1. 我们谨此向贵招标委员会申请，作为××工程项目的合格投标人。

2. 我们谨此承认招标委员会或其指定代表有权为证实我们递交的声明、文件、资料和澄清我们的财务和技术状况进行调查。为此，我谨授权（任何官员、工程师、银行、制造商等）或任何个人或公司向招标委员会提供其要求的和必需的如实情报资料，以此证实此申请书中的各项声明和资料，或我们的能力和状况。

3. 如需进一步提供资料，请与下述人员联系：

（1）技术方面：姓名＿＿＿＿＿＿＿，职务＿＿＿＿＿＿＿；

（2）财务方面：姓名＿＿＿＿＿＿＿，职务＿＿＿＿＿＿＿；

我们声明，申请书中填报的表格、资料的每一细节是完整、真实和正确的。

申请人授权代表

签名　　　　　日期

二、一般资料

公司名称：＿＿＿＿＿＿＿＿＿＿＿＿＿＿＿

1. 总部地址：＿＿＿＿＿＿＿＿＿＿＿＿

电传号：＿＿＿＿＿＿＿＿＿＿，传真号码：＿＿＿＿＿＿＿＿＿

电话号码：＿＿＿＿＿＿＿＿＿，电报挂号：＿＿＿＿＿＿＿

2. 地区办事处地址：＿＿＿＿＿＿＿＿＿＿＿＿

电传号：＿＿＿＿＿＿＿＿＿＿，传真号码：＿＿＿＿＿＿＿＿＿

电话号码：＿＿＿＿＿＿＿＿＿，电报挂号：＿＿＿＿＿＿＿

3. 当地办事处地址：＿＿＿＿＿＿＿＿＿＿＿＿

电传号：＿＿＿＿＿＿＿＿＿＿，传真号码：＿＿＿＿＿＿＿＿＿

电话号码：_____，电报挂号：_____

注册年份和国家：_____

（附注册证书复印件）

主要业务内容：

1. 从_____年开始，经营_____业务；

2. 从_____年开始，经营_____业务；

3. ……。

三、财务数据

1. 按最近三年来经审计的财务报表填写资产负债总值情况见表8-2。

资产负债总值情况表　　　　　　　　　　　表 8-2

数据名称	年份	年份	年份
(1)资产总值			
(2)流动资产总值			
(3)负债总额			
(4)流动负债总额			
(5)净资产(1)－(2)			
(6)流动资金(2)－(4)			

附：最近三年的经审计的财务状况表（略）。

2. 银行信贷资金

（1）可以提供信贷资金的银行名称和地址：

_____

（2）信贷资金总额_____

3. 在建工程合同执行情况见表8-3。

在建工程执行情况　　　　　　　　　　　表 8-3

合同项目名称	业主名称	合同总价	尚待完成的部分金额	计划完成日期
(1)				
(2)				
(3)				
总价(尚待完成部分)				

四、经验记录

1. 在建工程经验_____年。

2. 专业工程经验

（1）电气工程安装_____年；

（2）空气调节安装工程＿＿＿＿＿＿＿年；

（3）供排水工程＿＿＿＿＿＿＿年；

（4）……。

3. 近×年内，完成的合同金额超过×百万美元的工程项目见表 8-4。

已完工程项目情况   表 8-4

工程性质	合同总额（美元）	本承包商承担部分金额（美元）	合同工期		业主名称	国别
			开始	竣工		

注：本表中美元值是该工程授予合同时的货币比值换算的，本承包商承担部分金额是指本承包商当时
是分包商或合作伙伴，仅承担合同总值的一部分。

4. 近×年内承包商承担的与本招标项目性质和规模类似的工程项目一览表。
填表内容与上述表格相同。

五、机械设备

机械设备清单见表 8-5。

机械设备清单   表 8-5

设备名称（包括型号）	数量	制造年份	承包商拥有或租赁	主要性能（能力）
1. 施工设备 …… …… 2. 运输车辆 …… …… 3. ……				

六、实施本工程拟用人员

1. 总部。

见表 8-6。

主要人员表   表 8-6

部门	姓名	年龄	经验（年数）	教育程度	拟派工作	实际经验门类
1. 总管理						
2. 行政部门						
3. 技术管理						
4. 其他						

附：对于关键岗位的人员应附有每个人的实践工作经验简历。

2. 现场。

填报内容同上表。关键岗位人员应附有每个人的实践工作经验简历。

七、建议的现场组织机构

1. 初步的现场组织机构简表。

2. 每一组织或机构的职责概述。

3. 总部与现场管理组织的关系，可用图表或说明来表达，并应说明总部所授权限范围。

八、分包商

列表说明各专业部门拟使用的分包商的公司名称，地址及其过去实施类似工程内容的项目名称和地点。

九、合作者情况

如有多个合作者（包括合资、联合集团等的伙伴），则应由每一个合作者填写一份下述报表：

1. 合作者公司名称；

2. 合作者的总部和当地办事处的地址、电传号、电话号、传真机号和电报挂号；

3. 合作协议：签订的时间和地点；

4. 合作成员的责任分工建议方案。

（2）资格预审

承包商应当懂得投标资格的评审方法，这样，在填报资格预审表格时，可以针对其需要填写，更能满足投标资格的评审要求。

招标机构可以根据自己的要求确定评审投标资格的方法。比较广泛和普遍采用的是"定项评分法"，且常常采用比较简单的百分制计分。这种方法是对承包商报送的资格预审文件的内容，按一定的标准评分，并确定一个授予投标资格的最低分数线。凡是达到或超过这一分数线的承包商，即是通过资格预审的合格投标人。

按照什么标准判定得分的高低是一个关键问题。一般招标机构会把影响投标资格的因素分成若干组，根据项目的特点和各种因素的重要程度分配得分的比例，制成评分标准表，这些标准有时在资格预审文件中给出，但多数是不公开的。

通常，招标机构可以将有关因素分为三组，即财务能力、技术资格和施工经验。根据项目的性质，可以将每组所占比例分配为4：3：3，或者3：4：4。例如，有些项目要求承包商垫付资金较多，招标机构可按财务能力占 40 分，技术能力和施工经验各占 30 分的比例分配。总之，业主可根据项目的性质及其有关因素的重要性，提高所需因素的比重，以便筛选出合格的承包商。

1）财务能力

有些评审方法是从承包收入、投标能力、可获得信贷资金三方面来评价承包商的财务能力。招标机构还可从承包商的财务能力和经营情况，如贴现率、盈利率、资本结合率、资产收益率、运营资本收益率等几个指标来考核。例如：

①承包收入。承包收入是指承包商的年总收入减去其他非承包工程收入。招标机构可以从这个指标中得出承包商工程承包的经营规模。

②投标能力，通常用净资产价值乘 5，或自由流动资金乘 10，再减去在建工程合同中的未完成工程价值，即得出投标能力。

在按工程进度付款的项目中，如业主支付 10% 的预付款，承包商在妥善经营的情况下，自筹 15%～20% 的流动资金，一般即可维持工程项目的正常运转。因此，承包商可以净资产作抵押，从银行取得贷款作为流动资金，维持比其净资产大 5 倍的工程项目的运营，这就是为什么用净资产乘 5，作为投标能力的理论依据。"自有流动资金乘 10"，是视为该承包商具有一定信誉，将其自由流动资金存入银行，比较容易得到比它多一倍以上的"存款冻结限额贷款"，这样，承包商可以承包其流动资金 10 倍以上的工程项目。在计算投标能力时，应减去在建项目的未完工程价值。

③可获得的信贷。承包商可从银行获得的信贷额度表明公司的信誉和可动员的财务能力。如果承包商在资格预审表格中填报的往来银行都是第一流的银行，甚至还补充提供了这些银行的资信证明，那么，即使暂时无法提供信贷资金具体金额，也可取得评审小组的信赖。

④贴现率。贴现率是指承包商的流动资产和流动负债的比率。这个比率过小，说明承包商无力偿还即期欠款；比例过大说明承包商资金管理不善，致使资金呆滞。

⑤盈利率。盈利率是指承包商的收益率与资金年周转率之比，以判定公司的获利能力。由于公司的收益一般是指税前利润率，因此，即使大于 25%，也是可行的；如考虑税后利润率，则不宜超过 10%。对于综合经营的公司，则可适当高些。

⑥资本结合率。资本结合率是指公司负债总额同股本加资本储备之和的比值，用以评价公司借贷能力和负债经营能力。一家公司的经营能力并不取决于他在某一时间的负债多少，只要这一负债能够用合同收入进行偿还，那么，这种负

债经营反而说明了这家公司的借贷能力强。

　　资本结合率与承包商在建工程的数量和流动资产金额相关，一般均应大于1。如在建工程的金额较大，资本结合率可以大于4～5。

　　⑦资产收益率。资产收益率是指税前利润同净流动资产的比率，用来评价公司的经营业绩。资产收益比率越大，说明公司运用流动资金得当，是流动资产与流动负债的差额（比率的分母）很小，而利润却相对较大，公司的金融财务管理水平较高。比较好的公司的资产收益率一般可达到5～10。

　　⑧运营资本收益率。运营资本收益率是指税前利润与投入资本之比，它是评价公司的经营管理水平的一个重要指标。运营资本收益率越大，说明公司可用少量的资金投入获得较大利润，也说明公司有能力加速资金的周转。一般来说，运营资本收益率约相当于资产收益率的一半较好。

　　除考核上述指标外，评审小组往往还从公司近几年的资产负债表和损益表中，分析承包商经营活动的总规模和损益，以评定其是否具有投标资格。

　　2）技术资格

　　评审技术资格是为判断公司的潜在技术能力，其评审因素包括：

　　①现场管理。对于具体工程而言，现场管理能力往往是保证该工程实施的最重要的因素。在评审现场管理能力时，评审人员会考察现场机构的安排是否适宜、现场管理人员的素质、现场管理机构的授权大小等因素。

　　②关键人员。评审人员可从承包商派遣到现场的关键岗位的人员数量、专业组成和胜任能力进行综合判断。

　　③分包工程。评审小组可从承包商本身承担招标工程的份额和分包比例进行分析。如果承包商中标后大量分包，无疑将增加管理的复杂性。

　　④施工机械。评审小组可从承包商自有的设备能力，特别是可用于本工程项目的大型机械设备的能力进行评判。

　　3）施工经验

　　在评审施工经验时，评审小组主要考核承包商是否有过与本工程地理环境、性质和规模类似的项目的施工经验。同时，评审小组还会核实承包商的以往工程项目的验收证书，以确保承包商具有足够的施工经验。

　　【示例】　评审投标资格记分标准实例

评审投标资格记分标准实例

（一）项目简况

1. 合同预计金额：5000万美元。

2. 工程内容：土石方、道路、混凝土工程、永久性工业设备的安装、供排水和电气工程等。

3. 地区条件：热带，多雨的岛屿地区，地下水位很高。

（二）评审记分分配

考虑本工程的特点，施工经验是重要因素，故采取以下记分分配方案：

财务能力——满分为 30 分，最低分不得少于 15 分；

技术资格——满分为 30 分，最低分不得少于 15 分；

施工经验——满分为 30 分，最低分不得少于 20 分。

要求具备投标资格的承包商至少总分应在 60 分以上。

（三）评分标准

1. 财务能力（表 8-7）

财务能力表   表 8-7

承包商情况	记分标准	最高分
(1)合同收入(美元/年) 500 万 500 万～1500 万 1600 万～4000 万 4100 万～7500 万 7500 万以上	0 1 2 4 6	
	小计	6
(2)财务能力(美元) 少于 500 万 500 万～1500 万 1600 万～2500 万 2600 万～4000 万 4100 万～5000 万 5000 万以上	0 5 9 11 15 18	
	小计	18
(3)可获得的信贷能力(美元) 少于 500 万 500 万～1000 万 1100 万～1500 万 1600 万～2500 万 2500 万以上	0 1 2 4 6	
	小计	6
财务能力	总分合计	30

2. 技术资格（表 8-8）

技术资格表 表 8-8

承包商情况	记分标准	最高分
1. 现场管理		
(1)管理机构的结构		
不满意者	0	
满意者	1	
非常满意者	2	
(2)胜任能力		
不满意者	0	
满意者	1	
非常满意者	2	
(3)总部授权范围		
不满意者	0	
满意者	1	
非常满意者	2	
小计		6
2. 现场关键人员		
(1)人数方面		
不适当	0	
适当	2	
(2)专业组成		
不满意	0	
满意	2	
(3)人员胜任能力		
不可接受	0	
能力低	2	
能力尚可	4	
能力高	6	
小计		10
3. 分包工程		
(1)分包商数量		
超过 4 家	0	
0~4 家	1	
(2)工程分割情况		
主要工程交给分包商	0	
仅专业工程交给分包商	3	
小计		4
4. 机械设备情况		
(附:应扣除已用于在建项目的设备数量)		
(1)现有主要设备		
基本不合适	0	
稍加更换后适用	2	
适用	4	

续表

承包商情况	记分标准	最高分
（2）主要设备来源		
（自有设备加长期租赁）		
无自有设备	0	
50%设备自有	1	
51%～75%设备自有	2	
75%以上设备自有	3	
（3）主要设备平均使用年数		
已用过 10 年	0	
已用过 5～10 年	1	
用过 5 年以下	2	
（4）运输车辆		
已用过 3 年以上	0	
3 年以内占多数	1	
	小计	10
技术资格	总分合计	30

3. 施工经验（表 8-9）

按已完成和在建工程合同总数计算。

施工经验表 表 8-9

承包商情况	记分标准	最高分
1. 类似工程经验		
未说明者	0	
小于 1000 万美元	3	
1000 万～2500 万美元	6	
2600 万～3500 万美元	11	
3600 万～5000 万美元	14	
5000 万美元	18	
	小计	18
2. 类似现场条件的经验		
未说明者	0	
小于 1000 万美元	2	
1000 万～2500 万美元	5	
2600 万～3500 万美元	8	
3600 万～5000 万美元	12	
5000 万美元	14	
	小计	14
3. 参考条件		
没有资格证明或过去业主不满意	0	
有一个业主表示满意	2	
有两个业主表示满意	5	
有三个以上业主表示满意	8	
	小计	8
施工经验	总分合计	40

（四）综合评审原则

一般采取淘汰法进行综合评审。

1. 首先淘汰报送资料极不完整的公司。由于资料不全，难以在机会均等的原则下进行评分。

2. 其次，淘汰那些总分数低于最低分数线的公司。

3. 对于总分虽然达到最低分数线，但某一方面的评分却低于该项最低标准的公司（例如总分达到 60 分，但施工经验一项低于 20 分），或者予以淘汰，或者要求这家公司补送资料，给予再次审查的机会。

4. 如参加资格预审且按上述标准基本合格的承包商太多，招标委员会可以考虑提高最低分数线标准。这样可以多淘汰几家公司，仅给予获得高分数的公司投标资格。

4. 投标报价前的准备工作

资格预审结束后，业主将向经审查合格的承包商发出通知，告知出售招标书的时间、地点、招标书价格和投标截止日期等。承包商应在通过资格预审后，对是否参加该项目的投标做出决策。如果决定参加投标，应立即着手投标的各项准备工作。

（1）成立投标小组

在通过资格预审，购买投标文件后，承包商的第一项准备工作是组织一个有丰富编标、报价和投标经验的投标小组。投标小组应由经验丰富、有组织协调能力、善于分析形势和有决策能力的人担任领导。投标小组中要有熟悉各专业施工技术和现场组织管理的工程师，还要有熟悉工程量核算和价格编制的工程估算师。此外，投标小组中还应有精通投标文件文字的人员，以保证投标书的文件质量。

在设计-施工合同（DB）、设计-采购-施工（EPC）合同和 BOT/PPP 项目中，由于承包商需要承担设计工作，因此，承包商需要公司内部的设计咨询人员，或者聘请设计咨询公司一起分析投标文件中的业主要求或者工程项目的功能要求，进行初步设计，计算工程数量，为承包商投标报价提供基础性支持文件。一般而言，由于单价合同与设计-施工合同或 EPC 合同的风险承担方式不同，业主基本上只是向投标人提供概念设计或方案设计，或仅仅提出工程项目的功能要求，而由投标人提出初步设计，再由投标人根据自己的技术方案进行报价，因此，承包商需要在投标阶段聘用设计咨询公司参与投标，一起制定技术方案，编制投标文件和进行报价。

　　为圆满完成任务，编制出适合当地市场情况、价格合理而又有竞争力的报价，投标小组成立后，要立即紧张有序地进行投标报价前的准备工作，包括在公司有关部门和当地代理人的帮助下开展项目投标前的各种调查研究工作。投标人准备工作是否充分和细致，直接决定报价是否合理和投标能否成功。另一方面，由于在发售标书后的准备投标时间一般只有两三个月的时间，因此，仅仅依靠这么短的时间进行市场调查和项目研究将是极为困难的。对承包商而言，及时进行投标决策，跟踪资格预审的进展，尽早得到资格预审的信息，及早开始投标报价的准备工作，将对能否投标成功起到一定的作用。

　　(2) 开展当地市场调查工作

　　开展调查工作是投标报价前的重要准备工作，可以说，一次成功的投标是基于详实的调查基础上的准确的决策，二者缺一不可。投标前的调查工作是前期信息收集工作的延续和深化，包括：

　　1) 市场宏观政治经济环境调查

　　① 政治形势

　　A. 政局的稳定性。应当了解工程所在国的政治制度，国内各主要政党和组织的力量对比及其主要施政纲领，特别应分析近期内有无政党更换、政权更迭、政变、兵变或叛乱，乃至发生内战或暴乱的可能性，并评价政局对工程实施可能产生的影响。承包商可通过驻外使领馆了解有关政治形势方面的信息。

　　B. 该国与邻国的关系。应当了解该国与所有邻国的关系是否融洽，有无与邻国关系恶化，发生边界冲突和战争或封锁边境的可能性。在投标工程所在地靠近边界时，更应认真调查分析工程实施过程中由于边界问题可能产生的危险和可能采取的补救措施。例如，某国承包商在两伊战争爆发前曾在伊拉克获得了一项工程，由于其预见到两伊之间关系可能恶化，事先在保险公司投保了战争险。两伊战争爆发后，该承包商不得不撤出该国，但从保险公司得到了相应的补偿，避免了巨额的损失。又如某公司在尼泊尔的南部边界承建了一项大型水利工程，由于 1989 年尼印关系恶化，印度封锁了尼印边界，使尼泊尔经济受到了极大损失，油料供应一度中断，工程受到极大影响。

　　C. 与我国的关系。如果工程所在国与我国关系良好，在工程实施过程中会得到其各方面的支持和帮助，办事顺利。反之，就会遇到一些无法预见的困难，如投标竞争过程中的政治性干预等。在工程实施过程中，也可能会在中方人员出入境、货物运输、工程款支付以及合同争端解决处理方面遇到的难题。承包商应在投标报价中给予充分的考虑和准备。

　　D. 政策的开放性。承包商应了解工程所在国的投资和贸易政策的开放性，投资环境是否开放，政府介入是否比较少，是否对外国承包商实行不平等待遇或实施歧视性条件等。

②工程所在国的经济状况和形势

承包商应当了解工程所在国的经济发展及其执行情况，特别是近些年来的经济增长情况，以便对该国经济状况有一个总体的了解。如果项目不是使用国家金融组织贷款的项目，而是当地政府工程，则应对该国政府的近年来的财政收支情况进行摸底，分析其财政赤字比率、外债情况、还债信誉、外汇收支情况、外汇储备以及以往政府工程的工程进度款支付情况等。对承包商而言，工程所在国的经济状况对工程项目进度款的支付产生直接的影响，承包商应预见到和防止项目实施中工程款长期拖欠，甚至项目中途下马，给承包商带来的损失或麻烦。

③关于当地的法律和法规

在进入一个国际工程承包市场或投标之前，承包商应了解当地的法律和法规对投标报价和项目实施的影响，在投标报价和编制施工组织设计时考虑到工程所在国法律和法规的各种限制和制约。承包商需要了解的法律法规至少应包括工程所在国有关招投标的法律法规、建筑法、合同法、劳工法、税法、投资法、金融管理条例、外汇管制法等。

不同的国别市场具有不同特色的法律法规，各不相同。在发达国家市场中，由于经济开放，法律健全，可能不会有外汇管制措施，但会有中方人员进出境和工作许可的严格限制，以及对机械设备和产品的严格的认证和环境保护的要求。在发展中国家，可能存在严格的外汇管制措施，但对人员出入境和工作许可的管制较松的情况。因此，承包商在进入某一国别市场或投标之前，应认真调查当地的法律和法规对投标价格和实施方式的影响，以便在投标报价时采用适当的实施方案。

④工程所在国的金融环境

在投标报价之前，承包商应了解工程所在国的外汇管制情况、银行的数量、外国银行的经营情况、银行服务质量、近些年来该国中央银行的银行同业拆借利息率变化情况、银行存款利息率和金融管理制度等。同时，承包商还应了解历年来该国货币对世界主要自由兑换货币汇率的变化情况等。

⑤工程所在国的基础设备状况

工程所在国的基础设施状况对工程项目的报价和实施有着直接的影响，因此，承包商应至少了解海运、码头、公路、铁路交通运输现状，电力等能源的基础设施和供应情况；该国工业和技术水平，尤其是该国的机械制造业、设备修理业现状；建筑材料生产能力、产品质量和产量、价格等。

⑥大宗建筑材料的市场供应情况

承包商应在投标前了解大宗建筑材料的市场供应情况及其价格，包括钢材、木材、水泥、沥青、砂石和砖瓦等。

⑦建筑行业的情况

承包商应了解当地建筑业的情况、公司的数量、能力、经营能力等。这对于了解当地承包商的竞争能力以及选择当地合作伙伴或分包商是十分必要的一项工作。

⑧自然环境条件

A. 一般气候条件，包括温度、日温差、湿度、降雨量、蒸发量，每年平均晴、雨天数，风力、风向和每年平均刮风天数等。

B. 各种自然灾害情况，包括地震、洪水、台风、海啸、风暴、沙暴、雷电等。

⑨当地人力资源情况

承包商应了解当地人力资源情况，包括劳动力情况、就业率、失业率、教育水平、中高等工程技术人员和管理人员的人数、素质、教育水平和工资水平等。

⑩其他情况

承包商还应对与投标报价相关的其他情况进行调查，包括宗教信仰、当地生活水平、物价水平、风俗民情以及社会治安状况等。

承包商可通过各种方式对工程所在国的政治、经济、法律、文化、建筑业现状等进行调查。除通过网络信息调查外，承包商还可以通过驻外使领馆、当地代理人了解工程所在国的真实情况，也可通过有业务往来的国际性银行、当地工程师协会、商会以及律师了解有关信息和资料，以便承包商掌握第一手的信息，了解工程所在国的真实情况。

2）工程所在地区的环境和工程现场考察

除了了解工程所在国的宏观形势和情况外，承包商还要认真调查具体工程所在地区的环境，谨慎和认真地考察施工现场，避免因忽视现场考察，"闭门造车"投标或考察粗糙导致编标失误，造成严重的项目亏损。例如，某工程承包公司在马尔代夫分包某工程项目，在考察现场时忽略了最普通而其用量最大的砂石料的市场调查，在合同签订后的实施过程中才发现当地没有合格的砂石料，需要使用从斯里兰卡运来的砂石料，其价格远比投标报价时的价格高得多，仅此一项失误造成了项目的严重亏损。

现场考察工作应由有经验的项目负责人带队，事先制定详细的调查提纲，逐项进行。现场考察的调查内容至少应包括：

①一般自然条件

A. 工程场地的地理位置，特别是据主要城市、城镇、港口、码头、机场的距离，各种交通运输条件。

B. 工程场地的地形、地貌、植被，场地的海拔高度以及施工现场范围内的山坡、沟渠和现有农田状况等。

C. 当地气象水文资料。

D. 工程地质情况，包括土壤、地下水位、地下水水质及其侵蚀性；特别要注意了解异常的地质情况，如有无膨胀土、沉陷性土壤、流沙以及有无可能发生滑坡、泥石流和土石方崩塌及其影响的区域范围。

E. 项目的专业性对自然条件的要求，应由专家提出专门提纲进行调查和必要的查勘，如地质钻探等。

②施工条件

A. 结合工程施工组织设计要求，考察施工现场有无布置施工临时设施和生活营地的位置。

B. 进场道路、供电、供排水、通信设施情况。如果需要承包商自己解决这些问题，应由专业技术人员对其进行现场踏勘，进行可行性和经济评估和预算研究。

C. 当地材料，例如砂、石料、黏土、砖瓦的质量、储量和适用性等。

D. 现场附近可以提供的熟练工人、非熟练工人和普通机械操作手的素质和数量、工资水平。

如果附近有正在施工的建筑工程现场，参观这些现场，并向他们了解一些具体情况，可以获得十分有参考价值的资料。

③其他条件

了解当地生活条件，例如生活物资供应情况和来源，邮电和通信服务设施是否完善，银行机构以及其他社会服务设施等分布情况。

3）对业主的调查

承包商对业主的调查主要是落实资金来源和项目进度款支付的可靠性。

①项目所在国政府投资项目的情况

如果招标项目是政府出资或筹资的项目，应当了解其所需资金是否已经列入国家批准的预算。如果该项目的开支未列入政府预算，则该项目的工程款支付将难以保证。

如果招标项目使用的是国际金融组织的贷款，则承包商应了解外汇贷款和国内配套资金的比例及其落实情况。在国际工程承包市场中，不少实例表明，由于工程所在国配套资金短缺，或由于业主有意扩大项目规模，使国际金融组织贷款的项目因政府资金不足而项目进展受到严重影响，拖延对承包商的付款，使承包商处于尴尬的境地。这不仅影响项目的如期完工，还给承包商带来严重的经济损失。

值得注意的是，对于非洲发展银行贷款的项目，如果贷款国经济状况不佳，拖欠应偿还非洲发展银行款项，银行会中止其贷款，是项目停滞。也就是说，即使是非洲发展银行贷款的项目，也有必要调查项目所在国的政府经济状况。

对承包商而言，有些业主在编制投标文件时将成本估算过低，开标后，承包商的报价全部超过原预算的标底，无法授标，不得不宣布废除全部投标，这将是一件令承包商恼火而又毫无办法的事情，因此，承包商应当充分估计发生这种情况的可能，研究对策，慎重对待。

②私人业主的工程项目

对私人业主的工程项目，承包商首先应核查业主的资信，了解其筹资情况。

如系不动产开发项目，即项目立项后向银行借贷进一步筹集资金来完成项目的开发，但其筹资计划有时难以保证按计划如期实施，这就影响了对承包商工程进度的支付。对于这种项目，承包商必须事先调查清楚，并核实其资金落实程度或银行贷款承诺情况。

③合营公司招标的项目

无论是公私合营还是私营股份合资招标的项目，承包商均应事先详细调查其背景和筹资情况以及各方的资信。对合营公司招标的项目轻易决策参加投标，往往带来后患。

4）对竞争对手的调查

对竞争对手的调查是投标准备工作的一项重要内容。承包商应通过各种调查手段核实哪些公司将参加竞争。承包商的调查核实应准确，不要出现错误，因为有些公司会在投标前故意制造一些不参加投标的假象迷惑竞争对手，然后突然参加投标，使竞争对手措手不及。当摸清情况后，承包商可对所有将参加投标的公司进行筛选，有重点地进行调查。

作为一个有经验的国际工程承包公司一般都熟悉自己专业内的世界知名承包商和经常以低价投标的公司，还有那些有实力的公司或经常碰面的竞争对手公司，承包商应积累这些公司的档案资料。事实上，对于一些国际招标的大型的专业项目，往往总是那些经常在一起竞争的公司参加投标，承包商可以根据以往投标的结果和经验，作出投标价格的初步判断。对于一些新遇到的对手，承包商可以了解他们的情况并进行分析。当购买招标书的公司数量很多时，可选择几家有竞争实力的对手进行调查和分析。

除了调查竞争对手的一般情况外，承包商还应调查如下内容：

①竞争对手的能力、过去几年内工程承包业绩，包括其在本国和当地已完成和正在实施的项目情况。

②竞争对手的主要特点，其突出的优点和明显的弱点。

③竞争对手是否在当地实施过项目，效果如何？目前有无项目？实施情况如何？

④竞争对手的在建项目情况，对此项目得标的迫切程度如何？承包商可以从中得出竞争对手的决心及其优势和劣势，从中找出投标制胜的"切入点"，制定合理的投标策略。

某些利用世界银行或其他国际金融组织贷款的项目，可能规定对当地承包商有保护优惠条件。例如，世界银行和亚洲开发银行贷款的项目对借款国的当地承包商可给予7%的优惠，即在其他条件相同的情况下，外国公司必须比当地公司价格低7%以上，才有得标机会，因此，如果有具有一定实力的当地公司参加投标，这将对外国承包商构成威胁。为应对这种情况，对于企图进入当地市场的国际承包商，为了提高竞争力可以考虑寻找一家有实力的当地公司作为合作伙伴，成立项目联合体进行投标，或经过协商向业主提高财政性支持，如延期付款、提供部分买方或卖方信贷等方式，争取以比较优惠的条件获得项目，否则只能以先机的技术或管理手段降低成本，或尽可能压低利润和管理费以降低价格与当地承包商竞争。

（3）深入研究招标文件

承包商在投标准备和进行市场调研的同时，还应认真细致地阅读招标文件，认真领会和理解招标文件的全部内容，包括商务条件、投标范围、技术条件等，以便在编制投标书和计算标价时做到心中有数，防止投出不符合业主要求的报价，或者报价不合理的投标或"漏项"的投标。

招标文件包含的内容很广，承包商要全面消化招标文件的内容，不可放过任何一个细节。可以说，招标文件中的每一个字都会涉及承包商的利益。由于投标过程中对招标文件理解不透，对条件理解错误，将不可避免地导致投标失误或造成承包商的经济损失。在研究招标书过程中，如果发现招标文件中有含糊不清的问题时，承包商可以书面的方式，在标前会议时当面向业主或咨询工程师提出质疑，要求解释。

招标文件主要涉及了商务条款、标的工程和技术要求等内容，承包商在研究招标书过程中，应着重对下述重点问题给予足够的重视：

1）合同条件

①核准下列准确日期

A. 投标截止日期和时间；

B. 报价有效期；

C. 投标书规定的由合同签订到开工的允许时间；

D. 工期，包括总工期和部分工程的关键工期；

E. 质量维修期或称缺陷通知期限。

②保函

A. 投标保函；

B. 履约保函；

C. 预付款保函；

D. 维修期保函；

E. 保留金保函；

F. 施工设备临时进口保函。

承包商应了解上述保函的性质、开具银行的限制、保函有效期要求等。

③保险要求

承包商应研究招标书要求提供的保险的种类，例如工程一切险、第三者险、现场人员的人身事故和医疗保险、施工设备险等。承包商还应了解最低保险金额、保期、免赔额、索赔次数要求以及对保险公司限制等内容。

④付款条件

A. 是否有预付款、金额及其扣还时间和方法；

B. 运抵现场的永久设备和材料的预付款及其金额；

C. 永久设备和材料是否按订货、到港和运抵现场进行阶段付款；

D. 工程进度付款的支付方法、支付比例、签发账单到付款的时间、拖期付款的利息支付；

E. 扣留保留金比例最高金额和退还条件。

⑤物价调整条款

承包商应研究招标书是否对材料、设备价格和工资等有无价格调整规定。承包商要核准调整公式、如何调整、何时开始调整、调整的起点等内容。

⑥货币

A. 报价货币和支付货币的规定；

B. 支付货币的种类和比例；

C. 外汇兑换规定；

D. 汇款规定；

E. 支付国外订货付款手续；

F. 报价汇率；

G. 固定汇率计价还是浮动汇率计价。

⑦税收

A. 永久性设备和材料是否免税，全部还是部分；

B. 临时进口的设备和机具是否征收海关税及其税率；

C. 预提税税率和征收方式；

D. 增值税税率和征收方式；

E. 企业所得税税率；

F. 个人所得税税率和缴纳方式。

⑧误期损害赔偿费

A. 合同如何规定误期损害赔偿费，比例是多少；

B. 误期损害赔偿费的最高限额；

C. 竣工奖励规定。

⑨外籍劳务

A. 外籍劳务的法律规定；

B. 外籍劳务的限制性规定。

⑩不可抗力

A. 不可抗力的范围；

B. 发生不可抗力后的通知程序；

C. 不可抗力的补救措施。

⑪争议的解决

A. 争议解决程序；

B. 仲裁地点，或法律诉讼程序；

C. 适用法律。

2）工程范围和报价要求

承包商在报价前应明确工程范围及其对报价的准确要求，认真按下列提示落实招标文件中的要求，编制出询价清单。

①分清合同的性质，是总价合同还是单价合同？在单价合同中，哪一部分是总价包干项目？是设计-施工合同还是 EPC 合同？对于不同的合同类型，承包商承担的风险模式不同，应根据招标文件的具体要求核算报价。

　　②认真落实需要报价的详细范围，不得有任何含糊不清之处。例如，报价是否包括勘查工作？是否包含施工详图设计？是否包括进场道路和临时水电设施以及永久设备的供货及其范围？除此之外，承包商还应核对永久性工程之外的项目有无报价要求？如现有建筑物的拆除工作和其他对业主代表和咨询工程师的服务项目，如何将这些价格列入报价单中。在这项工作中，承包商的核心任务是保证在投标过程中不"错报"，不"漏项"。

　　③认真研究工程量表

　　承包商应结合招标图纸分析其设计是否详细，工程量是否准确，各价号是否清楚准确？在发现一些对总标价影响较大的价号的定义或工程内容或具体含义不清楚时，承包商应向业主或咨询工程师提出质询。

　　在逐项核对工程量表的过程中，要注意对每项工作的技术要求及其采用的规范。因为采用的规范不同时，其施工方法和控制指标不一致，有时可能会对施工方法、采用的机械设备和工时定额产生很大影响，出现很大出入，忽视这一点会给承包商带来不便或经济损失。

　　同时，承包商还要注意招标书中是否对某些工程项目有特殊材料或设备的要求，因为材料和设备不同，价格将会出现较大区别，如果忽视这一点有时也会造成被动。有些恶劣的咨询公司会和某些供应商勾结，在其设计中故意指明采用哪些厂家的独家产品。如果承包商在报价时疏忽，未及时询价，可能在今后的项目实施过程中被动，有时会被指定厂家"敲竹杠"，造成经济损失。

　　另外，承包商对于某些大型土木工程，如灌溉工程、水坝工程等，应对工程量较大的价号逐项核对，力争做到这些价号中的工程量与实际施工中的施工部位能够"对号入座"，数量平衡。承包商应防止某些招标文件的工程量表中的工程量和实际工程量有较大的差异，致使承包商的报价计算出现问题，从而导致项目施工过程中出现经济损失。

　　3）承包商可能获得补偿的权利

　　在投标报价过程中，承包商应详细分析合同文件，弄清招标文件中关于补偿的规定，这样，可以在编标过程中合理地预测风险程度并做出正确的估价。

　　按照一般的国际工程承包惯例，在项目的施工过程中，无论是由于自然条件，如遭遇恶劣的气候，还是由于人为的原因，即发生"作为一个有经验的承包商也不能预见"的变化时，承包商可以要求延长工期。有些招标文件明文规定，如遇上述自然条件和人为障碍等不能合理预见的情况而导致费用增加时，承包商有权要求得到补偿。在实际施工过程中，承包商如遇到这些情况，如不良地质条件、事先没有标明的管线、地下文物时，只有按照规定的程序和时间向咨询工程师或业主代表报告并及时采取措施加以处理，事后可以按照上述有关合同条款进行工期延长和费用索赔。

有些项目在招标时业主有意删除这样一些合理的条款，甚至明文规定"承包商不得以任何理由索赔"，这实际上就意味着承包商要独自承担项目实施过程中出现的一切自然和人为造成的障碍，承担项目的全部风险。在这种情况下，承包商应事先考虑一切可能发生的自然和人为障碍以及可能造成的损失后，在报价中计入一笔不可预见费，提高合同的报价。同时，还应在投标说明中以适当的写法提出，力争在合同谈判时得到修改机会。

（4）市场商情调查和询价

在投标报价过程中，承包商的市场商情调查和询价应尽可能地广泛，尤其是进入一个新市场，应尽可能通过各种渠道进行深入细致的调查，包括：

1）同类建筑的一般造价资料。如果本项招标工程是一般工业或民用建筑，如住宅、学校、商场或普通的工业厂房，在当地不难找到近几年已完工的类似建筑物的工程实际造价，以及近几年的投标承包的成交合同价。如果本项招标工程是大型土木建筑工程，如桥梁、道路、水利工程等，也应设法在该地区搜集已经建成或正在施工的类似项目的价格资料，以便有助于承包商编制报价时进行对比分析，衡量报价的合理性，避免出现报高价或报出超低价格的报价。

2）当地劳务价格水平。包括该国的各类劳务工资水平即外国公司雇佣外籍熟练劳务的价格情况。

3）当地公用设施的价格水平，当地的电力、水和其他动力即燃料的价格水平。

4）当地生产的普通建筑材料的价格，包括砂、石（应分为普通砾石、混凝土用碎石、级配碎石、砌铺石块以及各类石制品）、石灰或灰膏、各类型号的砖瓦、普通水泥和特种水泥。对于土建工程使用的大宗材料，如砂、石以及各种型号的预制构件，还应了解生产厂家的情况，取得第一手资料。

5）当地使用的木材情况和木材种类、质量、价格水平。

6）进口材料设备。对于必须进口的材料，如钢材、沥青及其设备，或虽然进口但本地也制造的材料和设备，可以采取多渠道询价。对于重要的材料设备应正式询价。

7）大型土木工程使用的火工材料，如炸药、雷管、导火索等属于特殊工程材料，各国的管制方法和销售办法不一，价格、质量也有差别，应认真调查。这些材料的价格中应计入特殊保管费用。

8）通常，大部分进口的材料设备的价格只是到岸价，因此，还应咨询和了解工程所在国海关手续和程序以及境内发生的各项费用，包括内陆运费、许可证费、港杂费以及关税等。

9）当地施工机械的租赁费用。某些大型施工机械或使用时间较短的机械，采取租赁的方式比较合理，承包商应了解租赁渠道和租赁价格。

10）近几年来当地各类物资的涨价幅度，特别是施工周期较长的项目以及招标文件中没有调价条款的项目，承包商在报价中应考虑物价上涨因素。

对于施工所需的大宗材料，如水泥、钢材、木材、燃油、沥青、炸药等，准备专门为此投标项目购置的施工机械设备和单独采购的永久性设备，承包商应向有信誉的，最好是比较熟悉的生产厂家或供货商专门进行询价。询价时应向生产厂家或供应商提供准备的技术要求和规范。为了做到货比三家，承包商应同时向几家生产厂家和供应商询价，以便准确地得到这些材料和设备的价格，使项目的成本计算更趋准确。

（5）投标保函的准备

所有公开招标的项目均要求投标人在投标时递交投标保函。承包商应分析招标文件中对保函的具体要求，提供符合要求的投标保函，这样才能保证投标的有效性。

许多国家规定投标保函应由当地的银行开出，在当地没有与中国的银行有业务往来的银行时，承包商可以采取如下方法开具投标保函：

1）以保函金额同等的现汇存入当地银行作为抵押

2）由中国一家国际性银行为承包商开具同等金额和同样内容的反担保给当地银行，当地银行则相应地为承包商开出投标保函。

招标文件通常均规定承包商需开具一份可接受的银行开出的投标保函。一般而言，招标文件中通常应有明确的说明。

（6）参加标前会议和查勘现场

标前会议是业主给所有投标人提供的一次质疑的机会。有些承包商为了节省费用，不很愿意派人亲自参加标前会议，除非你对该市场非常熟悉且还有其他非公开渠道与业主单独接触，否则，承包商应认真准备和积极参加标前会议。

在标前会议之前，承包商应事先分析招标文件，将各类问题整理为书面文件，寄到招标机构要求给予书面答复，或在标前会议上予以解释和澄清。承包商提出质疑和要求澄清问题，参加标前会议，应讲究技巧，注意如下问题：

1）对工程内容范围不清的问题，应当提前说明，但不要表示或提出任何修改设计方案的要求。

2）对招标文件中图纸与技术说明相互矛盾之处，可请求说明应以何者为准，但不要轻易提出修改技术要求。如果自己确实能提出对业主有利的修改方案，可在投标报价时，在投标函中提出，并作出相应的报价，供业主选择，而不必在会议中提出。

3）对含糊不清的重要合同文件，可以请求澄清、解释，但不要提出任何改变合同条件的要求。及时改变合同条件的要求是合理的，也只宜在以后投标函或投标说明中单独提出。

4）对招标文件中出现的对我有利的矛盾或含糊不清的条款，不要在标前会议上要求澄清。

5）应当注意不使竞争对手从我方提出的问题中窥探出我方的投标设想和施工方案。

6）注意提出问题的方式，不要使业主和咨询公司感到为难。例如，招标文件或图纸上有明显的错误，不要指责这些错误，而应提出某些文件或图纸上的某处数字或说明难以理解，请予以说明。

7）应当要求业主或咨询公司对所有问题作出的答复发出书面文件，并宣布这些补充文件是招标文件不可分割的部分，或与招标文件具有同等效力。

现场查勘是标前会议的一个组成部分，业主会组织所有承包商进行现场参观和作出说明。参加投标的承包商应结合调查提纲的内容积极参加这一活动。参加现场查勘的所有人员应认真研究招标文件中的图纸和技术文件，应派有丰富工程施工经验的工程技术人员参加。现场查勘中，除一般性调查外，承包商应结合工程专业特点有重点地进行查勘。由于能到现场参加查勘的人员有限，因此，对于大型项目或关键项目，建议进行现场录像，以便参与投标的其他人员能够观看和研究，有助于编标工作的顺利进行。

5. 国际工程项目中的联合体

（1）联合体主要形式

国际工程项目中的联合体，英文称为 consortium 或 joint venture，中文称为联合体或联营体，是两个或两个以上承包商联合，作为一个承包商进行投标和中标后实施某个工程项目。其产生源于：

1）一国法律的限制，如工程所在国法律规定须有当地公司的参与，否则承包商无投标资格。

2）一国法律对与外国承包商与当地公司联合投标和实施工程规定有优惠政策，联合可以取得竞标优势。

3）工程规模巨大或技术复杂的项目，单个承包商总包困难大，联合竞标可以降低标价，发挥各家所长，有利于工程的实施。

国际工程项目中普遍采用的联合体形式有联合施工联合体（Conventional Joint Venture）和分担施工联合体（Item Joint Venture）。这两种联合体并不依公司法登记注册而新设立一个公司法人，而是根据某个特别项目的需要，在投标前由各方组成联合体，以联合体的名义进行投标和实施工程，在工程完成后解散。

许多著作中经常提及的法人型联合体或合营公司，是指两个或两个以上承包商组成一个新的公司法人，承揽和实施工程项目。它属于新设公司，依公司法登记注册并从事经营活动。这种法人型联合体并不是为某一个特定项目特别设立，而是有一定的经营期限和长远发展目标。以新设合营公司的名义进行投标和实施工程，与一般承包商并无二致，它并不是国际工程项目中的联合体。

（2）联合体与分包

联合体与分包的主要区别如下：

1）合同主体资格不同

对业主而言，联合体作为一个承包商，是签署主合同的另一方，是合同的当事人。而分包商与业主没有合同关系，它不是主合同的一方当事人。

2）合同地位不同

在联合体中，各成员间是平等的关系。而分包商是承包商雇用的，与主包商是从属关系。

3）法律责任不同

联合体各成员对内按参与比例或实施的工程项目承担风险，分享利润；对外承担连带责任。而分包的合同责任和风险仍全部由主包商对业主承担，对业主来说，分包商与主包商之间对业主无连带责任。

（3）联合施工联合体

联合施工联合体是指两个或两个以上承包商按照参与比例承担义务，享有利益，进行投标和实施工程项目。如 A 承包商在联合体中的参与比例为 50％，B 承包商参与比例为 30％，C 承包商参与比例为 20％，各方参与比例构成 100％。

联合施工联合体应在投标阶段由各方合作伙伴签署联合体协议，约定参与比例、董事会的组成、各方权利义务和职责、退出机制、清算和解散等内容。根据投标文件规定，联合体协议应作为投标文件的一部分递交给业主。

在实施工程阶段，联合施工联合体通常由联合体中的一个合作伙伴负责施工管理，施工中发生的成本、费用或收益由联合体各方按参与比例分摊。

联合施工联合体应处理如下会计和税务事宜：

1）以联合体名义新设银行账户；

2）为联合体建立财务账目；

3）单独报税；

工程所需的保函和保险也应以联合体名义向业主出具，而各参与人可以内部保障协议方式，或提供反担保方式解决保函项下的法律责任。

（4）分担施工联合体

分担施工联合体是两个或两个以上承包商组成联合体，各自承担整体工程项目的一部分工程的形式。在分担施工联合体方式下，每个承包商各自负责一部分工程，使用各自施工队伍，自负盈亏，自担风险，各自对自己的工程部分负责，各成员之间并不对整个合同的风险和责任承担负责。在这种方式下，联合体各成员可能会出现 A 承包商盈利，B 承包商亏损的情形。

这种方式是国际承包工程项目中最常见的方式，各承包商相互分工，各自负责，省却了联合施工联合体的日常管理和协调的困难。

（5）联合体的法律性质和法律特征

国际工程项目中的联合施工联合体和分担施工联合体的法律性质均系属合伙法律关系。依各国合伙法律规定，联合体各成员之间的内部相互责任依联合体协议的约定，在对外责任方面，联合体各成员须对外承担连带责任。所谓连带责任，是指联合体一方不能履行合同和赔偿时，其他联合体成员负有继续履行合同和赔偿的责任。在联合体一方未能履约，而由另一方履行时，成员间的法律责任得依联合体协议的约定界定。联合体内部成员之间在合同中不能约定免除成员间的连带责任，即使约定，也是无效和不能对抗任何他人的。

FIDIC 合同 1999 版第 1.14 条规定：

如果承包商是由两个或两个以上的当事人（依照适用法律）组成的联营体、联合体或其他未立案的组合，那么：

1）这些当事人应被认为在履行合同上对雇主负有连带责任；

2）这些当事人应将有权约束承包商及将每个当事人的负责人通知雇主；

3）未经雇主事先同意，承包商不得改变其组成或法律地位。

这是国际范本合同中最直接和简明的规定，确定了联合体对业主的责任。在英国 ICE 合同第七版中，与 FIDIC 合同 1987 年第 4 版相同，没有明示规定联合体的对外责任。

8.3 投标报价的计算

1. 投标价格计算的程序

无论采取何种报价体系，例如单价分析法、系数法、类比法或经验法等，一项工程项目的投标报价基本上均采取图 8-5 所示的程序进行投标报价工作。

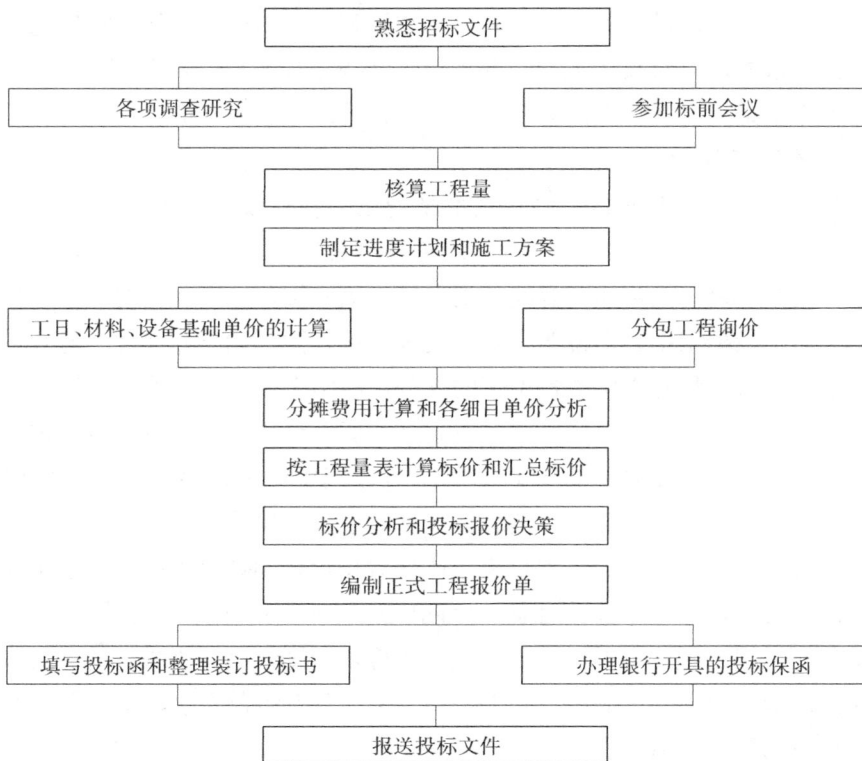

```
                    熟悉招标文件

    各项调查研究                        参加标前会议

                    核算工程量

                制定进度计划和施工方案

工日、材料、设备基础单价的计算              分包工程询价

              分摊费用计算和各细目单价分析

              按工程量表计算标价和汇总标价

                标价分析和投标报价决策

                  编制正式工程报价单

  填写投标函和整理装订投标书              办理银行开具的投标保函

                    报送投标文件
```

图 8-5 投标报价程序

在设计—施工 DB 和 EPC 项目投标报价程序中，承包商应通过聘用设计咨询公司，进行项目技术方案的准备工作。在业主提供了概念设计时，承包商应尽可能进行工程项目的扩大概念设计或初步设计，初步设计的深度应能使承包商通过初步设计估算出工程数量，并根据工程数量计算投标价格的程度。在业主仅仅在招标文件中提供了业主要求或工程项目功能要求的情况下，承包商不仅需要准

备技术方案，进行概念设计进而进行初步设计，还应根据初步设计估算工程量，在市场商情调查和询价的基础上计算投标价格。

2. 核算工程量和制定施工方案

在熟悉招标文件，进行现场查勘和参加标前会议后，承包商对工程项目的具体内容有了较好的了解，则可正式进入标价计算程序。承包商应首先核算工程量，这不仅是为了便于计算投标价格，而且也是今后在实施工程中核定每项工程付款的依据。其次，承包商应安排施工进度计划，选定施工方案。在国际工程投标者中，业主往往要求投标人在报价的同时报送工程进度计划和施工方案，业主将根据这些资料评价投标人是否采取了充分的和合理的措施，保证按期完成工程施工任务。这些资料对投标人自己也是十分重要的，因为进度计划安排是否合理，施工方案是否妥当，直接关系到工程项目的成本和投标的价格。

（1）核算工程量

在单价合同或使用 FIDIC 红皮书的情况下，招标文件中通常均附有工程量表（Bill of Quantity），投标人应根据图纸仔细核算工程量。当承包商发现遗漏或相差较大时，投标人不能随意改动工程量，仍应按招标文件的要求填报自己的报价，可另在投标函中适当说明。对于固定总价合同，如招标文件中附有工程量表，则承包商对工程量表中数量不符的部分，应附上声明，表明对工程量表中的某项工程数量有疑问，建议施工结算按实际完成量计算。承包商也可以按不平衡报价的思路报价。在设计—施工 DB 和 EPC 合同中，承包商需要自己根据技术方案或初步设计计算工程数量，然后在此基础上计算价格。

无论是复核业主提供的工程量表，还是对总价合同计算工程量，承包商都应尽可能准确无误地进行核算。对总价合同而言，工程量漏算或错误导致的风险，均由承包商承担，因此，承包商更应认真对待，否则，会因工程量的巨大误差导致项目的巨额亏损。实践表明，在 DB、EPC 和交钥匙合同中，工程数量的风险是此类项目的第一大风险。

关于工程量表中细目的划分方法和工程量的计算方法，目前世界各国还没有统一的规定，大多数国家均有其自己编号标准和计算方法，或随工程设计的咨询公司而异。比较常见的是参照英国制定的《建筑工程量计算原则（国际通用）》、《建筑工程量标准计算方法》，两者的内容基本一致，但后者较前者更为详尽和具体。某些设计咨询公司可能认为上述规定过细，而将某些工程细目予以归并。因此，承包商在计算工程量时，应结合招标文件中的技术说明书，分析工程量表中每一细目的具体内容，才不致在计算单价时失误。

在核算全部工程量表中的细目后，投标人可按大项分类汇总主要工程总量，以便对工程项目的施工规模有一个全面和清楚的概念，研究和制定适合的施工方法，选择适用和经济的施工机具设备。一般土建工程项目主要工程量汇总分类如下：

1）建筑面积。国外没有计算建筑面积的规定，通常也不用建筑面积作为计价单位。因此，这一汇总只是为了承包商内部进行分析比较，可以按我国国内的规定计算。

2）土方工程。包括总挖方量、填方量和余、缺土方量，如可能，还可分别列出石方、一般土方和软土或淤泥方量。值得注意的是，在土方工程中，要分清业主付款是按实方还是虚方计量。

3）钢筋混凝土工程。承包商可分别汇总统计，计算有现浇混凝土和钢筋混凝土以及预制钢筋混凝土构件的数量等，并汇总钢筋量，核算模板数量。

4）砌砖工程。可按石砌体、空心砖砌体和黏土砖砌体等统计汇总。

5）钢结构工程。可按主体承重结构和零星非承重结构（如栏杆、扶手等）的吨位统计汇总。

6）门窗工程。按钢门窗、木门窗和铝门窗等，以件数或面积统计。

7）木作工程。包括木结构、木屋面、木地面、木装饰等，可按面积统计。

8）装修工程。包括各类地面、墙面和吊顶装修等，按面积计算。

9）设备及按照工程。包括电梯、自动扶梯、各类工艺设备等，以台件和安装总吨位统计。

10）管道安装工程。包括各类供排水、通风、空调和工业管道，以延米计。

11）电气安装工程。各类电缆、电线以延米计，各类电器设备以台、件计。

12）其他。如铁路专用线、公路支线、绿化即重要的室外工程等。

对承包商而言，工程量清单中的分项工程越详细，数量标注越明确，承包商的风险越小，反之，承包商将面对更大的风险。承包商面对工程量表中分项工程较少时，必须仔细阅读技术规范和计量规则，将工程量表中没有体现的或隐含的工程内容和数量计算出来，并在投标报价时予以考虑，避免投标报价的丢项漏项，规避风险。

（2）编制施工进度计划

由于投标阶段的施工进度计划并非作业计划，因此，投标人可以适当简化进度计划，一般可使用横道图计划或者关键线路（CPM）网络进度计划表示。投标人在编制投标时使用的进度计划时，应至少考虑和满足如下条件：

1）总工期（有的招标文件还规定有关键工程工期）应符合招标文件的要求，如果合同条件允许分期分批竣工交付使用，应表明分期交付的时间和分批交付的数量。

2）表示各项主要工程，例如土方工程、基础工程、混凝土结构工程、屋面工程、装修工程和水电安装工程等的开始和结束时间。

3）体现主要工序相互衔接的合理安排。

4）有利于基本上均衡安排劳动力，尽可能避免现场劳动力数量急剧起落，这样可以提高工作效率和节省临时设施，如工人居住营地、临时生产性建筑等。

5）有利于充分有效地利用机械设备，减少机械设备占用周期。例如，尽可能将土方工程集中在一定时间内完成，以减少推土机、挖掘机、铲运机等大型机具设备占有周期，降低机械设备使用费，或者有利于组织分包施工。

6）便于相应地编制资金流动计划，如果计划进度安排得比较合理，可以降低流动资金占用量，节省资金利息。

从以上各点可以看出，进度计划安排是否合理，关系到工程成本和报价。

（3）选定施工方案

投标人在分析工程分项的内容和工程量的基础上，可根据工程进度计划的各项要求，研究和拟定合理的施工方案，确定重要的施工原则，特别是与标价计算有关的施工方法。施工方案要合理和现实，不能只为降低标价争取中标，而造成在实施中的被动局面。

1）根据分类汇总的工程数量和工程进度计划中该类工程的施工周期、合同、技术规范要求、施工条件和其他情况选择和确定每项工程的主要施工方法。以土方工程为例，对于大面积开挖工程，投标人应根据地质水文情况，采取措施降低地下水位施工，可选择采用井点降水或者地下截水挡墙方案。在混凝土施工中，投标人应根据工程量的大小，决定采用商品混凝土还是自建混凝土搅拌站供应混凝土。除此之外，承包商还应考虑自建混凝土搅拌站的许可、批准程序、办理这些手续所需要花费的时间以及当地政府的环保要求，另外，承包商还应考虑业主或咨询工程师批准混凝土配合比所需的手续和时间问题，从而做出有利于自己的选择。在混凝土构件安装过程中，承包商应根据施工条件，在采用移动式吊车方案或者固定式塔吊方案之间做出选择。对于投标人来说，应当以保证按期完成计划目标、保证工程质量、节约设备费用、降低劳务成本等多方面综合比较，选定最适用的、经济的施工方案。

2）根据上述各类工程的施工方法，选择相应的机械设备，并计算所需数量和使用周期，研究确定是采购新设备，还是调进现有设备，或在当地租赁设备。

3）研究确定哪些工程由自己组织施工，哪些分包，提出寻求分包的条件设想，以便询价。

4）使用概略指标估算直接劳动生产劳务数量，考虑其来源及进场时间安排。如果当地有限制外籍劳务的规定，则应提出当地劳务和外籍劳务的工程分配方案。另外，从所需直接劳务的数量，可参照自己的经验，估算所需间接劳务和管理人员的数量，并可估算生活性临时设施的数量和标准等。

5）使用概略指标估算主要和大宗的建筑材料的需求量，考虑其来源和分批进场的时间安排，从而可以估算现场用于存储、加工的临时设施（例如仓库、露天堆放场、加工场地或工棚等）。如果有些地方建筑材料（如砂石等）拟自行开采，则应估计采砂、采石场的设备、人员，并计算出自行开采砂石的单位成本价格。如有些构件，例如预制混凝土构件、钢构件等拟在现场自制，应确定相应的设备、人员和场地面积，并计算自制构件的成本价格。

6）根据现场设备、高峰人数和一切生产和生活方面的需要，估算现场用水、用电量，确定临时供电和供排水设施。

7）考虑外部和内部材料供应的运输方式，估计运输和交通车辆的需要和来源。

8）考虑其他临时工程的需要和建设方案。例如进场道路、停车场地等。

9）提出某些特殊条件下保证正常施工的措施。例如排除或降低地下水，保证地面以下工程施工的措施。冬季、雨季施工措施等。

10）其他必需的临时设施安排。例如现场保卫设施，包括临时围墙和围栏、警卫设施、夜间照明，以及现场临时通信联络设施等。

值得注意的是，上述施工方案的各种数据，应按照汇总工程量和概略工程定额指标估算。在计算标价过程中，投标人需要按陆续计算得出的详细计算数字予以修改、补充和订正。

3. 分析投标价格组成内容

在国际招标投标中，标价是投标书中的最重要的内容。在世界银行和亚洲开发银行等国际金融组织的项目中，由于采用最低标优先中标的原则，因此，标价的高低直接是投标人是否能够中标的决定性因素。同时，标价是否合理也是项目是否盈利或在标价范围内能否完成的一个重要因素。一般而言，投标价格中的费用包括如下各项：

（1）直接费

直接费是指成为工程实体即工程施工所用的设备、材料和人工费用。具体包括：

1）人工费

人工费又称劳务费，包括对作业人员的一切津贴和所有的各种支付。

2）材料与永久设备费

材料费包括材料及安装部件的采购价格及销售税、使用税、运费、保险费、码头费、关税及其他费用。设备费是指成为工程实体一部分的永久性设备的采购费用及其他有关费用。

3）施工机械费

施工机械费是指用于施工的机械和重要工器具的费用，工程建成后不构成业主的固定资产，其内容包括：

①固定费用：机械折旧、运保费、关税及杂费。机械购置费，不是工程成本的内容，但涉及资金运用分析，需单独计算。

②运输等费用：包括安装拆卸费、修理费、燃料费、操作人员费。

（2）间接费

间接费是指直接费以外的其他经常性费用。由于国际工程承包市场的不断变化，投标人应根据招标文件的规定对间接费的构成基础进行增删。间接费通常包括：

1）投标期间开支的费用

这项费用包括购买招标文件费、投标期间的差旅费、标书编制费等。投标人将这笔费用单列出来，有利于积累投标费用方面的数据。

2）保函手续费

除了投标保函外，在中标后，承包商还需递交履约保函、预付款保函、维修保函或称保留金保函等。根据开具银行和银行所在国的不同，银行在为承包商出具这些保函时，一般要收取保函金额的 0.5%～5% 不等的手续费用。投标人可根据招标文件要求的保函金额和有效期，计算得出保函手续费用。

3）保险费

国际承包工程中的保险项目一般有工程一切险、第三者责任险、人身意外险、材料设备运输险、施工机械险等。其中后三项保险费用也可计入工、料、机单价中。

① 工程一切险。为了保证在工程建设和维修期间，因自然灾害和意外事故对工程造成破坏而带来的损失能够得到补偿，一般招标文件均要求承包商投保工

程一切险。

② 第三者责任险。在工程施工过程中可能对第三者造成财产和人身伤害，为了免除赔偿责任，应投保第三者责任保险。一般来说，招标文件都规定了第三者责任险的最低投标额度。

保险费的计算公式：

保险费＝投保额度×保险费率

在某些情况下，如若干个独立的承包商受雇于同一工程，或涉及分阶段移交工程，则可能由业主或规定由总包商负责工程保险与第三者责任保险，招标机构应在招标文件中向投标人说明有关情况和细节。承包商还可以根据其需要，办理其他附加保险，并将有关费用计入间接费中。

4）税金

不同的国家对外国承包企业课税的项目和税率不尽相同。常见的课税项目有印花税、利润所得税、营业税（在大部分国家以预提税方式缴纳）、增值税、社会福利税、社会治安税、个人所得税、地方政府开征的特种税、养路和车辆牌照税等。其他税种，如关税、转口税等，以直接列入相关材料、设备和施工机械价格为宜。

在上述各种税种中，以利润所得税、营业税的税率最高，有的国家分别达到30％和10％以上。有些国家对某些国有重点项目或特殊项目对承包商实行免征一切税收，这些都必须在签订合同时明确规定并经有关部门认可和批准。

5）业务费

业务费包括监理工程师费、代理人佣金、法律顾问费等。

① 监理工程师费

监理工程师是受业主委托，负责工程监督和处理工程建设过程中发生的有关问题。监理工程师费用是指承包商为监理工程师创造现场工作、生活条件而开支的费用，包括办公、居住用房（含室内的全部设施和用具）、交通车辆等的费用。有的招标文件将监理工程师的具体开支项目明确规定为独立的子项，投标人可照章计算并在标价汇总中把这笔费用单列。如未规定单列，通常需将这笔费用计入业务费。

② 代理人佣金

代理人佣金是投标人雇佣的代理人收取的一定金额或比例的费用。投标人应根据代理协议规定的佣金数额，计入业务费中。对承包商而言，当代理人佣金过高而影响投标价格时，承包商应与代理人协商，妥善解决佣金数额对投标价格的影响。

③ 法律顾问费

在投标过程中，承包商往往需要雇用懂得当地法律、对承包工程业务又比较了解的人担任自己的法律顾问，以指导进行涉及当地法律的工作。承包商一般需要为法律顾问或律师支付固定月费用。当受理重大法律事务时，投标人可能还需要向法律顾问或律师支付一定数额的成功费。

6）临时设施费

临时设施包括全部生产、生活、办公设施、施工区的道路、围墙、水、电、通信设施等，具体项目即数量应在做施工规划时提出。在国家工程项目中，国外工程的临时设施标准可能要比国内高一些，例如在欧洲，投标人计费时应当特别注意。一般而言，承包国外一般性建筑工程，临时设施费约占到直接费的2%～8%。对于大型或特殊项目，投标人最好按照施工组织设计的要求一一列项计算。

有的招标文件中要求临时设施作为一个独立的工程项目计入总价。在通常情况下，这项内容以总价的方式列入工程量表的总则中，承包商可根据自己的考虑计算该项价格。由于承包商在临时设施建造完毕后即可获得付款，因此，招标文件中将临时设施单独列项，这对承包商是一种极为有利的做法。

7）贷款利息

承包商支付贷款利息有两种情况，一是承包商本身资金不足，需要用银行贷款组织施工，二是业主一时缺乏资金，要求承包商先垫付部分或全部工程款，在工程完工后的若干年由业主逐步还清。在第二种情况下，业主和承包商应事先议定利息，并由业主按照双方商定的利息向承包商分次支付本金和利息。

8）施工管理费

施工管理费包括许多项目，费用额度较大，一般占到总价的10%以上。施工管理费包括：

① 管理人员和后勤人员工资。可参考已算出的人工工资单价确定。这部分人员的数量应控制在生产工人的8%左右。

② 办公费。包括复印、打字、通信设备、文具纸张、电话费、水电费等。

③ 差旅交通费。包括出差、从生产现场到驻地发生的交通费用。

④ 医疗费。包括全部人员在施工期内的医疗费。

⑤ 劳动保护费。购置大型劳保用品，如安全网等发生的费用。个人劳保用品可计入此项，也可计入人工费中。

⑥ 生活用品购置费。生活用品包括全部人员所需的卧具、餐具、炊具、家具等。

⑦ 固定资产使用费。这里的固定资产是指办公、生活用车、电视机、空调等。

⑧ 交际费。从投标开始到完工都会发生这笔费用，投标人可根据当地的实际情况计算交际费用总额，一般最多以总价的 1% 左右计入。

⑨ 分包商管理费用。应根据分包合同确定。

9）上级单位管理费和利润

上级单位管理费（Headoffice Overhead）是指上级管理部门或公司总部对现场施工单位收取的管理费，但不包括工地现场的管理费。由于各个承包公司的管理体制不同，计费标准不一，通常约为工程总成本的 2%～5%。

投标人应在投标报价中计算利润，但投标人想以零利润或亏损投标的做法除外。利润率取值的大小，应根据工程项目的性质确定。在国际金融组织招标的工程项目中，一般的利润率可考虑 4%～5%，甚至更低或"无利润投标"。在卖方信贷项目中，由于承包商承担了融资责任，因此，除了业主应予支付的利息外，承包商应考虑较高的利润。在买方信贷项目中，承包商可根据竞争形势和工程所在国的特点，提高承包商的利润率，以利用买方信贷的政策优势获取更高的利润。

（3）暂定金

暂定金额（Provisional Sum）也称待定金额或备用金。这笔费用是业主在招标文件中明确规定了具体数额的一笔费用，它实际是业主在筹集资金时考虑的一笔备用金。承包商在报价时应将此笔暂定金额数按投标文件要求列出，并计入工程总报价，但承包商无权使用此项费用。暂定金额可用于工程施工、提供物料、购买设备、技术服务、指定增加的子项以及其他意外开支等，均需按照业主或工程师的指令决定，可能全部或部分动用这笔款项，也可能完全不用。

鉴于暂定金额的这种性质，对承包商来说，除非业主或工程师指示使用这笔款项，否则，承包商无权使用，也无法在工程账单中结算这笔费用。

4. 各类基础单价的计算

在国际工程项目中，在单价合同的情况下，业主应根据承包商实际完成的工程量付款。除了完成暂定项目和按工日和机械台班计价的零星工程可以得到额外付款外，其他所有费用都必须计入完成工程量的付款单中。英国《建筑工程量计算原则（国际通用）》的总则中明确规定：

"除非另有规定，工程单价中应包括：①人工及其有关费用；②材料、货物及其一切有关费用；③机械设备的提供；④临时工程；⑤开办费、管理费和利润。"

从上述规定可以看出，这种报价方式与国内的工程预算投标报价编制方法中将直接费、间接费即各类措施费、利润分别计算是有所不同的。在国际工程项目中，业主按承包商完成的单位工程向承包商付款，报价单中为一综合单价，分解后的单价组成如下：

（1）工资——单位工程的用工量（以工日计）×工日基础价格；

（2）材料或货品费——单位工程的材料或货品消耗费×材料（或货品）单位基础价格；

（3）施工机具使用费——将工程施工中使用的机械设备、工具及其动力消耗等按不同类别的子项工程分别摊销；

（4）各种管理费和其他一切间接费用——分别探入每一子项工程的单价中；

（5）利润——指预期税前利润，根据不同的工程情况和竞争激烈程度等具体情况，报价前确定预期利润率，计入每个子项工程的单价中。

从以上组成分析可以得出，对工程单价有重大影响的因素有三个方面，即基础价格（包括工日、材料或货品设备费）、工程定额（包括用工定额、材料消耗定额和施工机械台班定额）和各种摊入系数。各项基础价格的计算如下：

（1）工日基价

工日基价是指承包商从国内派出的工人和在工程所在国招募的工人，每个工作日的平均工资。

一般来说，在分别计算出这两类工人的工资单价后，再考虑工效和其他一些有关因素以及人数，加权平均即可计算出工日工资基价。

国内派出人员费用包括：

1）国内工资：标准工资一般可按建筑安装工人平均 4.5 级计算，或者按照承包商向劳务派出公司支付的工人工资计算。

2）派出工人的企业收取的管理费。目前的一般做法是根据项目规模和报价预测等情况与劳务派出公司商定具体的金额。

3）置装费：按热带、温带、寒带等不同地区发放。在承包商与劳务公司签订劳务派遣合同的情况下，承包商可与劳务公司商定相关费用，是否包含在劳务费总额中。

4）国内旅费：包括工人出国和回国时往返与国内工作地点与集中地点之间的旅费。在承包商与劳务公司签订劳务派遣合同时，可一并将该笔费用计入劳务费总额中。

　　5）国际旅费：包括开工的出国、完工后回国以及回国探亲所支持的旅费。

　　6）国外零用费即艰苦地区补贴：按各公司现行规定计算。在承包商与劳务公司签订派遣合同时，可将该笔费用计入劳务费总额中。

　　7）国外伙食费：按各公司情况和规定执行。

　　8）人身意外保险费和税金：不同保险公司收取的费用不同。如业主没有规定保险公司时，承包商可在国内或国外办理保险。个人所得税按国内和工程所在国有关法律规定执行。

　　9）加班费和奖金。

　　在不同的国家或地区雇用不同的人员，承包商应支付的费用不尽相同。但一般而言，雇用当地人员的费用包括：

　　1）日、周或月基本工资。

　　2）带薪法定假日、带薪休假日工资。

　　3）夜间施工或加班应增加的工资。

　　4）按规定应由雇主支付的税金、保险费。

　　5）招募费和解雇时需支付的解雇费。

　　6）上下班交通费。

　　7）其他各种补贴和津贴等。

　　经过上述计算，在亚洲大部分国家和地区以及广大非洲国家，承包商从国内派出的工人工资单价和当地雇用工人的费用相差较大，中国工人的费用明显高于当地雇用工人的费用。而对于一般土木工程项目而言，人工费用占工程总支出的15%～20%左右，承包商要想提高竞争力，只能从劳务输出型向管理型转变，力争多用当地雇用的工人，以减少人工费成本。

　　在发达国家市场，如欧洲、北美、澳大利亚等国，由于移民、签证和劳工限制，承包商只能派出少量的管理人员，需要从当地聘用大量的管理人员和劳务人员，从事工程项目的施工工作。对于这些国家和地区的工程项目，承包商在报价时应摸清当地各类管理人员和工人的工资、福利水平，详细认真计算人工费用，才能准确报出人工费的价格。

　　（2）材料和设备基价

　　在国际工程项目中，材料和设备的来源有三种渠道，即当地采购、国内采购和第三国采购。在实际工作中，采用哪一种采购方式需要根据材料和设备的价格、质量、供货条件及当地有关规定等因素确定。在确定采购策略后，投标人应向多家询价或招标的方式，货比三家，确定自己的材料设备单价。在这三种采购方式中，投标人应根据采购方式的不同，计算相关价格：

1）当地采购的材料、设备单价计算。如果由当地材料商供货到现场，可直接用材料的报价作为材料设备单价；如自行采购，可用下列公式计算：

材料或设备单价＝市场价＋运杂费＋运输保管损耗

2）国内和第三国采购材料、设备单价，可用下述公式计算：

材料或设备单价＝到岸价＋海关税＋港口费＋运杂费＋保管费＋运输保管损耗＋其他费用

上述费用可细化为海运费、海运保险费、港口装卸费、提货、清关、商检、进口许可证、关税、其他附加税（如增值税）、港口到工地的运输装卸、保险、临时仓储费、银行信用证手续费、材料设备的采购费、样品费、试验费等。投标人可根据材料和设备的采购方式，详细计算相关的费用。

值得提醒的是，由于材料和设备在一般建筑和土木工程项目中约占成本的60％左右，因此，投标人应根据工程项目的所在国别和性质，通过详尽的市场调查，选择正确的和合理的采购方式和渠道。在投标人确定采购方式后，应在中标后的实施过程中贯彻这种思路和想法，避免在投标过程中选择国内采购，而在施工过程中又选择当地或第三国采购，出现巨额材料和设备价差的问题，导致项目的亏损。

（3）施工机具使用费基价

在国际工程项目中，承包商可通过自行购买或租赁的方式解决施工机具问题。在采用租赁机械时，机具使用费（台班单价）基价可根据事先调查或询价所得的租赁价格确定。在承包商自行购买机具时，自行购买机具的使用费构成包括：

1）折旧费。如果是新购设备，则应考虑在本工程中摊销的折旧比率。对于大型施工机具，通常可按五年摊销计算。如本工程项目的工期为两年，则可使用直线折旧法、递减余值折旧法、等值折旧法等多种折旧方法中选择一种计算。对于一般的中小型机具，或价值较低而又易损的设备、二手设备以及在工程中使用台班较多的机具或车辆等，可以一次性折旧。

由于折旧费与项目成本息息相关，因此，投标人在考虑折旧费时，应当根据工程所在国的法律规定、本公司的具体规定执行。按规定、按时和足额提取折旧费是一种良好的习惯做法。少提、不提或不按时提取折旧费的这种投机取巧的做法可能会使个别项目暂时受益，但会给公司的长远发展带来后患。

2）安装拆卸费。对于需要拆卸安装的设备，例如混凝土搅拌站等，可根据施工方案按可能发生的费用计算。至于设备在本工程完工需拆卸装运至其他工地所需的拆卸和运杂费用，一般计入下一个工程的机具设备费中，但也可列入本次工程中，由承包商根据情况决定。

3）维修费。可参照国内的定额估算。工程期间的维修、配件、工具和辅助材料消耗等，可按定额中规定的比率计入。

4）机械保险费。指施工机械设备保险费。

5）燃料动力费。按当地的燃料和动力基价和消耗定额乘积计算。

6）机上人工费。按工日基价与操作人员数的乘积计算。

以上各项费用中，前四项可按实际采用的设备总数计算，后两项则按台班计算。

（4）其他分摊费用

投标人应根据招标文件的规定，分析分摊费用，如初期费用、现场管理费以及其他待摊费用的计价体系，是单独列项报价还是应将分摊费用一起摊入到工程量表中的计价工程中，以便向业主报出合格的报价。

1）初期费用

在不同的招标项目中，初期费用的内容可能有所不同，但一般包括如下组成部分：

① 现场勘察费。业主移交现场后，承包商应进行补充测量或勘察，投标人可根据现场面积计算。

② 现场清理费。包括清除树木、旧有建筑构筑物等，可根据现场考察实际情况估算。在有些招标项目中，业主可能会将此项内容单独列项，投标人可就此项内容单独报价。

③ 进场临时道路费。如需要，应考虑其长度、宽度、是否有小桥、涵洞及相应的排水设施等。对投标人而言，应详细考察现场的地质条件，是砂性土质还是黏性土质，确定修建临时道路的技术方案和措施，然后在此基础上进行报价。对于不同国家、不同地区和不同地质条件的临时道路，修建临时道路的费用可能会有较大的差别，特别是在临时道路不是计价工程时，投标人更应给予关注。

④ 业主代表和现场工程师设施费。如招标文件规定了具体内容和要求，则应根据具体要求计算报价。

⑤ 现场试验设施费。如招标文件有具体规定，应按其要求计算。可按工程规模考虑试验设施，并计算其费用，如混凝土配料试块、试验等。而其他材料、成品的试验可送往附近的研究试验机构鉴定，考虑一笔试验费即可。

⑥ 施工用水、电费。根据施工方案中计算的水电用量，结合现场考察调查，确定水电供应设施，例如水源地、储水设施、供水管网、外接电源或柴油发电机

站、供电线路等，并考虑水费、电费或发电的燃料动力费用。

⑦ 施工机械费。根据上节"基础单价的计算"中已计算出的施工机具使用费基价，投标人可将机具设备的折旧费和安装拆卸费计入本项中。至于燃料动力、操作人员和维护修理等计入机械台班费中，摊入各工程单价中。

⑧ 脚手架即小型机具费。根据施工方案，考虑脚手架的需用量并计算总费用。

⑨ 承包商临时设施费。按施工方案中计算的施工人员数量，计算临时住房、办公用房、仓库和其他临时建筑物等，并按简易标准计算费用。另外，还应考虑生活营地的水、电、道路、电话、卫生设施等费用。

⑩ 现场保卫设施和费用。按施工方案中规定的围墙或围栏、警卫和夜间照明等计算。

⑪ 职工交通费。根据生活营地远近和职工人数，计算交通车辆和职工由驻地到工地的往返费用。

⑫ 其他杂项。如恶劣气候施工措施、职工劳动保护和施工安全措施（如防护网）等，可按施工方案的安排估算。

2）现场管理费用

不便列入上述初期费用的其他一切开支，均列入管理费，按一定系数摊入各项工程量中。常见的现场管理费用如下：

① 投标费用。包括招标文件购置费、投标人员差旅费和工资、外事活动费等。

② 保函手续费。包括投标保函、履约保函、预付款保函和维修保函等，可按估计各项保证金金额乘以保函年费率，再乘以各种保函有效期（以年为单位）进行计算即可。

③ 保险费。包括工程一切险、第三方责任险、施工机械和车辆保险等。施工人员的人身意外和医疗保险以及强制性的社会福利保险费可计入施工人员的工资（工日基价内），材料设备运输过程中的保险计入材料设备基价内。

④ 税金。包括印花税、增值税、公司营业税（或预提税）等。所得税，包括企业所得税和个人所得税，投标人可根据估算，考虑一定金额，计算税金。

⑤ 当地法律顾问、会计师或审计师聘用费。作为国际承包商，在当地聘用法律顾问是必不可少的，承包商可按月支付律师费用。当地会计师和审计师费用也可按月支付。

⑥ 管理人员费。从生产和辅助生产劳务数量按比例并结合管理岗位计算管

理人员数量，并参照工日基价计算管理人员工资和费用。如果工程所在国规定必须雇用部分当地的工程技术人员，则可根据可能雇用的数量和当地工资水平，计算其总费用。

⑦ 行政办公费。包括管理部门的文具、纸张、表册、邮电、办公家具、器具、日常使用低值易耗品、水电、空调、采暖等开支。

⑧ 生活设施费。如厨房设施、卫生设施、洗澡、环境清洁等设施费用。

⑨ 交通车辆使用费。办公人员的交通工具的折旧、保险、维修和油料费用等。

⑩ 劳动保护用品等。

⑪ 办公人员差旅费。在工程所在国和其他国外必要的公务、差旅和津贴费用等。

⑫ 广告宣传、会议即外事活动和交际费用等。

⑬ 其他固定资产使用费。如必要，需购买复印机、晒图机、打字机、电脑、照相机、摄像机等。投标人可根据工程规模和工期，可按折旧或一次摊销计算。

⑭ 竣工清理费用。竣工清理如未列入工程量表，可计入现场管理费中。

⑮ 其他费用。凡是在初期费用中不能列出，而又必须支出的各项费用均可计入该项费用中，也可总计入一笔不可预见费。

3）其他待摊费用

其他待摊费用是指现场管理费用之外的各项费用。投标人可根据不同的合同条件研究确定其比例，也可同现场管理费用一样，摊入工程量表的各细目价格中。

① 流动资金利息。投标人可根据资金流量计算。一般而言，承包商只靠 10%～15% 的工程预付款难以维持工程的正常的施工，需要承包商另行安排流动资金，以满足工程的施工需求。如果招标文件中没有"初期费用"支付的栏目，则流动资金占用的时间将会维持一段很长的时间。这笔流动资金的大部分是由承包商从银行借贷而来的，因此，投标人应将流动资金的利息部分计入工程价款中。此外，某些 DB、EPC、交钥匙工程或延期付款的工程项目，在最终获得付款之前，几乎要由承包商垫付绝大部分资金。对于某些需要承包商垫付资金的项目，投标人需要将垫付资金的利息计入工程成本。对于延期付款的卖方信贷项目，承包商应将利息单独列项，计算利息成本。

对于流动资金或者垫付资金的利息，投标人应当在编制资金流量表的基础上，根据承包商获得的资金来源的利率和资金占用时间详细计算。对于占用时间较长的资金，还应当考虑采用复利方式计算。如果承包商从银行获得的贷款货币与将来获得的付款货币不同，承包商还应计算换汇汇率可能带来的风险。至于卖方信贷项目，业主和承包商应在合同中明确规定贷款利率。如果承包商的借贷资金利率高于业主可接受的延期付款利率，则其差额一般也应摊入工程报价项目之中。

对于工程规模较大，施工周期较长而支付条件较为苛刻的工程项目，流动资金利息可能是一笔相当可观的数目，投标人在投标报价时绝不可轻率地忽视。

② 上级机构管理费。除现场管理费外，为保证工程的顺利实施，承包商的公司总部或地区办事处也需做大量的组织管理工作，因此，在工程项目中提取一定比例的上级机构管理费是必要和合理的，至于上级机构管理费比例的高低，投标人可视具体情况确定。

③ 代理人佣金。可根据代理协议的佣金规定计算摊入各项计价工程项目中。

④ 利润。投标人可事先提出一项预计利润的比率进行计算。由于国际工程承包市场竞争激烈，承包商不得不不断降低自己的预计利润率，有些承包商不惜采用"无利润算标"，以求竞争胜标。所谓"无利润算标"是指在计算投标报价时，完全按实际成本报价，不考虑任何利润。中标之后，承包商再想办法将工程分割，并分别转给成本较低的小公司分包，从而使中标的承包商至少可以获得一定比例的管理费用。即使工程不能转包或分包出去，承包商也想尽办法加强管理和降低成本，或者采取措施向业主索赔，以争取赚取微利。哪怕最后只能保本，承包商也认为是成功的，因为至少可以在市场萧条时期维持公司的正常运转营业，不致破产倒闭。

⑤ 风险系数和降价系数。国际工程承包是一项风险事业，各种意外不测事件难以完全避免。为应对工程施工过程中偶然发生的事故而预留一笔风险金，有时是必要的。另外，在承包商中标后，在议标和商签合同过程中，业主可能还会施加压力，要求承包商适当让价。有些承包商在算标时考虑了一个降价系数，这样，在业主议标压价时，虽然适当让步，也不致影响预期利润。投标人需要根据招标项目的具体情况和竞争对手的报价水平估算和确定风险系数的数值。有时，承包商在算标时虽考虑了风险和降价系数，但在投标前感到自己的报价过高，有可能输给竞争对手，于是在最后报送的招标函中，宣布降价，这其实不过是将原来的降价系数提前除去而已。在投标函中宣布降价，这也是承包商一种常见的投标策略。

⑥ 物价上涨系数。在工期较长的总价合同中，如果没有调价条款，投标人

应当在调查物价上涨趋势基础上确定一个合理的系数。

5. 工程定额的选用

如前所述，工程定额是工程单价计算的三大要素之一。因国际上无统一的定额，国际工程中如何选用工程定额就成为一个很难决定的问题，定额水平太低，标价肯定会提高，可能会使报价失去竞争力。定额水平太高，虽然报价可以降低，但在施工过程中无法达到这个定额，可能会导致项目亏损。

在工程项目中，影响工程定额的因素很多，其中主要是施工人员的技术水平和管理水平、机械化程度、施工技术条件、施工中各方面的协调配合、材料和半成品的加工和装配性、自然条件对施工的影响等。在国际工程项目中，由于各国国情不同，承包商很难编制统一的定额标准，用于工程项目的投标报价，因此，在目前承包商的报价中，绝大多数公司已弃用工程定额，而是根据以往工程项目的经验计算报价。

在套用国内定额时，投标人应考虑国外工程施工的各种有利和不利因素，适当修正相关定额。对于国外工程而言，调高工程定额的因素包括：

（1）一般而言，从国内派往国外的人员都经过适当挑选，其技术水平和熟练程度高于国内平均水平，因而劳动效率可能高于国内工程。如需雇用当地工人，因雇用的人员素质差别较大，应区分不同情况进行具体分析。

（2）国外工程施工的机械化程度较高，特别是大中型项目，而机械化程度的提高，有利于提高劳动生产率。

（3）国外工程使用的材料，可以要求供应商将材料直接用于工程，从而减少辅助劳动，提高劳动生产率。

（4）国外施工的组织管理比较严，杂事纷扰较少，工时利用率相对增大，而国内工程定额一般偏于保守。

当然，上述情况也不全面。由于国外施工环境错综复杂，监理制度严格，投标人可根据具体工程项目确定定额标准。

6. 单价分析和标价汇总

（1）单价分析

在详细计算工日、材料和机械基础价格，并计算了各项费用的分摊系数后，投标人可以开始编制单价分析。有的招标项目要求在投标文件中附上单价分析表。投标人可将工程量表中的每一个价号都做一种单价分析表，其格式见表 8-10。

工程单价分析计算表　　　　　　　　　　　　　　表 8-10

工程量表 分项编号	×页 ××项		工程量 内容名称	单位		工程量	
序号	工料内容		单位	基价 （美元）	定额消耗量	单位工程量计价 （美元）	分项计价
Ⅰ	材料费（包括损耗，现场价）						
Ⅰ-1	（水泥）		T				
Ⅰ-2	（砂）		T				
Ⅰ-3	（石）		T				
Ⅰ-4	……						
Ⅰ-5	（零星材料）						
Ⅰ-6	材料费小计[（Ⅰ-1）～（Ⅰ-5）]						
Ⅰ-7	上涨系数[（Ⅰ-6）×系数]						
Ⅰ-8	材料管理费[（Ⅰ-6）+（Ⅰ-7）]×管理费系数						
Ⅱ	劳务费						
Ⅱ-1	生产工人工资		工日				
Ⅱ-2	辅助工人工资		工日				
Ⅱ-3	劳务管理费[（Ⅱ-1）+（Ⅱ-2）]×管理费系数						
Ⅲ	机械设备费		台班				
Ⅳ	直接费用[Ⅰ+Ⅱ+Ⅲ]						
Ⅴ	分摊费用[Ⅳ×费用分摊系数]						
Ⅵ	计算单价[Ⅳ+Ⅴ]						
Ⅶ	考虑降价系数后的单价 $\dfrac{Ⅳ}{1-降价系数}$						
	拟填入工程量计价单的最后单价						
	本分项总价=最后单价×本分项工程量						

（2）标价汇总

将各页价格汇总，即为初步总报价。如果有分包出去的工程，加上分包价及其分包管理费，即可得出初步的总报价。

此外，应将上述每一项表中的Ⅰ～Ⅴ各项的最后栏"分项计价"（即：单位工程量计价×工程量）分别汇总，可得出本工程中材料费、劳务费、机械设备费、直接费和分摊的管理费的总数。将这些总数分别同原来估算的各类费用对比后，可调整各种管理费用分摊系数，应用以修正各页计算表，使各项费用数字更为协调准确。

7. 标价分析和调整

（1）标价分析

在投标人员算出待定的暂时标价基础上，投标小组应当对标价进行多方面的分析。分析的目的是探讨这个标价的盈利和风险，从而作出最终报价的决策。分析的方法可以从静态分析和动态分析两个方面进行。

1）标价的静态分析

假定初步算出的暂时标价是合理的，投标人员应分析标价各项组成及其合理性。

① 首先应当分析分项统计计算书中汇总数据，并计算其比例指标。以一般房屋建筑工程为例：

A. 统计建筑总面积及各单项建筑物面积。

B. 统计材料费总价及各主要材料数量和分类总价，计算单位面积的总材料费用指标和各主要材料消耗指标和费用指标。计算材料费占标价的比重。

C. 统计劳务费总价即主要生产工人、辅助工人和管理人员的数量，按标价、工期、建筑面积及统计的工日总数算出单位面积的用工数（生产用工和全员用工数）、单位面积的劳务费。算出按规定工期完成工程时，生产工人和全员的平均人月产值和人年产值。计算劳务费占总标价的比重。

D. 统计暂设工程费用、机械设备使用费、机械设备购置费及模板、脚手架和工具等费用，计算它们占总标价的比重，以及分别占购置费的比例（即拟摊入本工程的价值比例）和工程结束后的残值。

E. 统计各类管理费、佣金等汇总数，计算其占总标价的比重。特别需要计算计划利润、贷款利息的总数和所占比例。

F. 如果投保人员有意分别增加了某些风险系数，可以列为潜在利润或隐匿利润提出，以便研讨。

G. 统计分包工程总价，并计算其占总标价和我方直接费用的比例。

② 通过对上述各类指标及其比例关系的分析，从宏观方面研究标价结构的合理性。例如分析总直接费和管理费总额的比例关系，劳务和材料费的比例关系，临时设施和机具设备费用与直接费总额的比例关系，利润、佣金、流动资金利息及其利息与总标价的比例关系等。承包过类似工程或略有经验的承包商不难从这些比例关系判断标价的构成是否基本合理。如果发现有不合理的部分，应当初步探索其原因。投标人员首先应研究本工程与其他类似工程是否存在某些不可

比因素。如果计入不可比因素的影响后，仍存在标价不合理的情况，就应当深入探索其原因，并考虑应当调整某些基价、定额（如在投标时使用）或分摊系数的可能性。

③ 探讨上述平均人月产值和人均年产值的合理性和实现的可能性。如果从公司的实践经验角度判断这些指标过高或过低，应当考虑标价计算的合理性。

④ 参照实施同类工程的经验，分析单位面积价格和用工量、用料量的合理性。如果本工程与用来类比的工程有某些不可比因素，可以扣除不可比因素后进行比较分析。投标人员还可以在当地搜集类似工程的资料，排除不可比因素后进行分析对比，并探讨本报价的合理性。

⑤ 从上述宏观分析得到初步印象后，对明显不合理的标价构成部分进行微观方面的分析检查。重点是提高工效、改变施工方案，压低供货商的材料设备价格和节约管理费用等方面提出可行的措施，并修正暂时标价，从而可以算出另一低标价方案。将计算利润与发现的各种潜在利润综合在一起，如果其数值偏高，可适当降低综合利润率，从而可以测算出最低标价方案。

⑥ 将暂定标价方案、低标价方案、最低标价方案，整理出对比分析资料，提交内部的投标决算人或决策小组讨论。

2）标价的动态分析

通过假定某些因素的变化，测算标价的变化幅度，特别是这些变化对工程计划利润的影响。

① 工期延误影响。由于各种原因，例如管理不善、材料设备交货延误、质量不好而返工、监理工程师的刁难等造成工期延误，不但不能索赔，还可能遭致罚款。并且，由于工期延误可能使占用的自有资金及利息增加，管理费相应增加，工资开支也增加，机械设备使用费提高等。投标人员可以测算工期延长某一定时间，上述各项开支费用增大的数额及其占总标价（可用低标价方案比较计算）的比例。这种增大的开支部分只能用计划利润来弥补，因此，可以通过多次测算得知工期拖延多久，利润将全部丧失。

② 物价和工资上涨的影响。调整标价计算中的材料设备和工资上涨系数，测算其对工程利润的影响。同时，切实调查了解国际和当地各类工程物资以及当地工资的升降趋势和幅度，以便做出恰当判断。

③ 其他可变因素的影响。例如外汇汇率变化趋势即测算报价中的支付外汇比例变动对工程利润的影响等。

（2）标价调整方法——报价技巧

投标的技巧是指在投标报价中采用什么手法使业主可以接受，而中标后又能获得更多的利润。投标报价技巧多使用在单价合同中，例如使用在 FIDIC 红皮书的工程项目中。在 DB、EPC 和交钥匙等总价合同中，在使用 FIDIC 黄皮书和银皮书的工程项目时，由于承包商风险承担模式不同，投标人施展投标技巧的余地不大。

1）根据招标项目的特点进行调整

投标时，投标人既要考虑本公司的优势和劣势，也要分析招标项目的特点。按照工程的类别，施工条件等考虑报价策略。

① 一般而言，下列情况下投标人可以适当调高报价：

A. 施工提交较差的工程。

B. 专业要求高的技术密集型工程，而本公司在这方面有专长，声望也高时。

C. 总价低的小工程，以及自己不愿做而被邀请投标，不便不投标的工程。

D. 特殊工程，如港口码头、地下开挖工程等。

E. 业主对工期要求急迫的项目。

F. 投标对手少的工程项目。

G. 支付条件不理想的工程项目。

② 在下述情况下，投标人的报价应当低一些：

A. 施工条件较好的工程项目，工作简单、工程量大而一般公司都可以做的工程。如大量的土方工程，一般房建工程等。

B. 本公司急于打入某一市场、某一地区，或虽已在某地区经营多年，但即将面临没有工程的情况，机械设备等无工地转移时。

C. 附近有工程而本项目可利用该项工程的设备、劳务或有条件短期内突击完成的工程项目。

D. 投标对手多，竞争力强的项目。

E. 非急需工程项目。

F. 支付条件好的工程项目。

2）不平衡报价法

不平衡报价法亦称前重后轻法（Front Loaded）。不平衡报价法是指一个工程项目的投标报价，在总价基本确定后，如何调整内部各个基础上的报价，以期既不提高总价，不影响中标，又能在结算时得到更理想的经济效益。一般而言，投标人可在如下几个方面考虑采取不平衡报价法。

① 能够早日结账收款的项目，例如开办费、基础工程、土方开挖、桩基础等，可以报价较高，以利资金周转，后期工程项目，例如机电设备安装、装饰和油漆等，可适当降低价格。

② 经过工程量核算，预计今后工程量会增加的项目，单价适当提高，这样在最终结算时可多赚钱，而将工程量可能减少的项目单价降低，工程结算时损失不大。

投标人应当统筹考虑上述第①和②项内容，即对于工程量有错误的早期工程，如果实际工程量可能小于工程量表中的数量，则不能抬高单价，对此，投标人应具体分析后酌定。

③ 设计图纸不明确，估计修改后工程量要增加的项目，可以提高单价。而工程内容解说不清楚的，则可适当降低一些单价，待以后澄清时可要求提价。

④ 暂定项目。暂定项目又称任意项目或选择项目，对这类项目，投标人应具体分析，因这一类项目要在开工后再由业主研究决定是否实施，以及由哪一家承包商实施。如果工程不分标，只由一家承包商施工，则其中肯定要做的单价可高些，不一定做的则应低些。如果工程分标，该暂定项目也可能由其他承包商施工时，则不宜报高价，以免抬高总报价。

不平衡报价一定要建立在对工程量表中工程量仔细核对分析的基础上，特别是对于报低单价的项目，如工程量执行时增多将造成承包商的重大损失。不平衡报价过多或过于明显，可能会引起业主的反对，甚至导致被列为废标。如果投标人不注意这一点，有时业主会挑选出报价过高的项目，要求投标人进行单价分析，并会对过高报价项目压价，以致承包商得不偿失，弄巧成拙。

3）计日工的报价

如果是单纯报计日工的报价，且不计入总价中，投标人可以将价格报高一些，以便在日后业主额外用工或使用机械时可以多盈利。但如果计日工要计入总报价时，则需具体分析是否报高价，以免抬高总标价。总之，投标人应分析业主在开工后可能使用计日工数量确定报价方案。

4）多方案报价法

对于一些招标文件，如果发行工程范围不很明确，条款不清或很不公正，或技术规范要求过于苛刻时，投标人应在充分估计投标风险的基础上，按多方案报价法处理。即按照原招标文件报出一个价格，任何再提出："如某条款（或某规范规定）作某些变动，报价可降低多少⋯⋯"，并报出一个较低的价格，这样可以降低总标价，吸引业主。

5）增加建议方案

有时招标文件规定，投标人可以提建议方案，即可以修改原设计方案，提出投标人的方案。

在这种情况下，投标人应组织一批有经验的设计和施工工程师，对原招标文件的设计和施工方案进行仔细研究，提出更合理的方案以吸引业主，促成自己的方案中标。这种新的建议方案可以降低总造价或提前竣工或使工程运用更为合理。但投标人一定要对原招标方案进行报价。

增加建议方案时，不要将方案写得太具体，保留方案的技术关键，防止业主将此方案交给其他承包商。同时，需要强调的是，建议方案一定要比较成熟，或过去有这方面的实践经验。因为投标时间不长，如果仅为中标而匆忙提出一些没有把握的建议方案，可能引起很多后患。

6）突然降价法

突然降价法是投标人在投标截止日期前，通过某种方式，如递交投标函或降价函的方式，突然降低自己报价的一种方法。在鲁布格水电站引水系统工程招标时，日本大成公司知道他的主要竞争对手是前田公司，因而在临近开标前把总报价突然降低 8.04%，取得最低标，为最后中标打下基础。

采用这种方法时，一定要在准备投标报价的过程中考虑好降价的幅度，在临近投标截止日期前，根据情报信息与分析判断，再做出最后的决策。

如果由于采用突然降价法而中标，因为开标只降低总价，在签订合同后可采用不平衡报价的设想调整工程量表内的各项单项价格或价格，以期取得更高的效益。

7）可供选择的项目的报价

有些工程项目的分项工程，业主可能要求按某一方案报价，而后再提供几种可供选择方案的比较报价。例如某住房工程的地面水磨石砖，工程量表中要求按大规格 25cm×25cm×2cm 报价。另外，作为选择方案，还要求投标人用更小规格 20cm×20cm×2cm 和更大规格 30cm×30cm×3cm 进行报价。投标时，除对几种水磨石地面砖调查询价外，还应对当地习惯的用砖情况进行调查。对于将来可能采用的规格地面砖应适当提高其报价。对于当地难以供货的某些规格的地面砖，可将价格有意抬得更高一些，以阻挠业主选用。

但是，应当记住，所谓"可供选择项目"并非由承包商选择，而是业主才有权进行选择。因此，投标人虽然适当提高了可供选择项目的报价，并不意味着肯定可以取得较好的利润，只是提供了一种可能性，一旦业主今后选用，承包商即可得到额外加价的利益。

8）暂定工程量的报价

暂定工程量存在三种形式，第一是业主规定了暂定工程量的分项内容和暂定总价款，并规定所有投标人都必须在总报价中加入这笔固定金额，但由于分项工程量不是很准确，允许将来按投标人所报单价和实际完成的工程量付款。第二是业主列出了暂定工程量的项目和数量，但并没有限制这些工程量的估计总价款，要求投标人既列出单价，也应按暂定项目的数量计算总价，当然将来结算付款可按实际完成的工程量和所报单价支付。第三是只有暂定工程的一笔固定总金额，将来这笔金额如何使用，由业主确定。

对于第一种情况，由于暂定总价款是固定的，对各投标人的总报价水平竞争力没有任何影响，因此，投标时应当对暂定工程量的单价适当提高。这样不会因今后工程量变更而吃亏，也不会削弱投标报价的竞争力。

对于第二种情形，投标人必须慎重考虑。如果单价定得高了，同其他工程量计价一样，将会提高总标价，影响投标报价竞争力。如果单价定得低了，将来这类工程量增加，将会影响收益。一般而言，这类工程量可以采用正常价格。如果承包商估计今后实际工程量肯定会增加，则可适当提高单价，使将来可增加额外收益。

第三种情况对投标竞争没有实际意义，投标人只需按招标文件要求将规定的暂定款列入总标价即可。

9）分包商报价的采用

由于现代工程的综合性和复杂性，承包商不可能将全部工程内容完全独家包揽，特别是有些专业性较强的工程内容，必须分包给其他专业工程公司施工。在实践中，还有些招标项目，业主规定某些工程内容必须由他指定的几家分包商承担。因此，承包商通常应在投标前先取得分包商报价，并增加承包商应摊入的一定的管理费，而后作为自己投标总价的一个组成部分一并列入报价单中。应当注意的是，分包商在投标前可能同意接受承包商压低其报价的要求，但等到承包商中标后，分包商常常以各种理由要求提高分包价格，这将使承包商处于十分被动的地位。为解决这个问题，承包商应在投标前向几家分包商询价，然后选择其中一家信誉较好、实力较强和报价合理的分包商签订协议，同意该分包商作为本分包工程唯一的合作者，并将分包商的姓名列入投标文件中，但要求分包商相应地提交投标保函。如果该分包商认为这家承包商确实有可能中标，他也许愿意接受这一条件。这种把分包商的利益与投标人捆在一起的做法，不但可以防止分包商事后反悔和涨价，还可能迫使分包商报出较合理的价格，以便共同争取中标。

如果没有任何一家分包商愿意提供投标保函，那么，承包商不能轻易采用最低的分包商价格作为自己报价的依据，至少应当取中等的分包价格。同时，承包商还应当自己进行相应的核算，以验证其报价的合理性。当然，如果最低的分包价格经过验算证实它是基本可行的，则适当加上承包商管理费和可能发生的物价上涨系数后，也可用作投标报价。另外，应当要求分包商在其报价中提出该价格的有效期。分包报价的有效期，应当比业主规定的投标有效期适当长一些。由于承包商即使在规定的有效期内同业主签订了主合同，并不能立即同分包商签订分包合同，承包商需要一段时间与分包商磋商，甚至须按主合同作相应修改后，才能签订分包合同。没有明确有效期的报价，更容易被分包商找到要求调价的借口。

10）有条件的降价

在国际工程项目招标中，一般是不允许修改招标条件的，甚至招标文件中出现的错误，也不允许投标人进行任何涂改和更正。但是，有经验的承包商除了按原招标文件如实填报外，常在投标函中对某些局部提出颇有吸引力的建议，并作出相应的降价。当然，这些建议不是要求业主降低该局部的技术要求和标准，而应当是改进工艺流程或工艺方法，也可以是提高产品质量和降低生产成本等。如果属于改变材料和设备的建议，则应当说明绝不损害或降低原设计要求，但可起到降低建设费用的作用。

11）无利润算标

缺乏竞争优势的承包商，在不得已的情况下，只好在算标中根本不考虑利润去夺标。一般而言，这种办法只能在如下几种情况下使用：

① 有可能中标后，将大部分工程分包给报价较低的分包商。

② 对于分期建设的项目，先以低价获得首期工程，而后赢得机会创造第二期工程中的竞争优势，并在以后的实施中赚得利润。

③ 在较长时间内，承包商没有在建工程项目，如果再不得标，就难以维持生存。因此，虽然本工程无利可图，只要能有一定的管理费维持公司的日常运转，就可设法度过暂时困难，以图将来东山再起。

12）利用模糊的项目获益

对于招标文件中模糊不清的重要项目，可以假设条件，将其写入投标说明中。投标说明是投标文件的附加条件，运用时要加倍小心，不能让业主因此而否定投标，如运用得当，可降低"表面标价"，承包商不受任何损失，又具有竞争力。

13）利用招标文件的错误

有些招标文件因咨询工程师编制粗糙存在某些错误，无论是招标文件或报价表中的错误，只要对投标人有利，有经验的承包商均不会提出更改。承包商在实施项目中，可利用这些错误带来收益。

投标技巧是承包商在投标实践中逐步总结和积累的宝贵经验。承包商只有通过自身的实践，小心运用和积累总结，才能在激烈竞争中占有一席之地，否则，只会弄巧成拙，给自身造成损失，这是承包商应当切记的法则。

8.4　投标文件的编制

投标人在做出投标报价决策和确定报价策略后，应当重新修正报价计算书，并按照投标文件的要求编制投标文件，在规定的开标日期和时间递交投标文件。

1. 投标文件的组成及编制要求

由世界银行或其他国际金融组织融资的项目，或其他正规的国际招标项目的投标文件，其组成和编报要求如下：

（1）投标邀请函。

（2）投标人须知。

（3）合同条款：包括通用条款，例如 FIDIC 合同第一部分，以及结合业主所在国实际和本工程特点编制的专用条款。对上述两部分条款，要求投标人无条件遵守。

（4）技术条款：有时分为一般技术条款和专用技术条款两部分。

（5）投标格式及其他标准格式：包括投标函格式、合同协议书格式、投标保函、履约保函及预付款保函等。投标人应根据格式要求填写齐全。

（6）工程量表。

（7）技术文件、表格。

（8）工程图纸。

（9）其他技术资料。

上述文件中第（5）、（6）、（7）项需由投标人认真填报，一般称之为"报价文件"。这些文件将成为合同文件的正式组成部分。

2. 投标文件

由投标人编制填报的报价文件，通常可分为商务法律文件、技术文件和价格文件三大部分，内容如下：

（1）商务法律文件

这类文件是用以证明投标人履行了合法手续及为业主了解投标人商业资信、合法性的文件，包括：

1）投标保函（应符合要求的格式）。

2）投标人的授权书及其证明文件。

3）联营体投标人提供的联营协议。

4）投标人所代表的公司的资信文件，包括银行出具的财务状况证明、完税证明、资产负债表、未破产证明、公司法人证件等。如投标人为联营体，则联营体各方均应出具这类资信文件。

5）如有分包商，应招标文件的要求，出具分包商资信文件供业主审查。

（2）技术文件

技术文件包括全部施工组织设计内容，用以评价投标人的技术实力和经验。技术复杂的项目对技术文件的编写内容即格式均有详细的要求，投标人应认真按规定填写。

技术文件的主要内容是：

1）施工方案和施工方法说明，包括有关的施工布置图等。

2）施工总进度计划表及说明，有的招标项目还规定有关施工期，有的要求提供网络或 CPM 网络进度计划。

3）施工组织机构说明及各级负责人的技术履历和外语（合同语言）水平。

4）承包商营地（生产、生活）计划。

5）施工机械设备清单及设备性能表。

6）主要建筑材料清单、来源及其质量证明。

7）如招标文件要求，或投标人认为有必要时，承包商建议的变通方案。建议方案是投标人对招标文件原拟的工程方案的修改意见，应使总价有所降低，供业主和咨询工程师在评标时参考。

（3）价格文件

价格文件是投标文件的核心内容，是投标成败的关键所在。全部价格文件必须完全按招标文件规定的格式编制，不许有任何改动，如有漏填，则视为其已包含在其他价号的报价中。

价格文件的内容包括：

1）价格表（即带有填报单价和总价的工程量表）。

2）计日工的报价表。

3）主要单价分析表（如招标文件由此要求）。

4）外汇比例表及外汇费用构成表。

5）外汇兑换率（通常由业主提供，或由承包商按招标文件要求，提交开标日期之前第 28 天的工程所在国的中央银行公布的汇率）。

6）资金平衡表或工程款支付估算表。

7）施工用主要材料基础价格表。

8）永久设备报价及产品样本（如招标文件由此要求）。

9）用于价格调整的物价上涨指数的有关文件。

目前，国际上趋向于将上述三部分文件分装两包，即将商务法律文件和技术文件装入一包，俗称为"资格包"，而将价格文件装入一包，俗称"报价包"。业主和咨询工程师在评标时，对投标人的两包文件分别审查，综合评定。如果"资格包"评分不高或无法通过的投标者，报价再低，也不会授标。因此，投标文件是一个整体，各个方面的内容均不容忽视。

投标人授权的签字人应在投标文件的每一页上签字。在投标函上，投标人必须写自己的全名再加盖公司印章。所有这些签字和印章均表示对此文件的确认。

3. 投标函

在大多数国际工程项目招标中，投标函是一份由业主拟定好的、格式化的一份文件。投标人只需按照招标文件的要求，在投标函中填上报价总额，然后签字盖章，并随投标文件一起递交给招标机构。在有些国家工程项目中，投标人除按照规定填报投标文件外，还可以另外写一封更为详细的致函，对自己的投标报价作必要的说明。在这种情况下，写好这份额外增加的投标函是十分重要的，一方面是对自己投标报价作某些解释，使审标和评标者更能理解报价的合理性，另一方面借此对本公司的优势和特点做宣传，给评标者和业主以深刻印象。投标人在投标函中可以简明扼要地说明如下问题：

1）宣布降价的决定。多数投标人有意在书面报价中将价格提高一些，以防自己的投标过程中价格被泄漏，但在实际递交的投标函中写明"考虑到同业主友好和长远合作的诚意，决定按报价单的汇总价格无条件降低 X％，将总价降到多少金额，并愿意以这一降低后的价格签订合同。"

2）说明由于作了上述降价，与投标同时递交的银行保函有效金额相应降低多少，并写明有效金额数。

3）可以根据可能和必要情况，对自己选择的施工方案的突出特点作简要说明，主要表明选择这种施工方案可以更好地保证质量和加快工程进度，保证实现预定的工期。

4）只有招标文件没有特殊限制，可以提出某些可行的降低价格的建议。例如，适当提高预付款，则拟再降低多少。适当改变某种材料或者结构，不仅完全可以保证同等质量、功能，而且降低价格等。要声明这些建议只是供业主参考的，如本公司中标，而且业主愿意接受这些建议时，可在商签合同时探讨细节。

5）如果发现招标文件中有某些明显错误，而又不便在原招标和投标文件上修改，可以在投标函中说明。

6）有重点地说明本公司的优势，特别是说明自己的经验和能力，使业主感到满意。

7）如果公司有能力和条件向业主提供某些优惠的利益，可以专门列出说明。例如支付条件的优惠、提供出口信贷等，用以吸引业主。当然，投标人提出这种优惠应当慎重，自己要确有把握。

8）如果允许投标人另报替代方案，投标人除招标文件报送该替代方案文件外，还可以在投标函中作某些重点的陈述，着重宣传替代方案的优点。

总之，投标人应在招标文件允许的范围内，写好这份投标函，以便吸引业主、咨询公司和评标人对公司的兴趣和信赖。

为了保证投标文件符合招标规定和要求，承包商应在编制投标文件时制定投标文件清单，并在最终装订投标文件时一一核对，保证投标文件没有任何遗漏，包装和标注符合招标文件的要求。

8.5　投标报价决策

为了在竞争中取胜，决策者应当对报价计算的准确性、期望利润是否合适、报价风险即本公司的承受能力、当地的报价水平，以及对竞争对手优劣势的分析估计等进行综合考虑，才能决定最后的报价金额。

一般而言，投标报价决策的影响因素包括：

1. 期望利润值

投标人可以事先提出一个预期利润的比率计算投标价格，预期利润值不受工程自身因素的影响。由于国际工程承包市场竞争激烈，承包商不得不降低预期利润率，有的不惜采用"无利润算标"，以求竞标胜利。因此，在投标报价决策过程中，投标人应根据投标工程项目的具体情况，采取不同的策略，在当前激烈的国际工程项目中，承包商预期的利润不宜过高。

2. 风险承受能力

国际工程承包本身就是一项充满风险的事业。为了应对工程实施过程中偶然发生的事情，承包商在投标报价中预留一笔风险金，是承包商一种良好的习惯做法。

在中标后与业主商签合同的过程中，业主可能还会施加压力，要求承包商适当适当降低价格。有的承包商事先在算标时考虑了一个降价系数，这样，当业主议标压价时，审时度势，可适当让步，也不致有大的影响。

风险金和降价系数究竟是多少才适合，投标人需根据招标项目具体情况、内外部条件、竞争对手报价水平以及承包商自身对风险的承受能力慎重研究后决定。在外部商务环境较差、工程本身因资料不多潜伏较大风险，或者工程规模较大、技术难度较高时，承包商更应格外慎重。

3. 竞争对手的估计

俗话说："商场如战场"，国际工程承包也是如此。为获得中标的机会，投标人必须对竞争对手的优劣势进行分析，做出客观的估计。

投标人可根据投标报价前对竞争对手的调查，在做出最后的投标决策时，针对已调查的资料进行重点分析，找出几家可能急于想获得此项工程的对手，对他们拥有的优势和弱点逐项研究。例如，如果某对手公司在当地已有工程且正处于施工阶段，它很可能利用现有设备和其他设施为此项新投标项目的工程服务，从而可降低投标价格，此时，投标人应当设法调入和利用自己的现有设备，不采用或者少量采购新施工设备的做法，以便降低施工设备费用，与之抗衡。投标人甚至可以采取少摊销机械设备折旧的办法，以减轻对手公司的优势。另外，还可以挖掘对手公司的弱点，例如管理费、预期利润和人员费用偏高，投标人可以充分发挥人员优势，抵消对手的某些优势，以获得相对优势。投标人应当对其每项优劣势进行评估，计算其在各项标价中的权重，从而可以计算出其对标价的影响。

有时，投标人还可以从工程的难易程度和心理因素上对竞争对手进行分析，估计对手的心态，找出真正的潜在对手，而后更有针对性地分析各方的优势和弱点，与之竞争。

【案例】 非洲某内陆国家的一水电站项目位于原书丛林中，大坝、引水隧洞和电站厂房分别相距十余公里，交通运输比较困难，市场经济不发达，技术工人缺乏，设备、钢材和水泥等均需由邻国购买，工程项目具有一定的难度。

在业主发出招标通知后，参加标前会议的公司共有 20 家公司，除 3 家中国公司外，其余公司全部来自欧洲各国、日本和韩国。在投标过程中，经投标人分析，主要竞争对手应该是正在该国实施水电项目的意大利公司和日本公司，特别是意大利公司，在亚非市场上报价较低，中标率较高，具有一定的竞争实力。而日本公司在当地实施的项目已近尾声，但亏损严重，投标人分析其心态，认为日本公司可能利用其现有设备保持低价，也可能害怕继续亏损提高标价。根据这种情况，投标人得出了主要竞争对手应是意大利公司的结论，并针对对手的特点采取了适当的策略。

在项目开标后，在共有 8 家公司参与投标的情况下，第一、二标均为两家中国公司，第三标是意大利公司。由于第二标编制的文件较差，未能进入评标短名单。业主在入围的第一、第三标之间进行了反复评议，决定授标给第一名，并与中标承包商签订了施工合同。

可见，承包商如果在竞争中做到知己知彼，就有可能制定合适的投标策略，发挥自己的优势而取胜。

4. 投标报价计算的准确性

投标报价的准确度和水平高低，直接影响决策人员的决策。投标人应从如下几个方面评估报价的准确性：

（1）算标人的指导思想

标价计算应当实事求是，既不能以压低标价承担风险去投标，也不能对单价层层加码，多留余地，这样不仅无望中标，而且劳民伤财，也影响声誉。

人为压低标价和对标价层次加码的做法都是有害的。前者可能会造成低价冒险，中标后经营困难，项目亏损。而后者可能造成报价水分太多，使决策人无法判断，而在投标中屡屡不中，劳而无功。

为了避免上述两种情况的发生，承包商在投标标价前，应当制定清晰的投标报价指导原则，从而使算标人有据可依。

（2）算标人的经验和科学态度

在投标报价时，编标人的施工经验十分重要。编标人制定的施工方案、技术措施、设备选型与配置、人员和进度安排等是否符合实际，直接影响标价的高低。投标人应根据多年的经验积累，多次算标的经历，制定最优的施工方案、经济合理的技术措施和手段，这样，才能使得投标报价具有竞争力，在实施过程中又切实可行。

编标人应认真谨慎，决不能粗枝大叶，发生漏项或计算错误，尤其是基础价格和各类税金的选定和计入，应对照招标文件的有关规定和询价的可靠程度，反复比较斟酌后敲定。编标人不能想当然或凭主观臆断，必须以文字材料为依据进行报价的计算工作。同时，不能仅凭国内的经验和惯例套用，也不能靠书本的习惯直接引用。

国际工程项目的投标报价，受招标文件条款规定的严格约束。报价项目名称是在招标文件的报价表中规定的，投标人不能允许随意增删。如果投标人认为工程量表中项目不全，只能将由此发生的费用摊入招标书规定的相应项目中。有关各类费用不能遗漏，也不能增加价号。投标人应当严格遵守招标文件的各项要求，以严谨扎实的工作态度按照招标文件的要求编制投标书，否则被评为"废标"而被淘汰，此类事例并不少见。

企业决策人只有在认真听取算标人的详细汇报并询问核实后，才能做出对标价计算准确度的判断。决策者在判断时应慎重，应倾听算标人的意见，不要轻易压低价格或加码，应当根据多年的经验做出正确的判断，这样才能保证企业投标报价决策的正确性。

8.6　投(议)标许可制度

投（议）标许可制度是中国政府为规范中国企业在境外投标或议标工程项目活动，保障对外承包工程的经济效益和社会效益，由商务部、银监会和保监会于2011年12月7日，根据《对外承包工程管理条例》和《国务院对确需保留的行政审批项目设定行政许可的决定》制定的《对外承包工程项目投标（议标）管理办法》而形成的规范中国企业对外承包工程投标和议标的一项行政许可制度。根据《对外承包工程项目投标（议标）管理办法》的规定，投（议）标许可制度不适用于机电产品、大型机械和成套设备出口项目以及预计合同金额小于 500 万美元的对外承包工程项目。

投（议）标许可制度主要是中国政府为加强对外承包工程的管理，避免中国企业的无序竞争而制定的一项管理制度，主要手段是通过控制参与国际承包工程投（议）标的中国企业的数量，减少中国企业之间的过渡和无序竞争，保障中国企业的利益。

如前所述，由于中国企业的国际承包工程项目主要集中在亚洲和非洲两个地区，中国企业在亚洲和非洲国家的集中度过高，工程承包市场较好的国家均集中了 40～60 家大小不等的中国企业，个别热点国家或地区更是集中了上百家中国企业，即使在某些非常贫穷的非洲国家，也有 5～8 家不等的中国对外承包工程企业，这就导致了参与竞争的中国企业过多，竞争"过度"，竞相压价，不惜亏本，已成为中国企业在国际承包工程市场上不争的事实。通过投（议）标许可制度，控制参与同一项目投标公司的数量，能够在一定程度上减少中国企业之间的无序竞争，但无法从根本上减轻中国企业之间在国际承包工程市场的"过度"竞争的现象。

1. 投(议)标协调制度

根据《对外承包工程投标（议标）管理办法》的规定，对外承包工程的单位应当通过对外承包工程数据库系统申请对外承包工程项目核准。申请核准应当提供以下资料：

（1）项目情况说明。

（2）中国驻项目所在国使馆（领馆）经商机构出具的意见。

（3）有关商会出具的意见。

（4）需境内金融机构提供信贷或信用保险的项目，需提交境内金融机构出具的承贷或承保意向函。

按照上述规定，中国企业投标（议标）对外承包工程项目在两个层面上对申请参与投标的企业进行协调，一是中国驻项目所在国使领馆经商机构，二是有关商会。对于对外承包工程项目，主管商会为中国对外承包工程商会，因此，中国对外承包工程商会成为对外承包工程协调的主管单位。

中国对外承包工程商会出具对外承包工程协调意见函的操作流程如图 8-6 所示。

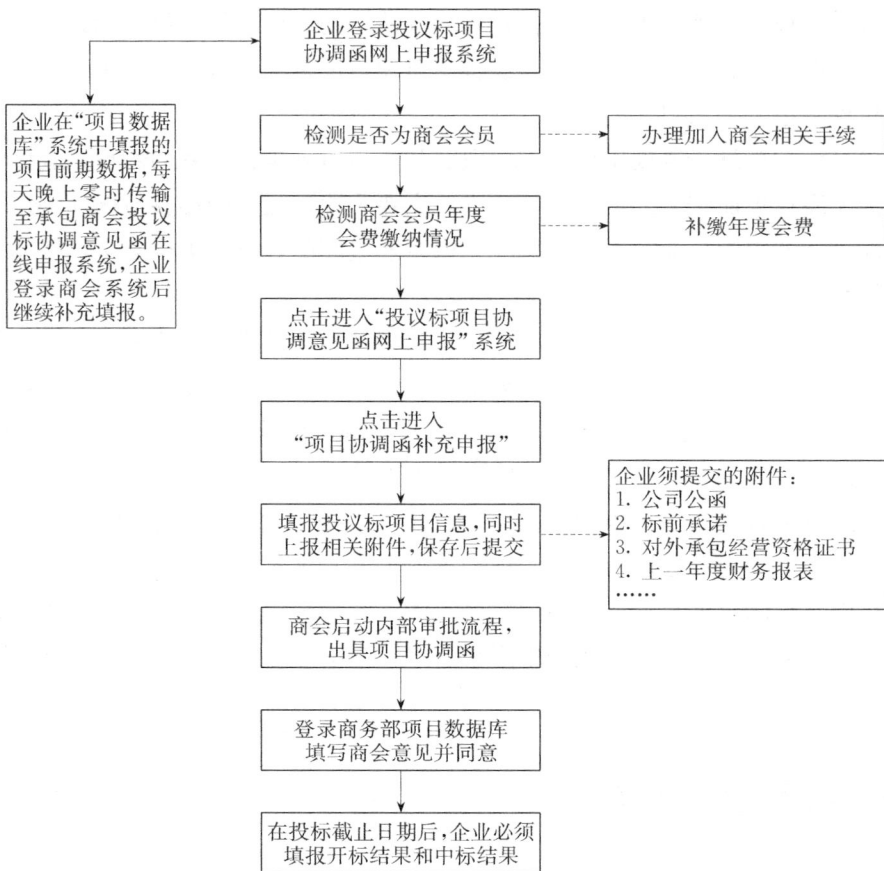

图 8-6　中国对外承包工程商会项目协调函操作流程

2. 企业申请投议标许可程序

　　根据中国对外承包工程商会投议标项目协调函网上申报的规定，企业申请对外承包工程投议标项目协调意见函的前期准备工作包括：

　　（1）对外承包工程经营资格。

　　（2）已购买"中国对外投资和经济合作网"网站登录的电子钥匙（数字证书）。

　　（3）登录商务部网站在线办事（http：//egov. mofcom. gov. cn）或中国对外投资和经济合作网站（http：//fec. mofcom. gov. cn）在线办事栏目，网上申请投议标许可。

　　（4）预计合同额小于 500 万美元的项目，无需进行投议标申请。

企业申请承包商会对外承包工程投议标项目协调意见函时需准备如下材料：

（1）企业申请办理协议意见函的公司公函。

（2）标前承诺（公开投标项目有其他中国公司参加）。

（3）对外承包经营资格证书复印件。

（4）上一年度经审计的财务报表。

（5）其他资料。

中国对外承包商会办理投议标项目协调意见函流程如下：

（1）中国对外承包工程商会工程部为对外承包工程项目投（议）标协调意见函的受理部门。对外承包工程项目投（议）标协调意见函网上申报系统（以下简称协调系统）登录地址为：www.chinca.org。

（2）企业用户登录协调系统，首先系统会自动审核企业是否为承包商会会员企业，如不是会员企业请其办理入会手续。其次系统自动审核企业商会会费缴费状况，欠费企业请其补交会费。（请联系商会办公室办理会员入会以及会费缴纳事宜）

（3）企业用户系统登录成功后，点击补充填报项目投议标信息。（该项目的部分数据由商务部项目数据库自动传输过来，无需填写，只需补充其他需填写的信息）

（4）企业用户上传相关附件材料（可把书面的材料扫描成电子版，支持PDF、JPG、WORD等格式），填写无误后确认提交。

（5）承包商会工程部经办人员登录协调系统审核企业网上填报的材料是否完整。

1）审核企业致商会公函的格式、内容。

2）审核对外承包工程项目投（议）标网上申请表，完整准确的填写情况，重点包括以下项目：

①中英文名称是否准确；

②项目类型是否与企业对外承包经营范围相符；

③项目所在国（地区）安全形势；

④项目内容（规模）填写是否完整；

⑤预计合同额是否与项目规模大概相当；

⑥报价货币种类；

⑦资金来源是否使用中国贷款；

⑧已通过资审中国企业情况；

⑨同类项目业绩；

⑩项目所在地业绩和合作对象。

（6）如果该项目使用中国贷款（优惠贷款、优惠出口买方贷款），需请企业进一步提供有关情况说明。

（7）如有多家中国公司参与投标，根据项目情况、公司意愿、驻外经商处意见等因素，视情况召开项目协调会。

（8）经办人完成项目报批程序后，将登录商务部项目数据库填写商会审核意见，并同意。企业用户可登录系统查看项目办理状态。

（9）如果企业申报的材料填写不规范或者有其他不符的情况，经办人点击"不同意"退回给企业，同时电话通知企业填写完整或更改后传回，重新审批。

（10）企业所申报的项目，在投标截止日期以后，必须填报开标结果和中标结果。

在企业登录上述网站，填写和递交所需文件和资料后，对于符合投议标资格的企业，商务部将核发《对外承包工程项目投（议）标许可证》，企业可进行对外承包工程项目的投标，并凭许可证在中国境内的中资银行办理投标保函和履约保函。

9

出口信贷项目的选择和运作

随着 20 世纪 90 年代中期中国对外融资工具，如买方信贷、卖方信贷、优惠贷款等方式的出现和多样化，中国的政策性银行和商业银行参与数量的增多，信用保险工具的强化，融资日益成为国际承包工程项目市场开拓和管理的一个重要环节。除世界银行、亚洲开发银行等国际金融组织的传统投标工程外，中国企业越来越多地使用和利用中国政策性银行和商业银行提供的出口信贷等融资工具，扩大了经营规模，扩展了利润空间，一定程度上逐步摆脱了国际金融组织招标工程项目低价恶性竞争的局面。

本章的内容不是叙述企业在获得工程项目后如何从银行取得流动资金的贷款，而是主要阐述如何利用现有的金融工具和方式解决项目资金问题，特别是如何利用出口信贷获取工程和需要注意的问题，以期中国企业能够利用上述金融工具扩大业务范围，在大型工程项目中有所作为。

9.1　出口信贷的主要方式

1. 概述

出口信贷（Export Credit）是指一国政府为支持和扩大本国大型机械设备、成套设备、大型工程项目等的出口，以提供利息补贴及信贷保险的形式，鼓励本国的银行对本国出口商或外国进口商（或进口商的银行）提供贷款、分期付款及其他资金融通便利的一种国际信贷和融资方式。

第二次世界大战以后，随着世界经济的发展，西方发达国家的出口信贷业务发展迅速，支持了发达国家的设备、大型工程项目的出口，使得出口信贷在战后国际贸易中的作用大为提高，并成为西方发达国家对外争夺销售市场，进行经济扩张的重要工具和手段。

出口信贷是 WTO 框架下国际惯用的支持出口的措施，目前世界上至少已有 70 多个国家设立了不同的出口信贷机构（Export Credit Agency，ECA），主要形式有：

（1）政府管理机构直接办理出口信用业务。

（2）政府成立出口信贷机构经营出口信用业务。这是大多数国家采用的经营出口信贷方式，世界上著名的有美国进出口银行、加拿大出口发展公司、澳大利亚出口融资和保险公司、中国进出口银行和中国信保等。

（3）政府指定私人机构代办出口信用业务。这种方式是政府利用现有的私人机构，作为政府的代理，经营出口信用业务，例如德国赫尔姆斯信贷保险公司。

（4）政府与私人部门合营办理出口信用业务。在这种模式下，政府和私人机构共同出资，成立出口信用机构，经营出口信用业务，例如瑞典出口信贷公司。

1994 年，为支持中国的成套设备、船舶和大型工程项目等出口的需要，中国政府成立了中国进出口银行，作为政策性的出口信贷机构（ECA）。2001 年 12 月，中国政府成立了中国出口信用保险公司，为出口信贷提供信用保险支持。

2. OECD "君子协议" 与中国出口信贷业务

为规范出口信贷行为和业务，1934 年西方一些国家办理信贷保险机构，于是在瑞士伯尔尼成立了信贷及投资保险国际联盟，简称伯尔尼联盟，其主要任务是研究出口信贷保险技术，制定信贷保险共同政策。1975 年，美、英、法、联邦德国、日本、意大利 6 国首脑会议上，各国首脑就出口信贷涉及的利率、额度和贷款期限达成了《关于官方支持的出口信贷指导原则的安排》，由于仅仅具有道德上的约束力，因此简称"君子协定（Gentleman Agreement）"，后来被经济合作与发展组织（OECD）所接受，称为 OECD "君子协定"。OECD "君子协定"成为 OECD 成员国对外进行出口信贷业务的指导性原则。

根据 OECD "君子协议"，买方信贷的一些基本条款如下：

（1）专款专用，严格限制贷款用途，仅用于进口商将贷款用于购买贷款银行所在国制造的货物。

（2）贷款比例最高限额定在 85%，进口商至少自筹 15%。

（3）定金 15%，需支付给出口商，并且在定金付清后，才能提取贷款用于支付货款。

（4）对不同国家进行了 3 类划分，分别规定了利率的最低限。

（5）对不同类别的国家规定了不同的还款期。

（6）费用，包括但不限于管理费、承担费、保险费等。

虽然中国不是 OCED 的成员国，但有关银行和保险公司在办理出口信贷业务过程中，基本参照"君子协定"有关内容办理相关业务，但会根据进口国或工程所在国政府的要求，进行适当变通，满足进口国或工程所在国政府的需要。

3. 出口信贷业务类型

出口信贷（Export Credit）是指一国政府为支持和扩大本国大型机械设备、成套设备、大型工程项目等的出口，以提供利息补贴或信贷保险的形式，鼓励本国的银行对本国出口商或外国进口商（或外国政府或进口商的银行）提供贷款、分期付款及其他资金融通便利的一种国际信贷和融资方式。

中国进出口银行、国家开发银行、国有金融机构和股份制银行承办的出口信贷业务种类如图 9-1 所示。

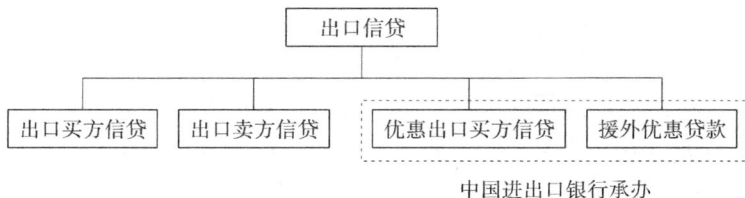

图 9-1   出口信贷业务分类

（1）出口买方信贷

出口买方信贷是指出口商银行为支持和扩大本国资本货物出口，对进口商提供的出口信贷，以使国外进口商即期支付出口商的一种融资方式。买方信贷的借款人可以是进口商、进口商银行或进口商所在国财政部。承办行可以是中国进出口银行、其他国有政策性和商业性银行以及股份制银行。

中国进出口银行承办的出口买方信贷的条件是：

1）贷款范围：支持中国机电产品、大型成套设备等资本性货物以及船舶、高新技术产品和服务的出口，支持中国企业带资承包国外工程。

2）借款人为境外金融机构、进口国财政部或进口国政府授权的机构，以及中国进出口银行认可的进口商或境外业主和船舶经营人。

3）出口商（承包商）为中国境内的独立企业法人，具有中国政府有权机构认定的实施出口项目的资格，并具有履行商务合同的能力。

4）贷款申请条件：

①借款人所在国经济、政治状况相对稳定，或其所在国国别风险可控。

②借款人资信状况良好，具有偿还贷款本息能力。

③出口产品、技术及服务符合中国及进口国有关规定。

④借款人提供中国进出口银行认可的还款担保。

⑤在中国进出口银行认为必要时投保出口信用险。

⑥中国进出口银行认为必要的其他条件。

5）贷款期限，从提款期开始之日起至贷款协议规定的最后还款日止，一般不超过 15 年，船舶类贷款期限一般不超过 20 年。

6）贷款利率：参照 OECD 公布的商业参考利率（CIRR）执行固定贷款利率，或在伦敦同业拆放利率（LIBOR）的基础上加上一定利差后执行浮动利率。

7）贷款费用：须支付管理费、承担费和风险费等贷款费用。

中国其他政策性银行、商业银行和股份制银行承办的出口买方信贷条件与中国进出口银行的基本相同，但各承办银行在贷款条件和贷款利率等条件上各有不同的要求和规定。

（2）出口卖方信贷

出口卖方信贷是指出口商（承包商）向国外进口商（业主）提供的一种延期付款的信贷方式。卖方信贷的实质是出口商（承包商）从出口方银行取得中长期贷款后，再向进口方（业主）提供的一种商业信用。在卖方信贷项下，借款人为出口商（承包商），国外进口商（业主）在出口商交付货物或在工程竣工后延期支付给出口商（承包商）。承办行可以是中国进出口银行、其他国有政策性银行和商业银行以及股份制银行。

目前，能够从事出口卖方信贷业务的银行有中国进出口银行、国有商业银行、国家开发银行以及股份制银行。

对于国际承包工程项目，出口卖方信贷的一般做法是承包商在签订卖方信贷合同、工程合同后，业主（进口方）支付5%～15%的定金（或双方协议的其他比例），承包商实施并完成工程后，业主再分期支付工程款项。同时，承包商应根据卖方信贷合同的规定，按期向银行支付贷款本金、利息和银行费用等。承包商在计算工程款项时，除工程自身的成本、承包商预期利润外，还需将贷款利息、银行费用、卖方信贷保险费等计算到工程成本中。

由于承包商承担了融资责任并充当了借款人，造成了承包商负债的大幅增加以及业主不能按期还款的风险，因此，与现汇项目相比，如果没有一定的利润预期，承包商应谨慎从事这种业务。

中国进出口银行经营出口卖方信贷项下的贷款种类如下：

1）船舶出口卖方信贷。

2）设备出口卖方信贷。

3）高新技术产品出口卖方信贷。

4）一般机电产品出口卖方信贷。

5）对外承包工程贷款。

6）境外投资贷款。

7）农产品出口卖方信贷。

8）文化产品和服务出口卖方信贷。

出口卖方信贷项下的贷款条件与出口买方信贷基本相同。为了规避业主或进口商不能按期还款风险，承包商应根据贷款银行的要求到中国出口信用保险公司投保卖方信贷保险，同时进口商或业主应提供相关担保，如银行担保或国家主权担保等融资银行可以接受的担保方式。

出口买方信贷和出口卖方信贷的主要区别如下：

1）借款人不同

出口买方信贷的借款人是进口商（业主）、进口商银行或进口国财政部，出口卖方信贷的借款人是出口商或者承包商。

2）付款方式不同

出口卖方信贷项下进行工程承包实质上是分期付款项目，而出口买方信贷项下的承包工程是现汇项目。

3）对企业财务状况影响不同

由于出口卖方信贷是出口商或承包商作为借款人，负责向银行还本付息，因此，在出口商或承包商的资产负债表中的短期负债或长期负债栏目中将有所体现，加大了出口商或承包商的负债规模和资产负债比率，同时，出口商、承包商还需要向银行提供担保，加大了企业的财务负担，对企业财务状况影响大，而出口买方信贷则不存在这个问题。

4）融资责任和风险不同

出口卖方信贷的融资责任由出口商或者承包商承担，进口商或业主不能按期还款付息，乃至根本违约的风险亦由出口商或承包商承担。出口买方信贷的融资责任由进口商或业主承担，银行承担进口商或业主不能按期还款或根本违约的风险。

5）对项目的控制程度不同

由于出口卖方信贷的借款人是出口商或承包商，因此，承包商或出口商可以就商务合同以及还款方式等达成一致后签署合同，而出口买方信贷项下业主有可能进行公开招标。

（3）"两优"贷款

"两优"贷款是中国援外优惠贷款和优惠出口买方信贷的简称，是中国政府给予发展中国家政府的政府援助贷款。中国进出口银行是中国政府指定的"两优"贷款业务的唯一承办行。

1）优惠出口买方信贷

优惠出口买方信贷是指为配合国家政治、外交需要，推动与重点国家和地区的经贸合作，采用出口买方信贷形式对外提供具备一定优惠条件，由中国进出口银行承办的特定贷款。

与出口买方信贷相比，优惠出口买方信贷的贷款利息较低，贷款期限可适当延长，无需中国出口信用保险公司承保出口信用保险，故称为优惠出口买方信贷。

优惠出口买方信贷的贷款对象为借款国主权机构，通常为借款国财政部。优惠出口买方信贷的基本条件是：

① 借款国与中国保持良好外交关系，有偿还能力，且偿债信誉良好（有特殊需要的国家除外）。

② 借款国拟使用贷款的项目符合借款国经济发展和行业规划，有利于促进借款国经济和社会发展、促进与中国经贸合作关系的发展。

③ 项目具备经济和技术可行性，不会对项目所在地的自然环境和人文环境造成严重的不利影响。

2）援外优惠贷款

援外优惠贷款是指中国政府指定中国进出口银行向发展中国家政府提供的具

有援助性质的中长期低息贷款。对外优惠贷款的特点是一种低息的、援助性质的贷款，金额较小，币种为人民币，实质上它不属于出口信贷业务。援外优惠贷款的决策部门为中国商务部，中国进出口银行为贷款管理机构。

援外优惠贷款的政府归口管理单位是商务部，主管司局为援外司。商务部负责制定政策和计划，签署优惠贷款框架协议，负责项目的招标采购。中国进出口银行负责项目评估审查、放款、贷款管理和本息回收等。贷款对象为受援国政府财政部。

援外优惠贷款的贷款条件如下：

① 申贷金额：原则上不低于 2000 万人民币；

② 利率和期限：执行政府间优惠贷款框架协议规定；

③ 利息：每半年计息一次；

④ 本金偿还：进入还本期后每半年一次等额偿还；

⑤ 银行费用：借款人按贷款总额在首次提款前一次性支付管理费，按贷款未提取部分支付承诺费。

贷款项目应具备如下条件：

① 项目得到中国政府和借款国政府的认可；

② 借款国与中国有良好的外交关系，政治经济状况相对稳定，具有偿还本息的能力；

③ 项目技术可行，具有良好的经济效益和社会效益；

④ 项目由中方企业负责承建，采购项目所需的设备等原则上应由中方企业负责供货；

⑤ 贷款项下所需设备、材料、技术或服务优先从中国采购或引进，设备采购中来自中国的成分原则不低于 50%；

⑥ 项目配套资金已落实。

⑦ 银行要求提供的其他有关资料。

优惠出口买方信贷和援外优惠贷款的区别如下：

① 援外优惠贷款属于援助性质，而优惠出口买方信贷本质上属于出口买方信贷。

② 优惠出口买方信贷的贷款货币为美元或其他货币，援外优惠贷款的贷款货币是人民币。

③ 优惠出口买方信贷贷款金额较大，而援外优惠贷款的贷款金额较小，但某些特定项目除外。

④ 援外优惠贷款项目须由中国商务部通过公开招标方式在中国企业之间进行项目采购，而优惠出口买方信贷是通过借款国政府在中国企业之间进行招标或议标方式进行项目采购。

9.2 运作出口信贷项目的方法、步骤和程序

1. 运作出口信贷项目的方法

由于出口信贷项目是中国政府为支持我国机械设备、成套设备以及大型工程项目出口的一项国际资金融通的手段，因此，出口信贷项目与我国政府的对外经济贸易政策息息相关。在确定开发我国政府有可能向他国贷款的项目时，应通过政府、银行、媒体等渠道等了解政策走向，掌握海外市场开发的风向标。

中国对外工程承包企业在运作出口信贷项目时，应充分掌握和了解中国政府、银行、信用保险公司的有关政策、规定和程序，并应注意如下问题：

（1）国别选择

中国对外承包工程业务基本集中在亚洲和非洲等不发达或欠发达国家和地区，国别风险大，主权信用等级低，所在国银行的信用等级不高，因此，在市场开拓初期，在确定项目开发战略，即现汇投标项目还是出口信贷项目时，应充分考虑所在国的政治、经济、社会、项目以及还款能力等综合情况，确定是否可以利用出口信贷工具开拓市场和新项目。必要时，应咨询中国政府有关部门、银行和信用保险公司的看法和意见，以便确定市场战略。

（2）项目选择

企业应选择所在国已列入国际发展规划或计划的优先项目，或者是所在国的重点项目，避免开发那些远期的、非重点或未列入国家计划的项目，以免浪费时间、人力和金钱。

企业应确定选择的项目是否完成了前期工作，例如项目建议书、预可行性研究报告、可行性研究报告、初步设计、环境评估报告等。企业应了解在签订商务合同后，是否存在项目开工的障碍，如征地是否会顺利进行以及人为或自然条件的限制等因素。

企业应明确技术的可能性和潜在的风险。对于那些超出当代科学技术水平，施工技术尚未成熟，或者设计和施工风险很大的项目，企业应慎重选择，在最大限度上规避工程技术风险。

（3）融资方式和结构

应根据不同的项目确定不同的融资方式，如买方信贷、卖方信贷、PPP 方

式或其他融资方式。在设计融资结构时，应考虑贷款金额、期限、利率、还本付息方式和时间、担保方式（主权担保、银行担保或远期信用证等）、是否需要购买出口信用保险、保险的条件和费用等问题。

（4）担保和还款方式

担保和还款方式是决定能否使用出口信贷的一个重要前提。企业在初期考虑出口信贷项目时，应落实担保问题，主要有主权担保（所在国的财政部或中央银行担保）、银行担保或其他担保方式（如石油担保、资源担保等）。

（5）银行和信用保险公司的支持

应在项目初始阶段与银行和中国出口信用保险公司进行接触，探讨项目的可能性和可行性，在银行和保险公司的协助、参与下，进行项目融资方式和结构的设计，取得银行的贷款意向函和信用保险公司的保险承诺，落实"一保一贷"。

（6）做好审批工作

主要是银行对贷款的审批；保险公司对出口信贷保险（如短期、中长期出口信贷保险）的审批，如果保险金额超出国别配额，信用保险公司还需上报财政部审批；如果出口买方信贷金额超过一亿美元，需通过商务部或省级政府报国务院批准。

（7）与国际金融组织或其他机构贷款的现汇投标项目的"短、平、快"相比，出口信贷项目从寻找项目、谈判、审批、签约到开工是一个"耗时长、各方关系复杂、进展慢、前期投入大"的过程，项目失败的风险极大。对此，企业应有足够的心理准备和承受力。

2. 出口信贷项目步骤和程序

（1）优惠出口买方信贷和援外优惠贷款（"两优贷款"）业务流程
中国进出口银行公布的优惠出口买方信贷和援外优惠贷款业务流程如下：
1）申请贷款
借款国政府向中国政府提出贷款申请，并提交有关申请资料。
2）贷前调查
中国进出口银行搜集贷款项目相关资料，开展贷前调查。
3）评估
对受理项目进行评估审查，并将评审结果报送中国政府有关部门。
4）签署框架协议和贷款协议

中国政府和借款国政府签署政府间优惠贷款框架协议，中国进出口银行与借款人签署优惠出口买方信贷的具体贷款协议或援外优惠贷款协议。

5）项目放贷

在借款人按贷款协议规定向中国进出口银行提交有关单据，申请提款，银行审核同意后，按工程项目进度放款。

6）贷款管理偿还

中国进出口银行按照相关制度开展贷后管理，回收本金和利息。

优惠出口买方信贷业务流程如图 9-2 所示。

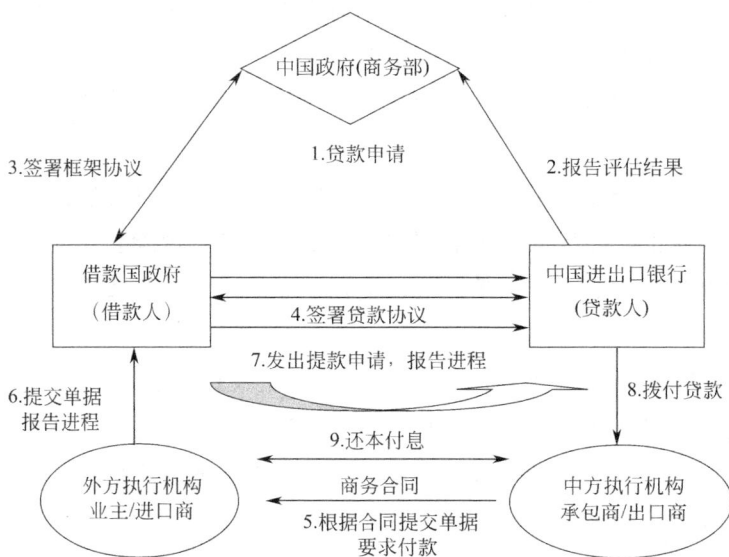

图 9-2 "两优"贷款业务流程

需要注意的是，"两优"贷款项目应根据工程所在国的招投标的法律要求，采取在中国企业之间公开招标的方式或者直接议标的方式选择承包商。对于援外优惠贷款项目，如中国商务部另有要求，应按照中国商务部的要求办理。

"两优"贷款申请资料要求如下：

1）借款国政府借款申请函。

2）商务合同。

3）项目可行性研究报告（建议书）、环境评估报告。

4）项目业主材料。

5）执行企业和主要分包商（供货商）材料等。

（2）出口买方信贷和出口买方信贷业务流程

在满足中国进出口银行、国家开发银行、国有商业银行或股份制银行规定的贷款条件的前提下，出口买方信贷基本流程如下：

1）进口商（或业主）与出口商（或承包商）签订商务合同。

2）中国的银行与进口商（或业主或工程所在国财政部）签订贷款协议。

3）进口商（或业主）提供银行和中国出口信用保险公司可接受的还款担保。

4）中国出口信用保险公司提供出口信用保险。

5）进口商（或业主）支付预付款或定金。

6）出口商（或承包商）提供服务或供货。

7）银行发放贷款。

8）银行进行贷后管理和回收本金和利息。

（3）出口卖方信贷和出口卖方信贷业务流程

出口卖方信贷业务流程如图 9-3 所示。

在出口卖方信贷业务流程中，图 9-3 中的出口商（或承包商）将与银行签署贷款合同，负责偿还贷款，而进口商（或业主）负责向出口商（或承包商）延期支付商务合同项下的贸易或工程款项。

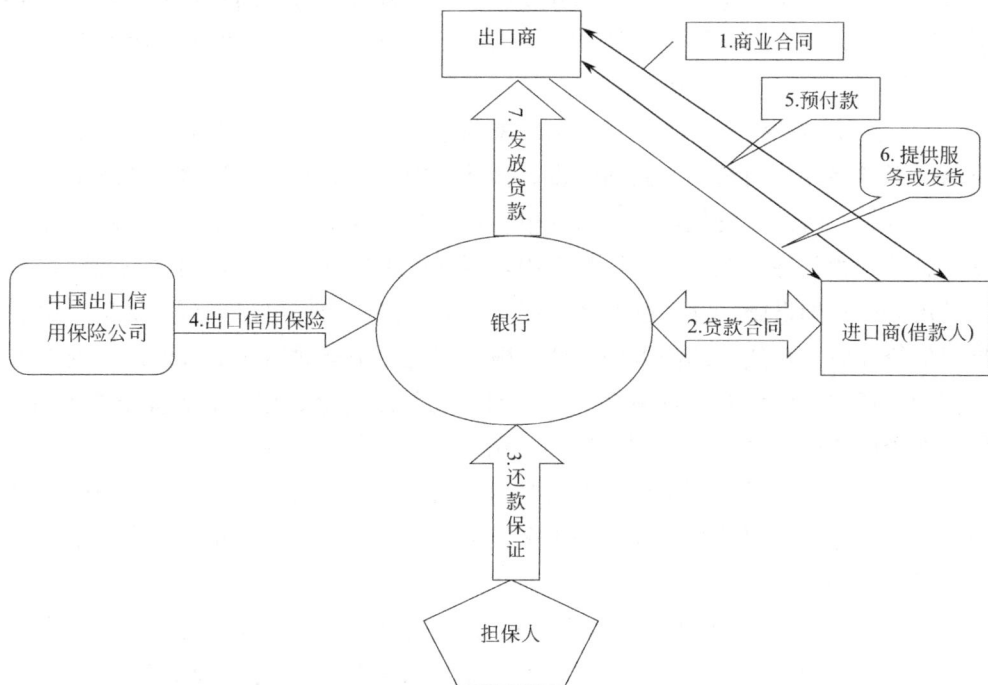

图 9-3　出口卖方信贷业务流程

9.3 出口信贷政策的有关问题

自 20 世纪 90 年代中国的商业银行开展出口信贷业务，特别是 1994 年中国进出口银行成立以来，出口信贷业务，包括优惠出口买方信贷、援外优惠贷款、出口买方信贷、出口卖方信贷等融资业务，极大地推动和促进了中国对外承包工程业务的发展，使一部分具备一定条件的中国企业实现了国际承包工程业务的转型和升级，带动了中国产品和劳动力"走出去"。但是，从"走出去"的企业角度来看，从"一带一路"倡议的落实和实施看，中国出口信贷政策仍存在诸多问题和掣肘，需要突破现行政策和制度的限制，改革和创新，促进中国企业更进一步融入国际经济合作的环境之中，利用出口信贷政策的改善创造更多的机会，使更多的企业参与到国际经济合作之中，巩固中国企业进一步走出去的信心，提高竞争力。

（1）"一带一路"倡议作为中国政府对外发展的顶层设计，在基础设施、互联互通、国际产能合作、人文交流等方面制定了战略发展目标和方案，在对外融资、中长期贷款、出口信贷、"两优"贷款和项目融资方面应制定相应的战略和方案，统筹安排，配合中国政府"一带一路"倡议目标的实现。

（2）运用多种融资渠道，解决融资来源单一问题，拓宽融资渠道，增加资金供给，引导多方共同参与，共同建设。目前，中国企业对外融资基本依赖中国进出口银行的"两优"贷款，融资来源单一，主要原因是借款国政府希望获得低利率优惠的贷款条件。在"两优"贷款中，援外优惠贷款金额小，用途范围窄，无法满足大型基础设施、互联互通和产能合作的需要，而优惠出口买方信贷受制于出口信贷性质，在贷款期限方面无法突破。因此，中国政府应综合运用中国进出口银行、亚洲基础设施投资银行、金砖银行、丝路基金、中非合作基金的作用，解决融资渠道单一带来的问题。另外，充分发挥债券市场的直接融资作用，借助担保融资等增信工具，募集低成本资金，布局"一带一路"国家市场。鼓励主权财富基金、保险公司、私营部门等更多社会资本参与"一带一路"国家的基础设施建设，支持重大建设项目。

（3）对外融资品种单一，亟需扩展中长期贷款。目前，中国政府对外贷款主要依靠中国进出口银行的"两优"贷款以及其他银行的商业贷款，主要融资产品是优惠出口买方信贷和商业贷款，出口卖方信贷仅占很小的份额。

但是，由于优惠出口买方信贷属于出口信贷性质，无法在年限上突破 15 年底的上限，而出口卖方信贷的延迟付款期限也难以突破 6 年或者 8 年的最高限，因此，上述融资产品无法满足广大亚洲、非洲地区国家的需求。为此，中国政府需要改变融资产品单一的问题，提供 20～30 年或者更长时间的中长期贷款份额。

（4）解决"融资难、融资贵"的难题。为解决融资难的问题，应鼓励中国的金融走出去，融入国际经济合作的大环境中，改变银行业单纯依赖国内市场的格局。中国的金融不走出国门，不融入国际经济合作之中，难言中国企业国际化的成功。为解决融资贵的问题，中国政府亟需扩展对外融资产品，提供 20～30 年的中长期贷款，改变目前融资品种单一和利息居高不下的局面，同时，降低出口信用保险费率，从根本上解决融资贵给企业带来的困局。

（5）开展项目融资业务，为企业对外投资创造条件。由于目前中国企业对外投资基本上均为"内保外贷"方式，境内总公司或集团公司提供担保，这种模式对单个企业而言，易受担保条件封顶的制约，无法扩大对外投资规模，使得中国企业根本无法与西方企业在国际市场竞争。

（6）发挥外储资金、混合贷款的优势，降低融资成本。扩大外汇储备定向发债，委托贷款规模，降低融资成本。借助两优贷款与商业贷款的合作，借助混合贷款规模拉低平均融资成本。

（7）增强出口信用保险支持力度，降低出口信用保险费率。扩大中国出口信用保险公司资本金，增强其承担风险的能力。优化和明确出口信用保险管理政策，在政策层面明确国别风险判断标准。支持中国出口信用保险公司在境外设立分支结构，加深对国别风险的切实了解，避免人云亦云、盲从其他机构对国别风险的评估结果，缺乏自己对国别风险的实际判断。切实降低出口信用保费费率，为中国企业从事国际竞争降低成本，提供效率。

（8）建立和健全信用管理体系。目前，中国出口信贷机构、进出口商和借款国政府之间信息不对称，银行尚未建立国际的信用管理体系平台，出口信贷机构信息来源渠道缺乏，导致对信贷利率或保险费率的厘定与实际情况不符，发生经营性亏损，造成财政资金低效使用。另外，政府管理部门与出口信贷机构之间的信息不对称，导致政府对出口信贷业务的监管职能受到局限，影响政府制订国家限额和批贷的合理性。

（9）法律建设滞后，亟需从法律层面规制出口信贷机构。西方国家通过立法的形式对出口信贷机构的资金来源及其运用方式、业务范围、与国家其他部门的关系做出了明确的规定，定位明确，地位突出。而中国至今尚未制定专门的法律，对出口信贷机构的定位不明确，业务标准模糊，导致出口信贷机构的经营活动缺乏法律依据，因此，中国需要对出口信贷机构进行立法规制，消除体制性隐患。

9.4 国际商业银行贷款和国际银团贷款

1. 国际商业银行贷款

国际商业银行贷款是企业从国际上的商业银行进行贷款，是企业获得融资的重要渠道之一，其基本特征是：

（1）商业银行贷款的贷款人和借款人除须为不同国家的当事人外，原则上不受特定身份的限制。按照多数国家的法律，其贷款人可以是具有贷款业务或商业银行业务的任何金融机构，其借款人可为各类主体，而某些发展中国家（如中国）则基于外债管理政策的考虑，对于本国借款人的资格设有一定限制。

（2）商业银行贷款的利息率通常以国际金融市场利率为基础，一般是按照某一基准利率如伦敦银行同业拆放利率（LIBOR）再加一定的加息率或利差（Margin），该利差除考虑贷款金额、贷款期限和借款人资信条件外，主要依据金融市场的供求关系确定。

（3）商业银行贷款主要为定期贷款，其贷款期限通常为 1～10 年，其计息和付息多以 6 个月为一期，也可根据借款人实际需求确定，有些商业银行贷款采取循环信贷方式。

（4）商业银行贷款的贷款用途不受特定范围限制，但贷款人基于贷款偿还安全原则、贷款协议合法原则和不违反贷款人经营能力原则往往要求在贷款协议中载入贷款用途条款，该协议经当事人协商签署后，自应按约履行。

（5）商业银行贷款原则上首先受到意思自治原则和相关国家国内法的支配（通常为贷款人所在国）及司法管辖，其次也要考虑国际惯例的要求，其贷款协议中通常含有法律适用条款和司法管辖条款，这与政府贷款和国际金融机构贷款有所不同。

以不同划分标准，国际商业银行贷款种类多样。从贷款期限上划分，国际商业银行贷款可分为短期贷款、中期贷款和长期贷款；以贷款的组织发放方式划分，可分为单独贷款、联合贷款和银团贷款。短期贷款通常指借贷期限在 1 年以下的资金，短期资金市场一般称为货币市场。借贷期限最短为 1 天，还有 7 天、1 个月、2 个月、3 个月、6 个月、1 年等几种。短期贷款多为 1～7 天及 1～3 个月，少数为 6 个月或 1 年。短期贷款可分为银行与银行间的信贷和银行对非银行客户（公司企业、政府机构等）的信贷。银行之间的信贷称为银行同业拆借；银行对非银行客户的短期贷款，可进一步根据贷款用途分为建设项目短期贷款和流动资金贷款，前者是用于项目建设过程中短期的资金需求，流动资金贷款是企业为满足一般的日常经营所需要的贷款。

中期贷款是指 1 年以上，5 年以下的贷款，是由借贷双方银行签订贷款协议。由于贷款期限长、金额大，贷款银行会要求较为严格的担保方式来确保贷款安全。一般而言，中期贷款利率比短期贷款利率高。

长期贷款是指 5 年以上的贷款。由于经济的不稳定，期限超过 5 年的长期贷款风险比较大，银行对借款人的信用要求、资质、借款人承包项目的评审会更为严格，往往还会引入保险公司等第三方机构一起来分担贷款风险。

国际商业银行贷款按照其组织放贷方式可分为如下三类：

（1）单独贷款是指由某一家商业银行独立向借款人协议提供的国际贷款，其贷款资金由贷款人单独组织安排。

（2）联合贷款是指在不超过法律限制的条件下，由几家国际商业银行共同作为贷款人联合向借款人协议提供的国际贷款，按照一些国家的法律，联合贷款的贷款人不得超过五家商业银行，否则其贷款将被视为推销性银团贷款，须适用证券法和特别法的有关规定。

（3）银团贷款又称为"辛迪加贷款"。

国际商业银行贷款的财务成本主要包括三个方面：

（1）利息支出。利息支出是根据贷款协议，借款人定期应向贷款人支付的使用贷款资金的资金成本。

（2）税金负担。税金负担，是由于贷款人因发放本笔贷款而承受的相关税务负担。

（3）其他费用。其他费用则主要是贷款人因发放本次贷款而导致的其他费用，主要有管理费、代理费、承诺费和杂费等。

在明确向银行申请贷款的意向后，企业应根据各个银行的不同要求，及时向银行提交借款申请书及评级、评审的相关资料，见表 9-1。

企业提交商业贷款资料清单　　　　　　　　　　　　　　　表 9-1

资料类别	资料明细	备注
借款人资料	＊借款人和股东经年审的营业执照、机构代码证、税务登记证和贷款卡复印件	
	＊借款人和股东近四年财务报表及审计报告	审计机构须经银行认可
	＊公司历史沿革以及组织结构、公司章程、投资协议、验资报告等其他必需文件	
	＊公司在其他金融机构的贷款金额、利率及偿还计划	
	＊借款人(和股东)管理层主要人员简历、简介	
	＊公司未来的发展规划及经营目标	
	＊公司竞争力有关资料:包括原材料、设备、人力资源、技术、单位成本水平、规模、管理水平等在国内外、行业和地区等可比范围内的优势和不足,特别是公司产品的市场前景(替代性、互补性、市场份额)和经营状况	
项目资料	＊项目可研报告(或者土地收储计划)及项目审批文件	
	＊项目进度、资本金到位凭证、资金来源及投入情况说明	
	＊项目融资安排、其他商业银行的贷款金额及贷款条件	
	项目产品(或服务)适用的税种、税目、税率和计征办法	
	项目产品未来市场、销售价格预计或收费标准的批准文件	
相关出文	＊借款申请书	
	资本金出资承诺文件	
	担保信用结构有关承诺文件	

注:上表中标注"＊"的材料为申请银行贷款时的必备材料。

企业在向商业银行申请贷款时,应向商业银行提供合同及翻译件(原件或复印件)。企业应根据项目实际情况编制项目情况报告,内容应包括项目所在国情况介绍、项目进度、资本金到位凭证、资金来源、投入情况说明以及项目现金流预测表等。

银行根据借款人提供的资料完成评级、评审工作,在通过商业银行内部有关贷款决策机构审议后,即可进行贷款合同的签订。

一般而言,国际商业银行贷款协议的结构和主要商业条款包括:

(1)定义与释疑。

(2)商务性条款。

(3)贷款管理条款。

此类条款包括贷款用途,提款,还款、提前还款及取消等条款。对于提款的先决条件,通常会在附表中列明,主要为公司章程文件,批准证书,授权书,备案,法律意见书以及最近的财务报表等。

（4）贷款用途。对于贷款用途，一般协议条款中会对贷款用途进行清晰明确的界定。

（5）提款先决条件。具体包括两类：第一类，涉及贷款合同项下全部义务的先决条件，即在借款人证实与贷款合同有关的一切法律事项都已安排妥善的情况下，该贷款合同才生效。为此，借款人通常要提供如下法律文件：①担保书，包括保证书、抵押文书及质押文书，以给贷款人追偿贷款的本金与利息提供保障；②一切必备的授权书副本（董事会决议、股东大会决议、政府的批准等），以说明借款人承担这笔债务已获得合法授权；③一切必备的政府批准书和外汇主管部门批准书的副本，以说明借款人从国外借款没有违反国家的外汇管理制度；④借款人组织机构的成立文件，如公司章程，以说明借款人的借款资格；⑤律师意见书。律师意见书的主要目的就是对前述先决条件中的有关法律文件及其有效性予以确认。在很多情况下，声明和保证的内容就构成国际贷款合同生效的先决条件。第二类，涉及提供每一笔贷款的先决条件。国际贷款合同往往规定贷款人分期分批提供贷款。贷款人往往在国际贷款合同中规定，借款人在提取每一笔贷款以前必须满足以下各项先决条件：①借款人在签订合同时所作的声明与保证仍然准确无误；②借款人的财务状况和经营状况没有发生实质性的不利变化；③没有发生违约事件或可能构成违约的其他事件；④没有出现任何情况使得借款人履行贷款合同项下的义务受到限制等。

（6）保护性条款。保护性条款可以区分为一般性保护条款及利差保护条款。利差保护条款包括税项补偿及赔偿、额外费用、市场紊乱、赔偿责任。

（7）税项补偿及赔偿条款。该条款规定借款人的一切支付不得受税收及额外费用的影响；在任何有关支付及贷款合同的应纳税或任何有关的额外费用方面，借款人要补偿贷款人。通过这一规定，贷款人将税收及贷款期内额外增加的费用转嫁给借款人。

（8）市场紊乱条款。该条款约定的是在市场紊乱（如市场上无 LIBOR 值，或者 LIBOR 的值无法反映贷款人真实的筹资成本，此种情况一般仅在金融危机的极端条件下发生）的情况下，借款人与贷款人如何共同重新协商利率。

（9）固定条款。主要包括如贷款管理、管辖法律及强制执行等条款，此类条款比较固定，通常不需要做任何实质改动。对于借款人而言，此部分较为重要的条款为违约事件与救济、争端解决方式和适用法律条款：

1）违约事件条款。本条款是将可能发生的违约事件加以列举，规定贷款人可以采用违约救济条款规定的救济方法来维护其合法权益。所列举的违约事件分为三类：①直接违约事件。指借款人不按期支付本金、利息和费用，违反声明与保证等事件。②交叉违约事件。这是指在借款人由于其他贷款违约而被其他贷款人宣布贷款加速（提前）到期立即偿还时，本贷款人也有权随即宣布给予借款人的贷款也加速到期立即偿还。交叉违约条款的规定是对借款人施加的极为严厉的限制，这将促使借款人不得不严格加强管理，改善经营。③先兆性违约事件。指借款人出现丧失偿付能力、商务状况有重大不利变化等事件。出现这类事件，贷款人也可以提前收回贷款，而不是当合同到期、借款人偿付能力丧失殆尽时，贷款人方可主张权利，获得一张裁决机关（法院或仲裁机构）的"白条"，而实质上，贷款人的实体权利已无法行使。

2）违约救济条款。本条款是规定出现任何一类违约事件时，贷款人拥有的内部和外部救济方法。内部（贷款合同规定）的救济方法有：①中止借款人提取贷款；②解除借款人尚未提取的贷款；③宣布贷款加速到期立即偿还。这三种方法可以择一或一并采用。外部（各国合同法一般都有相应的规定）救济方法主要有：①解除贷款合同；②要求赔偿损失；③要求履行贷款合同，支付已到期的本息。这三种方法是否可以并用既要看各国合同法的相关内容，又要看贷款合同的相关规定及贷款的运作方法。如果违约事件是发生在第一批贷款已经提取之后，则贷款人就既可以要求借款人偿还已经提取的贷款的本金及其利息，又可拒绝提供合同约定的借款人的未来提款，并向借款人主张赔偿损失。违约救济条款主要是贷款人为了对付借款人用的，但在实际国际融资活动中，也会出现合同生效后，贷款人拒绝提供贷款的情况。在这种情况下，借款人固然可以解除合同，并要求贷款人赔偿损失，但是否可以要求贷款人实际履行合同，各国差异颇大。

3）争端解决方式条款。国际贷款合同争议，贷款人通常都不愿提交仲裁，而是直接诉诸法院。

4）适用法律条款。本条规定解决合同争议适用哪国法律，交由哪国法院管辖。

2. 国际银团贷款

（1）国际银团贷款定义和特征

国际银团贷款又称为"辛迪加贷款（Syndicated Loan）"，是指数家国际商业银行或金融机构按照法律文件约定的方式，联合向借款人协议提供数额较大的国际贷款。

国际银团贷款是一般性国际商业银行贷款的自然延伸，它是目前国际贷款融资中最为典型、最有代表性的方式。它不仅包含了国际商业贷款关系中的一切基本要素，而且体现了分散贷款风险和提高筹资效率的市场要求，因而在国际商业银行贷款实践中有日益普遍化的趋向。

国际银团贷款可分为：

1）共同式银团贷款，又称直接银团贷款或辛迪加贷款，是指在牵头行的组织下，各个贷款银行或者通过其代理人直接与借款人签订国际银团贷款合同，它们按照国际银团贷款合同所规定的统一条件贷款给借款人，并委托一家或者数家代理行统一负责贷款的日常管理工作，从贷款人发放贷款到借款人偿还款项，均由该银行统一办理。

共同式银团贷款的特点如下：

①牵头行身份的多重性。牵头行既是银团贷款的组织者，通常也是银团贷款的代理人。

②各贷款银行权利与义务相对独立。共同式银团贷款的每个参与行所承担的权利与义务是独立的，没有连带关系。

③银团参与行相对稳定。共同式银团贷款规定贷款行转让贷款中的权力受到限制。

④代理行的责任明确。共同式银团贷款中，各参与银行的贷款是通过代理行来统一发放、收回和管理的，贷款合同中都明确规定了代理行的责任和义务。

2）参与式银团贷款，通常由一家牵头行单独同借款人签订贷款合同，向借款人贷款，然后由该牵头行将参与贷款权分别转售给其他愿意提供贷款的银行。这些以后参加进来的贷款银行，就是参与行。他们持有的参与行证书作为债权证明。参与式银团贷款形式中，牵头行将贷款权利转让给其他参与银行的转让方式有：

①转贷款：参与银行在取得牵头行以借款人归还的贷款作为保证的前提下，直接贷款给牵头行，再由牵头行将此款项贷与借款人。

②债权让与：牵头行将贷款合同中规定的一部分贷款义务和权利一起转让给其他贷款银行，使受让银行取得贷款参与权，成为参与银行，而牵头行通过转让取得对等的价金。

③贷款证券化：牵头行将其持有的全部或部分贷款转化为类似于证券发行与融通的过程。商业银行可以采用贷款证券化方式，将风险分散转移给其他投资者。

参与式银团贷款的特点：

1）参与银行和借款人债务债权的间接性。在参与式银团贷款中，参与银行与借款人之间不存在直接的债权和债务关系，对债务人不享有直接的请求权，除非事先征得借款人和牵头行的同意。在借款人发生违约时，参与银行无权行使抵销权来进行损失补偿，因此在这种形式下，参与银行所要承担的风险是双重的，即借款人的经济风险和牵头行的违约风险。

2）缺乏比较完整的法律保证。在参与式银团贷款中，借款人、牵头行和参与银行之间缺乏明确的法律保证。

3）法律关系相对比较简单、工作量小。在参与式银团贷款中，由于借款人只和牵头行有直接关系，因此比较容易达成共识，从而缩短时间，节约费用。

（2）国际银团贷款程序和主要工作

国际银团贷款程序和主要工作如下：

1）选择并确定牵头行

借款人通常在广泛接触国际性商业银行的基础上，根据其条件和初步协商已初步选择了潜在的贷款银团组织者，并已明确了银团贷款意向；而多数国际性商业银行在决定组织银团贷款之前，也已经对借款人的基本情况、贷款意向和基本条件进行了调查了解。在双方均已具有意向的基础上，借款人应当通过议标（邀请投标）方式或谈判议定的方式确定适当的牵头经理银行；在此工作阶段，双方需就银团贷款的基本条件达成书面意向，牵头经理银行应已充分了解借款人的基本情况和主要问题。在牵头经理银行确定后，借款人应当向该牵头经理银行出具旨在委托其组织银团贷款的委托书，这是牵头经理银行开始组织银团贷款的前提。

2）银团贷款准备工作

此阶段的准备工作主要包括四部分：首先，牵头经理银行在专业机构的协助下，根据对借款人情况的调查了解，应以附条件的"义务承诺函"方式与借款人磋商确定基本的贷款结构、贷款方式和贷款条件，并确定贷款准备工作的内容，包括担保的安排、贷款特别安排、借款人国内审批等问题均应确定。其次，牵头经理行根据对借款人情况的调查，应当准备旨在说明借款人具体情况与相关事实的银团贷款推销文件，这通常为信息备忘录（Information Memorandum）。按照某些国家的法律，金融中介人如采取贷款推销方式组织贷款，则应当受到证券法或特别法的支配，适用有关信息披露的规则。再次，牵头经理人在专业机构的协助下将准备包括银团贷款协议在内的各种法律文件，并就贷款协议的主要条款与借款人取得一致。最后，借款人在此阶段应取得一切政府部门应有的批准和许可，以符合先决条件条款的要求，而牵头经理银行通常已根据项目要求组织经理银行向潜在的参与银行推介该贷款项目。

3）贷款协议的谈判

在此工作阶段，牵头经理人将代表贷款银团与借款人进行贷款协议和相关协议文件的谈判，在通常情况下，贷款协议的大部分条款应先行得到确定，仅将某些受市场制约的重要贷款条件（如利率或其确定办法）留待最终确定；如还有担保贷款，则还应与担保人协商确定贷款协议及担保协议的内容；在许多发展中国家中，该贷款协议还应报政府主管部门审核。

（3）国际银团贷款贷后管理工作

国际银团贷款的贷后管理工作的主要内容包括：

1）根据协议约定和代理行通知，及时将贷款划入指定账户，按照信贷管理系统的要求实时录入。

2）根据协议约定、代理行提供的资料和农发行贷后管理有关规定，配合代理行做好本行贷款的贷后管理工作，密切关注银团贷款整体情况，及时了解和掌握相关信息。

3）发现实质性、潜在违约事件或发生重大事项，及时通报上级行和代理行。

4）要求牵头行、代理行及时提供借款人的经营财务信息资料，在银团贷款发生潜在风险或逾期、欠息等实质风险时，与牵头行、代理行和其他参加行协调一致，防范和化解风险。

5）出现不良贷款，积极参与代理行组织的资产保全工作。

6）履行协议约定的其他职责。

9.5　EPC＋F 模式运作

近年来，在中国出口信贷的支持下，中国企业在国际市场上获得了大量的巨额国际工程项目，在国际市场缺乏资金的情况下，中国资金市场和资本市场的强劲增长催生了国际工程承包中的 EPC＋F 模式以及 EPC＋F＋股权的融资模式。中国企业利用中国进出口银行、国家开发银行和国有商业银行的资金优势，为国际工程项目和境外投资项目寻求融资支持，并以此为条件，以 EPC 方式承揽提供融资支持的项目，扩大了市场份额，为企业获得工程合同创造了机会。

EPC＋F 模式，又称 EPC＋融资模式，是指中国企业利用与银行的关系，为境外客户寻求境内银行，对项目提供融资，并据此获得以 EPC 方式承揽工程合同的模式。EPC＋F＋股权模式是指中国企业利用与银行的关系，为境外客户寻求境内银行，对投资项目提供融资，并作为股东参股，获得以 EPC 方式承揽工程合同的模式。

目前，中国企业 EPC＋F 模式以及 EPC＋F＋股权模式应用于各类国际工程项目和海外投资项目，包括海外投资项目，例如火力发电项目、水力发电项目、风力发电项目、太阳能项目和水务项目等。在国际工程承包市场开发实践中，企业经常遇到的 EPC＋F 模式和 EPC＋F＋股权投资模式的情形是：

（1）第一类项目：东道国政府计划开发和实施的项目，但因缺乏资金无法上马，需要中国企业推动中国境内银行的融资，包括优惠出口买方信贷方式、国际商业贷款或出口卖方信贷方式进行融资，从而使得项目得以实施。

（2）第二类项目：境外私人投资者持有特许经营协议、购电协议或者服务协议（适用于水务项目），且购电协议的东道国政府购电价格具有吸引力，足以满足投资需求，但由于境外私人投资者缺乏融资渠道，要求中国企业给予融资支持，并据此将项目以 EPC 合同形式承包给中国企业。

（3）第三类项目：境外私人投资者持有特许经营协议、购电协议或服务协议，中国企业以小股东身份或者控股股东方式入股项目公司，承担融资义务，并据此以 EPC 方式实施工程项目。

从 EPC＋F 模式和 EPC＋F＋股权融资模式的实践看，在项目具备可行性并符合东道国政府的法律和政策的前提下，这种模式的成功主要取决于：

（1）项目具有可行性并符合当地政府的经济发展方向。

（2）获得融资的条件满足，即融资条件中的担保条件的满足，并为中国境内银行和中国出口信用保险公司所接受的担保条件。

（3）在投资项目中，主要股东的实力和能力。

（4）在投资项目中，项目公司能够提供的担保和保证。在特许经营项目中，东道国政府是否能够提供融资银行和中国信保接受的担保和保证。

对于上述第一类项目，中国企业应遵守中国政府有关优惠出口买方信贷、出口卖方信贷或者国际商业信贷的有关规定，进行项目的运作和推动工作。

对于第二类项目，中国企业应要求项目公司发起人提供满足银行融资条件和中国信保出口信用保险要求的条件，除应获得东道国政府的立项和批准以及项目具备的可行性外，项目公司发起人应能够提供满足银行要求和中国信保要求的担保条件。中国企业应充分认识到，此类投资项目众多，在中国企业自身并没有资金投入而只能通过中国境内银行和中国信保给予出口信用保险支持时，项目公司发起人或者项目投资者应能够提供充分的担保，包括特许经营协议、购电协议或服务协议中的保证机制，银行融资和中国信保出口信用保险所需的担保条件，这样才能使得 EPC＋F 模式得以成功。

对于第三类项目，中国企业在以小股东、控股股东或者大股东入股项目公司，并同时向中国境内银行和中国信保申请贷款和保险时，应提供银行融资和中国信保出口信用保险要求的条件，或者以"内保外贷"或者"外保内贷"的方式获得融资。在项目具有良好的经济效益的情况下，企业可向银行申请项目融资。

对于第三类项目，中国企业应充分吸取巴哈马旅游投资项目的惨重教训，进行充分的市场调查，保证项目的可行性和经济效益，避免项目公司在项目实施过程中申请破产，避免银行以项目融资方式贷出的巨额贷款无法收回。

10

出口信用保险

出口信用保险为促进我国出口贸易，扩大我国对外工程承包市场规模，推动"一带一路"倡议的实施起到了保障的作用。由于出口信用保险具有举足轻重的地位，充分利用出口信用保险工具，为国际商业信贷和对外投资提供保障，是企业应该了解和掌握的一个重要课题。

10.1　出口信用保险概述

出口信用保险是一国为了推动本国的出口贸易，保障出口企业的收汇安全而由国家财政提供保险准备金的非赢利性的政策性保险业务。

出口银行保险始于 19 世纪末，最早在英国和德国等地出现出口信用保险的险种。1919 年，英国成立了英国出口信用担保局，这是第一家官方支持的出口信贷担保机构。随后，比利时于 1921 年成立出口信用保险局，荷兰于 1925 年建立国家出口信用担保机制，挪威于 1929 年设立出口信用担保公司，西班牙、瑞典、美国、加拿大和法国分别于 1929、1933、1934、1944 和 1946 年相继成立以政府为背景的出口信用保险和担保机构，从事对本国出口和海外投资的政策支持。1950 年，日本政府在通产省设立贸易保险课，经营出口信用保险业务。20 世纪 60 年代以后，发展中国家纷纷设立自己的出口信用保险机构，为出口贸易和海外投资提供保障。

为规范各国出口信用保险业务，1934 年世界出口信用保险机构成立了"国际出口信用保险和海外投资保险人联盟"的国际性组织，简称"伯尔尼协会"。伯尔尼协会对促进和维护世界贸易和投资发展起到了重要作用。

中国出口信用保险是在 20 世纪 80 年代末期为基础发展而成的。1989 年，中国人民保险公司开办了以短期业务为主的出口信用保险业务，并于 1992 年开办了中长期出口信用保险业务。在 1994 年中国进出口银行成立后，中国进出口银行成立了出口信用保险部，专门从事出口信用保险业务。在 1994 年中国进出口银行成立之后直至 2001 年中国出口信用保险公司成立之前，中国的出口信用保险业务由中国进出口银行和中国人民保险公司两家机构承担。

2001 年，国务院批准成立专门的国家信用保险机构——中国出口信用保险公司，将中国进出口银行和中国人民保险公司各自办理的出口信用保险业务合并，由中国出口信用保险公司独家经营、办理出口信用保险业务。

中国出口信用保险公司，简称"中国信保"，是由国家出资设立，支持中国对外经济贸易发展与合作，具有独立法人地位的国有政策性保险公司。中国信保于 2001 年 12 月 18 日成立，其经营宗旨是通过为对外贸易和对外投资合作提供保险等服务，促进对外经济贸易发展，重点支持货物、技术和服务出口，促进经济增长、就业与国际收支平衡。

目前，中国出口信用保险公司主要经营的出口信用保险业务范围包括：短期出口信用保险业务、中长期出口信用保险业务、海外投资/租赁保险业务、国内贸易信用保险、资信业务、担保、信保融资和理赔业务等。

根据 2016 年 11 月 1 日中国信保发布的《中国出口信用保险公司政策性职能履行评估报告》，为落实国家加大出口信用保险支持力度的政策措施，中国信保不断加大出口支持力度，推动对外贸易在保持总量稳定的同时实现结构性调整。2015 年，中国信保保险和担保业务实现承保金额达 4715.10 亿美元，其中短期出口信用保险全年实现承保金额 3638.8 亿美元，同比增长 5.5%，支持企业对外投资金额达 409.4 亿美元，同比增长 14.2%，对我国海外投资渗透率 6.1%，对重点行业出口渗透率达 13.59%，对重点国别渗透率为 14%，对重点国别的出口和投资业务占比为 23.47%。图 10-1 为中国信保的出口信用保险规模和出口渗透率。

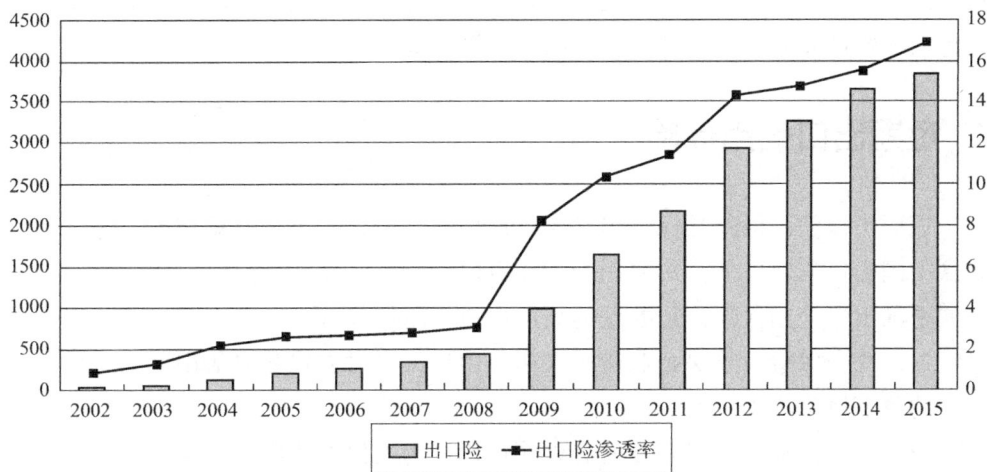

图 10-1　中国信保出口信用保险规模和出口渗透率

2015 年，中国信保通过履行政策性职能，全年拉动出口金额超过 5700 亿美元，占同期我国出口总额的比重达到 25.1%；通过支持出口间接拉动固定资产投资额，占同期我国固定资产投资总额的比重为 3.6%；通过支持出口间接拉动消费，占总消费的比重为 1.6%，信用保险对 GDP 的贡献率达到 5.5%。当年出口信用保险支持和保障就业超过 1500 万人，占我国外贸行业从业人员的近五分之一，占我国就业总人口比例的约 1.9%，并且从 2009 年以来一直处于上升趋势。自 2001 年成立至 2015 年末，中国信保累计赔付案件 5494 宗，向被保险人支付赔款 14.5 亿美元，帮助企业追回 4.5 亿美元，收益的出口企业和银行超过

3000 家,支持企业获得银行融资约 495 亿美元。2015 年,中国信保小微出口企业项下承保金额 409.4 亿美元,短期出口信用保险累计服务支持小微企业 3.9 万家,全年新增小微企业客户近 1 万家,服务支持的小微企业客户占全国小微企业总数的 16.39%,支持小微企业获得融资 157.35 亿元,有效帮助小微企业缓解了融资难、融资贵的问题。

10.2　出口信用保险业务种类

中国出口信用保险公司是当前中国唯一一家承保出口信用保险的机构,与国际承包工程和对外投资相关的出口信用保险业务包括短期出口信用保险业务、中长期出口信用保险业务、海外投资保险业务。受客户委托,中国出口信用保险公司也从事资信业务,包括海外客户的尽职调查等。

1. 短期出口信用保险

短期出口信用保险是保障出口商以信用证、付款交单、承兑交单、赊销等方式从中国出口或转口的,放账期为一年以内的收汇风险。

中国出口信用保险公司办理的短期出口信用保险有:

(1) 综合保险。承保企业所有以非信用证为支付方式和以信用证为支付方式出口的收汇风险。

(2) 统保保险。承保企业所有以非信用证为支付方式出口的收汇风险。

(3) 信用证保险。承保企业以信用证为支付方式出口的收汇风险。

(4) 特定买方保险。承保企业在特定的一个或多个买方以非信用证支付方式出口的收汇风险。

(5) 特定合同保险。承保企业在某个特定合同项下出口的收汇风险,适用于较大金额的机电和成套设备等产品出口项目,并以非信用证方式结算的业务。

(6) 买方违约保险。承保企业以分期付款方式签订的商务合同项下因买方违约而遭受的出运前和出运后的收汇风险,适用于机电产品、成套设备出口以及对外工程承包和劳务合作等项目。买方违约保险适用于出口以分期付款为支付方式,分期付款间隔期不超过 360 天的项目。

买方违约保险的承保范围和条件是:承保从中国出口或转口的各种货物、技术或服务，出口产品属于以机电产品、成套设备等高新技术产品为主或带有机电设备出口的对外劳务合作。产品价值中的中国成分一般不低于 70％，其中船舶一般不低于 50％。合同金额在 100 万美元以上，其中预付款比例一般不低于 15％。支付方式为按工期或服务进行分期付款，最长付款间隔不超过 1 年。付款期限一般在 180 天以内，也可扩展到 360 天。有明确和规范的出口贸易合同，合同执行期不超过 3 年。

买方违约保险承保的风险包括商业风险和政治风险，包括：

（1）（进口商或业主）买家的商业风险：

1）买方破产或者无力偿付债务。

2）买方单方面毁约。

3）买方恶意变更合同。

4）买方拒绝付款。

（2）政治风险，包括：

1）买方所在国家或者地区颁布法律、法令、命令、条例或者采取行政措施，禁止或者限制买方以合同发票列明的货币或可自由兑换的货币向被保险人支付合同款项。

2）买方所在国家或者地区颁布法律、法令、命令、条例或者采取行政措施，禁止买方购买的货物进口。

3）买方所在国家或者地区颁布法律、法令、命令、条例或者采取行政措施，撤销已颁发给买方的进口许可证或者不批准进口许可证有效期的展延。

4）买方所在国家或者地区被禁运或者制裁。

5）买方所在国家或者地区，或者合同款项须经过的第三国颁布延期付款令。

6）买方所在国家或者地区发生战争、内乱、叛乱、革命或者暴动，导致买方无法履行合同。

7）除本保单另有规定外，导致买方无法履行合同的，经保险人认定属于政治风险的其他事件。

买方违约保险的除外责任包括：

（1）可以及通常由货物运输保险或者其他保险承保的损失。

（2）汇率变更引起的损失。

（3）被保险人或其代理人违约、欺诈及其他违法行为或者被保险人的代理人的破产引起的损失。

（4）买方的代理人破产、违约、欺诈及其他违反法律的行为引起的损失。

（5）被保险人与其关联公司之间的交易，由于商业风险引起的损失。

（6）在商务合同生效前，被保险人或者买方未能及时获得各种所需许可证、批准书或者授权，致使商务合同无法履行引起的损失。

（7）商务合同生效后，被保险人知道或应当知道本保单第二章第二条项下任一风险已经发生，仍继续履行合同所造成的损失。

（8）商务合同项下约定的质量保证金、尾款和应由被保险人支付的任何罚款、延迟或者不履行合同的罚金。

（9）直接或者间接由于核辐射、核废料或者核燃料引起的放射性污染，爆炸性核装置或者核成分引发的辐射、有毒物、爆炸或者有害物质所引起的损失。

（10）本保单保险责任以外的其他损失。

中国出口信用保险公司根据投标人申报的保险金额和《保单明细表》列明的费率，计算应缴保险费并寄送《保费通知单》，被保险人须在《保费通知单》送到之日起 10 个工作日之内足额支付保费。

2. 中长期出口信用保险

中长期出口信用保险是承保信用期限在 1 年以上的出口收汇风险的保险，其目的旨在鼓励我国企业出口高科技、附加值高的机电产品和成套设备等资本性货物的出口以及对外工程承包项目，并支持银行等金融机构为出口贸易提供信贷融资。

中国出口信用保险公司承保的中长期出口信用保险的风险是：

（1）商业风险，包括债务人宣告破产、倒闭、解散或拖欠商务合同或贷款协议项下的应付款项。

（2）政治风险，包括债务人所在地政府或还款必经的第三国（或地区）政府禁止或限制债务人以约定或其他可自由兑换货币偿还债务；债务人所在地政府或还款必经的第三国（或地区）政府颁布延期付款令，致使债务人无法还款；债务人所在地政府发生战争、革命、暴乱或保险人认定的其他政治事件。

中长期出口信用保险损失赔偿比例为：

（1）出口买方信贷保险项下最高赔偿比例为 95％。

（2）出口卖方信贷保险项下最高赔偿比例为 90％。

（3）出口延付合同再融资保险项下最高赔偿比例为 95％。

中长期出口信用保险项目申请条件为：

（1）项目符合相关国家法律和法规，符合我国外交、外经贸、产业、财政及金融政策。

（2）出口商品或服务符合中国成分要求。

（3）商务合同规定的现金支付比例一般不低于商务合同金额的 15％，延付金额或融资比例一般不超过商务合同金额的 85％。

（4）承保的货币为美元或中国信保可接受的其他货币。

（5）项目的出口方应为在中国境内注册的、具有外经贸经营权和相应资质的法人，且与中国信保合作无不良记录。

（6）保险申请人应是项目有相关利益的法人，其中出口买方信贷保险和出口延付合同再融资保险的申请人应为在中国境内注册的法人、中国金融机构或符合条件的外资银行，出口卖方信贷保险的申请人应为中国境内注册的法人、申请人的保险期限原则上不超过 15 年。

（7）出口买方信贷保险以及出口延付合同再融资保险的被保险人为提供融资的金融机构。其中，外资银行作为被保险人，应满足总资产不低于 100 亿美元，在过去两年执行过出口信贷项目，且与出口信用保险机构的合作无不良记录。

（8）出口卖方信贷保险的被保险人为在中国境内注册的具有外贸经营权和相关资质的法人。

3. 出口买方信贷保险

出口买方信贷保险是指在买方信贷融资方式下，出口信用机构向贷款银行提供还款风险保障的一项政策性保险。在出口买方信贷保险中，贷款银行是被保险人，投标人可以是出口商、承包商、贷款银行或者借款人。

出口买方信贷保险对承保项目的一般要求如下：

（1）出口项目符合进出口双方国家的法律，且不损害我国利益。

（2）出口商是在我国注册的具有外贸经营权及相关资质和业务经验的法人，财务状况良好。

（3）出口的商品应主要为我国生产的资本性或半资本性货物和与之相关的服务。出口的成套设备或机电产品的国产化比例一般不低于 70％，其中船舶及车辆类产品的国产化比例一般不低于 50％，海外工程承包项目的中国成分应符合国家有关规定。

（4）商务合同金额不低于 400 万美元。

（5）商务合同应规定有一定比例的现汇付款或预付款。

（6）还款期自贷款协议约定的借款人第一笔还款日始，至最后一笔还款日止，一般在一年以上。一般机电产品的还款期不超过 10 年，大型工程项目的还款期不超过 12 年。宽限期为项目建设期或交货期结束至还款期开始之前的期限，可视项目的规模和复杂程度而定，但原则上不应超过建设期或交货期 2 年。项目的信用期，即宽限期与延期付款期限之和最长不超过 15 年。

（7）进口国政局稳定，经济状况良好。

（8）贷款人和担保人的资信在可接受的范围之内。

（9）投保金额原则上不超过投标时财政部规定的国家风险限额的余额。

（10）出口项目技术可行，经济效益较好，符合我国的有关政策和进口国的环保要求。

出口买方信贷保险承保的责任范围包括各种政治风险和商业风险，如下：

（1）政治风险，包括：

1）债务人所在国家或地区政府颁布法律、法令、命令、条例或采取行政措施，禁止或限制债务人以贷款协议规定的货币向被保险人偿还债务。

2）债务人所在国家或地区政府颁布延期付款令，致使债务人无法履行其在贷款协议项下的还款义务。

3）债务人所在国家或地区发生战争、革命、政变、暴乱或保险人认定的其他政治事件。

（2）商业风险，包括：

1）债务人拖欠贷款协议项下应付的本金和利息。

2）债务人破产、倒闭、解散或被清算。

出口买方信贷保险的除外责任有：

（1）被保险人违反贷款协议或买方信贷保险协议的规定，导致上述协议部分或全部无效所引起的损失。

（2）出口商未履行商务合同或违反法律所引起的损失。

4. 出口卖方信贷保险

出口卖方信贷保险是指在卖方信贷融资方式下，出口信用机构向出口商提供的用于保障出口商收汇风险的一种政策性保险。在这种保险项下，保险人对因政治风险和/或商业风险所引起的出口商在商务合同项下应收的延期付款损失承担赔偿责任。

出口卖方信贷保险对承保项目的一般要求是：

（1）出口项目符合进出口双方国家的法律，且不损害我国利益。

（2）出口商是在我国注册的具有外经贸经营权及相关资质和业务经验的法

人，财务状况良好。

（3）出口的商品应主要是我国生产的资本性或半资本性货物和与之相关的服务。出口的成套设备或机电产品的国产化比例一般不低于 70％，其中船舶类产品的国产化比例一般不低于 50％，海外工程项目的中国成分应符合国家有关规定。

（4）商务合同金额不低于 100 万美元。

（5）商务合同应规定一定比例的现汇付款或预付款。船舶类产品交船前进口商现汇支付的比例不低于合同金额的 20％，其他机电产品、成套设备的预付款比例不低于合同金额的 15％。

（6）延付期自商务合同约定的买方第一笔还款日开始，至最后一笔还款日止，一般在一年以上。一般机电产品的还款期不超过 10 年，大型工程项目的还款期不超过 12 年。宽限期为项目建设期或交货期结束至还款期开始之前的期限，视项目的规模和复杂程度而定，但原则上不应超过建设期或交货期两年。项目的信用期最长不超过 15 年。

（7）进口国政局稳定，经济状况良好。

（8）进口方和担保人的资信在可接受的范围之内。

（9）投保金额原则上不超过投保时财政部规定的国家风险限额的余额。

（10）出口项目技术可行，经济效益良好，符合我国的有关政策和进口国的环保规定。

（11）买方延期付款利率应反映市场利率水平，原则上不低于融资成本。

出口卖方信贷保险承保的责任范围包括各种政治风险和商业风险，如下：

（1）政治风险，包括：

1）进口方所在国家或地区颁布法律、法令、命令、条例或采取行政措施，禁止或限制进口方以商务合同规定的货币向被保险人偿还债务。

2）进口方所在国家或地区政府颁布延期付款令，致使进口方无法履行其在商务合同项下的还款义务。

3）进口方所在国家或地区采取措施，使商务合同无法履行。

4）进口方所在国家或地区发生战争、革命、政变、暴乱或保险人认定的其他政治事件。

（2）商业风险，包括：

1）进口方拖欠商务合同项下的应付款项。

2）进口方破产、倒闭、解散或被清算。

出口卖方信贷保险的除外责任有：

（1）出口商未履行商务合同或违反法律所引起的损失。

（2）汇率变更引起的损失。

（3）向进口方收取的罚款或惩罚性赔款。

出口信用保险机构将根据进口国的风险类别、商务合同的信用期限、进口方和担保人的信用等级、风险保障范围以及其他辅助担保条件确定保险费率。投标人应在《保费通知书》送达之日起 30 个工作日内支付保险费。

出口买方信贷保险和出口卖方信贷保险的区别见表 10-1。

出口买方信贷保险和出口卖方信贷保险的区别　　　　　　表 10-1

	出口买方信贷保险	出口卖方信贷保险
被保险人	贷款银行	出口商
保险标的	贷款协议	商务合同
赔偿比例	95%	90%
保费计算基础	贷款本息之和	延付金额与延付利息
商务合同付款形式	即期付款	延期付款

5. 海外投资保险

海外投资保险，亦称政治风险保险或海外投资保证保险，是承保被保险人因投资所在国的各种政治风险所引起的投资损失的保险。海外投资保险的主要作用是帮助企业减少因所在国政治风险引起的损失，使企业安心进行海外投资，同时，也可以帮助企业顺利融资，使投资者可以顺利开拓市场，扩大和延伸企业的业务领域。

中国出口信用保险公司提供的海外投资保险的适保投资者包括：

（1）在中华人民共和国境内注册成立的金融机构和企业，但在香港特别行政区、澳门特别行政区、台湾省的企业、机构、公民或外国的企业、机构、公民控股的除外。

（2）在中华人民共和国境外（包括香港特别行政区、澳门特别行政区、台湾省）注册成立的企业、金融机构，如果其 95% 以上的股份是在中华人民共和国境内的企业、金融机构的控制之下，可由该境内企业、机构投保。

（3）其他经批准的企业、社团、机构和自然人。

中国出口信用保险公司海外投资保险的适保投资形式为：

（1）直接投资，包括股权投资、股东贷款、股东担保等。其中股权投资的形式包括独资或者合资成为新的企业、在海外设立分支机构、并购、投资所在国现有企业、向投资所在国现有企业注资、BOT 等。

（2）金融机构贷款。任何金融机构进行的旨在支持海外直接投资的贷款和融资交易，均可由该金融机构投保海外投资保险。

（3）其他经批准的投资形式。

海外投资保险承保的风险如下：

（1）征收。

（2）汇兑限制。

（3）战争。

（4）政府违约。

海外投资保险的产品种类有股权保险和债权保险两种。其中股权保险是保障投资者在海外直接投资过程中的股权投资和收益的一种保险，而债权保险是保障投资者在海外直接投资过程中的债权投入的本金和利息的一种保险产品。在发生了投保风险后，保险人对投资者因投保风险的发生所造成的损失承担赔偿责任。

对股权保险来说，承诺保险期限至少相当于项目的投资回收期，对债权保险而言，承诺保险期限至少相当于项目贷款的偿还期。海外投资保险的保险期限一般为 3～20 年。初始保险期限一般为 3 年，之后每年续保，被保险人有权选择是否续保，但保险人无权拒绝续保。

海外投资保险的保险费率的高低取决于投资所在国的国别风险分类、投保的风险、承诺的保险期限、投资形式、投资涉及的产业部门等。企业可以根据上述各项因素与保险公司商定保险费率。

10.3 出口信用保险流程

根据中国出口信用保险公司的规定，企业承保出口信用保险的流程为：

（1）企业询保。

（2）中国信保出具兴趣函或意向书。

（3）中国信保保前调查、评估和通过审查。

（4）中国信保和企业签订保单。

（5）理赔或追偿。

企业可以在投标阶段、议标阶段申请保险兴趣函。承包商应该填写并提交

《询保单》并根据申请兴趣函需要的材料清单提交有关材料，主要包括：相关商会和我国驻项目所在国大使馆经商处的支持意见、项目概况、业主基本情况、招标议标文件中与融资有关的内容、项目的其他资料等。《询保单》格式、填写方式和材料清单可以向中国出口信用保险公司的有关营业机构咨询和索取。需要注意的是，兴趣函不是办理中长期出口信用保险的必要环节。

企业在以下条件具备的情况下，可以向中国出口信用保险公司申请出具意向书：

（1）商务合同条件基本确定。

（2）项目的信贷期限、预付款比例和融资比例、借款人、担保人、其他担保措施等融资条件基本确定。

（3）必要的尽职调查工作基本完成。

（4）企业应填写和提交《询保单》，并根据申请意向书需要的材料清单提交有关材料。如有必要，承包商应该协助中国出口信用保险公司开展项目的尽职调查工作。《询保单》格式、填写方式和材料清单可以向中国出口信用保险公司的有关营业机构咨询和索取。

中国出口信用保险公司受理承包商的申请后，将对项目情况进行评估并决定是否出具意向书。意向书是办理中长期出口信用保险的必要环节。意向书的有效期为180天，到期后在项目风险没有发生实质性变化的前提下可展期一次。

在以下条件具备的情况下，企业可以正式投保：

（1）意向书在有效期内。

（2）商务合同正式签署。

（3）项目的主要融资条件确定，贷款银行向中国出口信用保险公司提交书面的贷款本息测算结果。

（4）企业应填写并提交《投保单》并根据承保阶段需要的材料清单提交有关材料。

中国出口信用保险公司受理投保申请之后，将根据项目具体情况适用对应的审批流程。在自批权限之内的项目，中国出口信用保险公司可以自行审批。超出权限的项目，将按照有关规定上报主管部门审批。项目获得正式批准之后，中国出口信用保险公司将出具对应的保险单。保单出具后，企业应协助准备对应的保险责任生效条件：

（1）《出口买方信贷保险单》项下的保险责任生效的前提条件是：贷款协议生效、出口企业签署并提交《出口买方信贷保险承诺书》、保险费付讫。

（2）《出口卖方信贷保险单》项下的保险责任生效的前提条件是：国际工程

总承包项目的商务合同生效、出口企业全额收到商务合同项下的预付款、保险费付讫。

（3）《出口延付合同再融资保险单》项下的保险责任生效的前提条件是：商务合同项下的中长期应收款已被买断、承包商向中国出口信用保险公司提交《承诺函》、保险费和手续费收讫。

如发生出口信用保险单中规定的保险事故，企业应按照保单规定的时间向中国信保报告保险事故，以便进行理赔和追偿。

10.4　MIGA 多边投资担保机构

多边投资担保机构（Multilateral Investment Guarantee Agency，简称MIGA）是世界银行为促进外国资本直接向发展中国家投资而设立的机构。多边投资担保机构是世界银行集团成员之一，其职能是保证投资者对发展中国家的直接投资能够规避被投资国的政治风险，包括征收风险、货币转移限制、违约、战争和内乱风险，其担保效力以世界银行集团组织成员作为保障，以此保证非官方投资人避免被投资国的政治风险。

多边投资担保机构成立于 1988 年，总部设在美国华盛顿。理事会是 MIGA的最高权力机关，由每一个成员国指派一名理事和一名副理事组成。自成立以来，MIGA 担保的项目几乎涉及从旅游业到电信业、制造业的所有行业。根据MIGA 的规定，符合担保条件的项目包括源自任何一个成员国的新兴和跨境投资投向任何一个发展中成员国的项目。合格的投资形式包括股民持有者发行的股票、股东贷款、贷款担保、技术援助、管理合约、租约、特许经营和许可协议、偿还债券等。作为独立的金融机构，MIGA 也为商业银行提供贷款保险。但是，为了避免 MIGA 与大多数国家的公营出口信贷保险机构发生竞争，出口信贷不在 MIGA 的担保范围之内。

MIGA 规定的投资担保的条件是：

（1）投保的投资必须是在投保申请注册后才开始执行新的投资。

（2）必须具备经济合理性。

（3）能够给东道国带来良好的经济和社会效益。

（4）符合东道国的法律和条例。

（5）与东道国宣布的发展目标和发展重点一致。

（6）在东道国可以得到公平待遇和法律保护。

MIGA 的具体业务包括承保非商业性风险和提供促进和咨询性服务。根据 MIGA 公约的规定，MIGA 可为合格的投资因以下几种风险而产生的损失担保：

（1）货币汇兑险，是指东道国政府采取新的措施，限制其货币兑换成可自由兑换货币或投保人可接受的另一种货币，并移出东道国境外的风险。此类风险包括消极的不作为，如东道国政府未能在合理的时间内对投标人提出的汇兑申请做出行动。

（2）征用险，是指东道国政府采取立法或行政措施，或懈怠行为，实际上剥夺了投标人对其投资的所有权、控制权或其应从投资中得到的大量收益。但政府为管理其境内的经济活动而通常采取的普遍适用的非歧视性措施不在此列。

（3）违约险，是指东道国政府不履行或违法与投标人签订的合同，并且投标人无法求助于司法或仲裁机关对毁约或违约的赔偿做出裁决，或者该司法或仲裁机关未能根据机构的条例在担保合同规定的合理期限内做出裁决，或者虽有这样的裁决但未能执行。

（4）战争和内乱险，是指公约适用的东道国境内任何地区的任何军事行动或内乱给投资人造成损失的风险。

（5）其他非商业性风险，是指投资者与东道国联合申请，经 MIGA 董事会多数票通过，机构可以承保的其他特定的非商业性风险。但在任何情况下，不包括货币贬值的风险。

MIGA 对于下述原因造成的损失不予担保：

（1）投标人认可或负有责任的东道国政府的任何行为或懈怠，包括东道国法律所禁止的行为、投保者自己的行为、以投保人名义所为的行为、投标人可以行使权利制止的投资企业的行为。

（2）发生在担保合同缔结之前的东道国政府的任何行为、懈怠或其他任何事件。

MIGA 提供的咨询服务业务包括：

（1）投资促进会议。通过帮助发展中成员国组织外国投资促进会议，促成成员国与外国投资者的直接接触和对话，创造现实的投资机会。

（2）执行发展计划。目的是帮助发展中国家工商业经理更好地制定业务发展规划，选择合适的外国合作伙伴，采用现代国际商业惯例，并对具体投资进行评估。

（3）外国投资政策圆桌会议。目的是邀请发展中国家及国际著名的跨国公司经理参加，推广外国投资的成功经验，改善发展中国家的投资环境。

（4）外国直接投资法律框架咨询服务。通过与一些发展中国家合作，帮助这些国家放宽有关外国投资的法律和规章，并与一些成员国达成外国投资法律保护协议。

对中国企业而言，由于MIGA不担保出口信贷项下的保险业务，因此，中国企业不能以MIGA为出口信贷的保险机构，而是应以中国出口信用保险公司作为保险机构，为其短期、中长期出口信贷投保，满足融资机构的基本要求和贷款条件。

由于MIGA为海外投资提供担保，因此，中国企业可以在与外国投资者组成联合体或合营企业时，选择MIGA作为海外投资的担保机构，为海外投资提供担保服务。在中国企业作为单一股东或控股股东时，可根据保险费率和承保条件，选择中国出口信用保险公司或MIGA作为担保机构，为其海外投资提供担保，或者，在境外银行作为融资机构时，应融资机构的要求，选择中国出口信用保险公司或MIGA作为担保机构。企业可以选择的其他多边担保机构还有伊斯兰投资保险和出口信用保险公司（ICIEC），泛阿拉伯担保投资公司（IAIGC），非洲贸易保险机构（ATI）等，私有保险公司有国际保险公司［亚洲、欧洲、百慕大和美国市场，劳合社市场（英国，新加坡）］等。

10.5 出口信用保险存在的问题与对策

自1989年中国人民保险公司开始以商业保险方式承保出口信用保险至今，中国的出口信用保险经历了中国人民保险公司的商业性保险模式，到1994年中国进出口银行自营的出口信用保险模式以及自2001年开始的中国出口信用保险公司专营出口信用保险模式的转变，无论哪种出口信用保险模式，均对中国的对外经贸的发展起到了保驾护航的不可替代的作用，这可以从图10-1中的数据和图形中得出同样的结论。围绕如何促进中国企业"走出去"和"一带一路"倡议的实施，如何利用出口信用保险进一步促进中国对外经济贸易的合作和发展，扩大中国企业的国际市场份额和影响力，为企业的对外经济合作、对外贸易、对外投资和国际产能合作提供更为有效的保障和支持，理论界和实业界对出口信用保险的结构问题和保险中遇到的实务问题展开了讨论。

1. 中国信保独家专营与商业保险参与出口信用保险问题

中国出口信用保险公司是中国政府于 2001 年设立的专门从事出口信用保险的专营机构，直属财政部管理，其优势是以国家信誉作为中国信保的保障，为企业提供物有所值的保险服务，使得中国的融资机构和企业能够获得对外贸易、对外经济合作和对外投资的有力保障，其缺点在于独家专营，融资机构和企业无选择余地，形成了中国信保成为对外融资、对外经贸合作和对外投资的门槛和前提条件，出现了"无信保、无贷款、无投资"的现象，中国信保的国别保险额度成为中国企业对某一国别经济合作和对外投资的"天花板"，中国信保的出口信用保险的"正负作用"同时显现。为此，一些学者提出应允许商业保险公司参与出口信用保险业务，为更好地促进中国企业的对外经贸合作、对外投资创造更加宽松的条件，解决"天花板"问题。

支持商业保险进入出口信用保险的观点认为：

（1）从国际上看，各国出口信用保险机构存在政府机构专营和商业保险并行的两种模式，这两种模式各有优势。

（2）中国已经成为世界上第二大经济体，并将以每年高于 6% 的 GDP 增长率领先全球其他国家和地区，中国的对外经贸合作、对外投资处于起飞和初期发展阶段，为此，需要更多的出口信用保险的支持，助力中国的对外经贸合作和对外投资。中国信保一家专营的出口信用保险无法满足这种客观需要。

（3）打破独家专营，引入竞争，降低出口信用保险门槛和费率，为对外经贸合作和对外投资创造条件。由于中国信保独家专营，投保门槛高，投保条件难以满足，且保险费率高企，投保审核周期长，企业别无选择，导致企业投保出口信用保险意愿降低，多数企业为获得银行贷款迫不得已投保出口信用保险，因此，引入商业保险竞争机制，为出口信用保险业务创造宽松的环境。

（4）中国的商业保险公司经过多年的发展，其资产规模和承担风险的能力增强，加上可以引入再保险机制，商业保险公司有能力承保出口信用保险，承担出口信用保险风险。

（5）根据中国政府统计，2015 年中国对外直接投资 1456.7 亿美元。对外承包工程新签合同额 2100 亿美元，按 25% 为中国境内银行资金支持计算，仅为 525 亿美元。在"一带一路"倡议带动下，中国对外开放和国际合作仅处于初期发展阶段，尚需金融和保险的大力支持。

反对将商业保险引入出口信用保险的学者认为，出口信用保险是政策性保险安排，具有非赢利性特征，商业保险公司可能不甚了解出口信用保险国别风险，商业保险公司承保此类保险存在较大风险，因此，在当前中国的出口信用保险尚处于初期发展阶段时，不宜现阶段将商业保险引入到出口信用保险中。

2014 年，财政部发布《关于引入商业保险公司开展短期信用保险业务试点有关问题的通知》（财金函［2014］36 号），为推动出口信用保险业务，支持小微企业发展，财政部发出关于大地、平安、太平洋等商业保险公司开展短期出口信用保险业务的通知，这意味着，除中国信保外，还有四家商业保险公司可以开展并从事试点经营短期出口信用保险业务（人保、大地、平安、太平洋），为中国企业的出口业务提供了保险保证措施。

2. 出口信用保险投保条件的满足

中国信保规定了投保出口信用保险的投保条件，在众多条件中，关键条件是东道国政府的主权担保或者次级主权担保条件的满足，特别是中长期出口信用保险业务。在短期出口信用保险中的特定合同保险中，有些项目也需要东道国政府的主权担保或次级主权担保，才能满足中国信保的承保条件。

在对外投资的特许经营中，有些国家的法律明文规定不给予外国投资者任何形式的担保，包括主权担保、次级主权担保或者保底担保等。因此，在这种情况下，在无法获得东道国政府主权担保或保底担保的情况下，企业的对外投资面临无法获得出口信用保险，从而无法获得中国境内银行贷款的局面。

因此，企业在从事对外经济合作、对外投资时，应事先充分了解东道国政府的法律、政策和担保条件的限制。在特许经营项目中，应了解东道国政府或主管部门的支付能力，清晰判断东道国政府和主管部门的支付能力，在东道国政府无法提供主权担保或银行或中国信保可以接受的其他条件的情况下，应充分利用合同结构、融资结构和风险分担机制，满足和保证项目风险的分担，满足中国信保的投保条件。

同时，在东道国政府无法满足中国信保担保条件时，企业应考虑总公司或母公司担保，采用"内保外贷"方式，解决中国信保保险问题和银行贷款问题。

3. 出口信用保险费率

中国信保的出口信用保险费率高企是多年来为企业所诟病的问题，在中国信保"明保"方式下，即由东道国政府投保时，企业可以不考虑保险费率的高低或支付问题。但是，在企业投保或"暗保"时，即由企业承担出口信用保险费的情况下，则出口信用保险保费问题成为企业需要应对的突出问题，这主要体现在：

（1）在企业投保，特别是"暗保"时，在当前激烈竞争的局势之下，企业对外报价中很难承担如此高企的出口信用保险保费。

（2）在对外投资项目中，如果企业投保出口信用保险，由于保费是一次性全额支付，则需将出口信用保险保费计入投资总额中，导致投资总额增高，企业投资回报下降。

由于出口信用保险属于非赢利性保险，因此，中国信保应降低出口信用保险保费，避免与企业争利，促进中国的对外经贸合作和对外投资的发展。

对于中国企业而言，应充分了解中国信保出口信用保险的性质和支付特点，在延付项目中，应注意保费支付对合同价格以及理赔周期对延付款利息的影响。对于对外投资项目，应充分考虑出口信用保险和海外投资保险对现金流的影响，准确计算出口信用保险费率和海外投资保险费率，准确计算净现金流。

4. 出口信用保险保单中的特殊条款和条件等问题

在企业投保中国信保短期和中长期出口信用保险时，应注意如下问题：

（1）特殊条款和条件对保险效力和理赔的影响。如果保单中出现了特别加注的"特殊条款和条件"，表明中国信保的保险是在一定条件下才能赔付的，例如"违约发生时能够确认财政部的付款责任，是保险人承担赔偿责任的前提"，企业应评估承保先决条件，确定此类特殊条款和条件对保险的影响。在东道国政府财政部出具了承担支付义务的主权担保的情况下，是否在特殊条款和条件中约定此类先决条件，则是一个颇具争议的问题。但是，无论中国信保、银行和企业如何理解此类特殊条款和条件，企业应充分认识这是一个赔付的前提条件，企业需要在东道国政府违约时，能够出具东道国政府财政部的函件，表明财政部的支付义务。

（2）保单对保险事件规定模糊，导致保险事件发生时，无法理赔。

（3）使用贸易类保险条款和保单，对国际工程项下的保险事件和违约约定不明，导致无法理赔。

（4）在保单约定的保险事故发生时，被保险人未能在保险合同约定的时间报告保险事故。

（5）在保单和保险合同明示约定了被保险人的报告制度时，被保险人未能履行报告制度。

　　因此，企业在投保和签订保险协议时，应认真斟酌每一个词句，使用准确的保险用语和法律语言，避免保单模糊不清的情况发生。

5. 出口信用保险理赔中的"纠纷先决条款"效力

　　根据可以获得的公开的资料，2013 年—2015 年，中国各级法院审理的与出口信用保险有关的案件分别为 18 件、68 件和 96 件。在出口信用保险合同纠纷中，法院或仲裁庭审理的一个重要的争议焦点为保险合同约定的纠纷先决条款是否有效。实践中，中国信保往往以被保险人未履行保险合同约定的纠纷先决条款义务，要求被保险人先行在买方所在地、工程所在地或商务合同约定的地点进行仲裁或诉讼，并以被保险人未先行仲裁或在买方所在地国家提起诉讼为由，拒绝赔偿。

　　中国法院和仲裁庭对待纠纷先决条款的法律效力的态度不尽相同。在仲裁和法院诉讼过程中，被保险人往往主张纠纷先决条款加重了被保险人的责任，按照保险法第 19 条的规定，当属无效格式条款。一些法院或仲裁庭认为，纠纷先决条款属于保险法第 19 条规定的加重被保险人责任的情形，因此主张纠纷先决条款无效。如果主张纠纷先决条款，就违背了保险的本意，即如果被保险人需要通过仲裁或诉讼先行解决争议，那么被保险人完全可以通过仲裁和诉讼实现自己的权利，无需投保任何保险。

　　部分仲裁裁决和法院判决支持纠纷先决条款，其主要理由是认为纠纷先决条款是出口信用保险的核心商务条款，如认定无效，将会干预此类保险业务，其二是通过纠纷优先解决确保认可的损失在法律上成立且有效，可使代位求偿权在法律上不存在瑕疵。

　　尽管中国的仲裁庭和法院对纠纷先决条款的效力有不同的裁决，但对于企业而言，应慎重对待出口信用保险中的纠纷先决条款，避免无效保险情况的发生。同时，在履约过程中，应注意：

　　（1）应当履行提示和说明义务。保险人在签订保单时，应充分地向被保险人提示纠纷先决条款，并负有举证责任。

　　（2）应考虑保险合同中有无约定保险人对被保险人采取仲裁或诉讼发生的合理费用予以承担。

　　对于企业与中国信保因纠纷先决条款发生的争议或纠纷，被保险人可通过保险合同约定的仲裁或法院解决争议。

11

项目融资

项目融资作为一种为大型工程项目的建设开发筹措资金的有效的金融手段，在跨国投资和特许经营项目中具有重要地位和作用，是国际化战略的必然选择。对中国的银行业和企业而言，学会利用项目融资进行国际投资活动，利用杠杆进行融资，是从低端走向高端的发展使然，是破除企业国际化发展资金和融资瓶颈的利器，符合国际化趋势。

11.1 项目融资定义和主要特征

1. 项目融资的定义和分类

项目融资的早期形式可以追溯到 20 世纪 50 年代，并在 20 世纪 60 年底中期在英国北海油田开发中使用有限追索的项目融资为标志，成为国际上大型工程项目筹资的一种形式，经过多年的发展，项目融资也已成为一种为大型工程项目的建设开发筹措资金的有效的金融工具。

广义的项目融资可定义为"为建设一个新项目或者收购现有项目，或者为债务重组所进行的一切融资活动"。狭义的项目融资（Project Finance）可定义为"以项目的资产、预期收益或者权益作抵押取得的无追索权或者有限追索权的融资或贷款。"按此定义，项目融资是以项目自身产生的现金流还本付息，并产生一定的收益的融资手段，其偿还贷款的本金和利息及股东收益来自被融资项目的现金流。在项目融资中，项目的经济强度决定了项目的可行性和可融资性，决定经济强度的因素为预期项目未来的可用于偿还贷款的净现金流和项目本身的资产价值。本书所述项目融资属于狭义项目融资范畴，实践中谈论和涉及的项目融资亦多属狭义项目融资范畴。

项目融资可被分为无追索权项目融资和有限追索权项目融资。

无追索权项目融资是指贷款人对项目发起人无任何追索权，仅依靠项目所产生的收益作为还本付息的唯一来源，特点如下：

（1）贷款人对项目发起人的其他项目资产没有要求权，只依靠项目产生的现金流还本付息，在项目现金流量不足时，项目发起人对项目债务没有直接法律责任。

（2）项目发起人利用项目产生现金流量的能力是融资的信用基础。

（3）当项目风险分配不为项目贷款人接受时，需由第三方提供信用担保。

（4）以可预见的政治和法律环境以及稳定的市场环境为基础。

鉴于无追索权项目融资需要对项目进行严格论证，成本高，效率低，因此，现代项目融资实务中已很少使用。

有限追索权的项目融资是指项目发起人承担有限的债务责任和义务的融资方

式。有限追索权项目融资的特点主要体现在：

（1）在项目的建设开发阶段，贷款人有权对项目发起人进行完全追索，在项目完工并进入正常运营时，贷款不具有可追索性。

（2）在运营阶段，如项目不能产生足额的现金流量，其差额部分可以向项目发起人进行完全追索。

（3）除非项目发起人为项目公司提供担保外，贷款人只能追索到项目公司，而不对项目发起人追索。

2. 项目融资的主要特征

项目融资的主要特征如下：

（1）实现融资的有限追索

在借款人未按期偿还债务时，贷款人要求借款人使用其他资产偿还债务的权利是追索的具体体现。在项目融资中，贷款人仅在贷款的某个特定阶段，例如项目的建设开发阶段对借款人进行追索，或者在规定的范围内进行追索，除此之外，贷款人不能追索除项目资产、项目现金流量以及约定义务之外的财产。

（2）实现资产负债表外融资

资产负债表外融资是指项目融资或贷款不体现在发起人公司的资产负债表中，此类债务至多以说明的方式反映在资产负债表注释中。资产负债表外融资可以使得投资者从事超过自身资产规模的投资，或同时进行多个大项目投资。但是，对于企业而言，是否可以表外融资，需视各国有关的会计法的规定。

（3）较高的资本债务比例

项目融资中的资本债务比（Equity-Debt Ratio）主要受项目所在地、项目经济强度、贷款规模和项目发起人的股本投入等因素影响。收费公路、港口、火电厂、水力发电等项目贷款人可接受的资本债务比在 30：70。在项目经济强度或项目发起人资金能力较弱时，贷款人可能要求提高资本金。在项目融资中，资本债务会对资本金内部收益率造成直接影响，资本金越高，资本金内部收益率越低，反之亦然。

（4）实现风险共担

在项目融资中，项目各方，包括项目发起人、贷款银行、东道国政府等应根据风险分担原则，按照合同约定的风险分担表各自承担自己的风险。

（5）享有税务收益

项目发起人可以利用东道国政府税法的规定，将免税、税收优惠和项目亏损作为资源利用，为自己节约税收，从而减少项目高负债期间的现金流压力，降低项目的资金成本，提高偿债能力。

但是，项目融资并非只有优点，而不存在缺点。项目融资的缺点在于风险分担的复杂性，贷款人风险加大，贷款人的监管力度加大，较高的融资成本和耗时较长。

11.2　项目融资的合同结构和投资结构

1. 项目融资的合同结构

在优先追索权项目融资中，项目融资的合同机构存在二联式结构、三联式结构和四联式结构三种模式。

（1）二联式结构

二联式结构是指将贷款协议和担保协议等相连接的模式，具体操作方式如下：

1）贷款人与发起人组成的项目公司订立贷款协议，由贷款人向项目公司提供项目贷款。

2）项目发起人与贷款人订立担保协议，由主办人直接向贷款人提供担保，包括完工担保协议以及购买产品的协议。

（2）三联式结构

三联式结构是指将贷款协议、长期购买协议和发起人的担保相连接的模式，具体操作方式如下：

1）贷款人与发起人组成的项目公司订立贷款协议，由贷款人向项目公司提供贷款。

2）项目投产后，项目公司与买方订立长期买卖合同或者包销协议，包销协议可为照付不议（Take-Or-Pay）合同，项目公司从包销协议项下获得的收入用于偿还贷款的本金和利息。

3）项目发起人将照付不议合同项下的发起人对该合同提供的担保让与贷款人作为担保。

（3）四联式结构

四联式结构是指将贷款人与金融公司签订的借贷协议、与项目公司签订的贷款协议、长期购买协议、发起人的担保形成的相互连接的模式，具体操作方式如下：

1）贷款人与他拥有全部股权的金融公司签订借贷协议，由贷款人向金融公司提供贷款。

2）金融公司将其从贷款人处获得的贷款借贷给项目公司，作为购买项目公司产品的预付货款。

3）项目投产后，项目公司向金融公司交付产品。金融公司将产品转售给第三人，并以转售所得的收入偿还贷款人的贷款。

4）项目发起人根据项目公司的先期购买协议承担的义务向金融公司担保，同时对第三人的照付不议合同项下的义务向项目公司提供担保。项目公司取得项目发起人的担保后将担保权益转让给金融公司，而金融公司则以其获得的全部担保作为对项目公司提供贷款的担保权益。

2. 项目融资的投资结构

项目融资的投资结构是项目发起人在进行项目开发之初必须考虑的一个重要的内容和基本因素，它与项目发起人必须论证项目的可行性和可融资性一样，成为项目发起阶段影响项目可行性的一个重要因素。影响项目投资机构的主要影响因素包括：

（1）项目风险和项目债务隔离程度。

（2）补充资本注入的灵活性。

（3）税务优惠的利用。

（4）财务处理。

（5）产品分配形式和利润提取难易程度。

（6）融资的便利。

（7）投资转让的灵活性。

目前国际上较为普遍采用的投资结构包括四种基本的法律形式，即公司型合资结构、合伙制或有限合伙制结构、契约型合资机构、信托基金结构。

1）公司型合资结构

公司型合资结构是指项目发起人或项目股东按照有限责任公司方式，根据项目所在国或其他第三国或第三地的公司法成立的与投资者分离的独立法人，共同经营、共负盈亏、共担风险，并按照股东股份份额分配利润。国际上大多数项目融资方式为公司型合资结构，具体表现为项目发起人或项目股东成立项目公司（Project Company），由项目公司负责建设和运营建设项目，由项目公司偿还贷款本金和利息，并在项目公司获得利润后向股东分红。

公司型合资结构的优点在于公司股东承担有限责任，在有些国家可以避免将有限追索的融资安排作为债务列入项目发起人自身的资产负债表，因项目公司只能从事本项目的建设和运营，便于项目资产的管理，利用投资股份的转让和买卖，吸收其他投资人参与项目，且融资安排灵活。公司型合资结构的不利之处在于项目公司作为东道国的法人，须受东道国国内法律的管辖，增加项目的政治风险，在东道国政府征用项目资产时，削弱项目公司在提出国际争议解决的地位。

2）契约型合资结构

契约型合资结构是指项目各发起人为实现共同的目的根据合作经营协议结合在一起的一种投资结构。契约型合资结构不是法人实体，只是项目发起人根据合作协议而建立的一种契约合作关系，项目发起人只承担其投资比例相应的责任，不承担任何的连带责任或共同责任。

契约型合资机构主要通过项目管理委员会对项目实施管理，税务通过项目发起人本身的财务报表体现。契约型合资结构的投资转让程序复杂，交易成本高，管理程序复杂。

中信澳大利亚公司采用的是百分之百的项目融资方式——有限追索杠杆租赁融资模式，以杠杆租赁方式将项目的税务好处转让给澳大利亚几家主要银行组成的合伙制公司，从而换取较低的资金安排成本，如图 11-1 所示。

3）合伙制投资结构

合伙制结构是指至少两个或两个以上合伙人之间以获取利润为目的，共同从事某项投资活动而建立的合作关系，包括一般合伙制和有限责任合伙制两种方式。

合伙制结构是通过合伙人之间的合约成立，没有法定的形式，不需注册。在一般合伙制中，合伙人对其民事责任承担无限责任。在有限责任合伙制中，一般合伙人负责项目的组织、经营和管理，对债务承担无限责任，有限合伙人不参与项目的经营管理，只承担与其投资比例相对应的有限责任，其主要责任是提供一定的资金。

4）信托基金投资结构

信托基金投资结构是指通过专门的经营机构将众多投资者的资金汇集起来，由专业投资经理集中进行投资管理，投资者按其投资比例享受投资收益的一种信

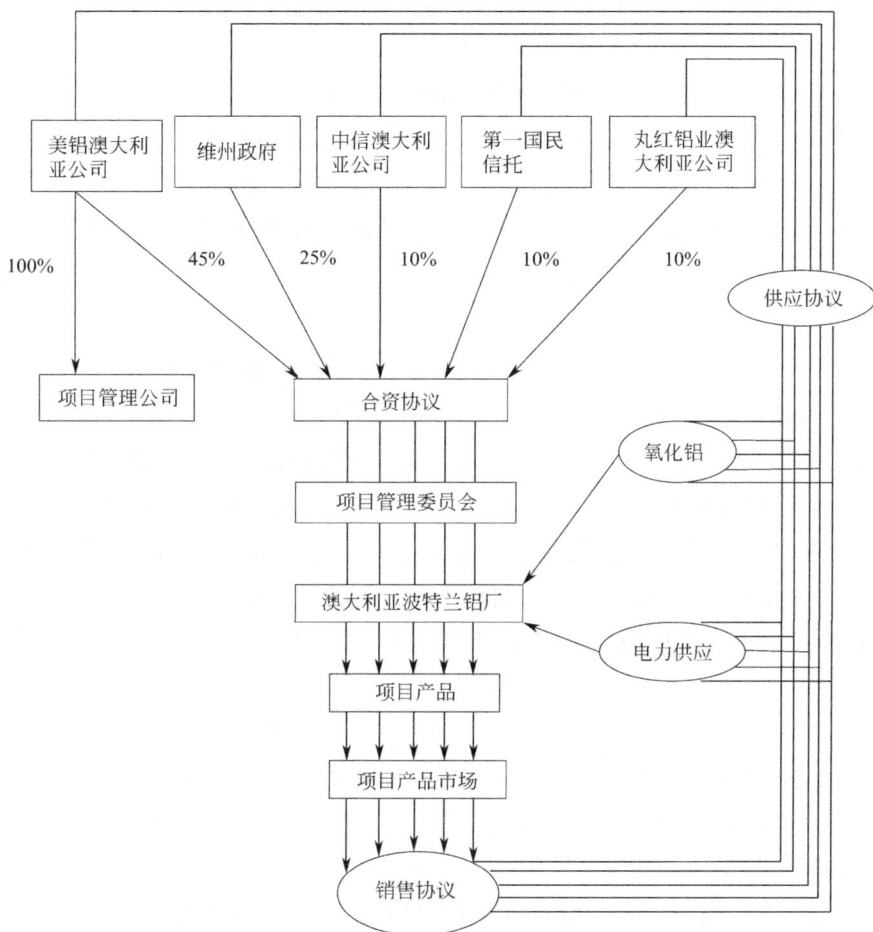

图 11-1　澳大利亚波特兰铝厂契约型合资结构

用工具。信托基金参与项目融资的主要方式包括为项目提供贷款，购买项目股权，购买可转让债券。

3. 项目融资的主要结构模式

在项目融资的实务操作中，不同性质和类型的项目，如收费公路、港口、电站、生产厂、能源等项目，其融资机构模式存在不同的特点和特性，项目发起人应根据项目性质、发起人能力、可资利用的贷款来源、政府的支持、可否发行债券等条件制定适合的、优化的项目融资结构，以期降低成本、减少风险、取得利益的最大化。

根据项目发起人和项目公司来划分，项目融资可分为以下两种：

（1）由项目发起人直接安排项目融资模式。

（2）由项目发起人通过项目公司安排融资模式。

根据项目偿还方式和责任不同，项目融资可分为如下四类：

（1）以"设施使用协议"（Tolling Agreement）为基础的项目融资模式。

这种方式主要应用于生产型设施、电站、石油和天然气管道等项目融资中，主要核心内容是是否存在"无论提货与否均需付款"（Take-Or-Pay）协议的担保。

（2）以"产品支付"（Production Payment）为基础的项目融资模式。

这种模式主要应用于石油、天然气开采和矿产资源开发项目中，使用于资源储藏量已经探明并且项目生产的现金流量能够较准确计算和预测的项目。

（3）以"杠杆租赁"（Leveraged Leasing）为基础的项目融资模式

杠杆租赁是指出租人融资购买项目的资产，然后租赁给承租人的一种融资模式，出租人和贷款银行的收入和信用保证主要来自租赁费用、项目资产、对现金流量的控制以及税收优惠等，出租人对出租资产拥有股本地位或最后要求权。

（4）"BOT"项目融资模式。

（5）ABS（Asset-Backed Securitization）融资模式。

ABS，资产证券化，是指项目发起人将缺乏流动性，但能够产生可预见的、稳定的现金流量的资产进行归集，进而转换为在金融市场上可以出售和流通的证券的过程，即以项目资产为基础，以该项目资产的未来收益为保证，通过发行债券来筹集资金的一种融资方式。

根据行业的不同，常见的主要融资结构模式如下：

（1）收费公路融资模式

收费公路融资模式是所有行业中项目融资结构最简单的方式之一。马来西亚南北高速公路项目融资结构如图 11-2 所示。

（2）电厂融资模式

图 11-3 为深圳沙角 B 电厂融资结构。

（3）水务融资模式

图 11-4 为上海友联污水处理厂融资结构。

不同行业投资的项目融资方式有所区别，项目发起人应根据不同行业、不同收益和现金流量方式制定不同的融资结构方式。

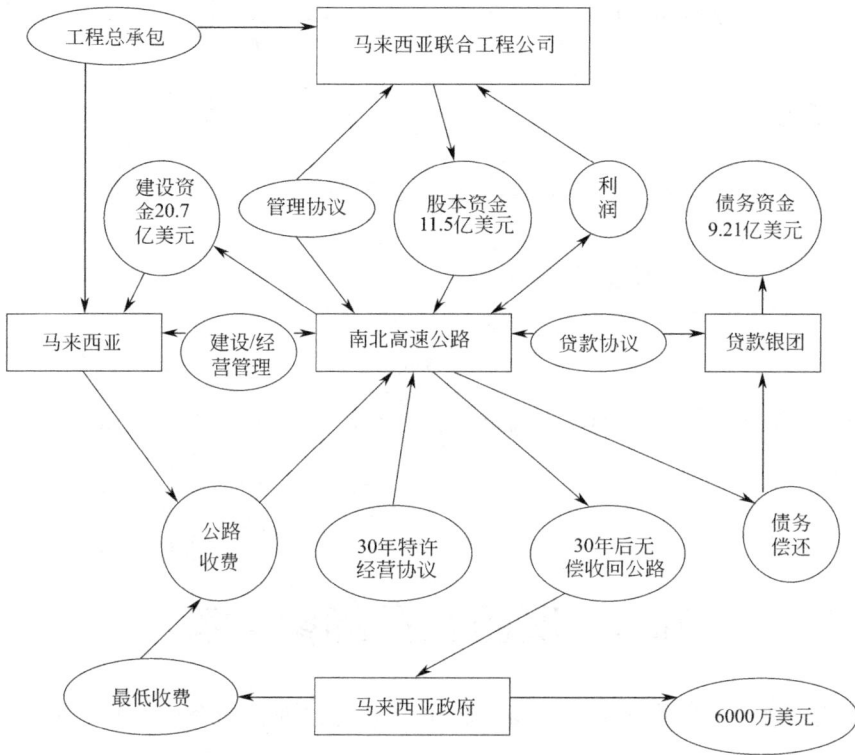

图 11-2 马来西亚南北高速公路 BOT 项目融资结构

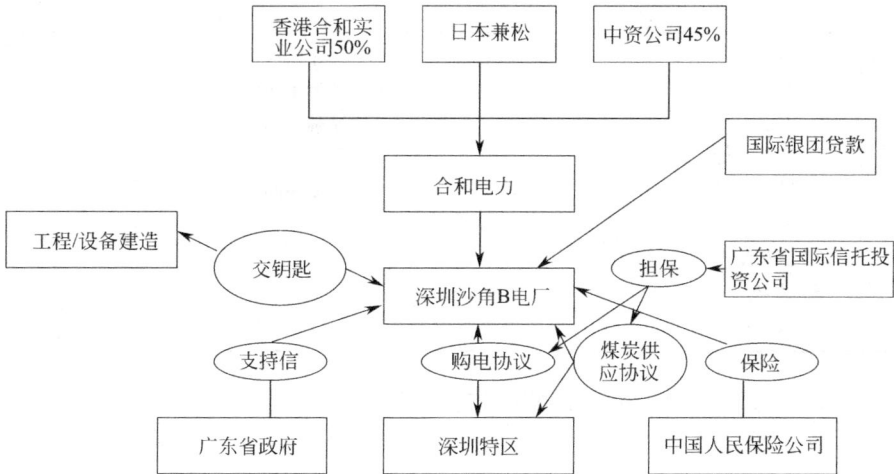

图 11-3 深圳沙角 B 电厂项目融资结构

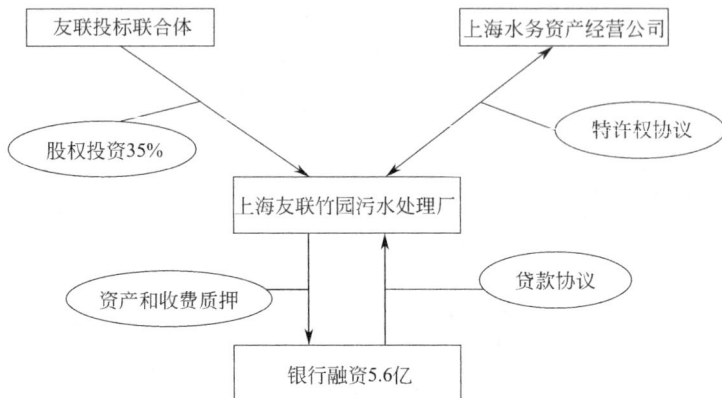

图 11-4　上海友联污水处理厂融资结构

11.3　项目融资的参与者

在项目融资的操作实务中，参与者可以分为咨询类中介机构和核心层两类，见表 11-1。

项目融资参与者　　　　　　　　　　　　　　　　　表 11-1

	核心层	咨询类中介机构
项目融资的参与者	1. 项目发起人 2. 项目公司 3. 东道国政府 4. 贷款银行 5. 保险公司 6. 承建商 7. 运营商 8. 供应商 9. 承购商	1. 专业设计咨询公司（如设计咨询公司、车流量调查公司、征地顾问等） 2. 律师 3. 财务顾问 4. 专家顾问

在所有项目融资中不可或缺的参与方包括：

（1）项目发起人

项目发起人（Sponsor），又称项目主办方（Developer），是项目公司的投资者和股东。发起人可以是单个公司，也可以是几个公司的联合体。一般而言，发起人为往往在项目的实施和运营方面具有经验的公司，例如电厂项目的发起人通常是一个独立的发电供应商或电力公司，收费公路项目的发起人可能是在建设和运营收费公路具有经验的建筑企业。

（2）项目公司

为了建设管理和运营项目，项目发起人通常会在项目所在国成立一个专门从事项目建设管理和运营的有限责任公司（Special Project Vehicle，SPV），各发起人投入的资金成为项目公司的资本金，利润按照股权分配。项目公司作为借款方，以运营收益作为还本付息和取得利润的主要来源。

（3）贷款人

项目融资可涉及多种融资机构，包括多边或双边机构、商业金融机构、出口信贷机构、私募或债券市场。在大型项目融资的建设项目中，由于项目贷款金额巨大，贷款人为了分散风险，通常采用辛迪加贷款方式，由多家银行组成一个银团进行贷款。

（4）保险商

项目融资模式涉及的巨大资金数额以及未来许多难以预料的不利因素，要求项目发起人根据适用的法律投标各种保险，因此，在项目融资中，保险公司的保险成为获得融资的不可或缺的因素。

在某些项目融资中出现的参与方包括：

（1）东道国政府

在特许经营项目中，东道国政府是项目特许权的授予者，政府可为项目提供减免税收或者特许兑换外币等优惠政策，提供土地、水电等基础设施。

（2）承购商

为了保证项目的成功，使项目建成后有足够的现金流入用于还本付息并获得利润，项目公司会在谈判阶段，确定产品或服务的承购商（Off-Taker），并签订协议，减少或分散项目的市场风险。

（3）供应商

供应商的主要职能是为项目提供资源，例如为电厂提供燃煤或燃气，为水厂提供原水供应等。由于项目公司与供应商签订的供应合同的价格是项目公司的运营成本之一，其供应价格的高低成为影响项目盈利的重要因素，因此，供应合同是项目发起人和贷款方等各方关注的重要内容。

（4）运营商

运营商负责项目的运营和维护，并承担原材料供应和价格、管理水平、市场需求和销售量、维护等运营风险，运营商据此获得管理费。

（5）承包商

承包商负责项目的工程设计和建造工作，通常与项目公司签订固定价格的总承包合同。

参与项目融资的咨询机构包括：

（1）专业设计咨询公司

专业设计咨询公司主要承担项目的可行性研究和技术方案的准备、项目实施过程中的详细设计、设备选型以及项目监理工作。项目发起人需要与专业设计咨询公司签订设计咨询合同，在合同约定的范围和期限内完成地质勘探、可行性研究、环境评估和项目可行性经济分析，为项目融资提供最基本的文件和意见。

对于收费公路项目，项目发起人也可单独聘请交通量调查公司进行沿线交通量调查，并将调查成果用于可行性研究报告之中。对于电厂，包括燃煤电厂、燃气电厂或水电站以及水务项目，专业设计咨询公司可独自完成项目的可行性研究工作，也可单独聘请地质勘探公司进行地质钻探工作，在可行性研究过程中利用地质勘探报告完成可行性研究报告。

在由项目发起人负责征地的项目融资建设项目中，为了确保征地费用的可靠性，项目发起人通常聘请征地顾问进行征地拆迁的测量和计价工作，以便准确评估征地时间、征地费用和征地难度，为项目发起人的投资决策提供依据。

（2）律师

律师在项目融资中承担的工作主要包括尽职调查、合同结构的设立、融资结构的设立、合同和协议书的起草和谈判、为融资机构和保险公司出具法律意见书等工作。

（3）财务顾问

财务顾问在项目融资中承担的工作主要是通过建立财务模型计算项目收益和项目内部收益率、NPV 和静态或动态投资回收期等，为项目发起人投资决策提供财务数据和依据。项目发起人也可聘用财务顾问承担融资顾问的角色，由财务顾问负责与融资机构联系和落实融资事宜，财务顾问据此收取一定的报酬。

在大型项目融资的建设项目中，项目发起人通常会聘用财务顾问进行财务分析，以便确保项目收益的真实性和准确性，为项目能够获得融资机构的融资提供保证。

（4）专家顾问

在某些特定行业的项目融资中，项目发起人会聘请专家顾问为其提供技术等专业的咨询服务，确保项目的技术可行性和先进性，为项目建成和运营提供保障。

需要指出，上述项目融资的参与者并非全部会出现在某一特定的项目融资建设项目中，项目发起人可根据项目融资的项目规模和特性进行选择参与者，以便节省项目前期费用，实现项目融资的目的。

11.4　项目公司的设立

项目公司是项目融资中贷款的承载体，项目公司的结构形式关乎项目各发起人的利益和风险的分配，采用何种方式，如有限责任公司、合伙和合作方式，应根据不同的项目和项目所在国的法律具体确定。项目发起人可咨询其聘请的财务顾问和律师解决该项法律问题。

为合理避税和在债权人和债务人形成的债务链条中规避风险和形成防火墙，可考虑成立离岸公司，如在英属维尔京群岛（British Virgin Island，BVI）或开曼群岛注册成立项目公司。在南部非洲投资时，可考虑在毛里求斯成立离岸公司。在欧洲投资时，可考虑在荷兰或者卢森堡成立离岸公司。成立离岸公司的有关手续可委托一家熟悉该项业务的律师事务所办理。

以印度尼西亚某收费公路项目为例，为合理规避印度尼西亚政府规定的10％的红利预提税，在债权人和债务人之间建立防火墙，减少项目发起人的风险，其项目公司融资准备和投资程序如图 11-5 所示。

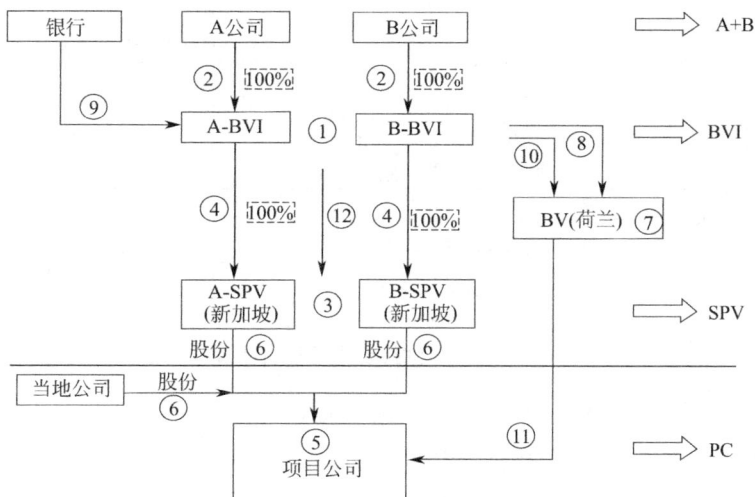

图 11-5　项目公司投融资程序

（1）A公司和B公司以100％股份设立BVI公司；

（2）向BVI公司注入资本金；

（3）A公司和B公司在新加坡全资设立SPV公司；

（4）根据新加坡公司法向SPV公司注入最低资本金；

（5）A公司、B公司和占股的当地公司签署合营合同并在印尼设立项目公司；

（6）注入项目投资总额30％的资本金；

（7）A公司的BVI公司和B公司的BVI公司签署合营协议并在荷兰设立BV公司；

（8）根据荷兰公司法的规定向荷兰BV公司注入最低资本金；

（9）利用BVI公司获得银行融资；

（10）BV荷兰公司向BVI公司借款；

（11）项目公司向BV荷兰公司借款；

（12）SPV向BVI公司出具零息债券作为在项目公司中的资本金出资。

在项目公司取得收益，获得利润后，为有效避税，项目公司偿还银行贷款和发放项目发起人红利的程序如图11-6所示。

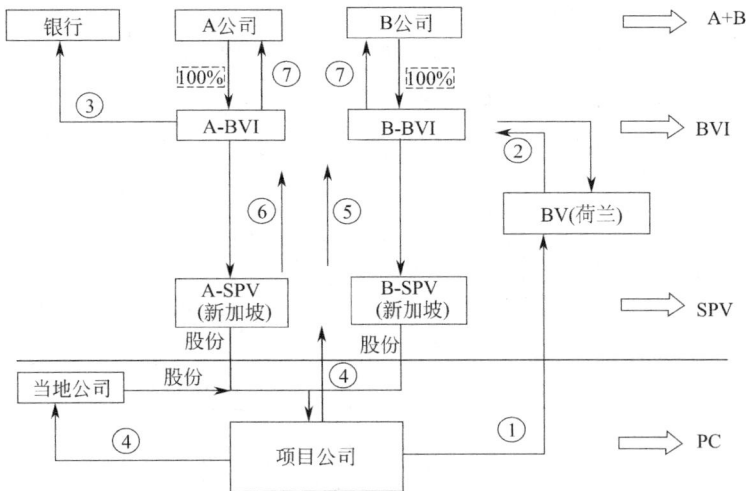

图11-6　项目公司返还投资程序

（1）项目公司向BV荷兰公司偿还本金和利息；

（2）BV荷兰公司向BVI公司偿还本金和利息；

（3）BVI公司向银行支付本金和利息；

（4）项目公司向SPV新加坡和占股的当地公司支付红利；

（5）在收到项目公司的红利后，SPV 新加坡公司向 BVI 公司偿付零息债券；

（6）同时，SPV 新加坡公司向 BVI 公司分配红利；

（7）BVI 公司向 A 公司和 B 公司分配红利。

在上述项目公司的设立和融资过程中，有如下问题值得注意：

（1）以 BVI 公司为主体融资，可以有效规避项目各发起人的债务责任和风险。但在项目融资过程中，银行是否接受 BVI 公司成为上述结构中的关键。

（2）与国外的私人企业不同，中国对外投资的主体仍为国有企业，能否成立 BVI 公司或其他关联公司，不仅关系到企业自身的决策，也关系到现有投资批准或核准体制和政策下能否许可的问题。

（3）如在项目融资中项目发起人直接向债权银行提供担保，则项目发起人和债权银行之间设立了直接的担保法律关系，上述结构中的防火墙作用就会消失。

11.5　财务模型和项目融资的财务评价

财务模型（Financial Model）是项目参与方使用计算机工具（如 Excel、Lotus）建立的，用来模拟现实中项目前提和假设以及主要参数之间量化关系的工具，是项目发起人评估投资可行性及其可融资性的重要手段。财务模型的内容包括项目预计的收益表、资产负债表、损益表、现金流量表等信息和假设。项目发起人通过改变模型中的各种数据和假设，模拟不同的场景（Scenario）下内部收益率（IRR）、投资回收期等相关数据，为项目发起人进行投资决策提供可靠依据。

1. 财务模型的建立和结构

财务模型一般由三部分构成，即输入数据和假设、计算和输出结果，如图 11-7 所示。

数据的计算内容和流程如图 11-8 所示。

输出结果的主要内容包括项目总结（Project Summary）、财务报表和各种财务指标和比率，如偿债比率、盈利比率等内容。

项目融资的财务模型通常为项目发起人聘请的独立的财务顾问建立，以供项目发起人评估投资决策，贷款银行评估使用。

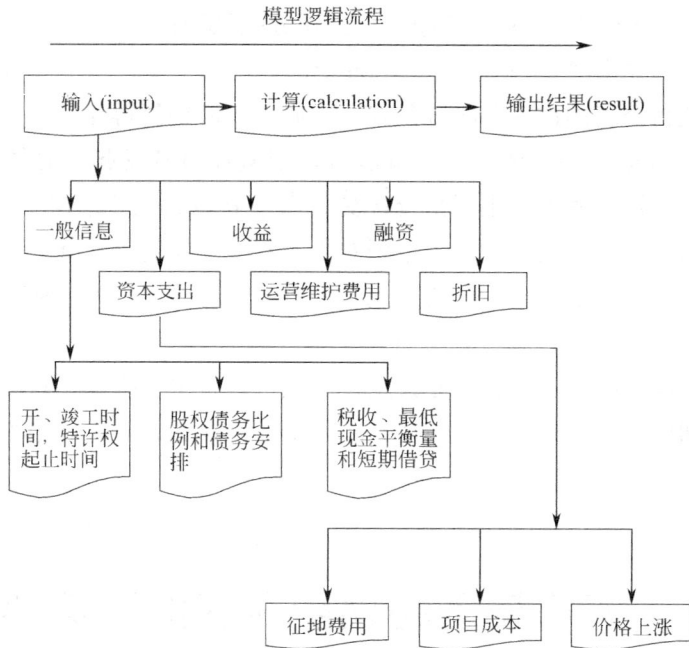

图 11-7 模型逻辑流程图

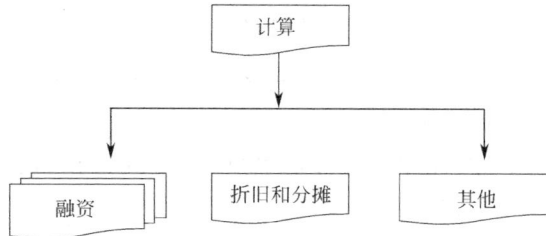

图 11-8 财务模型数据计算流程

2. 财务模型中数据构成和假设前提

　　财务模型中各项前提的来源、构成和数值、参数的确定，不同的参数和数值的变化对最终计算结果产生不同的影响，因此，聘请有经验的、知名的国际性财务顾问，建立适合的财务模型，确立财务模型中不同数值和参数间正确的逻辑关系，对投资决策起着至关重要的作用。

　　印度尼西亚某收费公路项目财务模型中数据的组成见表 11-2。

收费公路项目财务模型　　　　　　　　　　表 11-2

	内　　容	情景 1	情景 2	情景 3
1	特许权期限			
2	道路长度			
3	项目成本： 　征地费用 　设计费用 　建设费用 　监理费用 　交通设施费用 　不可预见费用 　管理费用 　增值税 　物价上涨费用 　建设期利息 　融资费用			
4	融资 　股权：30% 　债务：70%			
5	借贷： 　借贷期限 　利息 　宽限期 　还款期 　货币种类			
6	收入和维护费用 　基础收费 　第一年收费收入 　经营期内车流总量 　经营期内总收入 　经营期内维护费用			
7	其他 　通货膨胀 　货币比价 　货币贬值 　税率 　短期贷款利息 　保函费用 　保险费用			
8	可行性： 　股权内部收益率(Equity IRR) 　项目内部收益率(Project IRR) 　净现值(NPV) 　投资回收期			

在上述收费公路的财务模型中，对有关数值的来源和取值应予注意：

（1）特许权期限。项目融资实务中有两种基本算法，一种是特许权期限从项目签约时起算，即建设期包含在特许经营期内；第二种是特许经营期从项目竣工开始通车或运营时起算，即建设期不包括在特许经营期内。

（2）项目成本中的不可预见费和物价上涨费用。项目发起人应根据工期确定不可预见费的比例，一般可确定为5%，但在金额巨大的项目中可适当降低，以控制成本超支的风险。物价上涨费用应根据所在国的通货膨胀率和预测确定合理的数值，有经验的财务顾问可以提供有关数据和经验值。

（3）货币贬值。项目发起人应咨询有关银行等金融机构，或者由财务顾问提供这方面的经验数值和预测。应当说，在确定和预测长达几十年特许经营期内这个数值存在较大难度。

（4）税率。应根据当前的税率计算，如有税收优惠，应在税收优惠期内计算纳税金额。在预测未来的纳税金额时，不应考虑税收优惠和减免，应以保守态度对待税收问题。

（5）NPV值贴现率。该数值应根据银行贷款利率、通货膨胀率等指数综合确定，一般而言，有经验的财务顾问可以提供合理的贴现率数值。

在建立了以现金流量为基础的财务模型后，应进行模型变量的敏感性分析，分析并测定各个变化因素对指标的影响程度，考察项目在各种可能的情况下的现金流量及债务承受能力。

应当指出，应对最差的情景和最佳情景进行比对，寻找形成的原因，以利于项目发起人进行投资决策。

3. 项目融资的财务评价

判断项目融资项下的项目是否具有投资可行性和可融资性，主要依据财务模型中计算的各种财务指标，项目发起人才能进行投资决策。对于贷款人而言，银行主要关心的主要财务指标有净现值、内部收益率、资产负债比例、债务覆盖率等指标。

（1）净现值（Net Present Value，NPV）

净现值是项目在计算期内各年净现金流量按资金成本折现至基准年的现值之和。其表达式为：

$$NPV = \sum_{t=0}^{n} CF_t (1+r)^{-t}$$

式中 CF_t——第 t 年的净现金流量；

r——折现率，一般是项目的加权平均资金成本；

n——项目的计算期，一般取项目的经济寿命期。

净现值大于零，说明该项目是可行的，可以给项目投资者赚取一定的投资回报，项目可以成立。净现值越大，表明项目的盈利能力越强，资产价值越高。

（2）内部收益率（Internal Rate of Return，*IRR*）

内部收益率是项目净现值折现为零时的折现率。内部收益率可分为项目内部收益率（Project IRR）和股权内部收益率（Equity IRR）。

项目内部收益率是指与融资结构无关联时的项目收益，其表达式为：

$$\sum \frac{R_i - I_i - C_i}{(1+r)^i} = 0$$

式中 R_i——第 i 年的营运收入；

I_i——第 i 年的投资额；

C_i——第 i 年的运营成本；

r——项目 IRR。

项目的 r 值越高，表明项目越有利，一般而言，根据国家和金融市场的不同，r 值应高于实际借款利率 7%～8%。

股权内部收益率是指那些以红利为投资回报的股东得到的项目收益，其表达式为：

$$\sum \frac{D_i - I_i}{(1+r)^i} = 0$$

式中 D_i——第 i 年的红利；

I_i——第 i 年股东的投资额。

r 值越高，对于股东而言项目盈利能力越强。一般而言，r 值至少应高于主要利率 10%以上。由于项目 IRR 是以总投资（股本加债务）为基础，而股权 IRR 只以股本为基础，因此股权 IRR 要高于项目 IRR。

（3）资产负债比例

该指标表明在某一特定时期项目公司的所有资产中总负债和总资产的比例，比例越高，说明公司依靠负债经营的程度越高，贷款人的风险越高。在项目融资中，银行一般会规定一个最高点，如该指标超过了最高点，说明公司的现金流量不足，银行会要求股东追加资本金或进行从属贷款。一般而言，项目融资的资产负债比例在 50%～70%之间。资产负债比例表达式为：

$$资产负债比例 = \frac{项目公司总负债}{项目公司总资产} \times 100\%$$

（4）债务覆盖率（Debt Cover Ratio，DCR）

债务覆盖率是指某一年度项目可用于还贷的现金流量与该年度应归还的债务值比，表达式为：

$$DCR = \frac{CBDS_i}{DS_i}$$

式中　$CBDS_i$——第 i 年偿还债务之前的现金流量；

　　　　DS_i——第 i 年当年剩余债务金额（本金加利息）。

融资银行希望在整个项目期内 DCR 值都高于 1，总体来说，银行一般会要求 DCR 值应大于 1.1 或 1.2，并且银行会根据行业的特点，提出更高的要求。

决定是否进行项目投资的财务指标还有其他多种指标和参数，项目投资者和银行应根据这些指标进行投资和贷款决策，这就是项目财务模型的最主要的功能。

需要指出，上述财务指标达到哪个数值即为项目可行，并没有一个统一标准。不同的项目发起人对上述财务指标的要求不同，有些项目发起人可能看重项目的重要性，而降低项目财务指标的要求。例如，资本金内部收益率，有些项目发起人认为 8% 是可以接受的指标，但有些项目发起人认为低于 12% 时，项目不可行，而有些项目发起人认为不应低于 18%。

11.6　ABS 项目融资

资产证券化（Asset-Backed/Based Securitization），简称 ABS，是以项目所属资产为基础，以该项目资产可以带来的预期收益为保证，通过在资本市场上发行债券筹集资金的项目融资方式。

ABS 是 20 世纪 80 年代末在美国兴起的一种新型资产变现方式，在初始阶段，资产证券化是指在资本市场和货币市场发行债券的直接融资方式，称为一级证券化或融资证券化。其后，资产证券化演变为将已存在的信贷资产进行归集，根据利率、期限、信用质量等标准加以组合，进行包装后转移给投资者，具体做法是项目发起人将项目资产出售给特设机构（SPV），SPV 凭借项目未来可预见的现金流，通过寻求担保等手段提高信用等级，然后在资本市场上发行具有投资价值的高级债券为项目进行融资。这种方式的资产证券化被称为二级证券化，即当前流行的资产证券化。

ABS 的本质在于通过特有的提高信用等级的方式，使原本信用等级较低的项目进入高档证券市场，利用该市场信用等级高、债券安全性和流动性高、债券利率低的特点，降低发行债券筹集资金的成本。

ABS 融资模式的特点如下：

（1）债券利率较低，适合大规模筹集资金。

（2）与 BOT 融资和产品支付项目融资不同，ABS 通过证券市场发行债券进行融资。

（3）ABS 隔离了项目原始权益人自身的风险，分散了投资风险。

（4）ABS 通过 SPV 发行债券筹集资金，避免了原始权益人资产质量的限制。

（5）ABS 融资在证券市场易于销售、转让和贴现。

ABS 项目融资的基本构成要素包括：

（1）标准化的合约。

（2）资产价值的正确评估。

（3）具有历史统计资料数据库。

（4）适用法律标准化。

（5）可靠的信用增级措施。

一般而言，ABS 融资的运作程序如图 11-9 所示。

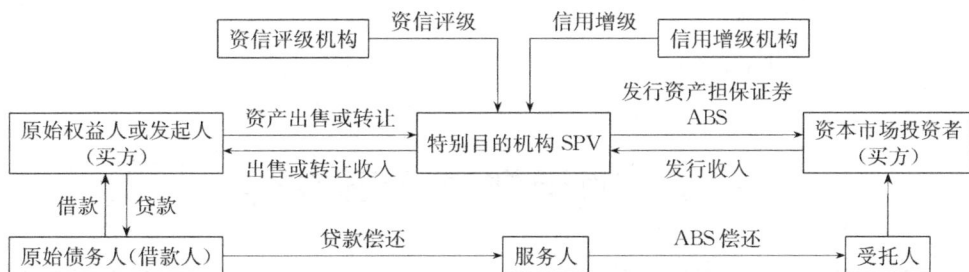

图 11-9　ABS 运作流程图

（1）确定 ABS 融资目标资产。一般而言，只要在未来一定时期内能够带来稳定可靠的现金收入的项目，都可以进行 ABS 融资。原始权益人拥有未来现金流量所有权，他将这些资产进行估算和信用考核，根据 ABS 目标确定资产证券化规模，并将资产归集组合形成资产池。

（2）组建特设机构 SPV 公司。为提高 SPV 的信用等级，通常，SPV 由具有较高资信评级的投资银行、信托投资或信用担保公司以及与证券投资相关的金融机构组成。SPV 也可由原始权益人设立，但应以资产证券化为唯一目的、独立的信托实体。

（3）实现项目资产的真实销售。在 SPV 成立后，原始权益人将资产池中的资产出售给 SPV，且这种买卖为真实销售。

（4）完善交易结构，实现内部评级。原始权益人和 SPV 聘请评级机构审查各种合同和文件的合法性及其有效性，对交易结构和资产支持债券进行考核评价，给出内部评级结果。

（5）划分证券等级，办理金融担保。为改善发行条件，SPV 公司需进行信用增级，采取的措施可为划分证券等级，区分优先证券和次级证券或者进行金融担保，保证在证券到期 SPV 不能支付债券时，由担保机构支付债券。

（6）进行发行评级，安排证券销售。SPV 需委托信用评级机构对即将发行的经过担保的 ABS 债券进行正式评级，再由证券承销商负责向投资者销售资产支持证券。

（7）SPV 获得证券发现权，向原始权益人支付购买价格。在获得 SPV 的支付后，原始权益人达到筹资目的，将募集资金用于项目建设。

（8）资产管理。原始权益人或 SPV 指定的服务公司对资产池进行管理，负责收取、记录由资产池产生的收入，将这些收入存入托管银行的收款账户。

（9）按期还本付息，支付聘用公司费用。在债券到期后，托管银行将累积资金拨入付款账户，对投资者还本付息，并支付聘用机构的中介费用。至此，整个资产证券化过程结束。

11.7 项目融资合同文件

通过项目公司的连接，项目融资参与者之间形成了复杂的结构和合同关系，形成了复杂的项目融资合同文件体系，不同主体之间发挥了不同的职能、功用和风险分担机能，构成了一个项目融资交易的合同网络。以印度尼西亚某收费公路项目为例，项目融资各主体之间的结构和合同关系如图 11-10 所示。

在上述项目融资结构中，存在以下主要合同关系，并产生与项目融资相关的合同文件：

（1）股东合营协议。由几个股东按股份比例签署股东合营协议，各股东承诺按比例出资，构成项目公司的股权出资。在资格预审阶段，各股东可以签署联合体协议，共同按股份比例出资。在投标阶段，签署投标的联合体协议。在中标后

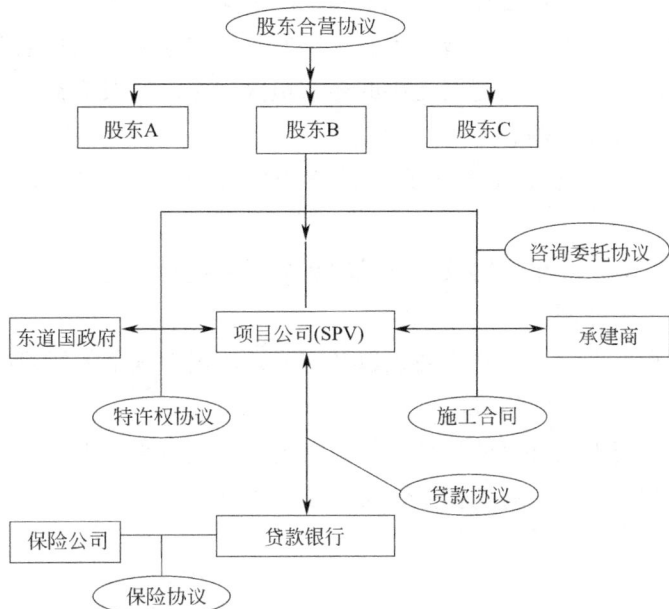

图 11-10　项目融资参与者之间的合同关系

签署股东合营协议，具体规定出资比例、时间、董事会等有关条款，形成正式的股东合营协议。

（2）项目公司成立的公司章程等协议。应根据各国公司法的有关规定制定项目公司的公司章程、项目公司协议等法律文件。

（3）特许权协议。项目公司通过与东道国政府有关部门的谈判，确定收费标准、特许权期限等条件，签署特许权协议。

（4）贷款协议。由项目公司与贷款银行签订贷款协议，明确贷款金额、期限、利率、宽限期、还款期以及担保方式等。

（5）保险协议。可由贷款银行直接询保签订信贷保险协议，也可由项目公司询保，与保险公司签订保险协议。

（6）施工合同。由项目公司负责，通过招标或直接议标的方式与承建商签署EPC或交钥匙等总价施工合同。

（7）咨询委托协议。主要是由项目发起人与财务顾问、律师、专业设计咨询公司签署的咨询委托协议。

在电站项目融资中，还存在其他形式的合同：

（1）供应合同。由电厂与燃料供应商签署的燃料供应合同。

（2）购电合同。由电厂与电力公司签署的购电合同。

在项目融资交易中，还存在其他辅助性的法律和合同文件：

（1）担保文件。主要有东道国政府提供的政府主权担保或其他形式的担保和保证；备用信用证；项目发起人提供的还款担保文件；有限追索权项下收费权质押性质的担保物权文件等。

（2）安慰信。由东道国政府有关政府部门提供的一种表示对项目支持的保证。

（3）第三方运营和维护协议。这是项目公司委托专业的运营和维护公司从事项目运营和维护的合同。

（4）律师意见书。这是贷款协议以及特许权协议中规定需要律师出具的法律意见书，是特许权协议的组成文件之一。

由于项目融资涉及许多法律性文件，为此，企业应聘请中国律师和东道国律师，起草、谈判和完成所有项目融资文件工作。

BOT/PPP 项目选择和运作

　　BOT/PPP 模式是近年来国际流行的项目交易模式，以 BOT 或 PPP 方式参与国际工程承包市场，不仅是未来国际工程承包市场的趋势和方向，也是国际工程承包市场的客观需要和要求。中国企业要想使自己从施工企业向现代企业，进而向国际化企业发展，仅仅依靠传统承包工程施工项目和 EPC 总承包工程项目是无法完成企业转型和升级这个历史重任的，传统工程承包项目和 EPC 总承包项目也无法承载中国企业的转型和发展要求。提高中国企业国际化水平，使企业从施工企业向现代企业，进而向国际化企业发展，从传统承包模式和 EPC 模式向更高层次的 BOT/PPP 模式转变，是中国企业的必然选择和必由之路。

12.1 BOT/PPP 定义、特征和意义

1. BOT/PPP 定义

BOT 是 Build-Operate-Transfer（建造-经营-移交）英文字母开头的缩略语。联合国工业发展组织将其定义为"在一定时期内对基础设施进行筹资、建设、维护和运营，并在此后将所有权移交公有。"世界银行将 BOT 定义为"政府给予某些公司新项目的特许权，私营合伙人或某国财团愿意自己融资、建设基础设施，并在一定时期内经营该设施，然后将此移交给政府部门或其他公共机构。"

虽然不同的组织或机构对 BOT 的定义不尽相同，但综合而言，BOT 是指政府（中央或地方政府或公营部门）通过特许权协议，授权项目发起人为某个项目成立专门的项目公司，负责该项目的融资、设计、建造、运营和维护，在规定的特许期内向该项目（产品/服务）的使用者收取适当的费用，由此回收项目的投资、经营和维护等成本，并获得合理的回报，特许期满后，项目公司将项目移交给政府。

BOT 包括三种基本形式，即 BOT、BOOT（建造—经营—拥有—转让）和 BOO（建造—经营—拥有）。BOT 的其他演变形式有：

（1）BT（Build—Transfer，建造—移交）

（2）BOOST（Build—Own—Operate—Subsidy—Transfer，建造—经营—补贴—移交）

（3）ROT（Rehabilitate—Operate—Transfer，修复—经营—移交）

（4）BLT（Build—Lease—Transfer，建造—租赁—移交）

（5）ROMT（Rehabilitate—Operate—Maintain—Transfer，修复—经营—维护—移交）

（6）ROO（Rehabilitate—Own—Operate，修复—拥有—经营）

（7）TOT（Transfer—Operate—Transfer，移交—经营—移交）

（8）SOT（Sold—Operate—Transfer，出售—经营—移交）

（9）DBOT（Design—Build—Operate—Transfer，设计—建造—经营—移交）

（10）DOT（Develop—Operate—Transfer，发展—经营—移交）

（11）OT（Operate—Transfer，经营—移交）

（12）OMT（Operate—Manage—Transfer，经营—管理—移交）

（13）DBFO（Design—Build—Finance—Operate，设计—建造—融资—经营）

（14）DCMF（Design—Construct—Manage—Finance，设计—施工—管理—融资）

PPP 是 Public—Private—Partnership（公私合伙）英文字母开头的缩略语，是指政府与私营机构签订长期合作协议，授权私营机构代替政府建设、运营或管理基础设施或其他公共服务设施并向公众提供公共服务的一种合作方式。

从本质上说，PPP 和 BOT 相似，但 PPP 的含义更为广泛、反映更为广义的公私合作关系，除了基础设施，还包括公共服务机构和国有企业的私有化等。在英国，则将 PPP 称为民营主导融资 PFI（Private—Finance—Initiative，PFI），它更强调的是民营企业在融资中的主导性和重要性。

判断一个项目是 BOT 或者 PPP 的两个标准是：

（1）政府有公营机构是否拥有股权或股份。

（2）项目自身收益不足以偿还本金和利息，不足以使股东获得合理的回报，需要政府或公营机构参与，以减少私营方的投入，使私营方能够在项目特许期内收回本金和利息，并获得合理的回报。

2. BOT/PPP 特征

BOT/PPP 的本质特征如下：

（1）BOT/PPP 项目是一种特许权项目

BOT/PPP 最适用于自然资源开发项目、基础设施项目和其他公用事业项目。在大多数国家，这些项目的所有权均为国家所有，采用 BOT/PPP 是指政府把这些项目的建设和经营的特许权交给外国或民营发展商，但政府拥有终极所有权。

（2）BOT/PPP 是政府和企业之间长期的合作

BOT/PPP 项目的特许期一般为 10～30 年，有的甚至是项目全寿命期的合作，长期合作的主要目的是追求项目总体和长期效率的提高，要使项目全寿命期成本最低，而不是仅仅考虑降低建设成本却忽视了运营和维护成本的降低。

（3）BOT/PPP 具有狭义项目融资的典型特征

BOT/PPP 是利用项目的期望收益进行融资的形式，债权人对项目发起人的其他资产没有追索权或仅有有限的追索权。建成项目投入使用所产生的现金流量成为偿还贷款和提供投资回报的唯一来源。BOT/PPP 项目融资不是主要依赖项目发起人的资信或涉及的有形资产，债权人主要考虑项目本身是否可行以及项目的现金流和收益是否可以偿还贷款。项目的融资负债比一般较高,资金结构也较复杂,多为中长期融资,资金需求量大,风险大,融资成本也相应较高。项目发起人出一定资金与其他股东一起成立项目公司,作为独立的法人实体,并且是项目贷款的直接债务人。项目发起人对项目贷款人(即项目公司)提供某种担保,但一般不涉及项目的所有的风险。

作为发起人的一种投资行为,BOT/PPP 项目有其自身的优缺点,见表12-1。

BOT/PPP 的优缺点　　　　　　表 12-1

	优点	缺点
政府层面	● 拓宽资金来源,引进外资和利用本国民间资本,减少政府的财政支出和债务负担,加快发展基础设施建设 ● 降低政府风险,政府无须承担融资、设计、建造和经营风险 ● 发挥外资和私营机构的能动性和创造性,提高建设、经营、维护和管理效率 ● 合理利用资源,避免了无效益项目开工 ● 有利于发展国民经济和金融资本市场	● 承担政治、法律变更和外汇等风险 ● 设施使用价格较高 ● 满足短期基础设施要求
发起人层面	● 充分利用项目经济状况的弹性,减少资本金支出,实现杠杆融资 ● 拓宽项目资金来源,减少借款方的债务负担 ● 实现有利的税收条件 ● 提高了项目发起人/项目公司的谈判地位 ● 转移特定的风险给放贷方,弱化项目发展商的政治风险 ● 避免合资企业的风险 ● 创造发展商/承包商的商业机会	● 融资成本较高,要求的投资回报率高 ● 投资额大、融/投资期长、收益的不确定性增大 ● 合同文件繁多和复杂 ● 在融资杆杠能力不足时,母公司仍需承担部分风险 ● 适用于盈利性的公共产品和基础设施项目
贷款人层面	● 承担同样风险但收益率较高 ● 易于评估中等信用借款方的风险 ● 提供了良好的投资机会,而且较少竞争	● 投资额大、融/投资期长、收益的不确定性增大 ● 合同文件繁多、复杂

3. 中国企业以 BOT/PPP 方式参与国际基础设施建设和运营的意义

中国企业在"一带一路"倡议下"走出去",利用 BOT/PPP 方式参与国际基础设施建设和运营,具有十分深远的政治和经济意义。

(1) 中国企业和资本以 BOT/PPP 方式深度参与发展中国家基础设施建设和运营,不仅可以改变过去单一的"对外援助"的外交方式,改变中国进出口银行的"两优贷款"规模的限制,变单纯输血为帮助发展中国家造血,通过共赢分享其经济成长成果；而且在巩固和加强传统外交优势，维护外交利益，拓展国际政治空间、维护领土完整和自身安全等方面都有着重要的意义。

（2）从全球经济发展角度看，自 2008 年金融危机以来国际经济格局发生了深刻的变化，世界上共有 100 多个国家纷纷推出 BOT/PPP 模式发展本国经济，而中国的基础设施建设企业和金融机构在资金和成本方面有着双重优势。在这样一个历史条件下，中国企业应该抓住这一良好历史机遇，加速参与甚至是主动促进境外基础设施领域的 BOT/PPP 模式，在发达国家发展趋缓的时候快速发展自己，进而缩小与发达国家的差距。

（3）以前中国企业境外承接工程项目更多的是做基础设施项目的工程建设承包商，逐渐介入设备供应及采购成套，但较少涉及基础设施的运营管理。中国在长期产业发展过程中高端服务业等第三产业的发展滞后，制约了中国产业结构的优化升级，在国际工程设计、咨询、融资及运营服务等第三产业的"软功夫"上则技拙艺涩，缺乏国际竞争力。而在 BOT/PPP 模式中，真正获得较高收益的恰恰不是工程建设，而是投融资及运营维护。基础设施领域 BOT/PPP 模式的高附加值来自于整合项目投融资、建设、运营维护等全寿命成本绩效管理能力，离开这一过程，高附加值无法实现。因此，中国企业通过以 BOT/PPP 方式参与国际基础设施的建设和运营，可以弥补其在整合投融资、建设、运营和维护的管理能力。可以说，BOT/PPP 投融资项目是工程承包企业产业链延伸，实现产业升级，转变盈利模式的一种重要手段。

（4）尽管中国对外工程承包业务在不断向大企业、大集团集中，业务规模保持高速增长，但不可否认，中国对外承包工程总体规模是靠数量众多的企业支撑的，市场主要集中在亚洲和非洲地区，且在某一国别的中国企业数量众多，"扎堆"现象严重，中国企业之间的过度竞争，损害了企业的利益。中国对外承包工程企业要想冲出"重围"，摆脱低层次的过度竞争，扩大市场份额，应向更高层次的 BOT/PPP 方式转变，在转变中获得发展的机遇。

12.2 BOT/PPP 适用范围和项目特征

BOT/PPP 模式理论上适用于任何项目。特别是 BOT 项目，任何在一定年限内收益大于应付本金和利息，并产生一定合理回报的项目都适合于采用 BOT 方式 。但实践中是否适用，很大程度上取决于项目本身的性质，包括技术复杂性、收费的难易程度、生产或消费的规模、设施规模等，特别是政府在决定是否采用 BOT 或者 PPP 模式时，最关注的是是否应用该模式能提高项目的建设和运营效率。因此，BOT/PPP 主要适用于资源开发、基础设施和公共服务设施项目，按融资易难为序分列于下：

（1）自然资源开采，如采矿/油/气、炼油厂；

（2）电厂、供水或废水/物处理厂；

（3）通信；

（4）公路、隧道或桥梁；

（5）铁路、地铁；

（6）机场、港口；

（7）公共设施项目。

中国企业目前在境外 BOT/PPP 项目中主要集中在电力（包括水电站、火力发电项目）、水务（包括给水和污水处理厂）和收费公路项目，这三类项目本身具有独特的项目特征。

1. 电力项目

中国企业从事的境外水电投资项目以 BOT 方式进行，以独立发电站 IPP 方式、BOT 方式或 BOO 方式从事燃煤或燃气火力发电项目。境外电力 BOT 项目的典型项目特征是企业与东道国政府或有关公营机构，例如东道国国有电力公司签订特许权协议和购电协议（Power Purchase Agreement，PPA），由国有电力公司以照付不议（Take-Or-Pay）合同向企业支付购电协议中规定的电价。购电协议以美分计价，以美元支付。

决定企业是否以 BOT 方式投资境外水电项目的决定因素包括：

（1）项目投资总额，包括建设成本、建设期利息和保险费用在内项目总投资。

（2）项目收益，根据购电协议，每度电的美分计价标准计算发电收入。

（3）项目资源的使用费用，包括是否需要缴纳水资源使用费、发电小时数、燃煤供应价格或燃气供应价格及其长期价格的稳定性保证。

（4）运营和维护费用。

（5）税务。

在确定上述投资总额、项目收益、项目资源使用费用、运营和维护费用和税务等成本和收益项目准确性基础上，企业通过财务模型进行分析财务数据，在满足投资者回报要求的情况下，项目具有可融资性，可以获得商业和信用保险，企业可决策投资电力项目。

迄今为止，境外电力 BOT 项目是中国企业对外投资项目中最为成功的项目。

2. 水务项目

水务项目，包括给水和污水处理厂项目，是由东道国政府通过与企业签订特许经营权协议和服务协议的方式，由企业获得特许经营权，在特许经营期限内，按照服务协议中规定的水费或污水处理费支付给企业，并在特许经营期结束时归还给东道国政府的模式。在水务 BOT 项目中，东道国政府支付的水费或污水处理费大多以东道国本国货币支付，但也可以通过谈判，以美元支付水费或污水处理费用。

决定企业是否以 BOT 方式投资境外水务项目的主要因素包括：

（1）项目投资总额。

（2）项目收益。

（3）运营和维护成本。

（4）税务。

如果财务模型计算出的净现金流量可以满足投资者对投资回报，包括资本金内部收益率、项目内部收益率、NPV 值、静态和动态投资回收期要求，项目具有可融资性，可以获得商业和信用保险，企业可决策投资水务项目。

3. 收费公路项目

与电力和水务项目中的政府或公营机构单一主体付费方式不同，收费公路项目是以交通量尽职调查数据为基础，以收取车辆过路费为项目收入的特许经营模式。在交通量不足时，东道国政府可进行一部分投资，将项目做成 PPP 模式。在交通量充足时，且收费合理的情况下，投资者可以 BOT 方式进行投资。

在收费公路项目中，东道国政府需与企业签订特许经营协议，规定特许经营期限、初始收费标准、调价标准和补偿机制，按照特许经营协议规定的收费标准向过路车辆收取过路费。

决定企业是否以 BOT/PPP 方式投资境外收费公路的主要因素包括：

（1）项目投资总额。

（2）项目收费收入。

（3）运营和维护成本。

（4）税务。

在投资者担心交通量不足的情况下，可与东道国政府谈判，确定是否由东道国政府提供最低车流量担保或者最低收费担保，保证项目具有可融资性。

电力、水务和收费公路项目 BOT/PPP 模式及其主要风险见表 12-2。

境外电力、水务和收费公路 BOT/PPP 项目对比表　　　　表 12-2

	电力项目	水务项目	收费公路项目
模式	BOT、BOO 或 IPP 模式	BOT、BOO 模式	BOT/PPP 模式
协议	特许经营协议和购电协议	特许经营协议和服务协议	特许经营协议
付费主体	单一主体	单一主体	不确定的过路车辆
东道国政府担保	视付费主体信用而定	视付费主体信用而定	在交通量保证的情况下，可无担保。在交通量存在低于预期风险时，东道国政府需提供最低车流量担保或最低收费担保
合同保证性	以照付不议合同作为担保	以照付不议合同作为担保	以预期的交通量和收费作为担保
可融资性	较为容易	容易	较难
有限追索权融资条件的满足	付费主体信用可靠、建设期贷款完全追索、监管账户、信用保险以及项目抵押	付费主体信用可靠、建设期贷款完全追索、监管账户、信用保险以及项目抵押	建设期贷款完全追索、监管账户、收费权抵押、信用保险和一定程度的担保
海外投资保险	政治险和业主违约险（指业主到期不付款违约）	政治险和业主违约险（指业主到期不付款违约）	政治险和业主违约险（指业主不履行特许经营协议的违约）
主要风险1：支付能力	东道国政府或公营机构的支付能力	东道国政府或公营机构的支付能力	交通量低于预期
主要风险2：汇率风险	因以美分计价，以美元支付，汇率风险很低	在以东道国货币支付时，存在汇率风险	由于过路车辆以东道国货币交纳，收费收入为东道国货币，存在汇率风险
主要风险3：征地风险	占地面积小，不存在征地风险，但水电项目淹没区存在征地风险	占地面积小，不存在征地风险，但管线除外	公路属于线性工程，征地风险巨大
主要风险4：不可抗力风险	视国别而定	视国别而定	视国别而定

从表 12-2 可以得出，无论是电力、水务还是收费公路项目，任何项目均具

有其特有的特征。对于投资者而言，在开发项目过程中，应正视项目特有的特征
和特性，选择适合的项目作为开发目标。

12.3 BOT/PPP 合同结构

由于投资者主体和股东数量不同，追索方式、抵押、担保形式和税务结构不
同，因此，任何一个 BOT/PPP 项目的合同结构都会不尽相同，项目发起人应根
据具体情况，设计 BOT/PPP 项目合同模式。但无论如何，BOT/PPP 模式具有
其内在的相同性质和特性，这些相同的性质和特性决定了 BOT/PPP 模式具有相
类似的合同结构。BOT/PPP 模式的典型合同结构如图 12-1 所示。

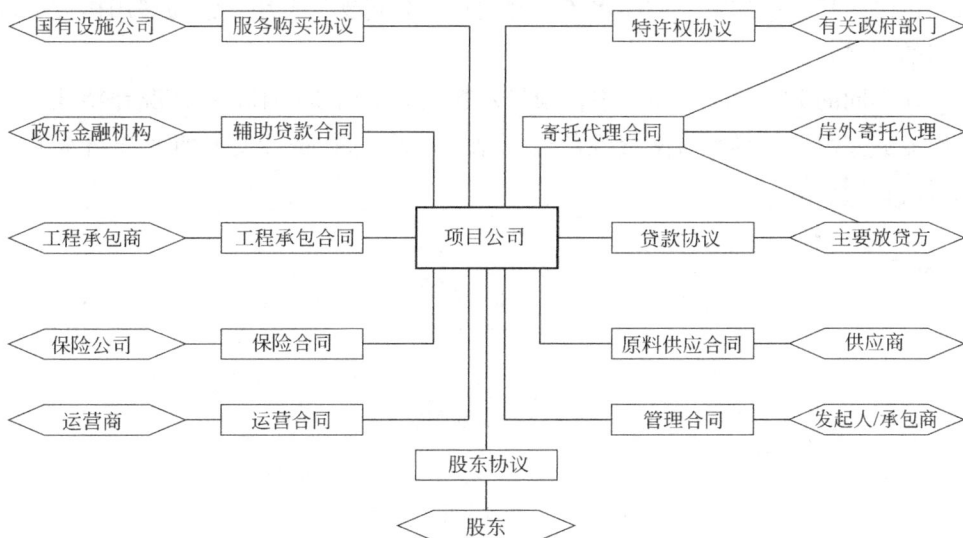

图 12-1 BOT/PPP 模式典型合同结构

在图 12-1 所示的 BOT/PPP 典型合同结构中，合同结构的形成步骤如下：

（1）项目发起人或股东签署股东协议，按照出资比例在东道国或其他第三国
或第三地组成项目公司。

（2）项目公司与东道国政府或者东道国公营机构签订特许经营协议，获得特
许经营权，建设、运营和移交项目。在存在岸外寄托代理时，如信托基金等，则
项目公司与岸外寄托代理签订寄托代理合同。

（3）项目公司与承包商签订项目建设的 EPC 固定总价合同。

（4）项目公司与供应商签订长期原料供应协议，例如燃煤或燃气等。

（5）项目公司与贷款人（银行或基金等融资机构）商定项目融资事宜，签订贷款协议，由贷款人为项目公司发放贷款，用于项目的建设。

（6）如存在政府金融机构融资时，项目公司与政府金融机构签订付诸贷款合同。

（7）项目公司与保险公司签订商业保险或信用保险合同，为项目提供保险服务。

（8）项目公司与项目管理公司签署一份长期的运营和维护协议，由项目管理公司负责项目的运营和维护。

（9）在存在发起人或承包商对项目进行建设管理的情况下，项目公司与发起人或承包商签订项目管理合同。

（10）项目公司与国有设施公司签订服务购买协议，由国有设施公司购买项目产生的产品，例如电力或净水等，并向项目公司支付费用，该项费用构成项目公司的项目收益。

在不同的BOT/PPP项目中，项目发起人应根据项目不同的情况和特性，设计出能够实现的、具有可融资性的合同结构。图12-2是印度尼西亚某给水PPP项目的合同结构。

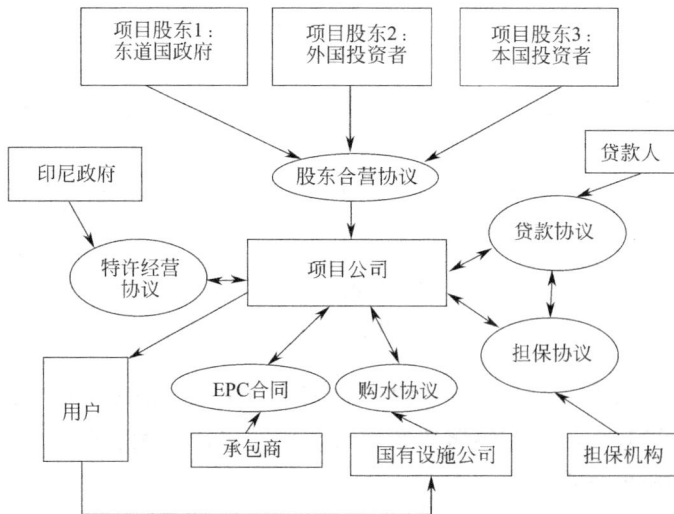

图12-2　印度尼西亚某给水PPP项目合同结构

从图12-1和图12-2可以看出，项目发起人可根据BOT/PPP项目和不同参与者的具体情况设计项目的合同结构。在设计项目合同结构时，应以项目公司为核心，由项目公司作为 BOT/PPP 项目的主体，与东道国政府签订特许经营协议，获得特许经营权，建设、运营和移交项目。同时，项目公司为获得融资，应与承包商签订 EPC 固定总价合同，与国有设施公司（例如水务局）签订购水协议，由项目公司为用户供应饮用水，并由用户向国有设施公司支付水费。在融资环节，由担保机构提供担保，项目公司与贷款人签订贷款协议，贷款用于项目的建设和运营。

在图 12-2 中，由于项目建设成本高，国有设施公司支付的水费不足以补偿项目还本付息，因此，东道国政府需要出资约 50%，作为股东参与项目公司，成为项目公司股东，项目为此采用 PPP 模式，而非 BOT 模式。

12.4   BOT/PPP 项目开发

在 BOT/PPP 项目中，投资者追求的不是短期的收入，而是长期稳定的现金流收益。BOT/PPP 项目开发人（Developer）或项目发起人（Sponsor）在境外开发 BOT/PPP 项目时应不忘初心，牢记境外 BOT/PPP 项目为对外投资项目的特性。

1. 东道国法律对 BOT/PPP 项目开发模式的影响

世界上提倡和推广 BOT/PPP 模式的大部分国家都颁布了有关 BOT 和 PPP 方面的立法，这些国家包括美国、加拿大、日本、韩国、中国、蒙古、菲律宾、印度尼西亚、罗马尼亚、科威特、乌干达、莫桑比克等。由于 BOT/PPP 项目属于投资行为，因此，与世界银行等国际金融组织融资的工程项目和东道国政府公共工程项目采购不同，各国 BOT/PPP 法律均规定了"双模式"项目开发模式。

（1）第一种模式是项目发起人或者意向投资者发起项目，通过东道国政府与项目发起人直接谈判的方式落实 BOT/PPP 项目。

（2）第二种模式是通过公开招标方式采购 BOT/PPP 项目，即通过国际竞争性投标或者有限邀请招标方式，由意向投资者向东道国政府提交招标文件要求的报价文件，例如电厂项目的每度电的美分报价、电厂项目建设成本、电厂运营维护成本，工程项目质量和环保标准、特许经营协议和购电协议等文件，由东道国政府组成的评标委员会按照事先制订的评分标准进行评标并选定中标人，由中标人与东道国政府签订特许经营协议和/或购电协议等文件。投资者应在融资关闭日之前落实项目的融资。在存在多个意向投资者的情况下，东道国政府可以进行资格预审程序，选出3家以上的入围短名单，然后由通过资格预审的意向投标人按照招标文件的要求投标。

在资金落实的公共工程采购的招标程序中，招标机构或业主应向中标人签发中标通知书，表明业主接受承包商的报价和所有投标条件。但在BOT/PPP模式中，在选定中标人后，业主往往不是签发中标通知书，而是签发一封邀请投标人进行合同谈判的邀请函，要求投标人进行BOT/PPP项目的合同谈判，商谈特许经营协议，落实项目融资等。如果业主与投标人无法就特许经营协议或融资条件达成一致，则业主还会向第二个投标人发出邀请，进行相同的特许经营合同和融资条件谈判，直至业主与投标人达成一致。

毫无疑问，项目发起人或投资者开发境外BOT/PPP项目方式受到了东道国政府BOT/PPP法律的约束。以印度尼西亚和蒙古为例，BOT/PPP项目需要按照特许经营法的规定，采取国际竞争性公开招标的方式进行选择和确定投资者，投资者很难以主动建议的方式发起项目。但在某些国家和地区，投资者仍可通过主动建议的方式发起BOT/PPP项目，但需要克服东道国BOT/PPP法律中规定的招标限制。

为了说服东道国政府接受投资者主动建议的项目发起方式，绕开东道国法律的公开招标规定，投资者需向东道国政府说明如下事项：

（1）投资者在主动建议发起项目领域具有权威和领先地位，很难有其他竞争者进入这个领域。

（2）投资者有意愿在东道国进行投资。

（3）投资者愿意自付费用进行项目的可行性研究和环境评估，提出以BOT/PPP模式投资发起项目的整个合同体系、融资计划和技术方案。

（4）在进行了必要的合同、融资和技术准备工作后，投资者愿意与东道国政府谈判特许经营合同、融资条件和技术方案，落实项目的建设、运营和维护以及项目的移交事项。

另一方面，对东道国政府而言，完全放弃投资者主动建议发起项目而采取公开竞标的方式进行BOT/PPP项目进行采购，东道国政府同样面临一定的风险。产生此类风险的根源在于，在采用公开竞标方式时，在项目招标预备会议、资格预审等投资者投标的前期阶段，一个BOT/PPP项目往往吸引众多投资者的参与，参与公司众多，与会踊跃，给东道国政府造成错觉，以为项目具有很好的吸引力，使得很多国内外企业愿意投资。在看到这种情况后，东道国政府高估了项目的吸引力，在编制招标文件时，将项目风险全部强加给投资者，造成项目风险分配的不合理，设施使用价格偏低，投资者根本无法通过收费或收入还本付息。而到了真正投标时，往往应者寥寥，只有一两家企业投标的现象比比皆是，甚至出现无人投标的情况。在进入项目谈判阶段，投资者往往与东道国政府无法就特许经营协议、融资条件和担保条件达成一致，造成政府发起的 BOT/PPP 项目流产。

2. BOT/PPP 项目开发需要考虑的主要因素

企业在开发或发起境外 BOT/PPP 项目时，需要考虑如下几个问题：

（1）是否有意愿在境外投资 BOT/PPP 项目？

（2）开发的 BOT/PPP 项目融资规模是否超过企业投资的承受能力？

（3）开发的 BOT/PPP 项目是否合适？

（4）开发的 BOT/PPP 项目是否具有可行性？

（5）开发的 BOT/PPP 项目是否具有可融资性（Bankability）？如何实现项目的可融资性？

（6）开发的 BOT/PPP 项目是否可以获得适当的担保？

（7）开发的 BOT/PPP 项目是否可以获得适当的保险？

（8）开发的 BOT/PPP 项目风险是否可控？

一般而言，一个境外 BOT/PPP 项目是否成功，取决于如下三个关键要素：

（1）项目可行，即项目的经济强度指标，例如资本金内部收益率、项目内部收益率、NPA 值、静态和动态投资回收期、偿债比率满足企业对境外投资的财务指标要求。

（2）项目具有可融资性，即通过有限追索的项目融资或者完全追索的项目融资可以从金融机构贷款，实现 BOT/PPP 项目的 70% 高杠杆融资目标。

（3）风险可控，即项目的国别风险、市场风险和建设风险可以通过保险、合同设定和担保等机制得以减轻、转移和分担，项目风险总体水平不高，在投资者可以承受的范围之内。

简而言之，境外 BOT/PPP 项目成功的三个要素是：第一、可行；第二、可融；第三、可控。在发展中国家开发 BOT/PPP 项目，更是具有挑战性，特别体现在项目初期和筹集资金过程中。

因此，企业在选择项目时，首先应依据三个成功要素考虑如下几点：

（1）项目是否在企业的技术和融资能力范围内。

（2）项目的策划和发起过程是否便于管理。

（3）考虑项目财务指标是否可行。

（4）考虑项目能否从融资机构贷款。

其次，企业需根据可行性研究报告成果、确定的收益、建设成本估算、运营和维护成本估算、税务等数据详尽计算和评估项目的财务指标，进行风险分析和评估，并与银行和保险公司商谈融资和保险条件，落实贷款和保险。

3. 选择正确的项目

（1）选择合适的国别

你也许会从银行工作人员听到这样的话："如果这个项目换个国家就妥了。"毫无疑问，在发达国家开发 BOT/PPP 项目要比在发展中国家容易得多，因为发达国家的国别风险低，法律健全，办事效率高，社会稳定安全，金融体系完备，货币稳定，不存在外汇管制等问题，而在发展中国家，可能这些问题均会出现，但发达国家已经没有这么多发展机会，而发展中国家恰恰相反。

选择国家时，企业应进行项目融资所需的尽职调查，包括：

1）国家的财政现状和国际收支能力。

2）国家政治、政党和政权的稳定性。

3）东道国对外来投资的倾向和政策。

4）东道国政府机构办事效率。

5）东道国金融、货币稳定性、外汇管制。

6）东道国政府和当地居民对公共设施收费的态度和接受程度。

在企业确定某个国家符合可接受的风险国别，企业就可以项目发起人的角色，明确项目，建立初步的财务模型，计算项目是否在财务上可行，进而决定是以主动发起的方式还是参与竞标的方式开发 BOT/PPP 项目。

每个发展中国家都有其自身的特点和优势，存在自身问题。经验表明，在某一个特定国家的国别市场中，并不是 BOT/PPP 项目的风险都同时存在，每一个国别都有其自身特定的几种主要风险存在。如果某个特定国家的国别市场存在所有的风险，那么事情也就变得异常简单和易于决策，即投资者不能考虑在这个国家进行投资。

（2）选择合适的项目

银行、基金公司和保险公司可能会遇到各种类型的境外 BOT/PPP 项目，但对于某个企业而言，这种情况较少出现。一般而言，企业会选择与其核心业务相近或相类似的项目进行境外 BOT/PPP 项目，这样可以利用积累多年的建设和运营经验管理项目，利于项目经营管理并取得盈利，且企业对于本行业自身风险认识较为深刻，可以较好地管理风险。

判断一个开发项目是否合适，还应从决定项目成功的三个要素入手予以考虑，重复如上所言：

1）项目是否在企业的技术和融资能力范围内。

2）项目的策划和发起过程是否便于管理。

3）考虑项目财务指标是否可行。

4）考虑项目能否从融资机构贷款。

（3）建立初步财务模型，确定项目财务指标的可行性

在确定项目是在企业的技术和融资能力范围之内后，企业应考虑项目财务指标是否可行。由于项目处于开发初期，尚未进行可行性研究，因此，企业应根据对同类项目或类似项目的了解和知识，建立初步财务模型，假设项目融资条件，包括：

1）建设成本。

2）融资成本，包括利息和贷款期限。

3）保险费用。

4）收费标准，例如水电站项目，分别估算 5 美分/度、6 美分/度和 7 美分/度的收费。

5）运营和维护费用，包括大修理和日常维护费用。

6）企业应交纳的税费。

7）项目公司股本和债务比例。

在 EXCEL 表中建立基于折现现金流量的项目流量表，按照保守方案，而非乐观或稳健方案，计算出在保守或不利情况下净收益的资本金内部收益率（税后）、项目内部收益率（税前）、NPV 值、静态和动态投资回收期等财务指标，评估是否符合企业对外投资的财务指标要求。

如果初步财务模型分析表明项目财务指标或者优化后的项目财务指标可以满足企业对外投资的要求，则可立项进行 BOT/PPP 项目的开发和运作。如果在乐观情形下，初步财务模型中的财务指标或经过若干优化后的财务指标无法达到企业对外投资的要求，则应放弃采用 BOT/PPP 模式开发项目，转而采用其他模式，例如 EPC 加融资方式从事项目开发，或者放弃对该项目的开发。

初步财务模型是企业在开发境外 BOT/PPP 项目中的一个非常重要的阶段工

作。通过初步财务模型和假定条件，企业可以预先知道项目的初步可行性，为项目的开发模式提供可靠的前期决策依据。

企业应避免在聘用了设计咨询公司完成了可行性研究，聘用了财务顾问并支付了费用后才得出项目财务指标无法达到企业对外投资要求的结论，这时放弃项目意味着前期费用的浪费，而前期费用可能少则几十万美元，多则几百万美元。

（4）项目的融资能力

在项目开发前期阶段决定项目是否具有融资能力是十分困难的事情，这是因为项目协议还没有谈判，项目建设成本尚未确定，收费标准没有得到东道国政府的认可。在这个阶段，可能可以确定的内容为项目的类型和规模，以及基于假定条件的初步财务模型。

对于企业而言，此时应了解和知道如何满足银行要求的贷款条件，东道国政府提供的条件越多，越有利于项目获得银行贷款。这些条件可能包括：

1）在电厂和水务项目中，除获得照付不议合同外，还得到了东道国政府提供的当地公营公司支付发电付费或购水付费的担保，包括主权担保和次级主权担保，如中央银行担保。

2）在收费公路项目中，获得了东道国政府的最低车流量担保或最低收费担保。

3）项目公司已经签署包销协议，且承销商具有高等级资信。

4）特许经营协议或购电协议、购水协议、实施协议等具有国际标准，合同约定的补偿机制和争议解决方式符合国际惯例。

5）项目发起人愿意提供融资担保或完工担保。

6）项目公司愿意以项目资产进行抵押，或者将特许经营权抵押，设立监管账户等。

7）项目有足够的现金流，或者在现金流不足时，项目股东愿意签署协议进行注资或进行二次融资，满足项目还本付息要求。

因此，企业在开发BOT/PPP项目时，应加强谈判地位，从东道国政府获得必要的担保或保证，使项目具备可融资性。

在PPP项目中，东道国政府聘用国际著名咨询公司进行PPP项目开发时，往往由于国际咨询公司持有理想主义的想法和做法，想使项目成为东道国的PPP典范项目时，出现恰恰相反的局面，因为东道国政府无法满足他们设计的条件，使得项目无法继续进行下去。

在境外BOT/PPP项目中，项目发起人愿意承担一定风险和责任的项目容易获得成功，而不愿意承担任何风险的项目发起人往往导致开发项目的失败。

（5）选择正确的合作伙伴

企业在境外开发 BOT/PPP 项目，由于投资大、期限长的原因，为了使项目开发更为有效地完成，保证企业在特许经营期内的权益，企业往往与当地有实力的企业联合，由当地企业作为共同的项目发起人，共同投资项目，因此，如何选择正确的合作伙伴成为此类项目能否开发成功的关键之一。

选择当地企业合作伙伴的标准是：

1）有一定的经济实力和资金能力进行项目投资。

2）有一定的社会影响力和活动能力，加快项目开发进度。

3）企业诚信可靠。

有无数的真实案例表明中国企业在境外投资过程中遭遇当地合作伙伴的合作问题，甚至被敲诈和勒索，因此，在项目开发期间应慎重选择当地合作伙伴。

4. 决定是否提出主动建议

一般而言，企业都愿意向东道国政府提出 BOT/PPP 项目的主动建议，而不愿意参与正式投标。为此，企业应了解东道国政府的 BOT/PPP 法律和东道国政府的惯常做法，如果东道国政府同意可以绕开法律而通过直接谈判的方式开发 BOT/PPP 项目，则企业可以提出主动建议，作为项目发起人发起项目。如果东道国政府法律不允许企业主动建议而只能通过招标方式进行项目采购时，则企业应以东道国政府的招标通知为准，按照招标程序进行投标。

鉴于世界上大多数国家的 BOT/PPP 法律均允许项目发起人以主动建议方式和公开招标方式发起项目，因此，企业可以利用法律提供的"双通道"模式提出主动建议发起项目，以利于企业在与东道国政府谈判过程中处于较为有利的地位，获得较好的合同和融资条件。

5. 开发期限和费用

企业开发境外 BOT/PPP 项目的失败率极高，即使在企业进行可行性研究并确定可行性的情况下，这主要源于：

（1）企业董事会人员变更或者企业改变投资国别或方向。

（2）东道国政府出现问题或不可抗力事件。

（3）东道国货币大幅度贬值，导致项目无法相应地增加收费。

（4）企业与东道国政府无法就特许经营协议、融资条件和担保条件等达成一致。

（5）企业无法从金融机构获得贷款支持，无法进行融资关闭。

同时，境外 BOT/PPP 项目开发周期长，一般为 2 年左右，有些长达几年才能实现融资关闭。另外，境外 BOT/PPP 项目开发费用较高，这些费用包括：

（1）项目发起人的差旅费用。

（2）进行可行性研究的设计咨询费用。

（3）聘用财务顾问进行财务分析的咨询费用。

（4）聘用融资顾问进行融资的咨询费用。

（5）聘用律师进行尽职调查，起草和谈判一系列协议的咨询费用。

（6）支付给银行和保险公司对项目的考察费用。

（7）其他费用。

上述开发费用少则几十万美元，多则几百万美元甚至几千万美元。世界银行对交易成本（开发费用）的研究表明，项目规模和交易成本之间存在一定的关系，按照规律，在开发政策良好的环境下，交易成本占项目总成本的 3%～5% 左右。

这也反证本节所主张的企业应在项目前期，即初步确定开发项目后建立初步财务模型分析，初步确定项目可行性，然后再进行项目的进一步开发，进行项目可行性研究等工作的重要性。对于那些不具备可行性的项目，企业应坚决放弃开发。

12.5　BOT/PPP 项目的运作过程

境外 BOT/PPP 项目过程一般可以分为 4 个阶段，即准备阶段、招标阶段、融资阶段和实施阶段。每个阶段的主要工作是：

（1）准备阶段，包括确定项目、项目立项、可行性研究、项目初步财务分析。如为东道国政府采用公开招标方式进行 BOT/PPP 项目采购，则意向投资者需要进行招标准备和资格预审。以罗马尼亚公私合伙法规定，项目发起人为政府公共机构时，公共机构应进行可行性研究。在意向投资者以主动建议方式发起项目时，一般而言，即使存在东道国政府已经准备了可行性研究报告的情况下，意向投资者也应自己重新准备可行性研究报告，并进行初步的财务分析，以便确定进一步开发项目的必要性。

（2）招标阶段，包括准备投标文件、评出候选中标者、详细谈判、选定中标者。根据各国 BOT/PPP 法律规定，上述招标程序与使用世界银行或本国资金采购公共工程项目的程序基本相同，区别在于东道国政府不是向中标者发出中标函，而是向中标者发出邀请谈判函，以便在与第一位中标的投资者谈判不成功时，邀请第二位投资者进行谈判。在只有一位投资者进行投标的情况下，各国法律均规定东道国政府可与单一的投标人直接进入谈判程序，而在世界银行或本国资金通过公开招标采购公共工程时，一般均应有至少 3 家投标人投标，否则，视为废标，东道国政府需重新进行招标程序。

（3）融资阶段包括融资决策、融资结构、融资谈判、签订融资协议和融资执行。

（4）实施阶段包括设计建造、经营维护和移交。

1. 准备阶段

项目准备阶段的第一项任务是：在项目选择阶段，主要是通过可行性研究，通过确定项目自身的情况和外部环境，通过判断项目的财务指标，确定项目的可行性和可融资性。项目选择的基本程序如图 12-3 所示。

每个项目参与者都有自己的目的和动机，政府采用 BOT/PPP 的动机通常是利用民间资金解决基础设施短缺的问题和发挥私营公司的高效率，目的是获得项目所带来的社会经济效益。而私营公司的动机主要是利润和扩大市场占有率，如果无利可图，就不会参与项目的开发和投资。如果对 BOT/PPP 项目的特性了解不够或有偏差，常常会发生发展商或政府提出和参与项目的动机不相匹配的情况。例如，项目发起人的动机是获得施工合同或销售设备而不愿意经营基础设施，这样可能很难融资，这是因为 BOT/PPP 项目主要是利用项目融资技术筹措资金，依靠项目的运营收益还本付息，银行对发展商有严格的要求和限制，包括要求其不得在运营期退出等条件要求。另一种常见情况是，东道国政府认为 BOT/PPP 项目会节省政府开支，但实际上，BOT/PPP 不一定会节省政府开支，特别是当东道国政府或国有公用事业公司签有购买项目产品或服务合同时更是如此。为此，政府在做出应用 BOT/PPP 模式决定之前，应比较不同模式的优缺点，以能提高项目的建设和运营效率、提高服务水平为标准，选择最有价值的融资方案。一旦决定采用 BOT/PPP 模式，应进行项目的财务评估决定是否提供必要的支持，此外，应用 BOT/PPP 模式应还有风险合理分担的考虑。对承包商而言，要成功拿到并实施项目，最根本的就是要能够向公众提供高质量低成本的基础设施服务。

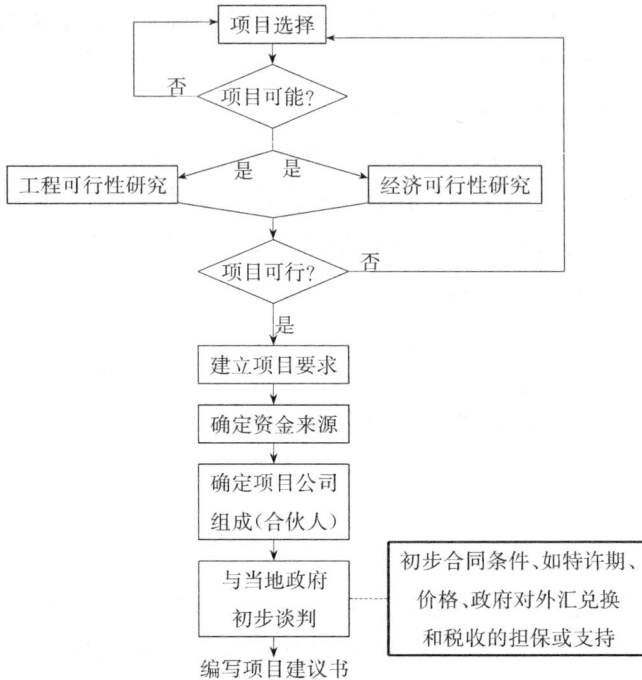

图 12-3　BOT/PPP 项目选择流程图

　　境外 BOT/PPP 项目对项目资产和现金流的依赖性及有限追索权,以及项目本身的风险影响,促使银行高度重视项目的技术和经济可行性论证,只有确实可行,并能将风险限在可接受范围内,银行才会放贷,因此,发展商要成功融资,必须进行严谨的技术和经济可行性研究。在技术可行性研究中,要特别注意的就是一定要用成熟的技术,不要冒险采用未经证明的新技术。在经济可行性研究特别是财务评估中,要以现金流量分析为基础,说明项目能产生足够的现金流以支付经营费用、债务清偿及税金,且有充足的应急资金应付市场需求、汇率、利率和通货膨胀率的变化;通过财务评价计算出项目的净现值、内部收益率和投资回收期,评估项目在支付一切费用后能否给项目公司和投资人带来净收益,以及是否达到其收益率的目标,此外还应算出贷款的偿还期和各年的偿还额,并制定出项目的偿还计划,以保证贷款的按期归还。

　　此外,项目发起人应对基础设施及公共事业项目带来的外部效果进行评价,以说服政府立项或从政府获得更多的支持。外部效果能用货币来衡量的,应尽可能计入项目的费用和收益中;外部效果不能用货币衡量的,应对其影响作定性说明。同时,还应注意项目的环境评估,保证项目环境评估报告在东道国政府的通过和批准。

当政府或国有公用事业公司担保购买一定数量的项目产品或服务时，项目发起人常犯的错误是把担保的需求当作市场需求。在 BOT 电厂（或水厂）项目中，公用事业单位常常被要求购买一定数量的电（或水）。这种承诺可能导致项目公司忽略市场研究。如果政府也忽略市场研究或过于乐观估计经济发展，做出乐观的需求预测，忽略对供求平衡的控制，授予过多的项目特许经营权，就可能导致供过于求的现象发生。因此，实际市场需求比购买保证更重要。如果没有市场需求或市场需求不足，项目就会陷入困境。总之，项目发起人应认真评估产品服务的市场需求并在协议中加入适当的控制措施条款，确保整个特许期内都有市场需求。

项目发起人开发和运作 BOT/PPP 项目，必须从银行取得贷款，因此有必要了解贷款人的要求。

在项目投资者以主动建议方式发起的 BOT/PPP 项目中，项目发起人可将项目建议书提交给东道国政府有关部门评估并经过修改，如果达成意向，项目发起人与东道国政府签订合作备忘录和项目意向书，以便项目发起人为下一个阶段的实际准备工作，包括可行性研究、尽职调查、项目财务分析、项目融资发起和保险等提供基础。

2. 招投标阶段

境外 BOT/PPP 项目的招标方法通常有两种：公开竞争性招标和有限邀请招标。公开竞争性招标是通过广告让任何有兴趣又有资格的法人参与投标，在众多的投标人中选取报价最低的投资者。有限邀请招标是与少数几个潜在的发展商协商，选取最佳的投资者。

（1）资格预审

众所周知，政府通常把项目发展过程中的很多专业方面的任务委托给咨询公司，包括委托 BOT/PPP 代理对外商进行资格预审。对发展商而言，可根据邀标书中的资格预审要求申请。一般而言，资格预审要求所需的主要文件有：

- 类似项目的经验。
- 财务实力。
- 在母国和项目所在国的经营许可证。
- 主要人员的资质和经验。
- 完整的申请表格。

● 银行的信贷支持函。

与东道国政府采购公共工程的文件不同，在 BOT/PPP 项目招标采购和资格预审中，东道国政府更看重投资者的财务能力和融资能力。

（2）招标文件的基本内容和投标、评标和中标

在资格预审阶段完成并公布入选意向投资者短名单后，东道国政府会发布招标文件，提出政府对项目的基本要求，例如对项目的详细规定和必须达到的具体标准，包括项目的规模、时间、履约标准、收入性质与范围、协议草案等，其中最主要的有：最迟运行开始时间、最低和最大项目规模要求、对项目发起人的最低资本金要求、对项目外汇数额的最低要求。

投资者应按照招标文件的要求，在规定的最迟递交日期内向东道国政府递交投标文件，投标文件需满足东道国政府招标文件的基本要求。

境外 BOT/PPP 项目的常用评标方法主要有两种：

1）打分法。这种方法将评标准则分为价格和非价格两大类指标，对各投标书的各指标打分，汇总得出总分比较，总分最高的中标，各指标还可根据政府要求的优先/重要性再赋予不同的权重，得出加权总分。这种方法的缺点是很难设定各类指标的分数和权重，如果设定得不好，总分最高的并不一定是最好的标，不能实现提高效率的目的。

2）筛选法。这种方法是将评标准则分为价格和非价格两大类指标，对投标书先进行非价格指标评估，拒绝不满足非价格指标最低要求的投标书。对满足的投标书再评估其价格竞争力。假设任何满足非价格指标的投标书都可以满足政府要求，那么价格最低的最好。这种方法的最大好处是可以反映发展商的综合实力和满足提高项目建设和运营效率目标的程度。

一般而言，东道国政府在评标时特别关注下列要素：

1）是否最短特许期？

2）是否最低产品/服务价格？

3）是否最佳融资安排/最低融资成本？

4）分期付款和集中付款的比例。

5）收益和贷款/支持贷款的比例。

6）是否最大或最早的投资？

7）各个单项指标排名是否在投标者中靠前？

8）对特殊问题的解决方案是否最佳？

9）是否给招标者带来其他利益。

按照各国 BOT/PPP 法律规定，在 BOT/PPP 项目中标时，东道国政府往

往不是签发中标通知书的方式，而是向第一中标人签发谈判邀请函，邀请第一中标人就特许经营合同、融资条件和担保进行合同谈判。如果东道国政府与第一中标人谈判失败，则东道国政府可邀请第二中标人继续进行合同谈判。如果合同谈判全部失败，则东道国政府会放弃项目，或者寻求其他方式开发和实施项目。

3. 融资阶段

无论是项目发起人以主动建议发起项目，还是项目投资者以招投标方式中标境外 BOT/PPP 项目，项目发起人或中标投资者要想项目获得成功，均需实现从银行获得贷款，实现项目的可融资性。

一项境外 BOT/PPP 项目进行项目融资，需要经过初步融资计划、融资计划实施和融资计划管理三个过程，如图 12-4 所示。

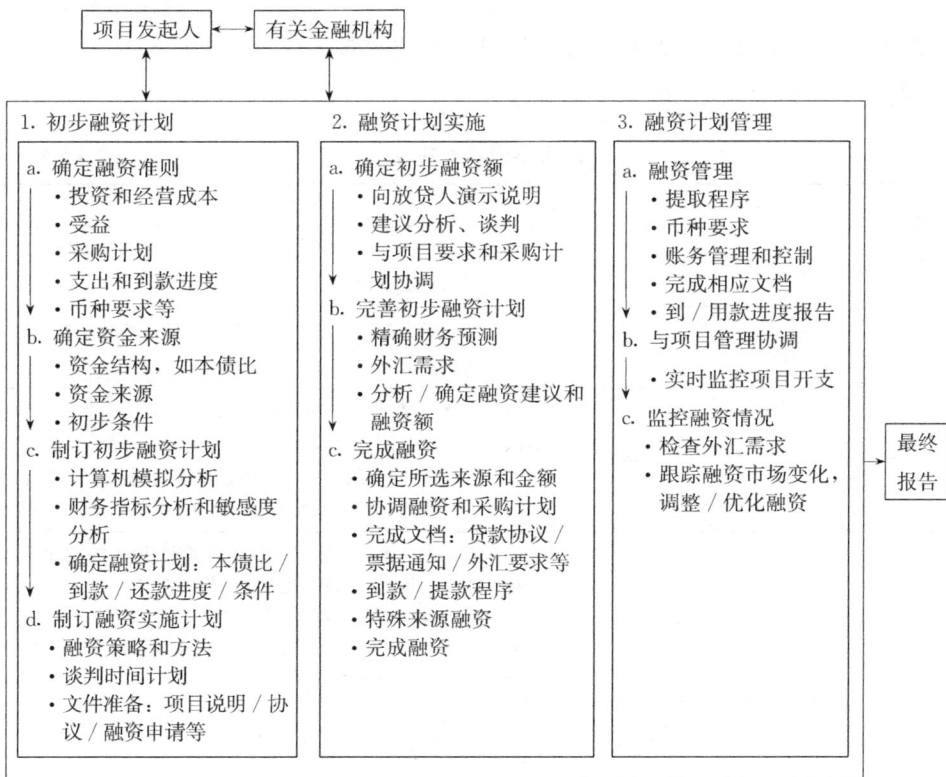

图 12-4　融资程序

在融资的概念化阶段，项目发起人或投资者需完成下列工作：

（1）数据收集和经济分析，包括检查评估至今所作经济分析，适用税收政策的确认，货币币种和外汇量的考虑，通胀预测及其影响，建造/经营成本、市场需求的核实等。

（2）各备选方案的经济和财务分析和评估，包括成本、经济规模和财务预测的分析和比较、经济指标的分析和比较等。

（3）所选方案的详细分析和基准指标的确定，包括各备选生产能力；计算机仿真模拟分析各指标（如不同贷款期、本贷比、币种组合与利率等对收益的影响），如收益、成本、现金流预测、投资回报率、资本金收益率、投资回收期/净现金值等，敏感度分析和风险分析，折中权衡分析（Trade-off Analyses）。

（4）资金来源和应用，如不同贷款期、本贷比、币种组合与利率等对收益的影响）的财务预测，现金流、盈亏分析报告，项目评估计算、财务指标、敏感度分析和成本效益分析报告，可接受风险程度。

（5）行销、发行和管理方案，包括目标银行、演示和谈判，贷款和资本金的融资门槛，合同协议，收益和贷款的海外寄托账号等。

目前，市场上常见的融资渠道见表 12-3。

融资渠道及其特点　　　　　　　　　表 12-3

融资渠道	特点
国际/国内商业银行贷款	最基本/简单的债务资金形式，决策过程复杂、融资金额有限及附带限制较多，利率和费用较高
出口信贷	为加强本国大型机械设备出口而提供的对外中长期贷款，分买方和卖方信贷。
资本市场，即发行股票或债券上市融资	操作快捷、定价优惠、条件灵活、风险承受能力强、不需政治担保和先期法律、发行费用低；比商业银行贷款期限长、限制条件较少，形成有效机制避免项目出现问题或督促发起人在出现的问题影响经济效益前能有效解决问题
国际银团贷款（辛迪加贷款 Syndicate）	一或多家银行牵头，各分属于不同国家/地区的商业银行联合组成银行集团，各按一定比例，共同向借款人提供一笔中长期贷款；款额大、期限长、灵活条件（浮动/固定利率、多币种、提/还款期/方式、预付款）、风险小、利于借款人扩大知名度，条件严，适合于项目融资
国际金融机构/多边代理机构（MLAs）	如世界银行/亚洲开发银行、欧洲/非洲/中美洲/伊斯兰开发银行；利率低，但手续繁杂、过程长
外国政府援助贷款	低息或无息
金融租赁公司	以租赁方式为整个项目、项目设备和施工机械筹资

续表

融资渠道	特点
项目所在国政府贷款	低息
公共基金机构和私募基金	要求回报高,期限短和退出机制
项目其他参与者	如发起人/承包商/运营商/供应商/购买者/受益者等提供贷款

    项目发起人或投资者应充分认识融资所带来的困难和问题，最好的解决办法是在项目开发过程中争取获得良好的合同条件和担保条件，规避项目风险。

4. 建造、运营和移交阶段

    项目建设期是 BOT/PPP 项目的风险高峰期，这主要源于：

    （1）从项目发起到融资关闭之日，项目发起人或投资者除投入项目前期开发费用和咨询顾问费用外，项目发起人或投资者没有大量的资金投入，但从项目建设期开始，项目投资者开始投入大量资金，项目能否成功，取决于建设是否能够按期完成和成功交付。

    （2）建设期是验证项目发起人签署的各项合同协议和文件的真实试验场。如果项目前期假设存在问题，那么这些问题将集中在建设期发生。

    （3）建设期是各种风险最易发生的阶段，如项目发起人不能承担项目建设资金，项目公司将会破产，这无疑将会给项目投资者、贷款银行等带来巨大风险。

    因此，对于项目公司股东而言，保证项目建设期的资金，是项目能否建成的关键因素。同时，作为项目业主，项目公司应加强项目建设管理，避免项目出现停工和无法继续的问题。

    在项目建成后，项目的运营可以采取多种方式，包括：

    （1）项目公司自己运营和维护项目，这一类项目以收费公路、水电站等运营维护成本低，不需要特别的技术和经验的项目为主。

    （2）聘用运营公司进行运营和维护，这一类项目以火力发电、水厂和其他工业类项目为主，需要特定的技术和经验才能进行项目运营和维护。

    项目运营产生的现金流入，将用来支付运营成本、还本付息、税收和盈利分红。按照贷款合同和特许期协议等，项目所有现金收益将进入岸外代理账号（Offshore Escrow Account），以利于政府、银行等监督项目的使用，并避免外汇风险。项目收益的使用按照一定顺序进行清偿，依次为运营和维护费、保险费，折旧费、贷款利息、税、贷款本金和股东分红。

在特许经营期结束后，项目公司应按照特许经营协议规定的移交条件向东道国政府移交项目。

12.6　境外 BOT/PPP 项目面临的困难和问题

1. 中国企业参与境外 BOT/PPP 项目面临的自身问题

中国企业参与境外 BOT/PPP 项目面临一系列自身需要解决的问题，包括：

（1）除少数企业外，中国的大多数企业尚未构思国际化发展战略，或者缺乏明确的国际化发展战略。

（2）企业缺乏开拓国际市场的动力，认为国际市场风险大，不可预见和把控的风险多，在遇到境外 BOT/PPP 项目时，抱有试一试的心态。

（3）目前有实力、有意愿涉足境外 BOT/PPP 项目的企业以国有大型企业为主，由于国企管理体制问题，造成决策过程长、效率低、过度强调风险，从而错失市场机会，也无法体现 BOT/PPP 项目模式中的高效特征。

（4）境外经营照搬国内模式，忽略境外 BOT/PPP 项目自身的风险因素，对各种风险的复杂性没有充分的准备。

（5）管理团队经验不足，在法律风险管理、财务分析、税务筹划等没有经验，导致境外项目的损失或失败。

（6）企业对投资方向缺乏认真分析，对热点地区或热门行业趋之若鹜，形成"寻热效应"，造成饱和或过量投资，背离企业自身核心能力，缺乏竞争力，导致投资项目亏损。

2. 中国企业参与境外 BOT/PPP 项目面临的外部环境困难

按照企业面临困难的难易程度，中国企业参与境外 BOT/PPP 项目面临的主要困难是：

（1）从银行等金融机构融资困难，特别是项目融资方式。

（2）对投资所在国的政治、经济和金融和汇率风险无法把控。

（3）对投资所在国的税务无所适从，担心变化太快。

（4）对投资所在国法律把握不准，担心法律变化。

中国企业参与境外 BOT/PPP 项目开发时，普遍认为投资国当地的经营环境复杂，以及投资国政治环境的不确定性。中国企业投资项目大多在亚非拉等发展中国家，而很多发展中国家政局不稳、政权更迭频繁、宗教、民族冲突较多，甚至会发生战争、内乱和国家分裂。

中国企业在东道国的法律环境陌生，不熟悉当地政府的法律，有些企业为了节省前期开发费用，不聘用当地律师进行项目融资所需的尽职调查和法律咨询，为项目埋下法律隐患。

中国企业在不了解当地税法的情况下，应聘用当地的会计师事务所进行税务尽职调查，以便准确估算税务成本，进行有效的税务筹划，搭建具有税务效益的投资架构。同时，在特许经营协议文件中详细对税务条款进行规定，明确与税务相关的内容。

3. 中国企业参与境外 BOT/PPP 项目面临的国内政策和体制问题

为支持中国企业"走出去"，中国政府采取了一系列措施为中国企业创造良好的对外投资环境，这些措施包括：

（1）同有关国家签订双边投资保护协定，保护中国对外投资免受东道国发生战争、征收、汇款限制等风险造成的损失，促进互利投资合作。

（2）与有经贸往来的国家签订避免双重征税协定，为中国企业对外投资创造良好的税收法律环境。

（3）加入世界银行多边投资担保机构，使中国投资者可以利用这一多边投资担保机制，分散对外投资的非商业风险。

（4）发改委、商务部、国资委、外汇管理局等政府部门出庭一系列部门规章，简化境外投资程序，例如将核准制修改为备案制等，促进了对外投资。

但不可否定，现阶段中国对外投资属于多部门的多头管理，国家发改委、商务部、国资委、外汇管理局等部门都对对外投资拥有一定的管辖权，但又各管一个方面或一个环节，导致职能分散、审批备案手续繁多，程序复杂，周期长。

4. 中国企业参与境外 BOT/PPP 项目面临的国内融资环境问题

目前大多数中国企业从事境外 BOT/PPP 项目投资过程中，最大的困难就是项目融资的有效实施。由于境外 BOT/PPP 项目投资额大，项目周期长，若企业完全以母公司担保的形式为项目进行融资，则企业需背负极高的资产负债率，企业业务扩展和财务风险控制能力大大下降，因此，境外 BOT/PPP 项目能否以项目融资的形式获得贷款，成为绝大多数企业在决定是否开发境外 BOT/PPP 项目时首先需要解决的问题。

由于中国的大多数银行等金融机构的国有性质，银行等金融机构以追求快速盈利为目标，导致资金流向回报率高的资源类项目或风险低、见效快的承包工程项目，而不是需要长期投资的 BOT/PPP 项目。国内银行等金融机构改革的动力不足，转型的意愿也不强，往往跟在中国企业后面走向境外，其自身的思维方式和业务模式需要改变。

为解决上述问题，中国企业需要进一步构建和明确国际化的发展战略，抓住"一带一路"倡议带给中国企业发展的战略机遇期，更需要跨越和克服国内外法律和审批制度的障碍。同时，中国政府和银行等应积极协调政策，放宽和放松对外投资的管制，促进企业的对外投资，促进境外 BOT/PPP 项目的开发。

13

跨国并购

　　跨国并购是企业的微观决策，其目的是扩大市场份额和获得更好的经济效益。并购的本质在于花多少钱买一家正在运营的国外企业，如何能够获取新市场、品牌效应、科技、研发能力，获取产品和供应链，更重要的是中国企业的跨国并购带来一系列挑战，包括监管制度的不同、企业文化冲突和商业误判等，中国企业需要克服法律和监管制度的障碍，解决企业文化冲突，实现并购目标。

13.1　跨国并购的现状和趋势

并购的英文为 Mergers & Acquisitions，意为兼并和收购，即并购。兼并是指两个以上的企业合并为一个企业的行为，可分为新设兼并和吸收兼并。新设兼并为有关的两个公司合为一个公司，原公司的注册被注销，合并后的新公司重新注册。吸收兼并是两个公司合为一个公司后，目标公司成为母公司的子公司或子公司的一部分。

企业并购的动机多种多样，但扩大规模是常见的动机之一。如果企业想进入某行业或某地区，收购该行业或该地区的企业要比内部扩张快捷。另一个动机是追求协同效应，几家企业经过并购成为一家企业，可使总体效益高于单个效益产生协同效应。另外，企业并购的动机还包括提高品牌效应，提升科技、研发能力，获取产品和供应链。

20 世纪 90 年代后的国际直接投资中出现的最引人注目的变化是以跨国公司为主体的跨国兼并和收购，并成为国际直接投资的主导方式。据联合国贸发会统计，1998 年全球国际直接投资额为 6440 亿美元，其中跨国公司并购总额达到 4110 亿美元。2000 年，全球企业并购交易额创纪录地达到 3.5 万亿美元，比 1999 年的 3.3 万亿美元上升了 6%。预计，21 世纪中的跨国并购还将大幅增长，并成为推动国际直接投资增长的重要动力。

企业并购在 20 世纪 90 年代形成高潮，并成为国际直接投资的主要形式，有其特定的背景条件和动因。随着全球化和科学技术的突飞猛进，生产资本需要在全球范围内重新配置。经济全球化发展的直接结果就是导致企业的经营全球化，需要企业在国外建立生产基地，设立行销网点，而并购有助于企业快速延伸产业门类，占据市场领先地位。国际上许多著名的跨国公司正是通过并购的方式，在较短的时间内实现资本扩张，扩大市场占有率和份额。应当认识到，企业并购不仅可以扩大资本和技术优势，保护、维持和增强企业原有的地位，而且也增强了企业自身对抗国际竞争的能力。

中国企业跨国并购经过了三个阶段，即 1980 年—1996 年的萌芽期，1997 年—2008 年的活跃期和 2009 年至今的爆发期。在萌芽期，跨国并购活动主要集中在少数有实力的国有企业，并购动机出于企业自身发展和国家战略的需要，这一时期的典型代表是中银集团和华润集团全额收购康力投资有限公司，中信香港集团收购泰富发展。自 1997 年开始，中国企业跨国并购主要集中在石油、电信和交通等国家资源与基础设施行业，典型代表是美的集团收购日本三洋电机电磁管事业，中海油收购美国戴文能源在印尼的油气资产，上汽收购韩国双龙公司等。2009 年以来，随着全球一体化的发展，中国企业跨国并购的交易规模占全球境外并购交易规模的比例持续上升，从 2002 年的 2.3％上升至 4.8％。从 2006 年起，中国企业跨国并购案例数直线上升，2015 年创历史新高，达到 498 起，跨国并购交易额为 1115 亿美元。2016 年前三季度，由中国企业发起的海外并购交易总金额达 1739 亿美元，同比增长 68％，交易数量达到 671 宗，是 2015 年的两倍，跨国并购势头强劲。主要交易包括海尔集团宣布 54 亿美元收购通用电气家电业务，中联重科报价 33 亿美元收购美国第二大工程机械巨头特雷克斯公司，中国化工斥资 430 亿美元收购瑞士农药厂商先正达 100％股权，海航集团 60 亿美元收购美国 IT 产品服务分销商英迈公司。

　　近年来，中国企业跨国并购活动频繁，借此获得先进技术、品牌、海外资源、市场渠道、先进的企业管理经验。而今，中国企业的全球化战略不仅是产品输出，更是全产业链上的全球化布局，不断提升产业链各个环境的国际化水平。中国跨国并购爆发性发展的主要原因之一是明显较高的金融杠杆为中国企业境外并购创造了条件，助推了中国企业海外并购热潮；二是中国企业跨国并购付出了较高的溢价，反映出中国企业对海外技术、关键资产获取的迫切程度；三是中国企业跨国并购承担较高的风险和较低的绩效，反映中国企业在跨国收购时并不在意短期的收益回报。2013 年至 2016 年中国企业跨国并购统计如图 13-1 所示。

　　中国企业能够在近期在跨国并购市场交投活跃，成为跨国并购的主力，主要得益于中国政府的"一带一路"倡议下的"走出去"战略的深化，统筹国内、国际两个市场，加大金融支持企业"走出去"的力度，为促进中国企业跨国并购和海外发展提供了金融政策依据。同时，中国不断完善的金融政策体系，将境外投资外汇管理方案从事前等级改为汇兑资金时在银行直接办理，取消商业银行及境内企业在境外发行人民币债券的地域限制，简化海外上市、并购核准手续，改进人民币跨境支付和清算体系，这些都为中国企业跨国并购提供了政策和金融支持力度。

　　中国将坚持实施新一轮高水平对外开放，坚持实施"走出去"战略，坚持企业主体、市场原则、国际惯例、政府引导，坚持实行以备案制为主的对外投资管理方式，把推进对外投资便利化和防范对外投资风险结合起来，规范市场秩序，按有关规定对一些企业对外投资项目进行核实，促进我国对外投资持续健康发展，实现互利共赢、共同发展。可以预期的是，在中国政府"一带一路"倡议下鼓励企业"走出去"战略的推动下，中国企业境外并购的"黄金期"将会持续。

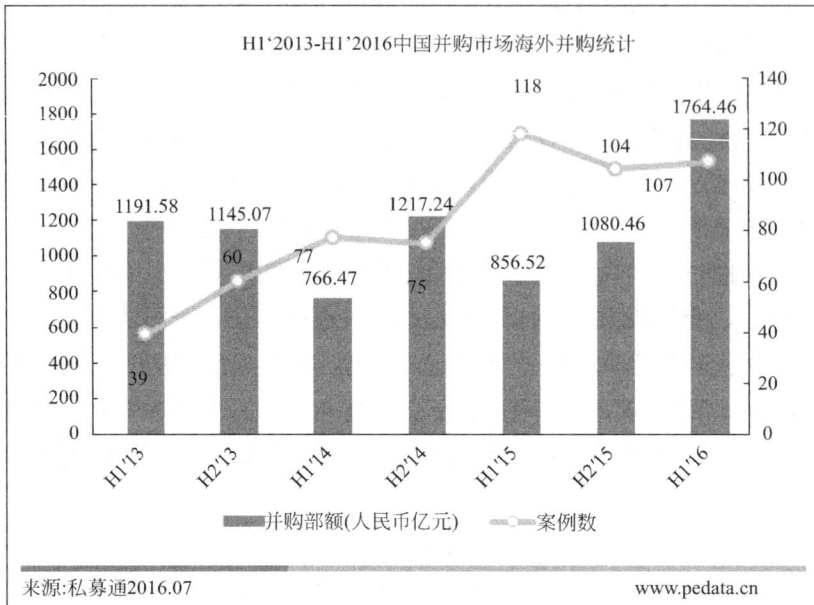

图 13-1 中国企业跨国并购统计表

13.2 跨国并购交易流程

跨国并购的交易流程并不存在标准的交易流程，有时并购交易过程十分简单，只要并购方和被并购方达成协议，即可完成并购交易。在涉及上市公司交易时，并购交易应符合上市公司股权交易的规定，按照证券交易法的规定交换股权，或者以现金方式或现金加股权方式完成交易。在一家公司或企业通过投行发出公开的并购要约邀请的情况下，一项跨国并购交易流程如下：

（1）交易准备阶段。由被并购方通过投行或其他咨询机构进行项目评估和估值，编制并购要约邀请文件，对外发布公司出售信息。

（2）并购方在收到项目出售信息后，进行项目前期分析，主要内容包括：

1）了解项目背景，包括收购方和目标公司的基本情况以及双方交易的主要目的。

2）制订初步的项目流程和时间表。

3）分析目标公司提供的初步资料并提出问题。

4）根据目标公司提供的初步资料，主要采用市场法对目标公司的企业价值进行初步分析。

（3）准备和发出非约束性投资意向书。在这个阶段，收购方需要根据前期的估值，向目标公司发出非约束性投资意向书，即收购方的第一次出价，此次出价属于不具有法律约束力的要约。

（4）准备和提出约束性投资意向书

在收购方非约束性投资意向书被目标公司接受后，并购进入准备和提出有约束性投资意向书阶段。在这个阶段的主要工作是签署保密协议，由目标公司设立数据室（Date Room），由收购方根据目标公司输入数据室的数据等资料进行目标公司的尽职调查，并根据财务数据进行目标公司的估值，形成有约束力的交易价格。

（5）并购交易谈判

并购交易谈判是在收购方发出有约束力的投资意向书的基础上由收购方和目标公司进行的交易谈判过程。并购交易谈判的内容可依照并购交易的复杂程度有所不同，其内容包括并购协议的谈判，涉及交易价格、交易价格的交割、交易交割日期、交割后股权的变更、董事会的变更、董事会权限、管理层的保留问题、职工保留和安置问题、法律适用、争议的解决等。

（6）交割和交易完成

根据并购协议或者股权购买协议，收购方应在交割日或之前完成现金支付或者股权置换等交割工作。在交割后，并购交易完成。

13.3　跨国并购尽职调查

跨国并购尽职调查与企业从事国际工程承包市场调查的目的和范围存在巨大差别，主要区别在于跨国并购是购买一家境外企业，而企业是活生生的实体，需要了解企业的历史、现状及其财务状况、债务状况和涉诉问题等，以便为并购后的企业发展确定目标。

跨国并购尽职调查的主要内容如下：

1. 企业概况

（1）营业执照与章程。

（2）本公司法定注册地，拥有或租赁的不动产地址一览表。

（3）所拥有的知识产权及权益（专利、商标、商品名称、许可，对本公司业务的重要性）相关的登记证书、特许协议及其他有关文件（包括但不限于有关合同、记录）。

（4）本公司历史沿革资料，包括名称、地址、注册资本及历次股权变更，股东、董事、法人变更等资料。

（5）经营范围。

（6）本公司所有权。

1）股东名册、股权结构图、持股比例一览表。

2）本公司下属控股和参股公司的股权结构图，并说明本公司持有主要控、参股本公司成员股权的历次变动情况，主要控、参股公司的名称、法定注册地、拥有或租赁的不动产地址一览表，主要控、参股本公司所拥有的知识产权（专利、商标、服务标志、商品名称、许可及其对本公司业务的重要性）。请同时提供与这些知识产权或权益相关的登记证书或特许协议及其他有关文件（包括但不限于有关这些知识产权的合同、纪录等）。

3）出资证明及验资报告（Capital Contribution Certificate and Capital Verification Report）。

（7）组织结构图、分支机构分布一览表。

（8）两年内媒体公开披露信息。

（9）企业文化，公众形象，与政府、税务、财政、银行、环保部门关系介绍。

2. 管理人员

（1）管理人员名单、职务与简历。

（2）高级管理人员聘用合同、薪酬、福利、期权、补偿性协议、保险、退休金。

（3）高级管理人员兼职情况。

3. 业务与技术情况

（1）行业及竞争情况

1）主要竞争对手清单。

2）本公司及主要竞争者的市场占有率。

3）改善本公司竞争力及盈利能力的策略及计划 。

（2）采购情况

1）原材料、主要零部件、服务采购配套方式。

2）主要供应商（至少前 10 名）情况，最近三年供货数量、金额、占总采购金额比例、付款方式。

3）供应商长期供货合同，最近三年采购单价。

4）内部采购政策、采购合同的审核批准制度。

（3）生产及质量管理

1）主要生产线及生产工艺、流程，主要生产设备数量、质量状况、先进程度、产能负荷、使用效率。

2）未来的主要技术改造及设备投资规划。

3）主要产品设计生产能力、历年产量。

4）质量管理体系、认证，关键监测设备的数量。

5）产品因质量问题退回及折让的历史记录。

（4）市场与销售

1）营销策略、销售管理模式说明。

2）销售网络、渠道、主要经销商介绍。

3）过去五年内本公司销售量、金额，销售情况报告、分析，主营业务、配套和售后市场占总营业额比例，对本公司在当地市场占有率的说明。

4）未来三年本公司销售情况预测，对主要产品在未来三至五年间的市场需求预测。

5）对外签订的所有商业合同，包括市场开拓、销售、特许经营、分拨、委托、代理、代表协议、广告及公共关系协议的复印件，广告品的拷贝。

6）客户名单，前 10 大主要客户概况及 3 年内主要客户年度销售额、回款情况、主要客户销售收入占总收入的比例。

7）未完成或未执行的订单。

（5）技术与研发

1）专有技术与专利列表及说明。

2）技术研发人员的数量、主要研发人员简历。

3）近 3 年新品每年研发的品种数量、新品的销售数量、销售收入以及占总销售收入的比重。

4）近 3 年研发资金的投入金额、研发技术设备配备情况、研发方式说明。

5）3年内技术开发及研发项目一览表，并说明其市场前景。

4. 同业竞争与关联交易

（1）控股股东、实际控制人及其控制的企业实际业务范围、业务性质、主要客户说明。控股股东或实际控制人是否对避免同业竞争做出承诺，承诺的履行情况的简要介绍。

（2）是否与控股股东、实际控制人及其控制的企业有利益冲突，如有，请列明。

（3）是否与控股股东、实际控制人及其控制的企业有关联交易，如有，请列明并说明频率。

5. 财务状况

（1）基本财务数据

1）近3年的经审计的年度财务报表，独立会计师所出具的审计报告。

2）最新一期的内部财务报表。

3）当前的内部预算、经营计划与预测、财务计划与预测，所有长期预算、资本扩张的战略性计划报告。

4）提供过去2年的季度财务报表和财务预测，说明过去的财务预测与实际的偏差。

5）本公司成立以来股份发行情况及收购者的出价情况的文档。

6）近3年审计人员出具的针对内部控制制度、会计管理程序的建议书或报告，以及本公司对此回应的报告。

（2）税务数据

1）过去5年本公司税项种类、税率及纳税额。

2）适用的税务优惠、补贴的法规、政策及政府批文。

3）影响本公司的税务条例。

4）3年内纳税凭证。

5）应交税金明细表。

6）如有欠税，请说明欠税税种、金额和欠税原因。

（3）盈利预测

1）3年以上时间的盈利预测报告及所依据的资料。

2）预测期间经营计划、投资计划及融资计划说明。

（4）其他报表

1）过去 3 年年度存款余额及冻结资金列表。

2）应收票据明细表，应包括票据种类、期限，票据是否贴现。

3）期末应收账款、应付账款明细表，账龄分析表。

4）预付账款明细表，账龄分析表。

5）过去 3 年存货汇总表，本年度存货盘点记录。

6）投资明细表，投资协议、债券契约、经纪人通知书。

7）固定资产及累计折旧分类汇总表，主要固定资产采购合同、发票、产权证明复印件。

8）在建工程明细项目清单（含工程预算），大型项目立项批文、预算总额、建设批准文件、施工承包合同、进度报告等资料的复印件。

9）无形资产明细表。

10）被抵押或质押资产明细表。

11）未入账资产明细表。

12）借款明细表。

13）应付工资、福利费、股利明细表。

14）资本公积、盈余公积明细表。

6. 法律事项

（1）投融资

1）重大对外投资合同。

2）限制股东权利的合同。

3）全部借贷文件（借贷合同，担保抵押合同），其他重大欠款（股东贷款、本公司拆借等）。

4）全部融资租赁文件。

5）股票、债券发行文件。

（2）重大合同（未履行完毕者）

1）重大采购销售合同合同。

2）包销协议（如有），进出口合同。

3）保险合同、未决理赔事项。

4）与政府达成的合同。

5）公司债券买卖协议（如有）。

6）限制本公司竞争的合同（如独家许可合同）。

7）专利、商标、专有技术权利证书及许可合同 。

8）本公司与股东、高管人员之间的商务合同（如有）。

9）本公司与子本公司之间的商务合同。

10）租赁合同 。

11）公用事业许可使用协议。

12）对外担保合同。

13）其他重大合同（广告、咨询、代理等）。

（3）诉讼及法律纠纷

1）正在进行或已受到威胁的诉讼、仲裁、政府调查情况清单及有关文件，包括当事人、损害赔偿情况、诉讼类型、保险金额、保险公司态度。

2）所有判决、裁决、禁令、执行令清单。

3）律师出具的有关诉讼及其他法律纠纷的函件。

4）提出知识产权侵权行为的函件。

5）受到威胁的政府调查或宣称本公司违法的函件。

（4）土地房屋及设备设施

1）土地所有权证、土地出让/转让合同，并列清单。

2）房产证及转让合同，并列清单。

3）房屋租赁合同，并列清单。

4）重大设备设施产权证明（合同、发票、进口报关单、固定资产清单、在建工程清单）。

（5）环保事项

1）过去及现在面临的环境问题内部报告。

2）第三方环保调查评估报告。

3）针对本公司有关环境问题做出的政府通报、投诉、诉讼或其他类似文件。

4）与环保有关的污染或受污染情况的记录及处理结果报告、记录或其他文件。

5）环保工程设施及投资清单、竣工验收合格证明、设计及使用年限的政府批准文件。

6）3年内缴纳排污及其他与环保相关费用凭证。

（6）保险事项

1）所有保险合同、保险证明及保单。

2）拒绝赔偿的记录及函件。

7. 人力资源管理

（1）人事制度手册、人事管理办法。

（2）在职、退休员工清单，员工人数、级别、部门、学历、年龄、合同性质汇总说明。

（3）高管、核心员工名单与简历，薪酬清单。

（4）所有雇佣协议、续聘协议、集体议价协议。

（5）与高管签署的各项工资、福利、期权、补偿协议。

（6）政府人事管理部门有关员工福利规定的文件。

（7）保守公司机密、知识产权转让、竞业禁止协议。

（8）员工薪酬、福利、保险（社保及其他保险）、休假及离职补偿情况清单。

（9）近5年内劳资纠纷一览表，未解决及潜在劳资纠纷列表。

8. 其他重要事项

（1）所有有关非法支付或有疑问活动的报告，包括支付给政府官员的情况。

（2）投资银行、管理咨询机构、会计师事务所对本公司及其经营活动所做的近期分析，如市场调研、信用报告。

（3）所有本公司对外发布的新闻报道。

（4）所有媒体发布的与本公司有关的新闻和其他形式的报道。

从上述内容可以看出，跨国并购尽职调查涉及了法律、财务和技术三项主要内容，因此，企业可根据自身的情况，聘请律师、会计师事务所和技术方面的专家做尽职调查。尽职调查将为企业提出有约束力的投资意向书提供最为可靠的依据。

13.4 交 易 估 值

在对目标公司进行估价时，需要收购方对目标公司的财务数据进行分析，以便提供一个合理的收购价格，是否符合收购方公司和目标公司董事会、管理层和股东的利益。并购过程中的财务分析是整个尽职调查程序中的一个组成部分，收购方可通过财务报表，例如资产负债表、收益表和现金流量表进行各种分析，从而得出收购价格。

1. 财务数据的取得

在公开市场，例如证券交易所进行股权交易时，收购方可容易地从上市公司公布的财务报表中获得所有的财务信息，并依此进行财务分析。

在非公开市场上收购时，在善意收购过程中，收购方和目标公司将密切合作以达成最终交易，目标公司会向收购方提供所需的内部财务数据。在敌意收购中，目标公司仅提供法律要求披露的最少信息，收购方只能利用公开的信息进行估值。

在善意收购过程中，通常目标公司均会在收购方发出非约束性投资意向书，目标公司认为收购价格满意的情况下，设立数据室，收购方可从数据室下载所有财务数据，进行相关的财务分析。

2. 分析财务报表时需要注意的主要问题

收购方的会计人员或企业聘请的财务顾问会通过目标公司提供的资产负债表、损益表和现金流量表进行财务指标的分析，得出相应的财务指标，最终判断出目标公司是否符合自身的财务指标要求，得出并购交易的估值，即交易价格。

收购方在分析资产负债表时需要考虑如下几个方面：

（1）债务声明不完全。

（2）低质资产信息披露不完全。

（3）夸大应收项目金额。

（4）库存数据的迅速增加。

（5）证券估价的可变现能力。

（6）无形资产估值过高。

（7）不动产估值的准确性。

（8）部门估值过高问题。

收购方在分析损益表时需要注意如下问题：

（1）收益品质，即形成目标公司收益的主要来源是否可靠和具有可实现性。收益中非现金成分越多，收益品质越低。

（2）收入识别，目标公司可能通过各种会计手段改变收入，提高当期利润。

3. EBITDA

在企业并购过程中，除财务分析所得的流动性比率、周转性比率、财务杠杆比率和盈利能力比率外，目前衡量企业并购价值的基本数据为税息折旧及摊销前利润 EBITDA（Earning Before Interest，Taxes，Depreciation and Amortization）。EBITDA 被资本公司广泛使用，用以计算公司经营业绩，其意义在于：在营运资金净需求不变的情况下，经营性现金净流入也就等于 EBITDA，企业可以利用约等于 EBITDA 的资金进行偿付利息。EBITDA 之所以在并购交易中广受欢迎，其最大原因是 EBITDA 比营业利润显示更多的利润，成为并购时收购方和目标公司使用的基本数据。

一般而言，为了交易的简便性，收购方的收购价格也与 EBITDA 值直接相关，通常以 EBITDA 值的一个系数表示。从中国企业 2015 年跨国并购的总体情况分析，中国企业并购外国企业的 EBITDA 值高达 5.4 倍，即企业使用了目标公司 EBITDA 值的 5.4 倍收购境外企业。

13.5　跨国并购交易的合同文件

跨国并购交易涉及了大量复杂的合同文件。在收购方的准备阶段，交易文件主要是收购方需要与财务咨询公司签署财务咨询协议，与律师事务所签署法律服务协议等文件，以便进行对目标公司的尽职调查工作。

企业签署的财务顾问咨询协议的内容如下：

"××企业，作为甲方在本次交易中的财务顾问，提供并购财务顾问服务。

兹达成协议如下：

1　定义和解释

1.1　定义

除非在本协议的上下文另有规定，在本咨询服务协议中，下述术语具有本条赋予的含义：

"甲方"是指……。

"乙方"是指……。

"项目"是指……。

"时间表"是指本咨询服务协议确定的时间安排。

1.2　解释

在本协议中,除上下文另有需要外:

(a) 包括"同意(商定)"、"已达成一致"或"协议"等词的各项规定均要求用书面记载。

(b) "书面"或"用书面"是指手写、打字、印刷或电子制作,并形成永久记录。

(c) 除本协议另有约定外,"以上"、"以下"、"以内"、"届满",均包括本数;"不满"、"以外",不包括本数;"×日前""×日后"不包括当日。按照日、月、年计算期间的,开始的当天不算入,从下一天开始计算。期间的最后一天不是工作日的,该期间应于下一个工作日终止。

(d) 在本协议的解释中,标题不应予以考虑。

(e) 在本协议中,上述"陈述"的内容构成解释本协议的一部分。

2　　协议文件及其优先次序

2.1　协议文件

本咨询协议文件由下列文件构成:

(a) 咨询服务协议。

(b) 工作范围。

本咨询服务协议的附件是本咨询服务协议正文的组成部分。

2.2　优先次序

构成本咨询服务协议文件的优先次序是第2.1款规定的顺序。一般条款中的条款与本咨询服务协议有冲突,以本咨询服务协议为准。任何在本咨询服务协议签订之前完成的与本项目相关的工作亦将受本咨询服务协议的约束。

3　工作范围

3.1　本服务合同约定的工作范围为乙方就……的竞标项目为甲方提供财务顾问服务。经双方约定的工作范围见咨询服务协议附件。如甲方要求乙方进行的工作超出该范围,则视具体情况与甲方协商确定,并按本服务合同计算费用。

3.2　乙方理解,在对目标公司资料研究并提交非约束性投资意向书的工作完成后,如果卖方接受该非约束性投资意向书后甲方会考虑开展后期的工作,根据本咨询服务协议附件的要求,开展咨询服务工作。

3.3　乙方将依赖于甲方所提供资料和信息来完成乙方的约定范围。乙方将在工作成果中注明所披露的信息的来源。

3.4　双方约定的工作范围及程序同财务报表审计及类似服务存在区别,因此乙方将不会发表审计意见或提供其他关于本项目财务报告和内部控制系统的认证。

3.5 乙方就此声明，乙方的工作成果只会向甲方提供，并向甲方进行协商，乙方并不会对甲方以外的中任何其他第三方负有任何责任。

4 口头和书面形式

4.1 乙方会在项目过程的不同阶段以书面的形式将工作结果汇报给甲方。

4.2 根据一般条款的规定，在甲方希望依赖乙方口头建议或演示的时候，甲方应告知乙方，乙方会提供相关建议的书面确认函。

4.3 根据乙方的理解，甲方可能将乙方的报告提供给甲方的法律及其他顾问。对此乙方并无异议，但是在将乙方的报告提供给任何第三方之前，甲方应当提醒每个报告阅读者了解并向乙方保证接受乙方在以下文字中陈述的免责申明：

"在任何情况下，任何第三方不得依赖乙方提供的报告、建议或其他信息用于任何目的，乙方对此产生的一切后果概不负责。"

4.4 乙方可提供相关说明信函供甲方向法律顾问或其他顾问提供乙方报告时使用。

5 时间表

5.1 乙方的工作将从对此服务合同的确认开始。为配合甲方在本次交易中的进度安排，乙方将尽快启动第一阶段工作，并在所需资料及时提供完整的情况下，尽快向甲方提交目标公司初步价值分析初稿和非约束性投资意向书初稿。甲方在第一阶段工作结束后将视交易进程的结果决定是否继续开展下一步各阶段的工作或对下一步各阶段的工作范围进行调整。

5.2 如果重要的信息没有在合理的时间内提供给乙方，导致乙方无法按时完成工作，乙方将不承担任何责任。乙方将定期向甲方汇报乙方工作的进度，尤其是乙方在获取必要的信息方面所遇到的问题。

6 获取资料和人员支持：

6.1 为使乙方的工作能按上述时间表进行，乙方希望甲方及本项目的相关利益方确保乙方获取所需要的信息和得到相关人员的配合。

6.2 乙方理解卖方将通过网上资料室的方式提供资料。网上资料室将向乙方全面开放。乙方不对资料室的信息和获得的其他支持性信息的编制负责。

7 声明和保障

7.1 甲方和乙方均系根据中华人民共和国法律依法成立的公司，具有法人资格。

7.2 在本协议项下，在签订本协议时，甲方和乙方的签字人为其法定代表人或签字人均已得到了甲方或乙方的合法授权。

7.3　在本协议项下，在履行本协议过程中，甲方和乙方及其参与人员，均应在其权限内履行其职责。

7.4　根据与甲方的约定，乙方不会要求本项目相关关键利益方对乙方按照本咨询服务协议提供的报告初稿或报告中部分内容的事实准确性进行确认，但是乙方会努力按适用的专业准则的要求确保乙方提供给甲方的报告中的事实信息和材料与本项目相关利益方按第 2.2 节提供给乙方的信息和材料保持一致。

7.5　为实现本协议的目的，甲乙双方应本着诚信原则，按照本协议的规定履行各自的职责。

8　排他性安排

8.1　双方同意，乙方将不会就本项目向其他任何第三方提供财务顾问咨询服务。

9　项目团队

9.1　乙方将安排以下人员负责本项业务：

9.2　乙方将尽可能安排以上人员参与此项目，但有可能由其他拥有相同或类似技能的人员来代替。如需如此，乙方会事先同甲方协商。

9.3　为本协议之目的，甲方将组成相应的项目团队，指定负责人和联系人，并告知乙方。

10　收费

10.1　针对上述工作范围，甲方应向乙方分阶段支付如下咨询费用：

（a）财务顾问服务收费

（b）财务、税务尽职调查服务及税务架构筹划收费

10.2　乙方的收费将在甲方收到乙方的账单后……日内支付。

10.3　上述费用包括乙方的增值税，但不包括代垫费用，代垫费用主要包括差旅费和通信费等。

10.4　如果工作内容等发生重大变化，根据甲方需要还需要追加其他服务项目，则收费将另行商定。

11　责任限制条款

11.1　在此项业务的约定条件下，除以下限制性条款外，甲方同意一般条款适用于本业务约定项目，并视同在此服务合同中规定，但必须与以下条款一并使用。

按双方的约定，乙方根据一般条款基于本业务约定项目应负的责任以金额计算只限于本业务约定项目商定收费的五倍。

12 信息披露

12.1 在此项业务的约定条件下，除以下限制性条款外，甲方同意一般条款将视同在此服务合同中规定。

乙方披露任何甲方收购交易相关的保密信息，须在仅限所需且保密的基础上进行。在本公司出版物及宣传物中，任何披露及引用甲方名称以及描述本公司为甲方提供的服务，均须甲方事先书面同意。

12.2 对于乙方提供给甲方的任何保密、专有、秘密信息，甲方同意保密。但以下须披露该等信息的情况除外：①仅用于甲方员工、其他顾问或代理在仅限所需的基础上评估交易的目的，且甲方员工、其他顾问或代理负有保密义务；②政府、法院、法律程序或仲裁委员会要求披露；③在披露时该等信息已经进入公共领域；④并非由于违反本约定书的条款，信息披露前该等信息已经被甲方掌握；⑤所披露的信息系甲方从第三方得到，而甲方并不知晓该等第三方违反保密义务。

13 利益冲突

13.1 在此项业务的约定条件下，除以下限制性条款外，甲方同意一般条款将视同在此服务合同中规定：

在符合乙方对其他客户的保密要求或者中国注册会计师协会的相关专业行为准则的前提下，一旦乙方获悉任何对立冲突，乙方会立即以书面方式通告甲方。

14 其他服务

14.1 乙方将乐意按照要求随时提供任何额外服务。这些服务将不同于本项目并将与甲方另行签订服务合同。

15 反馈

15.1 在项目完成后，为了履行乙方服务质量的承诺，乙方希望有机会得到甲方关于乙方工作开展及服务质量的意见反馈。

16 国内外税务

16.1 甲方和乙方应按照有关的法律和规定，各自承担和处理与本合同相关的一切国内外税务，包括但不限于营业税（如有）、增值税（如有）、所得税和个人所得税等一切税、费等。

17 转让

17.1 任何一方都不应将本协议的全部或任何部分，或协议中或根据协议所具有的任何利益或权益转让他人。

18 退出和协议解除机制

18.1 双方理解，本咨询服务协议所述并购项目存在……阶段的服务内容。

在任何一个阶段中的任何时间，甲方可自行决策行使退出权利，但甲方应在决定退出并购的当时立即通知乙方，以避免乙方仍继续为本项目提供咨询服务。

18.2 在甲方行使退出权利时，应视为本咨询服务协议终止。

18.3 除本协议第18.1款规定的甲方行使退出机制外，甲乙双方可在协商一致的基础上终止本协议。

18.4 如在第一阶段或第二阶段中的某一过程终止本协议时，对于乙方已提供的服务，甲方应按照本协议第10条的规定予以付清。为避免歧义，第三阶段为成功费，如甲方在第三阶段行使退出权利，则甲方无需向乙方支付任何费用。

19 适用法律

19.1 本咨询服务协议适用于中华人民共和国现行有效的法律。

20 争议的解决

20.1 甲乙双方在执行本协议过程中发生的争议，应首先通过友好协议解决。

20.2 如经协商仍不能达成谅解或取得一致，任何一方均有权向中国国际经济贸易仲裁委员会提起仲裁，按照中国国际经济贸易仲裁委员会现行仲裁规则进行。仲裁地点在北京。仲裁是终局的，对双方均具有法律约束力。

21 协议文本

21.1 本咨询服务协议一式四份，甲方和乙方各执两份，具有同等法律效力。

立约双方代表在上述日期在本协议书上签字、盖章，以昭信守。"

企业签署法律咨询协议的内容如下：

第一条 合同目的

甲方拟对……（下称"目标公司"）实施并购（下称"本项目"）。为达成上述并购目的，甲方委托乙方提供专项法律服务。

第二条 委托事项

乙方接受甲方委托，向甲方提供如下法律服务：

Ⅰ. 非约束性投标阶段

1. 协助选定项目实施所需要的……（"国家"）律师，审阅客户与……（"国家"）律师的聘用合同；

2. 审阅客户与其他主要中介机构的聘用合同；

3. 根据客户的要求，协调、指导和审核……（"国家"）律师的工作；

4. 审阅、协助谈判和签订非约束性投标文件和保密协议（如需要）；

5. 就本项目所涉及的税务架构和筹划问题提供中国法律咨询意见；

Ⅱ. 约束性投标阶段

6. 针对项目公司协同……（"国家"）律师开展尽职调查、对尽调工作提出问题和建议；

7. 审阅……（"国家"）律师出具的尽调报告、对其中所涉及的问题给予提示和建议、提供尽调报告的中文概要翻译；

8. 就尽调中的问题，协助公司与目标公司沟通、解决；

9. 审阅、协助谈判和签订约束性投标文件；

10. 就可行的交易架构提出建议；

Ⅲ. 项目协议和交割阶段

11. 协助审阅、谈判和签订并购协议及其附属协议；协助分析总结谈判的分歧点、制定和实施谈判策略；

12. 出具并购协议的中文翻译版；

13. 协助审阅、谈判和签订并购后的合资协议/股东协议（如适用）。

14. 协助完成在……（"国家"）政府部门必要的政府审批；

15. 协助完成在中国政府部门必要的政府审批，包括在发改委、商务部和外汇管理局及其相应地方机关的审批；

16. 协助……（"国家"）律师制定交割备忘录和计划；

17. 根据指示提供交割备忘录和计划的中文翻译版；

18. 提示交割过程中的法律风险；

19. 协调各方按照计划完成交割条件的准备；

20. 协助审核交割条件；

21. 协助完成项目交割。

22. 协助公司制定适合本项目的融资方案；

23. 审查相关融资协议并提出法律意见。

第三条 乙方的义务

1. 乙方组建法律服务团队为甲方提供法律服务，包括：……组成本项目的合伙人团队，由……律师作为该项目的牵头合伙人。

2. 乙方法律服务团队应当勤勉、尽责地完成第一条所列法律事务工作。

3. 乙方负责管理和协调中瑞律师的工作，向甲方汇报整个工作进程。

第四条 甲方的义务

1. 甲方应当为乙方办理法律事务提供必要的信息、文件；

2. 甲方应当按时向乙方支付法律服务费。

第五条 法律服务费用

1. 本所按照实际工作时间乘以其律师的小时费率计算本项目的律师费用。我们特为此项目提供优惠费率如下：

考虑到本项目的各个阶段，我们提供如下各个阶段的封顶费用如下：

如本项目成功完成，甲方将向乙方支付成功费人民币××万元整。

请注意上述报价存在下述条件和限制：

1）此报价已包含增值税，但不包含因为贵公司项目提供法律服务而必要的差旅费用及超过……元的办公杂费（国际电话、打印、传真、快递费用等）和其他支付第三方的费用（包括印花税、备案或注册费用、调查费用），这些费用将由贵公司来预付或实报实销。

2）就公司进行的税收、会计和财务尽职调查将由其他专业机构完成，对环境的尽职调查应该由专门的环境审计师来完成（因此从上述费用中排除）；

3）上述报价不包括反垄断申报，如需要进行反垄断申报，则双方另行协商确定单独的法律服务协议；

4）上述报价所涉及文件翻译，120 页以内不另计费用，超过 120 页之后，按每页 800 元人民币计算。

5）上述报价包含……指定……2 次境外出差（每次按 3 天算）。

6）不包括中国法律之外的法律意见或分析，以及不适用……（"国家"）法律和中国法律所约束的法律文件的审查。

7）在实际工作时间超出所对应的封顶报价情况下，按照实际工作时间乘以优惠小时费率计费；

8）鉴于该项目需要……律师密切合作、合理分工，且需要审核……律师的工作，我们的报价可能会因为……律师工作量的增加而有所调整。

2. 上述法律服务费用分为如下阶段进行支付：

1）非约束性投标阶段：于双方签订本服务协议后五（5）个工作日内支付人民币××万元整，余款于提交非约束性投标文件后五（5）个工作日内支付；

2）约束性投标阶段。约束性投标阶段的首期费用为人民币××万元整，于开始尽职调查后五（5）个工作日内支付，余款于提交约束性投标文件后五（5）个工作日内支付；

3）项目协议和交割阶段。项目协议和交割阶段的首期费用为人民币××万元整，于开始项目协议谈判后五（5）个工作日内支付；双方签署股份购买协议后五（5）个工作日内再行支付人民币××万元；余款于交易完成交割后五（5）个工作日内支付。

4）成功费。成功费于项目成功结束后五（5）个工作日内支付。

第六条 合同的解除

1. 甲方有权在任何时候以书面形式通知乙方解除双方的委托关系，届时甲方应根据乙方实际完成的作业程度，在委托合同终止后的二十个工作日内支付相关费用。

2. 仅在必要的时候，乙方保留在任何时候根据律师执业规则撤回提供法律服务的权利，届时，甲方应在委托终止后支付乙方所有未支付的费用，所有未支付的费用均应根据乙方在委托关系终止前发生的实际工作量进行计算，在委托终止后二十个工作日内足额支付。

3. 项目因故不能继续进行或项目终止，则任何一方均有权终止委托，所有未支付的费用均应根据乙方已发生的实际工作量进行计算，在委托终止后二十个工作日内由甲方足额支付。

第七条 保密条款

每一方（以下简称"接收方"）应对其从另一方（以下简称"披露方"）获得的与本项目有关的任何信息（以下简称"保密信息"定义如下）承担保密责任：

本协议中，"保密信息"是指根据本协议所提供的、依其性质和披露的情况，对双方而言是应当视为保密的所有信息，包括双方所有或使用的理念、技术和操作信息，以及客户、顾客或供应方的详情或任何私人信息。但保密信息不包括下述信息：

1）公开可得或为公众所知的信息；

2）接收方以前所知晓的信息；

3）接收方在本项目范围外所独立开发的信息；

4）第三方所合法披露的信息。

未经披露方的事先明确书面同意，接收方不得将披露方的保密信息披露给任何第三方，也不得将任何保密信息用于除相互讨论之外的其他目的，但根据适用的法律法规的规定或对本项目任何一方或任何一方的关联方有管辖权的证券交易所的要求或政府部门的要求所作的披露除外。此外，接收方可将保密信息披露给其任何关联方或专业顾问，但该等披露应在保密的基础上进行且仅用于本项目之目的并为履行本项目所必需。

第八条 违约责任

1. 乙方无正当理由不提供第一条规定的法律服务，甲方有权要求乙方退还部分或者全部已付的法律服务费。

2. 甲方无正当理由不支付法律服务费或者工作费用，乙方有权要求甲方支付未付的法律服务费、未报销的工作费用以及延期支付的利息。

第九条 争议的解决

1. 本合同适用中华人民共和国法律。

2. 甲乙双方如果发生争议，应当友好协商解决。如协商不成，任何一方均有权向北京仲裁委员会提起仲裁。

第十条 合同生效、份数

1. 本合同自双方签署之日起生效。

2. 本合同一式两份，甲乙双方各持一份，具有同等法律效力。

并购交易中最主要的是并购协议或者股权购买协议（Share Purchase Agreement）。一项并购协议的主要条款如下：

（1）定义和解释。

（2）购买。

（3）交割。

（4）项目进一步开发。

（5）声明和担保。

（6）卖方的保障义务。

（7）买方的保障义务和协议。

（8）公司的管理。

（9）股份的转让。

（10）排他性。

（11）其他规定。

（12）准据法和争议的解决。

跨国并购涉及了众多法律文件，在公开市场并购和非公开市场的并购过程中，收购方应聘请中国律师和目标公司所在国律师协助企业完成并购协议或股权转让协议的起草、谈判和签署工作，完成授权书、董事会决议文件等一系列文件的起草和签署工作，并最终完成并购交割，完成整个跨国并购交易。

13.6　中国建筑企业的跨国并购

由于西方发达国家对建筑市场的严格管理，严控资格和资质，严格的建筑法律限制，管理方式以及用工制度的不同，导致中国建筑企业想通过自身在西方发达国家设立分公司或子公司，然后利用分公司和子公司模式在西方发达国家承揽工程项目，从而实现市场规模的扩张并在西方发达国家立足，成为非常困难的一件事情。中国建筑企业要想进入西方发达国家的建筑市场，除了通过跨国并购方式并购发达国家的建筑企业之外，别无他途。

在中国建筑企业跨国并购中，最为成功的例子之一是中国交通建设集团有限公司（"中交集团"）收购美国 Friede Goldman United，Ltd（简称"F&G"）。F&G 公司是全球首屈一指的海上钻井平台的设计公司，尤其是半潜式钻井平台的设计占据世界第一的市场份额，其主要价值在于多项设计专利、技术创新和成套解决方案，拥有丰富的专业知识和技术信息资源库。中交集团通过收购 F&G，将极大提升中交集团开拓海上重工市场的能力，符合中交集团业务发展的需要。

2010 年 1 月 10 日，中交集团得到报告，F&G 正面向全球发出招标邀请，出售 75% 的股权。中交集团董事会讨论向卖方财务顾问表达了收购兴趣。2010 年 1 月 13 日，卖方财务顾问发出交易程序函。2010 年 2 月月，F&G 公司最大控股股东代表发函确认，F&G 没有与任何一家潜在的买方达成约束性协议。

2010 年 3 月 12 日，中交集团与 F&G 及其顾问团队展开谈判，并聘请财务顾问、法律顾问和审计师共同对目标公司展开尽职调查，并对收购事宜提供专业顾问意见。2010 年 6 月 22 日，中交集团通过与 F&G 高层直接接触，开展价格和条款谈判，达成了两公司优势互补与战略协同共识，正式签署股权收购协议，并购价格为 1.25 亿美元，收购 F&G 全部股权。

在中国建筑企业跨国并购中，最为典型的案例是中交集团以 11.5 亿美元收购澳大利亚第三大建筑企业 John Holand 公司 100% 股权。按照收购协议，中交集团下属全资子公司中交国际（香港）控股有限公司收购 John Holland 公司全部股权。该交易公布于 2014 年 12 月，2015 年 4 月初得到了澳大利亚外国投资审查委员会的批准。

为此，John Holland 集团执行董事格伦·佩林表示，公司对并购后的发展前景充满期望。"这是公司发展的关键一步"，他说，"这反映出我们公司在澳大利亚工程和建筑承包行业中居领先地位，我们致力于开展世界级建筑、基础设施资产和工程服务项目，这在过去超过 65 年里为 John Holland 赢得了极高声誉。同时我们也竭力为客户和我们所承包的业务交出最完美的答卷。"中交集团计划 5 年内使 John Holland 运营规模扩大一倍，为此公司将采取措施包括巩固 John Holland 工程服务的卓越品质、抓好公私合营的机会、在房地产和建筑行业择优投资。

中交集团并购澳大利亚 John Holland 公司，有利于中国企业进入澳大利亚建筑市场，扩大在发达国家的市场份额。2015 年，John Holland 公司成功中标悉尼地铁项目，签署合同金额超过 10 亿美元，使得中国企业在 2015 年新签合同额中的大洋洲份额翻倍增长，从而扩大了中国企业在发达国家的影响力。

因此，中国建筑企业要想在西方发达国家有立足之地，需要通过跨国并购，并购当地有影响力的建筑企业，利用资金优势，通过被并购企业开发发达国家的工程业务。

14

国际工程承包市场风险及其管理

随着中国企业对外投资规模的扩大和投资方式的多元化发展，对外投资竞争环境的日益复杂化和激烈化，受全球能源利益驱动和中国与主要发达国家在全球地缘政治与利益格局中影响力此消彼长的影响，以国际工程项目方式为对外投资载体，以项目融资为直接投资融资模式的不确定性风险逐步加大，以科学的方法对国际工程项目融资的风险予以识别、分析、评估、应对和有效管理，从全球利益和国际化视角出发进行有效的风险管理，以期提高企业重大国际投资项目决策的科学性，有效应对和管理国际工程项目未来的风险，确保国际工程项目预期目标的实现，是企业面临和亟待解决的管理课题。

14.1 风险的定义和特征

1. 风险基本概念

英国规范 BS4778（1991）将风险定义为："发生某一特定危害的或然率，或频率，与损失的严重程度的组合。"澳大利亚和新西兰标准 AS/NZS3931（1995）将风险定义为："某事件发生并将会冲击既定目标的机会率，它是以其后果及可能性来作为量度标准。"虽然风险的定义至今无统一说法，但无论国家标准和学者如何描述风险的定义，一个不可否认的事实是，风险存在于一个工程项目的全过程，它不可以被忽视，不可被视而不见，但它可以被识别、避免、减轻、消除、分担、转移和接受。

国际工程承包市场的风险可以定义为"市场开发过程中的不确定因素。"在市场开发过程中，特别是在国际环境中产生的不确定性因素，国际工程项目具有与一般风险不同的特征。

2. 市场风险的特征

国际工程承包市场风险在不同项目的开发过程存在不同的特征。以国际竞争性投标项目为例，其市场开发风险主要体现在价格竞争和项目实施过程中的项目建设风险，包括业主违约行为、监理工程师不作为、不可预见的地质条件和不可抗力风险等。EPC 加融资方式的项目开发中，企业面临的风险是如何实现从金融机构融资，解决贷款问题。而以项目融资方式兴建的大型基础设施项目的以上风险种类并不是并行存在的，它呈现出明显的阶段性特征。对于项目融资而言，项目风险可分为以下两个阶段：一是相对高风险的项目建设期；二是相对低风险的项目运营期，如图 14-1 所示。

在项目融资中，在项目建设开工以后，项目公司支取大部分贷款，用于支付施工活动，设备采购和其他经营前的费用。当项目资金被用来购买项目所需的原材料、劳动力和设备时，项目的风险系数就开始急剧增加，融资的贷款利息费用也开始累加。此时，项目资金承受的压力最大，项目建设期利息负担最高。在项

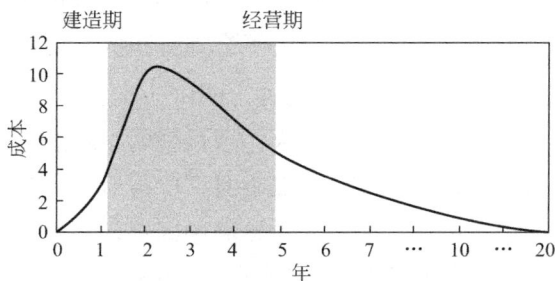

图 14-1　项目融资风险阶段性特征示意图

目的债务负担达到高峰时，项目风险也就达到了最高峰。

在项目按照规定进入正常运营期时，投资项目开始产生现金流量，如果现金流量充足，投资者也开始有一定的投资回报或利润，此时，项目风险渐渐减少。此阶段的时间长短与风险减少的程度取决于贷款协议的偿还期限。

与上述风险特征相对应，贷款人的贷款发放也出现了变化，即在项目完工以前，项目贷款一般是完全追索性的，当项目进入正常运行以后，随着风险的减少，项目贷款开始由完全追索过渡到有限追索甚至过渡到无追索的贷款。

3. 风险的分配原则与风险分配表

有效地分配风险与减少风险对于基础设施的市场开发的成功来说是十分重要的，只有当风险由最适于管理它的一方承担时，才会有有效的风险分配。为了减轻项目融资的风险，在运作项目融资的过程中必须建立和坚持以下原则：

（1）确定项目的关键风险。

（2）评价项目每一种风险的可接受程度。

（3）确定最合适承担某种风险的各当事人。

特别是在国际项目融资中，项目风险的识别和分配对项目参与方来说是一个核心问题。项目风险的分配并不是对每个参与者平均分配风险，而是将所有的风险都分配给最适合承担它的一方，即项目的任何一种风险应完全由对该风险偏好系数最大的项目参与方承担时，项目的整体满意度最大。如东道国政府被认为最适合承担项目的政治风险而不愿承担项目的商业风险，而境外投资者却正好相反，它们有能力承担商业风险而对政治风险则望而却步。在这种情况下，如果能够通过各种协议让参与方各得其所，使风险各就其位，那么，境外投资者和东道国政府都会因为要面对自己不熟悉的风险而将风险成本估计过高。

因为项目各参与方的出发点和目标不同，因此公平合理地分担项目的风险非常重要。理论和实践中一致公认的风险公平合理分担的主要原则有：

（1）由对某风险最有控制力的那方承担相应风险

由于项目所涉及的各方，例如发起人、项目公司、政府、承包商、供应商等对各种风险的控制力不同，因此在分配风险时，应由对某风险最有控制力的那方承担（或主要承担）相应风险，因此，在发展中国家，一般由项目公司主要承担项目的融资、建设、采购、经营和维护的风险，当地政府主要承担法律变更和外汇的风险，双方共同分担不可抗力风险等。

（2）风险由管理/控制该风险成本最低的那方承担

在项目的每一风险都由管理/控制该风险成本最低的那方承担时，项目风险管理所付出的总成本是最低的。

（3）所承担风险程度与所得回报要相适应

坚持的风险-回报平衡原则，才能鼓励项目有关各方积极主动承担风险，保证项目谈判和实施公平、有效和顺利地进行。发展商常犯的错误是"高风险高回报"风险管理策略的运用不当。对高风险，项目公司要求较高的利润作为承担较高风险的回报。如果其他条件相同，高回报意味着高收费。但高收费会带来许多问题，例如，高收费会削弱竞争能力；如果经济发展不强劲或消费者支付不起，高收费难以维持。

在国际项目融资中，由于投资者多在自己并不熟悉的国家进行投资，项目风险呈现出多样化的特征。为了更好地对风险进行分类和归集，东道国政府或投资者会利用风险分担矩阵（Matrix）表示东道国政府（或业主）与投资者之间的风险分配关系。表 14-1 所示的是某国项目风险分担矩阵。

某国项目风险分担矩阵　　　　　　　　　　　　　表 14-1

风　　　险		风险分担		
		公营部门	私营部门	共担
1.	签署合同至开工前			
1.1	部委或公营部门改变工程范围	×		
1.2	双方应分担的抗议行动：			×
1.2.1	投资商未能支付其雇员工资		×	
1.2.2	未能按环保要求施工		×	
1.2.3	施工期间未能向公众提供便道		×	
1.2.4	未能遵守当地习惯和法律		×	

续表

风　　险	风险分担		
	公营部门	私营部门	共担
1.2.5　未能对车辆事故提供紧急协助		×	
1.2.6　在罗境内和欧洲发生的区域性抗议活动	×		
1.2.7　投资商不能控制的抗议行动	×		
1.2.8　因政治、社会动乱造成的抗议行动	×		
2.　　征地			
2.1　未能征用土地	×		
2.2　相邻地主的法律行动	×		
3.　　选址风险			
3.1　选址条件	×		
3.2　地质障碍	×		
3.3　以下列方式分担污染问题:		×	
3.3.1　投资商不能控制的原因造成的污染	×		
3.3.2　未能指定处理建筑废渣地点	×		
3.3.3　上游漂流下来的污染物	×		
3.3.4　上游工厂造成的污染	×		
3.3.5　居民造成的污染	×		
3.3.6　原子辐射、化学武器污染	×		
3.3.7　未能遵守环境保护法律和规章		×	
3.3.8　未能遵守施工程序要求		×	
3.3.9　投资商自己造成的污染		×	
3.4　考古发现	×		
4.　　设计			
4.1　项目未能符合法律标准		×	
4.2　未能取得行政部门和法律批准			×
4.3　设计未能符合环保、安全和健康要求以及行政部分的批准		×	
4.4　造成成本增加和工期延长的设计错误		×	
4.5　超过成本概算的调整		×	
5.　　施工			
5.1　提供现场通道	×		
5.2　提供现场区域通道		×	
5.3　未能遵守批准和许可造成的延误和额外成本		×	

风　　险		风险分担		
		公营部门	私营部门	共担
5.4	超过成本概算的调整		×	
5.5	因土地原因造成的延误和额外成本		×	
5.6	劳工危机		×	
5.7	意外气候条件		×	
5.8	抗议行动			×
5.8.1	未能向其雇用的当地雇员发放工资		×	
5.8.2	未能按环保要求施工		×	
5.8.3	施工期间未能向公众提供便道		×	
5.8.4	未能遵守当地习惯和法律		×	
5.8.5	未能及时为车辆事故提供紧急协助		×	
5.8.6	在罗和欧洲国家发生的区域性抗议行动	×		
5.8.7	投资商不能控制的原因而发生的抗议行动	×		
5.8.8	因政治原因、社会动乱发生的抗议行动	×		
5.9	未能遵守特定工期而造成的额外成本		×	
5.10	因价格上涨造成的额外成本	×		
5.11	意外的实际条件	×		
5.12	因设计和承包商之间发生争议而造成的延误和额外成本		×	
5.13	供应材料问题		×	
5.14	分包商未能履行		×	
5.15	不可抗力造成的附加成本			×
5.16	施工结构的倒塌和失败		×	
6.	运营和维护			
6.1	无用的服务		×	
6.2	因法律变更造成的成本变化	×		
6.3	运营期间公营机构要求服务水平的变化	×		
6.4	因遵守运营、维护和服务造成的附加费用		×	
6.5	因发现建筑物隐蔽缺陷而形成的附加成本		×	
6.6	因不可抗力造成的附加成本			×
6.7	运营期结束后为满足移交标准而造成的附加成本		×	
6.8	因技术升级更换设备而造成的附加成本		×	
6.9	第三人对事故或损害要求赔偿			×

续表

风险	风险分担		
	公营部门	私营部门	共担
7. 融资风险			
7.1 利息变化或财务条件变更		×	
7.2 收费或税务变更	×		
7.3 清算或投资商或分包商破产			×
7.4 通货膨胀			×
7.5 交通流量变化			×
7.6 汇率变化	×		
7.7 当地货币与外币的兑换	×		
7.8 汇付投资者收益	×		
8. 市场			
8.1 竞争变化			×
8.2 建设竞争性桥梁设计限制	×		
9 法律风险			
9.1 现有法律、税法、进口税、外汇等变更而引起的对项目的负面影响	×		
9.2 未能提供安全保卫措施	×		
9.3 对知识产权缺乏足够的保护	×		
9.4 未能进行法律选择			×
10 政治风险			
10.1 没收、征用和国有化	×		
10.2 未能及时颁发许可或其他批准文件	×		
10.3 战争、革命或政治动乱对项目造成负面影响	×		
10.4 公营部门的回购	×		
10.5 恐怖行动	×		

注：表中×代表风险承担方。

14.2 风险分类

出于不同的目的，风险有许多分类方法，例如系统性风险和非系统性风险等分类。而且，风险的类型主要取决于项目所在的地域位置，无论在国内还是在海外市场，项目的内部风险都没有什么变化，但国际项目将对外部风险产生巨大而独特的影响，例如社会条件、经济和政治环境、未知的程序手续、不熟悉的人力资源市场、新的市场框架体系和政府管制措施等。

在研究了每种风险对其他风险所产生的影响和作用的基础上，学者 Hastak 和 Shaked 于 2000 年将整个工程建设环境中可能出现的风险划分为国家、市场和项目级三个层次的风险。这种划分方法是为了更好地描述每一种风险对其他风险的影响作用，以及更好地确定针对每种风险所应采取的风险管理措施的优先顺序。

(1) 国家层次的风险。主要是指政治和宏观经济的稳定性，具体来说，即国家对私有/外国财产的保护、国内外货币流通交换和贸易限制，市场规则改变，以及对股息、红利的分配限制规定等。

(2) 市场层次的风险。建筑市场的风险包括公司在当地市场的技术优势和劣势，市场资源的稀缺性，市场规则的复杂性，以及政府对建筑产业的政策态度等。

(3) 项目层次的风险。项目层次的风险专指针对建筑项目现场而言，包括后勤补给的限制，不合理的工程设计，现场施工安全，不恰当的质量控制手段和环境保护等。

表 14-2 中列举了项目融资所可能遇到的主要风险。

按风险类别划分的项目融资的主要风险　　　　　　　　表 14-2

风险类别	风险
政治风险	· 国有化、取消、扣押、没收 · 项目唯一性(无竞争项目) · 法律变更 · 项目审批延误 · 政府无所作为或负面作为 · 当地合作伙伴的可靠性 · 现有设施状况及相关规定 · 税率提高(通用、特别) · 政治不可抗力 · 政府中止合同 · 政府不支付费用
建造风险	· 土地拆迁与补偿 · 设备/材料进口限制 · 成本超支 · 融资成本增加 · 工期/质量风险 · 承包商违约

续表

风险类别	风险
	· 项目公司违约 · 工程变更所引起的工期、成本变化 · 环境破坏(潜在的、现行的、持续的) · 考古和历史文物的保护 · 施工不可抗力
运营风险	· 政府部门违约 · 项目公司违约 · 运营商能力缺陷 · 项目公司中止合同 · 环境破坏(潜在的、现行的、持续的) · 运营不可抗力 · 劳资争端 · 技术风险 · 停机时间过长 · 设备状况(维护)
市场和收益风险	· 收费/收益不足 · 市场对项目及其产品(如电、水、气等)的需求发生变化 · 产品输送途径(如电网、水、气管等)中断 · 项目产品使用费(电、水、气、过路/桥费等)收取困难 · 其他收入不足 · 偷窃行为(如偷水、偷电、偷气等) · 燃油/煤等原材料的供应和价格发生变化 · 政府对利润和收费价格的限制
财经风险	· 通货膨胀 · 利率 · 外汇兑换率 · 外汇可兑换性
法律风险	· 设施抵押权/出租权 · 设施所有权 · 担保/合同结构 · 项目公司破产 · 违反融资合同 · 担保/抵押权实施/生效 · 文件/合同(歧义、争端、仲裁和适用法律)

14.3　风险识别

1. 风险管理模式

根据风险管理理论，风险管理中的最初的风险管理模式可分为如下步骤：

（1）风险识别；

（2）风险评估，包括风险出现概率分析和后果分析；

（3）判断风险是否可以接受，如不能接受，则制定风险控制计划。

图 14-2 表示风险管理模式中的风险识别、评估和判断的步骤。

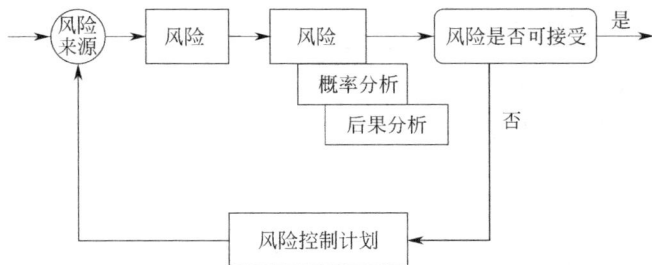

图 14-2　风险识别、评估和判断

按照上述步骤，项目融资的风险管理模式可根据图 14-3 所示的步骤进行风险识别、分析和采取应对措施。

风险识别（Risk Identification）是指通过某种方法和技术找出项目的所有风险。根据一般风险理论，风险识别的步骤如图 14-3 所示。

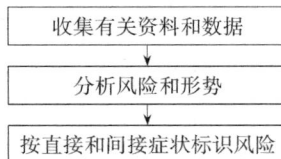

图 14-3　风险识别步骤示意图

风险识别的内容包括识别出风险的来源、类型、影响和后果，风险识别需要回答如下问题：

（1）哪里会出现风险？

（2）风险出现的原因？

（3）以何种方式出现风险？

（4）后果和损害程度如何？

风险的影响和后果可以根据风险度或风险大小定性分为七个等级，即不严重、轻微严重、有些严重、严重、很严重、非常严重、异常严重，与此相对应，企业应采取的应对措施可以分为：可忽略、可规避、可承受、可分担、可转移、应采取应对措施、无法承受等应对措施。如经过分析，认为即使采取应对措施也无法承受有些风险时，应决定不予投标或退出竞争。

风险识别的方法和技术是多种多样的，归纳如下：

（1）分解分析法；

（2）集思广益法；

（3）问卷调查法；

（4）专家调查法；

（5）优势、劣势、机会和威胁分析（SWOT）；

（6）财务报表法；

（7）流程分析法；

（8）现场勘察法；

（9）情景分析法。

有经验的企业可采取几种方法并用的原则，找出项目的风险，并根据风险的大小和严重程度归纳风险层次。这对一个在特定国家、特定项目来说，找出风险和归集风险并不是一件难事，只要它是建立在一个客观的基础之上。

2. 系统性风险的识别

在国际工程承包市场开发实务中，系统风险主要包括国家风险、金融风险和不可抗力风险等。

（1）国家风险

所谓国家风险是指在国际经济活动中发生的，至少在一定程度上是由国家政府控制而非私人企业或个人控制下的事件造成的种损失，包括由于战争、国际关系变幻、政权更迭、政策变化而导致项目的资产和利益受到损害的风险。国家风险有以下几种表现形式：

1）主权风险。指政变、政权更迭、领导人变动等政治体制崩溃给项目造成

的损失和影响;

2) 没收或国有化风险。项目资产包括项目公司的股份被没收或国有化,使投资者无法取得预期的投资收益;

3) 获准风险。开发建设一个项目必须得到东道国政府的授权或许可,如因为种种原因未能及时取得政府的批准,而造成项目误工致使整个项目无法按进度进行所造成的损失和影响即是获准风险。

4) 税收风险。东道国政府可能对项目公司生产的产品征收较高的税收,或者取消项目公司应有的减免税待遇,而实行有选择性的税收政策,如所得税、印花税、增值税的调整等,将会对项目公司的经济强度产生重大影响。

5) 利润不能汇出国外的风险。即项目经营所得的利润不能从东道国汇出,从而使外国投资者无法及时取得利润。

6) 法律变更风险。指东道国政府变更与项目有关的法律、法规及条例等影响项目的开发与经营的风险。

对国家风险进行评估即预测国家风险发生的概率,是一项非常复杂的工作。判断一个项目国家风险的大小,应从证据的稳定型和政策的稳定性方面着手,利用历史数据进行分析。

由于国际工程承包市场开发实务中,涉及更多的还是微观方面的国家风险,因此,有必要对一国微观层面的国家风险进行评估。在国家风险分析领域,文利·丁的渐逝需要模型和理查德·罗宾森的产品政治敏感性测定法是最为著名的分析方法。

文利·丁的渐逝需要模型的基本命题是:在经济民族主义竞争迅速上升,粗暴的社会政治风险不断下降的条件下,外国投资项目的政治风险与该项目对东道国的"看中价值"呈反向关系,此"看中价值"表现为该项目为东道主国所需要的程度。决定项目"看中价值"的主要因素有:

①投资项目所属产业:该项目越属于对当地经济贡献大的产业,则越具有"看中价值";反之,项目"看中价值"越小。

②该产业中当地企业的数目:该产业中当地企业的数目越多,表明外国企业与当地企业在相同领域竞争越激烈,外资项目的"看中价值"就小;反之,越大。

③该产业中当地企业的市场份额:如果当地企业的市场份额越大,则当地企业的重要性越大,外资项目的价值就越小。

④该投资项目占当地市场的份额。

⑤国民经济计划中该产业的优先发展程度:如果是当地优先发展的产业,则

外资很难介入，外资的需要程度也就下降。

⑥该项目的创新与技术领先程度：这一条是对第五条的修正，说明即使是在优先发展的产业中，如果只有外资项目能充分满足该产业优先发展的需要，则该外资项目就会为当地所需要，其"看中价值"也会较大。

⑦项目在出口中的作用：如果外资项目的出口能力越强，则越受当地欢迎。

⑧同产业中其他国籍跨国企业的数目：如果同产业中其他国籍跨国企业的数目越多，则当地对该项目的需要就越小，因为，他们有更多的选择，这样，该外资项目的"看中价值"就越小。

⑨获得非跨国公司技术的容易程度：同类技术有多重渠道获得时，则有利于东道国技术来源多样化的策略和需求，该外资项目的"看中价值"就越大。

⑩本公司的形象：公司形象佳，则受当地欢迎的程度越高，价值越大。

⑪符合东道国进人管理制度：如满足当地投入需要、加速当地化、遵守当地税法与法律规定，则受东道国欢迎。

以上①～⑦项因素的相互作用决定着投资项目的"看中价值"随时间推进而下降的状况。如果公司在项目实施中不进一步采取某些措施，则这种下降状况就会延续下去，项目的国家风险上升。⑧～⑪项因素则间接影响投资项目的"看中价值"，在某一时期，如果正面因素作用强，则该项目的"看中价值"上升；反之，下降。

理查德·罗宾森的产品政治敏感性测定法，简单实用，其基本命题是：不同的产品具有不同的政治敏感性，这种敏感性取决于该产品在东道国国民经济中的地位和影响。政治敏感性低的产品的投资项目，政治风险小，但得到东道国政治鼓励的可能性也小；相反，政治敏感性高的产品的投资项目，政治风险大，但如果符合东道国的产业政策，得到东道国政治鼓励的可能性也大。

产品政治敏感性测定方法是根据东道国情况对影响产品政治敏感性的 12 项因素分别予以打分，否定者打 10 分，肯定者打 1 分，介于两者之间者视情况分别给予相应的分数。12 项因素累计总分最少者，表示该产品政治敏感性最大；反之，最小这 12 项影响因素是：

①产品供应是否需要政府慎重讨论而决定？如糖、药品及公共设施用品。

②是否有其他产业依赖本产品或用本产品来生产？如水泥、电力、钢铁等。

③本产品是否是社会和经济上的基本需要品？如图书馆设备、主要药品等。

④本产品对于农业生产是否很重要？如农用工具、机械、肥料等。

⑤本产品是否影响东道国国防力量？如交通工业、通信设备。

⑥本产品是否必须利用当地资源才能有效生产经营？如当地劳动力、技术、

原料等。

⑦在近期内当地是否会出现对本产品发生竞争的产业。

⑧本产品是否与大众宣传媒介有关。

⑨本产品是否是劳务形态。

⑩本产品的设计/使用是否基于若干法律上的需要。

⑪本产品行销是否会减少东道国的外汇。

⑫本产品对使用者是否有潜在危险。

（2）金融风险

项目的金融风险是指由于一些项目发起人不能控制的金融市场的可能变化而对项目产生的负面影响，包括：①汇率波动；②利率波动；③国际市场商品价格上涨，特别是能源和原材料价格；④项目产品的价格在国际市场下跌；⑤通货膨胀；⑥国际贸易、贸易保护主义和关税的趋势。国际项目融资最敏感的金融风险是与货币有关的风险，即外汇的不可获得风险、外汇的不可转移风险及东道国货币贬值风险。

1）外汇的不可获得风险

由于东道国外汇短缺可能导致项目公司不能将当地货币转换成需要的外国货币，以偿还对外债务和其他的对外支付，从而使项目无法正常进行的风险。

2）外汇不可转移风险

由于外汇管制的存在，可能使项目公司的所得不能转换成需要的外汇汇出国外，即使项目公司产生了足够的现金流量，如不允许兑换成外汇汇出国外，外国投资者将无法及时取得利润，这对投资者来说就是一种风险。

3）货币贬值风险

货币贬值风险指由于外汇汇率波动使当地货币贬值而给项目公司带来的可能损失。

4）利率风险

利率风险指在项目的经营过程中，由于利率变动直接地或间接地造成项目价值降低或收益受到损失的风险。如果投资方利用浮动利率融资，一旦利率上升项目生产成本就会攀升。而如果采用固定利率融资，一旦市场利率下降，便会造成机会成本的提高。

（3）不可抗力风险

不可抗力风险是指超过投资者控制范围内事件发生所导致的风险。引起不可抗力风险的事件一般包括两类：一类是指一些可保险的意外事件，如火灾、洪水和地震等。另一类是一些非意外事件，如战争、内乱、罢工、核辐射、没收和政治干预等，可由商业保险公司或信用保险公司承保。

3. 非系统性风险的识别

非系统风险主要包括信用风险、完工风险、生产经营风险和环保风险等。

（1）信用风险

信用风险是指项目参与各方因故无法履行或拒绝履行合同所规定的责任与义务的可能性。在国际竞争性招标项目中，信用风险是指业主支付能力的风险等。在项目融资中，有限追索的项目融资是依靠有效的信用担保结构支撑起来的，组成信用保证结构的各参与方是否有能力执行其职责就构成项目的信用风险。因此，有人将这种风险称为伙伴风险。信用风险的表现形式有：

1）项目发起人是否在项目中起重要作用，或是否提供了股权资本或其他形式的支持。

2）项目承包商是否提供了一定的保函来保证赔偿因承包商未能履约造成的损失。

3）项目运营方是否有先进的管理技术和方法。

4）项目购买方是否已提供照付不议性质的合同。

（2）完工风险

完工风险是指项目无法完工、延期完工或者完工后无法达到商业完工标准的风险。完工风险对项目公司而言意味着利息支出的增加、贷款偿还期的延长和市场机会的错过。完工风险的大小取决于四个因素：项目设计技术要素、承建商的建设开发能力和资金运筹能力、承建商所作承诺的法律效力及其履行承诺的能力、政府节外生枝的干预。

（3）成本超支风险

成本超支风险是指项目的建设成本或完工成本超过了事先估计成本。成本超支风险将带来严重后果，它意味着项目不能产生足够的现金流量来偿还项目债务和其他支出。

为防止成本超支风险，一般选择以下措施来避免该风险：

1）由项目发起人提供额外资本。有时这种额外资本的补充是以次级债务的形式提供的，而不是真正的股本形式的注入。

2）备用信用证支持。在这种备用信用证的安排下，当出现成本超支事件时，往往由项目发起人提供额外担保或股本注入，由开证行提供资金支持。

3）签订固定价格合同。如果能从工程建设公司得到固定价格合同或交钥匙承包合同，在一定程度上也可以避免成本超支风险。

4）完工担保期限扩展到债务到期日。将由项目发起人提供的完工担保的有效期扩展至全部债务偿还为止，这将是降低成本超支风险的一个较好的方法。这样，项目发起人将不得不提供完工所必需的超额资金。

5）由项目发起人收购债务。在贷款协议中规定，如果项目不能在规定的时间按规定的标准完工和经营，则项目发起人应将项目资产购买下来，以使项目贷款者从项目中收回资金。

（4）经营风险

经营风险是指在项目生产经营过程中，由于经营者的疏忽，发生重大经营问题，如原材料供应断档，设备安装、使用不合理，产品质量低劣及管理混乱等，使项目不能按计划运营，最终影响项目获利能力的风险。

（5）市场风险

市场风险是指产品在市场上的销路和其他情况的不确定性。市场风险主要有价格风险、竞争风险和需求风险。

（6）环境风险

项目的环境风险是指项目投资者可能因为严格的环境保护立法而迫使项目降低生产效率，增加生产成本，或者增加新的资本投入来改善项目的生产环境，更为严重的甚至迫使项目无法继续生产下去的风险。

遵守环境保护法规可能会增加项目的生产成本。这些与环境保护有关的成本，我们称之为环境成本，包括内容如下：

①付给管理机构和批准机构的费用。

②为了获得计划部门的批准而对大型项目进行环境影响评估所需的费用。

③购买环境损害保险和遵守保险商要求而采取的风险管理措施的费用。

④遵守新的包装和标签要求所需要的费用。

⑤实行良好的环境管理战略，如环境审计计划所需的费用。

⑥使用可获得的最好的技术来防止或减少工业过程的污染所需的费用。

⑦因被迫关闭造成严重污染的工厂而带来的利润损失。

⑧污染现场的清洁费用和由于对财产、健康或环境造成损害而负有的公共债务；

⑨被污染的土地价值降低。

⑩不断增加的废物处置、处理和运输费用。

⑪对使用不可再生资源或生产有污染的产品的征税。

14.4   风 险 分 析

1. 风险的定性分析

    风险分析就是将可接受的风险与主要风险分开，并提供风险评价及风险对策所需的资料，其内容包括风险的结果以及发生概率。广义的风险分析包括风险评估（Risk Assessment）、风险管理（Risk Management）和风险沟通（Risk Communication）三个组成部分，可形象描述为：

风险分析＝风险评估 ＋风险管理＋风险沟通

    风险分析可以采用定性和定量两个方面进行分析。定性风险分析适用于项目初期的风险的筛选以及数据资料不充分，无法进行定量分析的情况。根据一般风险理论，风险可以风险度方式表示风险的大小，其表达式为：

    风险度（Risk）＝风险发生可能性（Likelihood）×风险影响大小（Impact）

    将上面表达式简化，风险度可表示为：$R＝L×I$。

    风险分析的主要步骤如下：

    ①通过风险识别方法找出和归集风险，可使用表 14-3 的风险登记表。

    ②对风险进行分类。

    ③建立风险评价标准，可使用表 14-4 的风险分析定性概率分类表。

    ④建立风险事件影响判断标准，可使用表 14-5 的风险判断标准表。

    ⑤对风险进行定性和定量分析，并对剩余风险进行分析。

    风险分析流程如图 14-4 所示。

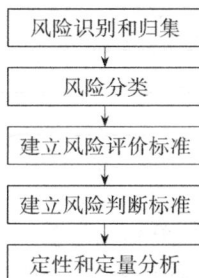

图 14-4   风险分析流程

风险的定性分析方法如下：

（1）调查打分法

按照该种风险分析方式，应首先确定风险度的等级数量和相应赋值，如将风险划分为五个等级，或七个等级，并分别赋值 10、8、6、4、2、0 或者 7、6、5、4、3、2、1，然后可以有专家根据其经验、知识对每个风险因素进行打分，对其权威性给出权重，将各专家对各个风险打分得出每个风险的风险度得分，以数学公式表示如下：

$$r_i = \sum_{j=1}^{m} w_j s_{ij}$$

式中　r_i——风险 i 的风险度得分；

　　　w_j——j 专家的权重；

　　　s_{ij}——j 专家对风险 i 的风险度打分；

　　　m——参与打分的专家数量。

根据上述公式，风险度的得分越高，风险就越大，可据此进行风险排序。如将所有风险加权汇总，可得出整个项目总风险度（表 14-3、表 14-4）。

风险登记表 表 14-3

项目名称：						版号：				日期：			
风险代码	关键词	风险承担者	风险的后果、损失或影响	风险产生的原因	已经采取的风险控制措施	实施者	风险发生可能性	风险影响	风险状况	需采取的行动和建议	实施者	实施日期	风险消失	剩余风险

风险分析定性概率分类表 表 14-4

可能性分类	发生概率的百分比	详 细 描 述
几乎确定	61%～100%	在大部分的情况下会发生
可能	30%～60%	有些情况发生
几乎不可能	0～29%	只会在特殊情况下发生

（2）层次分析法（AHP）

在运用层次分析法对风险进行分析时，应首先对风险进行层次分类。按照工程项目中承包商和分包商经常遇到的风险，可将风险划分为政治风险、经济风险、自然风险和法律风险，再将上述风险细化，形成风险递阶层次结构。在风险递阶层次结构中，越高层的风险越宏观，越不容易控制，越低层的风险越具体，越容易控制(表 14-5)。

风险判断标准表 表 14-5

影 响 后 果	风 险 分 布		
非常严重(1)	高度危险的风险	高度危险的风险	极度危险
严重(2)	中度危险的风险	高度危险的风险	高度危险的风险
轻微(3)	低度风险	中度危险的风险	高度危险的风险
	几乎不可能(C)	可能(B)	几乎确定(A)

2. 风险的定量分析

定量风险分析时使用实际的数据描述影响和概率，其准确性有赖于使用数据的精确度。定量分析的主要方法如下：

(1) 事件树分析法；

(2) 期望值分析法；

(3) 蒙特卡洛法(Monte Carol Simulation)。

蒙特卡洛法常用的软件是@Risk，有兴趣的读者可以从互联网购买下载该软件。通过定量分析，可以列出风险分析表，见表 14-6。

风险分析表 表 14-6

风险事件	风险评价		风险等级 $R=L \times I$	现有控制机制	残余风险		风险等级 $R=L \times I$
	可能性(L)	影响(I)			可能性 L	影响 I	
1							
2							
3							
4							
5							
6							

3. 蒙特卡洛模拟分析技术

现代工程项目通常有投资金额大、持续时间长、技术风险高等特征，且在项目执行前期及过程中，具有非常多的不确定性因素，项目风险管理在工程管理中发挥着越来越重要的作用。而如何进行准确的风险分析，为后续的风险应对与管理提供准确的数据支持已成为日益关注的话题。工程项目风险控制目标包括进度、费用、质量和 HSE 等，而其中能够在前期进行定量分析的主要为费用及进度相关的指标，本文以蒙特卡洛模拟定量分析方法出发，详细描述蒙特卡洛模拟的流程，最后，给出项目前期的内部收益率、成本费用和工期具体实现过程。

（1）风险管理及蒙特卡洛模拟简介

风险管理中包括了对风险的量度、评估和应变策略，通过风险识别、风险估计、风险控制、风险监控等一系列活动来防范风险的管理工作。风险模型定量化分析主要是计算基本事件、危险事件发生概率的点估计和区间估计以及不确定性，在概率的意义上区分各种不同因素对风险影响的重要程度。概率统计的发展和应用使得风险管理定量分析成为可能。

作为常用的概率统计方法，蒙特卡洛方法广泛应用在项目管理以及金融计算等领域。在工程项目的可行性研究阶段，可使用这种方法作为项目评价的辅助手段，在执行阶段，也可使用该方法对项目费用及进度进行风险分析及敏感性分析。该方法将符合一定概率分布的大量随机数作为参数带入数学模型，求出所关注变量的概率分布，从而了解不同参数对目标变量的综合影响以及目标变量最终结果的统计特性。

（2）蒙特卡洛基本原理

蒙特卡洛方法利用一个随机数发生器通过抽样取出每一组随机自变量，然后按照因变量与自变量的关系式确定函数的值。反复独立抽样（模拟）多次，便可得到函数的一组抽样数据（因变量的值），当模拟次数足够多时，便可给出与实际情况相近的函数因变量的概率分布与其数字特征。

当应用蒙特卡洛方法进行工程项目风险管理分析时，应首先确定目标变量的数学模型以及模型中各个变量的概率分布。如果确定了这两点，就可以按照给定的概率分布生成大量的随机数，并将它们代入模型，得到大量目标变量的可能结果，从而研究目标变量的统计学特征。

蒙特卡洛方法的基本思想是：将符合一定概率分布的大量随机数作为参数带入数学模型，求出所关注变量的概率分布，从而了解不同参数对目标变量的综合影响以及目标变量最终结果的统计特性。蒙特卡洛方法的基本原理简单描述如下：

假定函数 $y=f(x_1,x_2,\cdots,x_n)$，蒙特卡洛方法利用一个随机数发生器通过抽样取出每一组随机变量 $(x_{1i},x_{2i},\cdots,x_{ni})$，然后按 $y=f(x_1,x_2,\cdots,x_n)$ 的关系式

确定函数的值 $y_1 = f(x_{1i}, x_{2i}, \cdots, x_{ni})$。反复独立抽样（模拟）多次 $(i=1, 2, \cdots)$，便可得到函数的一组抽样数据 $(y_1, y_2, \cdots, y_n)$，当模拟次数足够多时，便可给出与实际情况相近的函数 y 的概率分布与其数字特征。

　　应用蒙特卡洛方法的前提就是要确定目标变量的数学模型以及模型中各个变量的概率分布。如果确定了这两点，就可以按照给定的概率分布生成大量的随机数，并将它们代入模型，得到大量目标变量的可能结果，从而研究目标变量的统计学特征。因此，应用蒙特卡洛方法的具体步骤为：

　　第一步，建立描述项目收益与若干影响因素之间的数学公式，称作蒙特卡洛分析模型。

　　第二步，确定蒙特卡洛分析模型的主要风险变量。

　　第三步，根据经验和历史数据，求出个风险变量的概率分布。常用在风险分析中的概率分布主要有：正态分布、三角形分布、梯形分布等。

　　第四步，用计算机按照给定的概率分布生成大量的随机数，用这些随机数作为个变量的参数代入分析模型，求出预期收益（即模型的目标变量）的值，经过大量的模拟计算，就可以得到目标变量的概率分布及统计特征，从而预测在众多因素影响下的预期收益率及其概率分布。

　　按照变量的分布随机取样是应用蒙特卡洛方法的关键，下面对几种常用分布的随机抽样作简单介绍。

　　设 R 为 $[0, 1]$ 上均匀分布的随机数，则其他各种概率分布的随机数均可用数学方法通过 R 求得，下面只给出几种常用分布的随机数的抽样变换结果（证明过程略）。

　　1）正态分布的随机变量抽样

　　对于服从参数为 (μ, σ) 的正态分布的随机变量 x，其抽样变换式为：

$$x = \sigma \left(\sum_{k=1}^{12} R_k - 6 \right) + \mu$$

式中 R_k 为 $[0, 1]$ 上均匀分布的随机数。

　　2）三角形分布的随机变量抽样

　　对于服从在 $[a, c]$ 范围内变化，且均值为 b 的三角形分布的随机变量 x，随机抽样的变换式为：

$$\begin{cases} x = c - \sqrt{(1-R)(c-b)(c-a)} & R > \dfrac{b-a}{c-a} \\ x = a + \sqrt{R(b-a)(c-a)} & R \leqslant \dfrac{b-a}{c-a} \end{cases}$$

（3）蒙特卡洛模拟在项目决策中的应用

在项目投资决策阶段，所使用的数据通常都是通过对未来情况进行预测或通过根据历史经验估算得来的，因此存在项目投资的不确定性，在一定程度上影响管理者的决策。而蒙特卡洛方法可以提供有效的项目风险度量技术手段，并能够定量地分析出项目所承担的风险及其概率分布，可应用于许多复杂的工程项目及决策期间风险分析。本文采用蒙特卡洛模拟软件为 Oracle Crystal Ball（中文简称水晶球），基于 Microsoft Excel 即可实现蒙特卡洛模拟。

1）净现值及内部收益率

蒙特卡洛方法按照变量的分布随机选取数值，模拟项目的投资过程，通过大量的独立的重复计算，得到多个模拟结果，再根据统计原理计算各种统计量，如均值、方差等，从而对项目投资收益与风险有一个比较清晰的估计。判断一个项目是否可行的重要依据是净现值（NPV）及内部收益率（IRR），但是这两个指标都需要知道基年以后的现金流的大小。但由于无法精确的确定现金流量，即可能存在一定误差，因此可用蒙特卡洛模拟，对基年以后的逐年现金流（在一定频率）进行分析，以确定净现值及内部收益率，见表 14-7。

净现值模拟表 表 14-7

年份	Z	现金流量（单位：万元）
0		¥（100.00）
1	0	¥30.00
2	0	¥30.00
3	0	¥30.00
4	0	¥30.00
5	0	¥30.00
NPV@10%		¥13.72
IRR		15.24%

假定一项目初始投资为 100 万人民币，项目寿命周期为 5 年，根据在当地同类型规模项目历史数据，项目收入成正态分布，每年约为 30 万人民币，现需判断项目投资方案的合理性。据此可引入因子 Z，设 Z 服从标准正态分布，第 $1\sim5$ 年的现金流量均为 $=30+30\times Z$，对此模型进行蒙特卡洛模拟，则 $1\sim5$ 年的现金流量随着蒙特卡洛的模拟也随之发生变化。假设模拟 5000 次，耗时 522.14 秒，如图 14-5 所示。

经过运算可得图 14-6、图 14-7 关于净现值及内部收益率的频数直方图。并

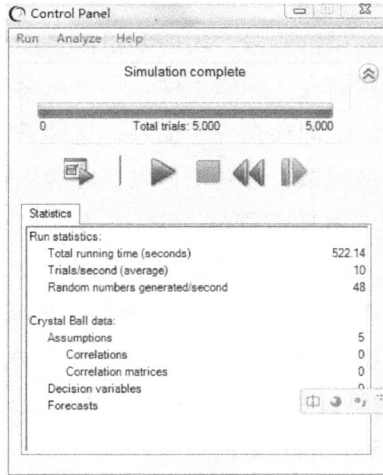

图 14-5 蒙特卡洛模型运行数据摘要

且可得到表 14-8 所示的内部收益率预测值。从中决策者可据此进行风险分析，若基准收益率为 12.81%，则该项目收益率低于基准收益率的概率为 10%。

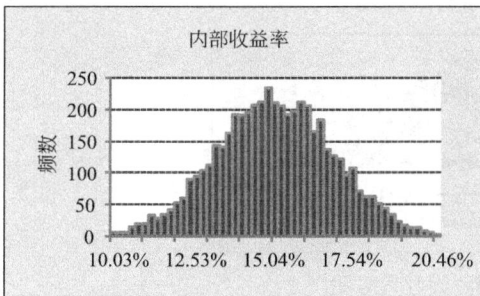

图 14-6 内部收益率频数直方图

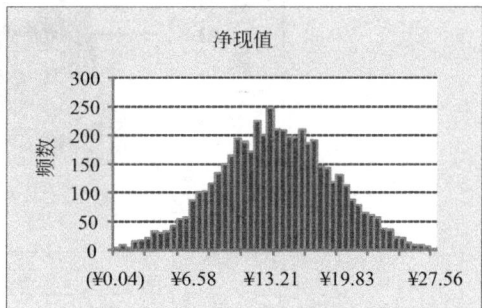

图 14-7 内部收益率频数直方图

内部收益率预测值   表 14-8

百分比	预测值	百分比	预测值
0%	9.05%	60%	15.74%
10%	12.81%	70%	16.24%
20%	13.65%	80%	16.82%
30%	14.24%	90%	17.68%
40%	14.75%	100%	23.55%
50%	15.23%		

2）工程成本费用预测

一般而言，在工程投标报价阶段，均需要根据企业类似工程施工经验，或者相应定额进行报价分析，然而在实际施工中，一个单项工程或者工程量清单里的项目的费用往往是不确定的，即存在一定偏差，这种偏差就可能对工程造价带来一定的风险。运用蒙特卡洛模拟，可对工程项目的费用进行分析。

假设某一工程项目成本由项目管理、设计、设备、施工、其他费用及 HSE 六部分组成，则需要请企业内部，外部专家或根据企业定额对这六部分每一部分进行研讨分析，确定最小值、最大值及最可能值，即满足统计分析中的三角分布。进而应用蒙特卡洛模拟按照三角分布对上述六部分进行模拟，模拟 5000 次结果如图 14-8 所示。由此可以看出，不同项目费用所对应的百分比。按照众专家综合意见，综合考虑各种可能发生的风险，项目成本低于￥71559974.31 的概率为 10％（表 14-9）。

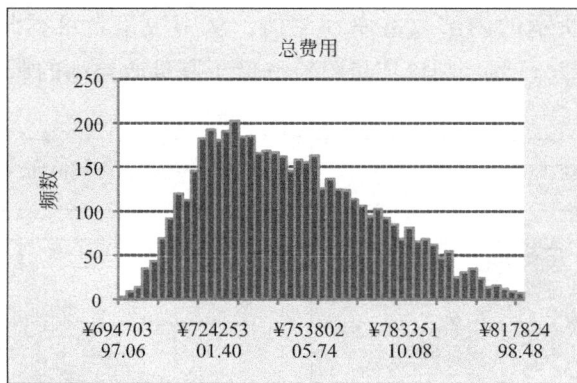

图 14-8　总费用预测频数直方图

项目成本预测表　　　　　　　　　　　　　　　　　　　　　　　表 14-9

百分比	预测成本	百分比	预测成本
0％	￥69347276.04	60％	￥75109390.60
10％	￥71559974.31	70％	￥75962878.13
20％	￥72271884.28	80％	￥76996289.34
30％	￥72925344.13	90％	￥78423166.26
40％	￥73584101.73	100％	￥82661604.02
50％	￥74315745.42		

3）蒙特卡洛模拟在工期管理当中的应用

工程项目中进度计划的制定取决于施工企业的技术水平、资源（人、机、材）分配等因素，而这些因素通常有着非确定性的特点，因此作为风险控制之一的进度风险，同时也影响项目经费与项目质量：当进度风险发生时，项目经费也会随之增加，同时项目质量也会受到影响；而一旦当工程进度失控，导致重大延迟时，可能会导致巨大的损失。因此，在现代风险管理中，一个重要的目标就是对项目管理中的进度不确定性进行评估。

在工程项目中，PERT（Project Evaluation and Review Technique）计划评审技术广泛使用于计划编制及相应分析手段上，简单地说，PERT 是利用网络协调整个计划的各道工序，合理安排人力、物力、时间、资金，加速计划的完成。其要求事件和活动在网络中必须按照一组逻辑法，即 PERT 图要求各工序必须按照一定的规则进行排序，以便把重要的关键路线确定出来。同时网络中每项活动可以有 3 个估计时间（需要的最乐观的、最可能的和最悲观的 3 个时间），用这 3 个时间估算值来反映活动的"不确定性"。需要计算关键路线和宽裕时间。

对于非确定性的工程项目，PERT 图则无法给出准确的反映。同时，由于 PERT 图假设项目图中只存在一条关键路径，忽视了项目图中各路径中的交互关系，但在实际的项目中，影响项目完成的可能有多条关键路径。因此存在一定的局限性。但并不妨碍利用 PERT 结合蒙特卡洛模拟进行工程项目进度风险分析。

在应用基于 PERT 图的蒙特卡洛模拟时，应首先根据实际工序确定 PERT 图，然后对每项工序通过专家讨论的方式，确定该工序工期最小值、最大值及最可能值，进而根据每项工序的特征进行蒙特卡洛模拟，模拟出实际工期及关键线路。本文采用水晶球软件自带数据文件，列举了 20 项工序，其中规定了每一项工序的紧前任务以及工序工期的最小值、最大值及最可能值。据此可以画出该项目的 PERT 图，运用水晶球软件模拟 5000 次，可得到的结果如图 14-9 所示，其中设预期或者基准工期为 263 天，则根据模拟，在 263 天内完成的概率不足 5%。此时，项目决策者需要得知哪些工序影响项目工期，即需要对工期进行敏感度分析，假设其他工序不变，而仅改变其中一个工序的工期，分别比较总工期的差别，则可得到工序 12 影响工期的程度最大，16、20、18、10 次之，因此在项目施工过程中，应采取一定措施，对这些项目进行重点分析（图 14-9、图 14-10）。

由于项目风险要素异常复杂，在风险定量分析中很难对各风险做出非常精确的估算，如果没有足够多及足够准确的经验数据作为支持，误差就会逐级累积放大，风险定量分析的结果就会由于误差太大而失去实际价值。因此，在具体使用中还需要足够的经验数据的输入，目前国际上较为流行的项目管理软件均已融入风险管理，如 Primavera Risk Analysis，Microsoft Project 水晶球插件，Asta Powerproject，PRA 等软件均可实现对项目风险进行定量分析。

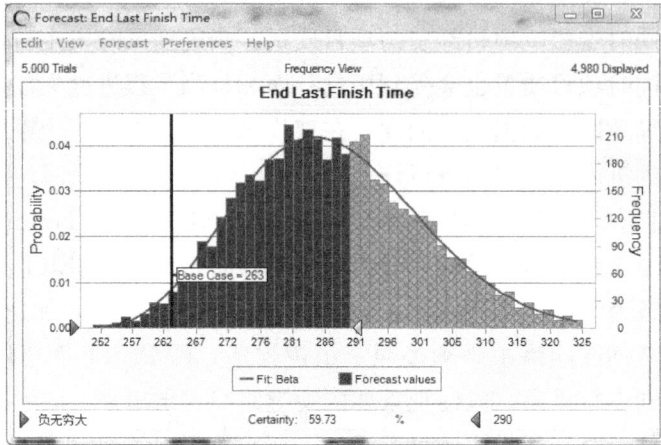

图 14-9　模拟工期直方图

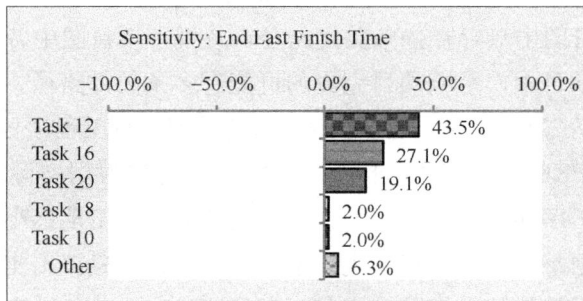

图 14-10　敏感性分析

　　在中国项目融资开发执行领域，目前还缺乏规范而有效的风险管理技术和措施，主要还是侧重于通过项目中期评估的方式来监控项目进度，粗略评估项目风险。因此，需要在项目管理者中真正地广泛建立起风险管理的观念，建立系统定量的风险管理一体化管理体系，并做好经验数据库的采集与积累。

4. 汇率风险量化分析

　　（1）时间序列汇率预期分析

　　1）分析方法和步骤

　　ARIMA（自回归综合移动平均）是时间序列分析中最为常用的模型，也称之为 Box-Jenkins 模型，或称为带差分的自回归移动平均模型。ARIMA

模型可以对含有季节成分的不稳定时间序列数据进行分析，它包含三个主要的参数：自回归阶数（p）、差分阶数（d）和移动平均阶数（q），一般模型的形式记为 ARIMA（p，d，q）。一般而言，汇率等类型数据具有不稳定的特点，因此本课题研究报告分析采用 ARIMA 模型在对汇率问题上进行分析。

其中 ARIMA 方法包含如下方法：

①自回归模型

自回归模型的一般形式为：$x_1 = \phi_1 x_{t-1} + \phi_2 x_{t-2} + \cdots + \phi_p x_{t-p} + \varepsilon_t$，体现了时间序列 x_t 的某个时刻 t 和它之前 p 个时刻间的相互联系，其中：ε_t 假设为白噪声序列，且和 t 时刻之前的原始序列 $x_k (k<t)$ 互不相关。此式称为 p 阶自回归模型，记为 $AR(p)$。

$AR(p)$ 模型的偏自相关函数在 p 阶之后应为零，称其具有截尾性；$AR(p)$ 模型的自相关函数不能在某一步之后为零（截尾），而是按指数衰减（或呈正弦波形式），称其具有拖尾性。实际应用中，可以根据自（偏）相关函数的这些特征来识别 $AR(p)$ 模型。

②移动平均模型

移动平均模型的一般形式为：$x_t = \varepsilon_t + \theta_1 \varepsilon_{t-1} + \theta_2 \varepsilon_{t-2} + \cdots + \theta_q \varepsilon_{t-q}$，其中 ε_t 假设为白噪声序列，说明时间序列 x_t 能表示为若干个白噪声的加权平均和。此式称为 q 阶移动平均模型，记为 $MA(q)$。

$MA(q)$ 模型的自相关函数在 p 阶之后应为零，称其具有截尾性；$MA(q)$ 模型的偏自相关函数不能在某一步之后为零（截尾），而是按指数衰减（或呈正弦波形式），称其具有拖尾性。实际应用中，可以根据自（偏）相关函数的这些特征来识别 $MA(q)$ 模型。

③自回归移动平均模型

自回归移动平均模型是自回归模型与移动平均模型的综合，其一般形式为：$x_1 = \phi_1 x_{t-1} + \phi_2 x_{t-2} + \cdots + \phi_p x_{t-p} + \varepsilon_t + \theta_1 \varepsilon_{t-1} + \theta_2 \varepsilon_{t-2} + \cdots \theta_q \varepsilon_{t-q}$，

其中 ε_1 假设为白噪声序列，且和 t 时刻之前的原始序列 $x_k (k<t)$ 互不相关，记为 ARMA（p,q）模型。

ARMA（p,q）模型的自相关函数和偏自相关函数，都具有拖尾性。

④关于本分析序列相关性的总结

$AR(p)$ 模型、$MA(q)$ 模型都是 ARMA（p,q）模型的特例，有：AR（p）＝ARMA（p,0），MA（q）＝ARMA（0,q）。对各种 ARMA 模型相关函数特征的总结见表 14-10。

ARMA 模型相关函数的特征 表 14-10

模型	AR(p)	MA(q)	ARMA(p,q)
自相关函数	拖尾	截尾	拖尾
偏自相关函数	截尾	拖尾	拖尾

建立 ARIMA 模型的一般步骤，可以分为如下 4 个部分：

A. 通过差分或其他变换，使时间序列满足平稳性（Stationary）的要求。

B. 模型识别（Identification），主要是利用 ACF、PACF 和 AIC 等序列估计模型的大致类型，并给出几个初步模型以待进一步验证和完善。

C. 参数估计和模型诊断（Estimation and Diagnostic），对识别阶段所给初步模型的参数进行估计及假设检验，并对模型的残差序列作诊断分析，以判断模型的合理性。

D. 预测（Forecasting），利用最优模型对序列的未来取值或走势进行预测。

在以上步骤中，模型识别、参数估计及模型诊断的过程通常都是不断反馈、逐渐完善的过程，直至模型拟合程度满足要求。

2）模型分析和结论

按照上述步骤，采用中国银行 2007 年—2012 年共 5 年美元兑人民币汇率历史数据（天），应用 AMIMA 方法进行时间序列分析，经分析，历史数据适合模型如下，分析结果见表 14-11、表 14-12、图 14-11。

模型概述 表 14-11

			模型类型
模型代码	美元	模型-1	渐弱趋势

模型统计 表 14-12

模型	预测数	统计适用模型 Stationary R-squared	Ljung-Box Q(18) 统一	DF	Sig.	极端值数
美元-Model_1	0	0.043	11.998	15	0.679	0

通过模型-1 可知，美元兑人民币的汇率预测值有下降趋势，预计区间在 6.0～6.4区间。

3）美元兑印度尼西亚盾汇率分析

按照上述步骤，采用印度尼西亚中央银行 2000 年—2013 年共 13 年美元兑印度尼西亚盾汇率历史数据（天，不含周六日），应用 AMIMA 方法进行时间序

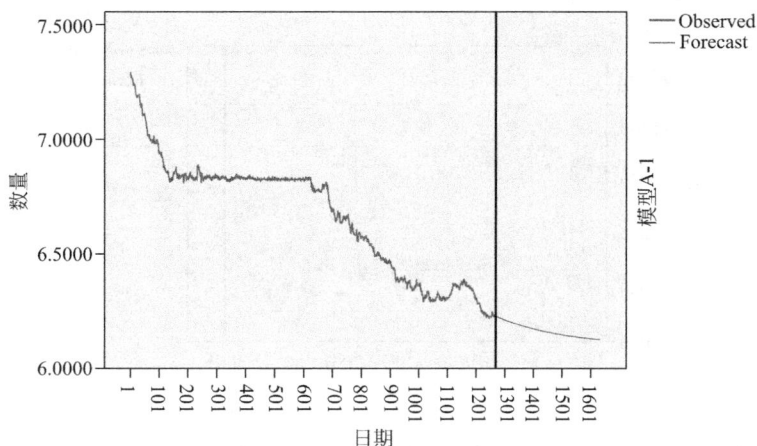

图 14-11　汇率趋势图

列分析，经分析，历史数据适合模型如下，分析结果见表 14-13～表 14-15。

①按照时间序列模块

采用的模型   表 **14-13**

模型代码	汇率 USD/IDR	模型-1	模型类型
			ARIMA(0,1,15)

模型结果总结   表 **14-14**

Fit Statistic	中间值	SE	最低值	最大值
Stationary R-squared	0.028	.	0.028	0.028
R-squared	0.990	.	0.990	0.990
RMSE	74.211	.	74.211	74.211
MAPE	0.396	.	0.396	0.396
MaxAPE	12.104	.	12.104	12.104
MAE	38.401	.	38.401	38.401
MaxAE	1428.528		1428.528	1428.528
Normalized BIC	8.659	.	8.659	8.659

模型统计量分析   表 **14-15**

模型	预测值	统计适用模型 Stationary R-squared	Ljung-Box Q(18) 统计	DF	Sig.
汇率 USD/AOA-Model	0	0.028	5.722	3	0.126

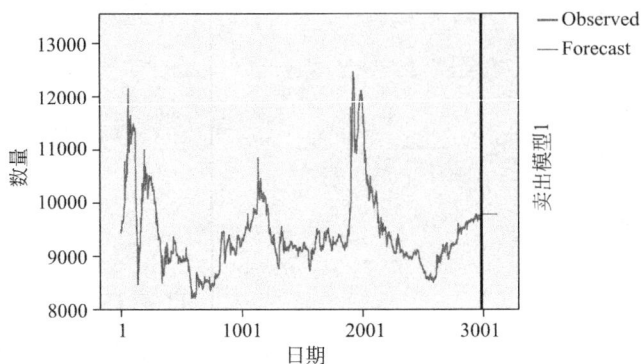

图 14-12　美元与印度尼西亚盾汇率趋势图

通过图 14-12 可知，短期内美元兑印度尼西亚盾汇率的预测值较为平稳，在 9600 左右浮动。

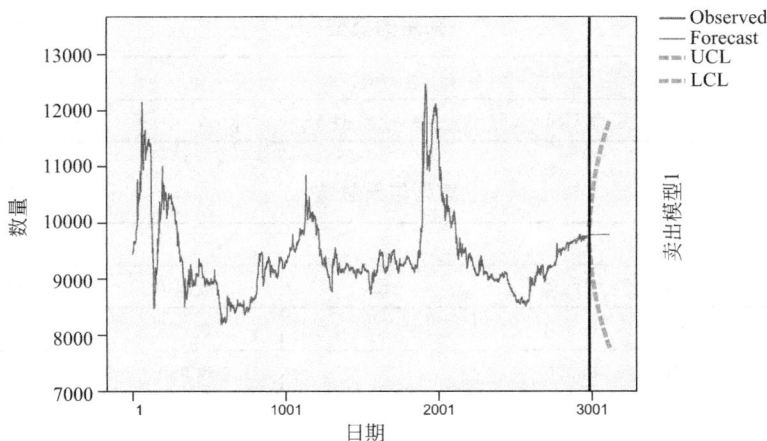

图 14-13　美元与印度尼西亚盾汇率预测区间图

从图 14-13 中，可以看到预测值的区间取值，由图中可知，Observed 线代表估计区间，Forecast 线代表预测区间，预测值离估计区间越远，预测区间越大，相对而言预测的精度也就越弱。

②按照特殊事件敏感性分析

从图 14-13 可知，Observed 线估计区间，从 1901～2201 共 300 天次出现了较大的波动，对应数据为 2008 年 8 月份至 2009 年 10 月份，可见 2008 年金融风暴，对东南亚最大经济体印度尼西亚汇率造成了非常大的影响，上述所构建模型并没有考虑今后可能的金融危机对汇率的影响，因此现将上述 AMIRA 模型进行修正，创建事件变量（金融危机影响），对模型进行重新拟合。

假设自 2013 年 3 月起，会出现外界不利因素（如金融危机等），那么不利因素给汇率所带来的影响所得结果如图 14-14 所示。

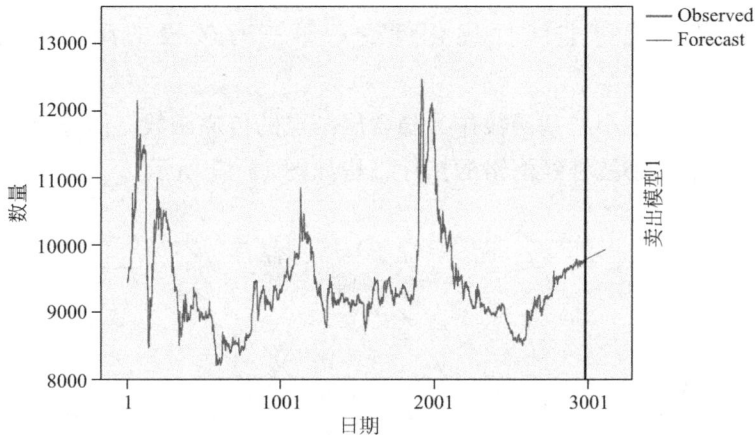

图 14-14　金融美元与印度尼西亚盾汇率趋势图

通过图 14-14 可知，若出现类似 2008 年金融危机等不利事件，那么短期内美元兑印度尼西亚盾汇率的预测值有较强的上升趋势，100 天内将会由 9600 增加至 9800 左右。

（2）小波神经网络汇率分析

目前较为成熟的汇率预测方法有多元线性回归预测模型、自回归模型（AR）、自回归滑动平均模型（ARMA）、指数平滑预测、卡尔曼滤波模型等，但是这些基于历史数据的统计模型不能反映汇率的不确定性和非线性，不能克服随机因素的干扰，预测精度较低。人工神经网络作为一种常用的非线性函数逼近工具，以其自身良好的非线性品质、灵活的自组织学习方法和完全分布的存储结构等特点，在预测领域显示了很大的优势，特别是小波神经网络对非平稳信号具有良好的时频局部特性和变焦能力，可以提高神经网络对非平稳信号的逼近能力，能够更好地实现对短期交通流的预测，因此本文运用小波神经网络理论建立预测模型，用于路段短期交通流量预测。

1）分析方法

小波神经网络（Wavelet Neural Network，WNN）是小波分析理论与神经网络理论相结合的产物，最早是由法国著名的信息科学研究机构 IRLSA 的 Zhang Qinghu 等人于 1992 年正式提出的，它是基于小波变换而构成的神经网络模型，即用非线性小波基取代了通常的神经元非线性激励函数（如 Sigmoid 函数），把小波变换与神经网络有机的结合起来，充分继承了两者的优点。小波神经网络可避免 BP 神经网络等结构设计上的盲目性；其次网络权系数线性分布和学习目标函数的凸性，使网络训练过程从根本上避免了局部最优等非线性优化问题；第三有较强的函数学习和推广能力。

小波神经网络把小波基函数作为隐含层结点的传递函数，信号前向传播的同时误差反向传播。小波神经网络的拓扑结构如图 14-15 所示。

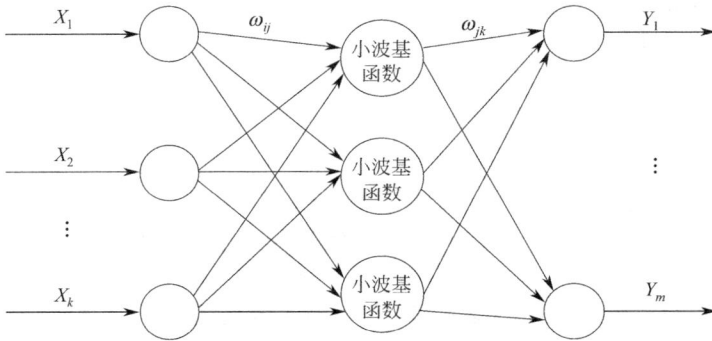

图 14-15　小波神经网络拓扑结构

设函数 $\psi(t)$ 为一平方可积函数 $\psi(t) \in L^2(R)$，如果其傅里叶变化 $\widehat{\psi}(t)$ 满足条件：

$$\int R \frac{|\widehat{\varphi}(\omega)|}{\omega} \mathrm{d}\omega < +\infty$$

则时间函数 $\psi(t)$ 称为母小波或基本小波，通常简称为小波。由基本小波伸缩和平移之后得到的函数族：

$$\Psi = \left\{ \psi_{a,b}(t) \mid \frac{1}{\sqrt{a}} \psi \left(\frac{t-b}{a} \right) : a \in R^+, b \in R \right\}$$

称为小波分析，这里 a 为伸缩因子，取正数，当 $a>1$ 时，沿时间轴方向拉伸；当 $a<1$ 时，沿时间方向压缩，因子 $1/\sqrt{a}$ 是为保持伸缩之后能量不变，即 $\| \psi_{a,b}(t) \| = \| \psi(t) \|$。$b$ 为平移因子，可取任意实数。

图 14-15 中，X_1，X_2，$\cdots X_k$ 是小波神经网络的输入参数，Y_1，Y_2，$\cdots X_m$ 是小波神经网络的预测输出，ω_{ij} 和 ω_{jk} 为小波神经网络权值，对于输入输出为

$(x_t, y_t)(t=1,2,\cdots,N)$的样本,我们的目的是确定网络参数$\omega_{ij}$、$\omega_{jk}$、$a_k$和$b_k$,使得网络实际输出$g_t(x_t)$和期望输出$y_t$两序列拟合最优,网络参数可以通过下列误差能量函数进行优化:

$$E_t = \frac{\left[g_t(x_t)-y_t\right]^2}{2}$$

本文选用三层 BP 神经网络,隐层的传递函数采用时频分辨率较高的 Morlet 母小波,即:

$$\varphi(x) = \cos\left(\frac{7}{4}x\right)\exp\left(-\frac{x^2}{2}\right)$$

2) 分析步骤

基于小波神经网络的算法流程如图 14-16 所示。

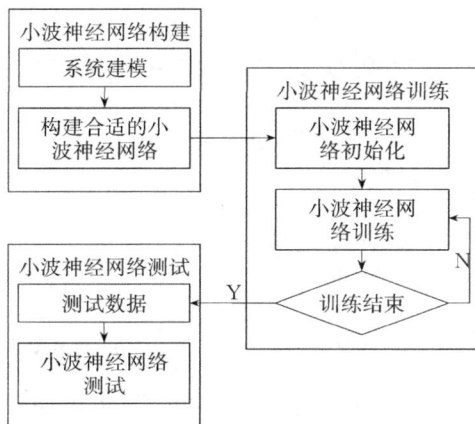

图 14-16　小波神经网络算法流程

小波神经网络学习具体算法如下:

步骤 1:网络参数初始化,将网络伸缩因子a_k,平移因子b_k以及网络连接权值ω_{ij}和ω_{jk}的初始值赋予零附近的随机数,并设置网络学习速率η;

步骤 2:标准化输入训练样本x_t及期望输出y_t;

步骤 3:利用当前网络参数计算出网络的实际输出;

$$g_t(x_t) = \sum_{k=1}^{t} \omega_{jk}\varphi\left[\frac{\displaystyle\sum_{i=1}^{m}\omega_{ij}x_t(i)-b_k}{a_k}\right]$$

步骤 4:修改网络参数值;

$$\nabla\omega_{jk}=\frac{\partial E_t}{\partial \omega_{jk}}=(g_t(x_t)-y_t)\varphi\left[\frac{\sum_{i=1}^{m}\omega_{ij}x_t(i)-b_k}{a_k}\right]$$

$$\nabla a_k=\frac{\partial E_t}{\partial a_k}=(g_t(x_t)-y_t)\omega_{jk}\frac{\partial\varphi}{\partial a_k}$$

$$\nabla b_k=\frac{\partial E_t}{\partial b_k}=(g_t(x_t)-y_t)\omega_{jk}\frac{\partial\varphi}{\partial b_k}$$

$$\nabla\omega_{ij}=\frac{\partial E_t}{\partial\omega_{ij}}=(g_t(x_t)-y_t)\omega_{jk}\frac{\partial\varphi}{\partial x_t'}x_t(i)$$

$$x_t'=\sum_{i=1}^{m}\omega_{ij}x_t(i),t_n'=\frac{x_t'-b_k}{a_k}$$

其中，

$$\frac{\partial\varphi}{\partial a_k}=\cos\left(\frac{7}{4}t_n'\right)\exp\left(-\frac{t_n'^2}{2}\right)\frac{t_n'}{a_k^2}+\frac{7}{4}\sin\left(\frac{7}{4}t_n'\right)\exp\left(-\frac{t_n'^2}{2}\right)\frac{1}{a_k^2}$$

$$\frac{\partial\varphi}{\partial b_k}=\cos\left(\frac{7}{4}t_n'\right)\exp\left(-\frac{t_n'^2}{2}\right)\frac{t_n'}{a_k^2}+\frac{7}{4}\sin\left(\frac{7}{4}t_n'\right)\exp\left(-\frac{t_n'^2}{2}\right)\frac{1}{a_k}$$

$$\frac{\partial\varphi}{\partial x_k'}=-\cos\left(\frac{7}{4}t_n'\right)\exp\left(-\frac{t_n'^2}{2}\right)\frac{t_n'}{a_k}+\frac{7}{4}\sin\left(\frac{7}{4}t_n'\right)\exp\left(-\frac{t_n'^2}{2}\right)\frac{1}{a_k}$$

$$a_k=a_k-\eta\nabla a_k \qquad b_k=b_k-\eta\nabla b_k$$

$$\omega_{ij}=\omega_{ij}-\eta\nabla\omega_{ij} \qquad \omega_{jk}=\omega_{jk}-\eta\nabla\omega_{jk}$$

步骤5：计算误差和；

$$E=\frac{1}{2}\sum_{t=1}^{N}E=\frac{1}{2}\sum_{t=1}^{N}(g_t(x_t)-y_t)^2$$

步骤6：返回步骤2，向网络添加下一样本对，直到 N 个样本对均循环一遍，再进行步骤7；

步骤7：若 $E<E_{max}$（预先选定的某值）或达到最大训练步数，则停止训练；否则，令 $E=0$，返回步骤2。

5. 事件树分析法

事件树也是一种决策树，但它的结果仅仅依赖于系统的内在客观规律，而不是像在决策树中取决于决策者的主观控制的影响。

事件树分析法（Event Tree Analysis）是一种逻辑的演绎法，它在给定一个初因事件的情况下，分析此初因事件可能导致的各种事件序列的结果，从而定性与定量的评价了系统的特性，并帮助分析人员以获得正确的决策。由于事件序列是以图形表示，并且呈扇状，故得名事件树。

（1）事件树法分析步骤

1）确定初始事件。确定和分析可能导致系统安全性后果的初因事件并进行分类，对那些可能导致相同事件树的初因事件划分为一类。包括：①根据系统设计、系统危险性评价、系统运行经验或事故经验等确定；②根据系统重大故障或事故树分析，从其中间事件或初始事件中选择。

2）判定安全功能。系统中包含许多安全功能，在初始事件发生时消除或减轻其影响以维持系统的安全运行。常见的安全功能列举如下：①对初始事件自动采取控制措施的系统，如自动停车系统等；②提醒操作者初始事件发生了的报警系统；③根据报警或工作程序要求操作者采取的措施；④缓冲装置，如减振、压力泄放系统或排放系统等；⑤局限或屏蔽措施等。

3）绘制事件树。从初始事件开始，按事件发展过程自左向右绘制事件树。树枝代表发展途径。首先考察初始事件一旦发生时最先起作用的安全功能，把可以发挥功能的状态画在上面的分枝，不能发挥功能的状态画在下面的分枝。然后依次考察各种安全功能的两种可能状态，把发挥功能的状态（又称成功状态）画在上面的分枝，把不能发挥功能的状态（又称失败状态）画在下面的分枝，直到到达系统故障或事故为止。

4）简化事件树。在绘制事件树的过程中，可能会遇到一些与初始事件无关的安全功能，或者其功能关系相互矛盾、不协调的情况，需用工程知识和系统设计的知识予以辨别，然后从树枝中去掉，即构成简化的事件树。

5）进行事件序列的定量化。

（2）事件树定性分析

事件树定性分析在绘制事件树的过程中就已进行，绘制事件树必须根据事件的客观条件和事件的特征做出符合科学性的逻辑推理，用与事件有关的技术知识确认事件的可能状态，所以在绘制事件树的过程中就已对每一发展过程和事件发展的途径作了可能性的分析。

事件树画好之后的工作，就是找出发生事故的途径和类型以及预防事故的对策。

1）找出事故连锁

事件树的各分枝代表初始事件一旦发生其可能的发展途径。其中，最终导致事故的途径即为事故连锁。一般地，导致系统事故的途径有很多，即有许多事故连锁。事故连锁中包含的初始事件和安全功能故障的后续事件之间具有逻辑关系，显然，事故连锁越多，系统越危险；事故连锁中事件树越少，系统越危险。

2）找出预防事故的途径

事件树中最终达到安全的途径指导我们如何采取措施预防事故。在达到安全的途径中，发挥安全功能的事件构成事件树的成功连锁。如果能保证这些安全功能发挥作用，则可以防止事故。一般地，事件树中包含的成功连锁可能有多个，即可以通过若干途径来防止事故发生。显然，成功连锁越多，系统越安全，成功连锁中事件树越少，系统越安全。

由于事件树反映了事件之间的时间顺序，所以应该尽可能地从最先发挥功能的安全功能着手。

3）进行事件序列的定量化（事件树定量分析）

事件树定量分析是指根据每一事件的发生概率，计算各种途径的事故发生概率，比较各个途径概率值的大小，做出事故发生可能性序列，确定最易发生事故的途径。

一般而言，当各事件之间相互统计独立时，其定量分析比较简单。当事件之间相互统计不独立时（如共同原因故障，顺序运行等），则定量分析变得非常复杂。

①各发展途径的概率

各发展途径的概率等于自初始事件开始的各事件发生概率的乘积。

②事故发生概率

事件树定量分析中，事故发生概率等于导致事故的各发展途径的概率和。

定量分析要有事件概率数据作为计算的依据，而且事件过程的状态又是多种多样的，一般都因缺少概率数据而不能实现定量分析。

③事件树的定量化任务：

计算每条事件序列（每个环节事件）发生的频率；确定初因事件发生频率；确定后续事件及各后果事件的发生概率；评估各后果事件的风险。

④计算中应考虑环节事件之间的不独立性

⑤初因事件的频率是通过大量的统计数据而得到

⑥简化计算后果事件的概率

$$P(IS_1S_2) = P(I) \cdot P(S_1) \cdot P(S_2) \approx P(I)$$

$$P(IS_1F_2) = P(I) \cdot P(S_1) \cdot P(F_2) \approx P(I) \cdot P(F_2)$$

$$P(IF_1S_2) = P(I) \cdot P(F_1) \cdot P(S_2) \approx P(I) \cdot P(F_1)$$

$$P(IF_1F_2) = P(I) \cdot P(F_1) \cdot P(F_2)$$

⑦ 精确计算后果事件的概率

当事件树中的各事件的发生不是相互独立时，进行事件树中后果事件发生概率的计算将更为复杂，此时必须考虑各事件发生的条件概率。

⑧后果事件的风险评估

事件的风险即为事件的发生概率与其损失值的乘积：

$$R = P \times C$$

式中 R——后果事件的风险值；

      P——单位时间内后果事件的发生概率；

      C——后果事件的损失值。

（3）事件树分析法的优点和应用注意事项

①事件树分析的优点包括简明易懂，启发性强，逻辑严密，判断准备，能够找出事故发展规律，可以定性亦可定量分析。

②事件树分析运用时的注意事项

A. 在风险树中，上一层的分枝点表示某类风险问题，在该点处分枝的各个分枝末端点则表示引起该类风险问题的各种风险因素。通过绘制风险树，可以表示出引起风险的各种因素，从而看清各类风险问题和各种风险因素之间的关系。

B. 在绘制风险树时，并非分枝越多、层次越多越好，根据系统的实际情况，明确所研究的主要问题，分清主次，对影响重大的风险因素要深入细分，对一般问题则不要过多分枝。

C. 逻辑思维要首尾一贯，无矛盾，有根据。

D. 在风险分析时，有时并不需要对各个方面的风险问题作全面的分析，可以把有关的某个重要的风险问题单独提出来，绘制该问题的风险树。

E. 如果在绘制风险树时，能对各种风险因素的概率做出估计，则可将估计的概率数值标注于该分枝的旁边。

F. 注意人为因素，否则会得出错误结果。

14.5 风险评估及其管理

通过对国际工程承包市场风险的识别和分析，包括定性分析和定量分析，企业应对国际工程承包市场的风险进行评估。评估结果可按表 14-16 进行对各种风险的分配。

风险识别矩阵   表 14-16

	几乎不可能	非常不可能发生	不可能发生	可能发生	很可能发生	通常会发生
5 - 极为严重						
4 - 很严重					不能容忍	
3 - 严重			可以容忍			
2 - 有些严重		可以接受				
1 - 轻微						

风险管理的核心是风险的应对策略，常见的风险应对策略有：如回避、转移、分担、减低、承担风险。每个策略都有各自的用途，一般是综合运用。例如，在一个项目中，有些风险需要采用回避风险的策略，让对方承担；有些风险需要采用转移风险的策略，通过购买保险的方式转移给保险公司；有些风险与对方共同分担；有些风险需要采用减轻风险的策略；有些风险则需要自己承担，但辅以预防风险的措施。

在国际工程承包市场中，无论企业的角色是承包商，还是项目发起人或投资者，均会承担一定的风险，也需制定风险对策。以罗马尼亚某 PPP 项目为例，风险分配和减轻对策见表 14-17。

罗马尼亚某 PPP 项目风险对策

表 14-17

A1 合同签订前

风险简要描述：贪污腐败

发生概率：0.0660	日期：×××年×××月×××日

系统编号：A1-C7

风险编号/描述	对策前风险分析				风险对策	对策后风险分析		
	风险目标	严重性	可能性	风险代码	措施行动编号：D——更改设计；E——工程安全特征；S——安全装置；W——警告装置；P——程序/培训	严重性	可能性	风险代码
贪污腐败：主要来自于政府的规划、建设主管部门，以及市政配套部门和其下属的公有、私营企业，不排除来自于这些主管部门上一级主管的腐败来源	合理——中标报价、方案	6	4	A1-5	1. 和当地有声誉的合作伙伴，尤其是中央政府代理人或国有企业建立风险联盟。 2. 和当地政府部门签署协议来预防腐败。 3. 为不可避免的支出安排预算。 4. 对那些可能和腐败官员打交道的管理人员和关键任务进行文化和商业知识的培训。 5. 尝试和商业联络机构直接接触工作，不顾经纪人和中间人。 6. 用适当的方式来获得全部必须的批准文件以减少腐败官员阻拦工作的机会。 7. 获得外国企业所属政府和国际货币机构（如世界银行、亚洲发展银行）反对当地政府及其他代理人滥用权力的支持。 8. 保持和有关政府官员和权威人士的良好关系。	4	4	

准备日期：

通过日期：

A2 合同签订阶段

风险简要描述:由于语言、文化差异、技术水平差异导致交流困难,产生误解

续表

发生概率:0.0857	日期:××年××月××日								
系统编号:A2-C27			对策前风险分析			风险对策	对策后风险分析		
风险编号/描述		风险目标	严重性	可能性	风险代码	措施行动编号:D——更改设计; E——工程安全特征;S——安全装置; W——警告装置;P——程序/培训	严重性	可能性	风险代码
由于语言、文化差异、技术水平差异等导致交流困难,产生误解。影响合同签订		不给合同谈判带来负面影响	6	4	A2-3	1. 努力进行全面的商议,和当地政府和合作伙伴达成一致。 2. 在签订合同时,设计一个明确和风险一致的分享规则。 3. 努力获得尽可能大的股份,确保公司在董事会的控制权。 4. 坚持将值得信赖的人安排在风险联盟的关键位置。 5. 使用公司中拥有当地语言听说能力的员工,甚至一些只懂当地语言的职员。 6. 在合同中设置争议解决条款	4	4	

准备日期: 通过日期:

续表

A3 实施阶段

风险简要描述:建设成本不合理超支

发生概率:0.1333	日期:×××年×××月×××日
系统编号:A3-C7	

风险编号/描述	对策前风险分析				风险对策	对策后风险分析		
	风险目标	严重性	可能性	风险代码	措施行动编号:D——更改设计;E——工程安全特征;S——安全装置;W——警告装置;P——程序/培训	严重性	可能性	风险代码
风险描述: 建设成本不合理超支原因因多方面:设计错误、管理失控造成工期与成本增加,迟延完工以及环境和技术方面产生的问题都是造成此风险的原因;设计错误引起的变更造成的风险	设计	10	4	A3-1	1. 预先准备安全备用现金。 2. 在投标阶段准确的测量和按工程量清单定价。 3. 制定一个清楚、正确的计划,用以控制成本和进度。 4. 在协议中加入对利率、通货膨胀率和延期的自动调整条款。 5. 向当地和国际银行发行偿付债券。 6. 确保有闲余的业主通过国际机构(世界银行或亚洲发展银行)筹措项目基金。 7. 向当地公众和政府出售外国公司的股票已得到他们的支持。 8. 在协议中详细说明偿付范围和补偿条款内容。 9. 和贷款银行签订固定利率贷款协议。 10. 采用尽可能多的国内产品(劳动力)来降低成本。 11. 和材料及零备供应商签订固定价格和预先设计价格来减少设计错误 12. 采用预先设计计划来减少设计错误	6	2	

准备日期:　　　　　　通过日期:

续表

A4 运营阶段

风险简要描述：未来国家网路调整，导致车流量减少

| 发生概率：0.0967 | | | | | | | |
| 系统编号：A4-C19 | 日期：××年××月××日 | | | | | | |

风险编号/描述	对策前风险分析				风险对策	对策后风险分析	
	风险目标	严重性	可能性	风险代码	措施行动编号：D——更改设计；E——工程安全特征；S——安全装置；W——警告装置；P——程序；培训	严重性	可能性	风险代码

风险编号/描述	风险目标	严重性	可能性	风险代码	风险对策	严重性	可能性	风险代码
未来国家网路调整，导致该工程所处位置不在主要交通干线上，该桥不是主路网的必经之桥，只是车流量明显减少，运营收益大幅度下降	保证车流量，提高运营收益	8	4	A4-3	1. 保持和当地政府和有关部门的良好关系。 2. 以适当的方式同路网规划管理部门协商，力争达成比较好的有利条件。 3. 使设计更新颖和美观，具有观光性，成为一景。 4. 在桥附近建公园等具有吸引力的场所，增加车流量。 5. 在路网未调整前，找适合的运营商公司代管已转移风险。 6. 研究税收差异发现合理、合法的避税措施，以减少补种车流量减少的损失。 7. 在协议中设立因意外计划而引起的可获得政府对调节关税或延长执行期（对BOT项目）的保证。 8. 和国有企业建立风险联盟，尤其是中央政府代理人和国有企业建立风险联盟。 9. 在发生重大调整时，获得外国企业所属政府的帮助。 10. 债权人必须依靠自己的力量，聘请专门的工程技术机构，人员和独立的评估是对车流量进行评估的	4	4	

准备日期：

通过日期：

续表

A5 移交阶段

风险简要描述:社会动荡,经济秩序混乱,无移交主体

系统编号:A5-C1								
发生概率:0.0054	日期:××年××月××日							
风险编号/描述	风险目标	对策前风险分析			风险对策	对策后风险分析		
		严重性	可能性	风险代码	措施行动编号:D——更改设计;E——工程安全特征;S——安全装置;W——警告装置;P——程序/培训	严重性	可能性	风险代码
社会动荡,经济秩序混乱,无移交主体	按合同中规定条件顺利移交罗马尼亚政府	6	2	A5-6	1. 投保。向有关国家和保险公司,出口信贷机构,多边投资担保机构投保,转移风险。 2. 明确界定不可抗力的外延范围。 3. 在合同中设置终止公司或延迟条款。 4. 从国际金融和风险评估机构获得政治风险的保险。 5. 利用国际安全和风险评估公司的信息获得政治发展的情况。 6. 和当地合作伙伴,尤其是中央政府代理人或国有企业建立风险联盟。 7. 和当地政府高级官员,当地权贵例如有钱人和有权力者拥有良好的关系和联系。 8. 尽可能准确预测新政府首脑的人选及其对项目协议履行的态度。 9. 有关协议中由由政府或其公营部门保证最低车流量。	4	2	

准备日期:	通过日期:

在 BOT/PPP 项目中，项目各阶段主要风险的管理措施见表 14-18。

BOT/PPP 项目各阶段主要风险的主要管理措施　　　　表 14-18

阶段	风险	措　　施
各阶段	不可抗力和可保险灾难	政府担保、保险
	政治风险	政府担保、保险、外商政府出口信贷、与政府背景大公司合作
	国有化/没收	国际财团融资、外商政府出口信贷、与政府背景大公司合作
建造阶段	设计不当	技术/工艺流程担保、设计保险
	成本超支	固定总价合同、备用信用/贷款、备用资本金
	工期延误	有经验/可靠的承包商、竣工担保/违约罚金、成熟技术、专用寄托账户、保险
	技术不当	成熟的技术、履约担保
经营阶段	原材料价格和供应	原材料储存、有独立第三方评估、签订长期供应合同
	管理水平	管理人员资质、有经验/可靠的经营商
	市场需求/销售量	可靠分析、或取或付合同(Take Or Pay)、灵活收费方式、易货交易、外汇匹配融资、保险、政府担保、发展商/股东担保、其他发展机会
	销售价格/竞争	或取或付合同、价格调整协议、固定资产抵押、利益冲突保险
	污染环境	采用环保技术、保险
	合作伙伴信用	备用支持/伙伴

企业通过制订风险对策，将风险回避、转移、分担、减低或承担风险。在境外 BOT/PPP 项目中，项目分担的结果见表 14-19。

BOT/PPP 项目风险分担的一般结果　　　　表 14-19

风险	政府	政府部门	发起公司	项目公司	承包/供应商	房贷银行财团	保险公司	担保公司
政治风险								
国有化、取消、扣押、没收	√							
项目唯一性(没有竞争项目)	√			√				
法律变更(一般、通用)				√				
法律变更(特定、专用)	√							
项目审批延误	√			√				
政府的无所作为或负面作为	√			√				
现有设施状况及相关规定	√			√				
税率提高(一般、通用)				√				
税率提高(特定、专门)	√							
整治不可抗力	√							
政府终止特许合同	√							

续表

风险	政府	政府部门	发起公司	项目公司	承包/供应商	房贷银行财团	保险公司	担保公司
政府不支持费用				✓				
(当地合作伙伴的可靠性)	?	?		✓	✓			
建造风险								
土地拆迁与补偿	?			?				
成本超支	?			?	✓	✓		✓
融资成本增加	?			?		✓		
工期/质量风险	?			✓	✓			✓
承包商违约	?			✓	✓			✓
项目公司(BOT公司)违约	✓					✓		
工程变更引起的工期/成本								
环境破坏(存续的)	✓						✓	
环境破坏(现行的)				✓				
施工不可抗力							✓	✓
(考古和历史文物的保护)	✓							
(设备材料进口限制)	?			?				
运营风险								
政府部门违约	✓							
项目公司违约		✓						
项目公司终止合同								
环境破坏(存续的)			✓	✓			✓	
运营不可抗力	✓			✓			✓	
劳资争端			✓	✓				
技术风险				✓	✓			
(运营商能力欠缺)					✓			✓
(设备维护状况/停机时间)					✓			
市场和收益风险								
收费/收益不足			?	✓		?		
其他收入不足			?	✓		?		
市场需求变化			?	✓		?		
(燃油/煤供应和价格变化)	✓			?	?	?		
(政府对利润和价格的限制)	?			?		?		
(电力发送中断)	✓							

风险	政府	政府部门	发起公司	项目公司	承包/供应商	房贷银行财团	保险公司	担保公司
（电费收取困难/偷电）	√			?				
财经风险								
通货膨胀	?	?	?	√		√		
利率	?	?	?	√		√		
外汇兑换率/可兑换性	√	√	?	?		?		
法律风险								
实施出租权/名义权	√			√				
设施所有权				√				
担保/合同结构						√		
项目公司破产			√			√		
违反融资合同			√			√		
担保/抵押权实施/生效						√		
（合同争端/仲裁/适用法律）	?		?	?		?		

注：√表示主要承担；? 表示部分承担（因项目实际情况而定）；空白表示少承担或不承担。

对于从事国际工程市场开发的企业而言，要想做到风险可控，应时刻牢记中国企业在国际工程承包市场上的经验和教训，做到：

（1）明确企业国际化发展方向。不同企业应根据 SWOT 法制订不同的企业国际化发展战略，稳健发展国际化，逐步扩大国际化市场份额。

（2）量力而行。无论是通过国际竞争性投标承揽项目，还是从事中国进出口银行的"两优"项目，甚至作为投资者从事境外 BOT/PPP 项目的开发，企业应结合自身施工、EPC 和资金实力，开发适合自身发展目标的项目，切忌急功近利，低价竞标。

（3）认真分析各类项目，包括施工项目、EPC 项目、EPC 加融资项目、BOT/PPP 项目和并购项目的风险，按照科学的方法进行定性和定量分析，识别和分析风险，制订风险管理措施，有效规避国际工程项目带来的风险。

自 1979 年中国企业进入国际工程承包市场 37 年以来，中国企业取得了骄人的业绩，也遭受了许多惨痛的经历，因此，中国企业应该格外珍惜 37 年来积累的国际工程承包市场经验和教训，为在"一带一路"倡议下的"走出去"战略增添驱动力，为新时期的国际承包工程市场开发做出贡献。

参考文献

［1］ 崔军，钱武云．国际工程承包总论［M］．北京：中国建筑工业出版社，2012.

［2］ 朱星宇．基于生产前沿面理论的工程项目交易模式选择研究［D］．天津：天津大学管理与经济学部，2010.

［3］ 国际咨询工程师联合会（FIDIC）．风险管理手册［M］．北京：中国计划出版社，2001.

［4］ 王守清，柯永建．特许经营项目融资［M］．北京：清华大学出版社，2008.

［5］ 崔军．清晰定位，明确目标——寻找适合企业自身特点的海外投资模式［J］．国际工程与劳务，2013，（6）．

［6］ 崔军．我国企业国际工程总承包的问题和对策［J］．项目经理与建筑经理人，2012，（3）．

［7］ 崔军．当代国际工程市场特点与中国企业存在的问题［J］．国际工程与劳务，2011，（3）．

［8］ 崔军．PPP：中国企业转型升级的选择［J］．项目管理技术，2012，（3）．